The Paris Entries of Charles IX and Elisabeth of Austria 1571

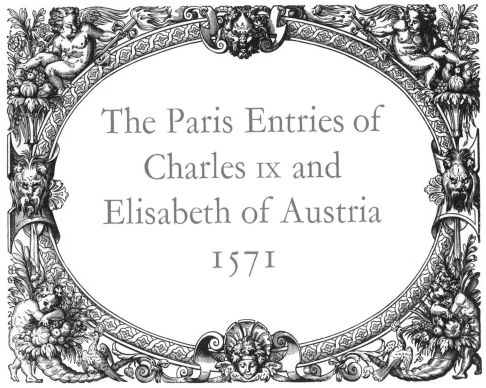

The Paris Entries of Charles IX and Elisabeth of Austria 1571

WITH AN ANALYSIS OF
SIMON BOUQUET'S
BREF ET SOMMAIRE RECUEIL

Victor E. Graham and W. McAllister Johnson

University of Toronto Press

Toronto and Buffalo
Printed in the United States of America

ISBN 0-8020-5284-3
LC 72-97777

This book has been published with the
help of a grant from the Humanities Research Council of Canada
using funds provided by the Canada Council,
and with the help of the Publications Fund of the
University of Toronto Press.

PREFACE

Having completed a similar study of Jodelle's *Recueil des inscriptions*, which was composed for the entertainment provided by the city of Paris on the occasion of the recapture of Calais in 1558,[1] we then decided to turn to a much more elaborate project, the 1571 Paris entries of Charles IX and Elisabeth of Austria which are recorded in Simon Bouquet's *Bref et sommaire recueil*. The method used in both instances remains essentially the same – a careful reproduction of the text with notes and illustrations, accompanied by a detailed analysis of literary and iconographical sources and analogues.

Jodelle's *Recueil* was of special interest as the only work published during his lifetime by a rather well-known member of the Pléiade. The *Bref et sommaire recueil* is also a unique publication but its author, on the contrary, is certainly far from well known, even though he had a distinguished career as a public servant in Paris in the late sixteenth century.

As it happened, Simon Bouquet was one of the four Echevins or Comptrollers of the city of Paris in 1571 at the time of the entries of Charles IX and Elisabeth of Austria, and it fell to him to co-ordinate arrangements and prepare the official account for publication. He was a cultivated politician who had already written a good deal of unpublished poetry and he undertook the task with energy and enthusiasm. To be sure, he had the collaboration of Ronsard and Dorat, the acknowledged leaders of the Pléiade group, but it is a tribute to his talents that so many of the poetic contributions are of his own composition. Moreover, this was no case of an unskilled amateur in high position imposing his will on reluctant subordinates, but rather of an erudite collaborator whose unpretentious verses can easily stand on their own merits.

1 Estienne Jodelle, *Le Recueil des inscriptions (1558). A Literary and Iconographical Exegesis*. Victor E. Graham and W. McAllister Johnson. University of Toronto Press, 1972.

The occasion of the 1571 Paris entries is unquestionably the most important event of its kind in sixteenth-century France. The 1549 entries of Henry II and Catherine de' Medici served as precedents, but the later ones far surpassed them in the richness and complexity of their programme. The 1548 Lyon entry of Henry and Catherine, which was supervised by Maurice Scève, alone, perhaps, can stand comparison with the 1571 entries but it was nonetheless a provincial celebration without serious political or international significance. With it, as with the 1571 entries, the circumstantial documentation provides a rich source for the study of the organization of decorations of this kind. In our exegesis, therefore, we have tried to emulate the documentary comprehensiveness of Georges Guigue's publication of the Lyon entry while at the same time attempting to analyze more extensively important secondary material.[2]

The artistic and literary programme of the 1571 entries had been the subject of a fundamental article by Frances A. Yates in *Les Fêtes de la Renaissance* I.[3] At the time of its appearance in 1956 she announced her intention to continue with a study of larger dimensions but, when other projects took precedence, she very kindly indicated to us in 1967 that we should feel free to develop the subject as we wished. This scholarly courtesy permitted us to formalize plans for the present publication.

We are again indebted to our friend and colleague, Professor D.F.S. Thomson, who managed to find time to provide us with his usual elegant translations of the Greek and Latin in the album despite his involvement in the publication of the works of Erasmus in English. For advice and help on other classical matters we are also most grateful to Mlle M.-L. Concasty of the

2 *La magnificence de la superbe et triumphante entrée de la noble et antique Cité de Lyon faicte au Treschrestien Roy de France Henry deuxiesme de ce Nom, et à la Royne Catherine son Espouse le* XXIII *de Septembre M.D.*XLVIII. Relations et documents contemporains publiés par Georges Guigue. Lyon: Société des bibliophiles lyonnais, 1927.

3 Frances A. Yates, 'Poètes et artistes dans les Entrées de Charles IX et de sa Reine à Paris en 1571,' *Les Fêtes de la Renaissance* ed. Jean Jacquot, Paris: CNRS, 1956, 61–84.

Bibliothèque Nationale (Manuscripts) and Professor L.E. Woodbury of the University of Toronto.

It would be difficult to list all the members of the personnel of the Bibliothèque Nationale who have aided us in so many ways, but we would like to mention especially M. Jean Adhémar, Conservateur-en-chef du Cabinet des Estampes and Mme J. Veyrin-Forrer, Conservateur de la Réserve des Imprimés. We would also like to express our gratitude to Mme Sylvie Béguin, Conservateur au Département des Peintures, Musée du Louvre, and to Miss Dorothy Thickett, both of whom responded very generously to our requests for information and advice.

Finally, we would wish to acknowledge with grateful thanks fellowships awarded by the Guggenheim Foundation and the Canada Council which made possible the periods of leave necessary to complete the extensive research required. By coincidence, these corresponded almost exactly with the four hundredth anniversary of the preparation of the original album.

VEG

W MCA J

CONTENTS

BIBLIOGRAPHICAL NOTE

In addition to the specialized works of reference cited in the Index of Biographies, the following abbreviations have been used for other sources which recur frequently in the introduction and in the footnotes:

Bouquet's *Imitations d'Alciat* – Simon Bouquet, *Imitations et traductions de cent dix huict emblesmes d'Alciat* plus *Autres traductions et imitations du Latin de quelques auteurs*. Bibliothèque Nationale. Ms. fr. 19143

Cartari – Vincenzo Cartari, *Le Imagine de i dei de gli antichi, nelle quali si contengono gl'idoli, riti, ceremonie, et altre cose appartenenti alla religione de gli antichi.* Venetia: G. Ziletti, 1571

Entrée de 1549 – *C'est l'ordre qui a esté tenu à la nouvelle et joyeuse entrée, que treshault, tresexcellent, et trespuissant Prince, le Roy treschrestien Henry deuzieme de ce nom, a faicte en sa bonne ville de Paris, capitale de son Royaume, le sezieme jour de Juin* M.D. XLIX. Paris: Jacques Roffet, 1549

Franciade – Pierre de Ronsard, *Œuvres complètes*, ed. P. Laumonier (Société des textes français modernes), Vol. XVI. Paris: Didier, 1951

Henkel-Schöne – Arthur Henkel & Albrecht Schöne, *Emblemata. Handbuch zur Sinnbildkunst des* XVI. *und* XVII. *Jahrhunderts*. Stuttgart: J.B. Metzlersche Verlagsbuchhandlung, 1967

La Renommée – Charles de Navières (Navyere), *La Renommée ... sus les receptions à Sedan, mariage à Mezieres, couronnement à Saindenis, et entrées à Paris du Roy et de la Royne*. Paris: M. Prevost, 1571 (Cf. Appendix I.)

Le Recueil des inscriptions – Estienne Jodelle. Le Recueil des inscriptions (1558). A Literary and Iconographical Exegesis. Victor E. Graham and W. McAllister Johnson. University of Toronto Press, 1972

Registres – *Registres des délibérations du bureau de la ville de Paris. Histoire générale de Paris*. Paris: Imprimerie nationale, 1833–1927. 16 vols.

Suite d'Arthemise – *Histoire de la Royne Arthemise, contenant Quatre livres, receuillie de plusieurs Autheurs, En laquelle sont contenues plusieurs singularitez dignes de remarque, touchant l'antiquité. Ensemble un petit discours de l'excellence de la plate painture*. Par Nicolas Houel, Parisien. Bibliothèque Nationale, Ms. fr. 306 [8 February 1562]

Tervarent – Guy de Tervarent, *Attributs et symboles dans l'art profane (1450–1600)*. Geneva: Droz, 1958. Supplement: 1964

Valeriano – Giovanni Pierio Valeriano Bolzani, *Commentaires hiéroglyphiques* ... transl. Gabriel Chappuys. Lyon: B. Honorat, 1576

(For the sake of convenience, we have used the first French translation after the augmented text of 1567. In order to facilitate comparison with other editions we have included chapter numbers along with the identifying page from the Chappuys translation. Because of the relative brevity of chapters it should not prove difficult to locate the passages in question in any of the Latin editions (1556–1631) or in the later French translation by J. de Montlyard (1615) when the Chappuys is not at hand.)

The following designations with appropriate folio references have been used for the different sections of the *Bref et sommaire recueil*:

K – King's entry

C – Queen's coronation

Q – Queen's entry

P – Pasquier's *Congratulation de la paix*

PART I

INTRODUCTION

When Charles IX became King of France on 5 December 1560 he was just ten years old. For this reason his mother, Catherine de' Medici, assumed the role of Regent with the King of Navarre as senior adviser. Michel de L'Hospital, who had been appointed Chancellor during the brief reign of François II, continued in that same office since he was known to be a loyal servant of the Queen Mother. It was he who had been responsible for recommending Jacques Amyot as tutor for Charles and his younger brother, the future Henri III, and he no doubt also had something to do with his nomination as Grand Aumônier the day after Charles succeeded to the throne.

With the breaking of the great seal of François II, it became necessary for the Chancellor to approve a design for a new seal and to select for the young monarch a suitable motto. For the seal, it was decided to show Charles seated in full panoply on his throne, meting out justice to the people (fig. 4). The legend chosen to go with the two columns which would form his device was *Pietate et Iustitia*, but it is not certain whether this was proposed by Amyot or by Michel de L'Hospital himself. At any rate, the form of the device was to evolve considerably during the king's reign.

After the usual astrological consultations Charles was duly crowned at Reims on 15 May 1561 and it was originally intended to have him make his formal entry into Paris shortly afterwards. The *Registres du bureau de la ville de Paris* for 2 April 1561 note that the entry was to take place June 10,[1] but by mid-May when four contracts were signed between the City Fathers and eight sculptors and painters who were to execute some of the projects for the decorations, the date had already been set back.[2] It is not clear from these

1 *Registres des délibérations du bureau de la ville de Paris. Histoire générale de Paris.* Paris: Imprimerie nationale, 1883–1927. 16 vols. Hereafter referred to as *Registres.*

2 On 31 May 1561 an official proclamation was published by G. Nyverd, one of the king's printers, announcing the date of the entry as 20 July. (Cf. BN F 46821 (26).)

marchés just what the general theme was to be, even though the references are characteristically classical (Jupiter, Juno, Pan, Mars, Minerva). What is significant, however, is that even then, at the Châtelet (l'Apport de Paris), there was planned 'une perspective, paincte sur toille, de la haulteur de six toises et de huict toises de largeur, y adjoustant les devises du Roy, qui sont deux coulonnes deux fois entrelassées, les armoyries de France, garnyes de l'Ordre et couronne Imperialle.'[3]

By 4 June the entry had been adjourned until mid-August, supposedly on account of the heat, but the artists who had gone ahead and completed their part of the assignments, as agreed, had to be paid off during the summer and the products of their labours seem never to have been used. On 8 September, Catherine de' Medici wrote further to the Prevost des Marchands to comment on the proposal that the entry be held on the 15 January following. This time it was suggested that the weather might be too cold! She therefore proposed, as an alternative date, the eighth day after Easter. An entry of sorts finally took place on 6 April 1562 but there were no festivities whatsoever. The event is not even mentioned in the *Registres*, but it is described rather briefly in the *Mémoires du Prince de Condé* (coll. Michaud, 1ère série, t. VI, p. 628).[4]

The intriguing confusion regarding the projected Paris entry of Charles IX is directly related to the political events of the times.[5] The first of the Wars of Religion which broke out in March 1562 was already brewing and in a last desperate attempt to bring Catholics and Protestants together, Catherine

3 See Ulysse Robert, 'Quittances de peintres, sculpteurs et architectes français 1535–1571,' *Nouvelles archives de l'art français* (1876), p. 13. The receipts in question are to be found in BN Ms. fr. 26142 and 26143. Cf. also Gustave Lebel, 'Un tableau d'Antoine Caron: L'Empereur Auguste et la Sibylle de Tibur,' *Bulletin de la Société de l'histoire de l'art français* (1937), pp. 34–6. The date of the *marché* with Caron reproduced *in extenso* in this article should read 14 May 1561.

4 Cf. also Agrippa D'Aubigné, *Histoire universelle* II, 18 and BN Ms. fr. 18528, ff. 28 and 30.

5 For a full account of the intrigues going on, see Lucien Romier, *Catholiques et Huguenots à la cour de Charles* IX (*1560–1562*). Paris, 1924.

de' Medici had convoked the Colloque de Poissy, which was held in August 1561. With all the preliminary discussions and negotiations that this involved, there was no time to think about a triumphal entry which as well would have struck a false note. Then, despite the outbreak of hostilities just prior to the last date proposed, it apparently was decided to go ahead with a token entry where the participants, dressed in sombre colours, would simply ride into the city along the traditional route of the rue Saint-Denis so that the King, accompanied by his mother and the King of Navarre, might be officially welcomed by the Prevost des Marchands and other civic dignitaries.

Some time after the Treaty of Amboise, which marked the end of the first war on 19 March 1563, Michel de L'Hospital advised Catherine de' Medici to have Charles declared of age. The ceremonies took place at Rouen 21 August 1563, and, in a further attempt to unify the discordant elements in the kingdom, Catherine decided to accompany her son on an extended tour which would take them to the south of France via Burgundy, Lyon, and the valley of the Rhône, returning to Paris by way of Brittany and the west coast.[6] The high point of the trip was undoubtedly the elaborate festivities at the famous interview at Bayonne where the Queen of Spain travelled north to meet her mother and brother after they had passed through Toulouse and Bordeaux.[7] Earlier stops had included Sens, Troyes, Dijon, Lyon, Nîmes, and Montpellier, and everywhere Charles was welcomed by regional officials with parades, decorations, and speeches. Almost invariably, reference was made to his motto, *Pietate et Iustitia* and, as often as not, some sort of arch was built to incorporate the two columns.[8]

6 For a complete account of the itinerary, cf. Pierre Champion, *Catherine de Médicis présente à Charles* IX *son royaume (1564–1566)*. Paris: Grasset, 1937.

7 The published account is the *Recueil des choses notables, qui ont esté faites à Bayonne, à l'entrevue du Roy treschrestien Charles* IXe *de ce nom, et la Roine sa treshonorée mere, avec la Roine Catholique sa sœur*. Paris: M. Vascozan, 1566.

8 In addition to the Rouen entry (BN Rés. p Z 358 (88)), other entries which made specific reference to the device are the following: Troyes (Champion p. 77); Dijon (BN Ms. fr. 4318, f. 151bis^{r}), Lyon (*Discours de*

It is possible that some consideration may have been given to a proposal to have Charles IX make his triumphal entry into Paris after the declaration of his majority at Rouen and before the start of the southern tour. There is no mention of this in the *Registres*, but a manuscript copy of the 'Extraits des comptes de la Ville de Paris relatifs aux presents d'orfevrerie offerts aux Roys et Reines de France' contains an interesting item for the year beginning 1 October 1563.[9]

It is a description of the official present in vermeil which had been ordered for the King and which was intended to be presented at the time of his entry. It was to incorporate a chariot drawn by two lions in which was seated Cybele, the mother of the gods, accompanied by Neptune, Pluto, and Juno. Cybele represented Catherine de' Medici, of course, and the boy king, gazing at her, was to be seated astride a horse on a pedestal supported by 'la devise du Roy, qui sont deux collonnes entrelassées, garnies de leur pied d'estal à cotté de chacunes desquelles est pendu un feston avec un rouleau traversant lesd. collonnes et audessus dudit rouleau sont posées les armoiries de France.'

The fact that there was no entry or presentation of the gift in 1563 may have had something to do with the resentment generally felt in Paris that the declaration of the King's majority had taken place at Rouen. It was only after a rather acrimonious debate that the Parlement de Paris agreed to enter the edict in its official records. At any rate, the elaborate gift which was put away for safe-keeping then had to be substantially remodelled before it was finally presented to Charles more than seven years later.

When the King and the Queen Mother returned to Paris after their lengthy tour of the south of France, there was no special reason for undertaking the

l'entrée de ... Charles IX *... en sa ville de Lyon ...* A Paris, Mathurin Breuille, 1564, f. C3v), Nîmes (cf. *Revue des Sociétés Savantes des Départements*. 5e série, t. III (1872), p. 37), Montpellier (Champion p. 186), Béziers (Champion p. 198), Montauban (Champion p. 234), Bordeaux (*L'entrée du Roy à Bordeaux ...* A Paris, Thomas Richard, 1565 Aijr), Tours (BN Lb33 181).

9 BN Ms. fr. (nouv. acq.) 3243, ff. 130v–131v. See Appendix II.

deferred triumphal entry until the end of the third War of Religion, which coincided roughly with the announcement of the proposed marriage of Charles IX and Elisabeth of Austria. The peace of St Germain-en-Laye had been concluded in August 1570; the wedding was planned for November of that year with the coronation of Elisabeth to follow at a later date. With the general optimism which the peace had brought, and the public rejoicing at the prospect of a romantic marriage between the youthful king and the beautiful younger daughter of the Emperor Maximilian II of Austria, the time seemed auspicious to organize separate festive entries for Charles and Elisabeth, the one after the wedding but before the coronation, and the other some time after the coronation.

There were, of course, the inevitable delays. The King's entry was originally planned for the end of November,[10] but it was first deferred until the beginning of January (cf. BN Ms. fr. 21722, f. 42) and then until 'le quinziesme jour du moys de Febrier prochain.'[11] Later it was moved on to 'le premier lundy de Karesme prenant, qui sera le cinquiesme jour du mois de Mars prochain.'[12] It finally took place on the day following, which was the Tuesday preceding the beginning of Lent. In this case, however, the delays were caused quite simply by a particularly difficult winter with intense cold and high waters in the Seine.[13]

The original announcement concerning the proposed entries was presented to the City Fathers in a letter from the King dated 20 September 1570. They then met in council on the 25th and again on the 28th and decided to make the festivities as sumptuous as possible in order that 'lesdictes entrées soient aussi excellentes et non moindres qu'il fut faict par ladite Ville ès entrées du feu Roy Henry, que Dieu absolve, et la Royne mere du Roy.'[14]

10 *Registres* VI, 231.
11 Ibid., 255.
12 Ibid., 259–60.
13 For edicts concerning the conservation of fire wood, see *Registres* VI, 205, 209, 210. For measures to combat the possibility of floods, cf. *Registres* VI, 200, 214, 255. References to the abatement of the high waters are to be found in poems for the occasion by Baïf (K50v–51r) and Jamyn (K51v).
14 *Registres* VI, 232.

For this reason, it was resolved to commission Ronsard and Dorat to take charge of practical arrangements. 'Mesdictz sieurs auroient pour icelles effectuer mandez et priez venir en l'Hostel de ladicte Ville les sieurs de Ronssard et de Dorat, poetes françois très doctes et excellens ès langues grecque, latine et françoise; lequelz ... auroient prins sur eulx le faix et charge de la facture et composition de la poesie, ordonnance et deviz de la perspective, sculpture et paincture, dont ilz se seroient très heureusement acquittez, comme l'on verra cy après.'[15]

General supervision of the entire programme was entrusted to Simon Bouquet, one of the four Echevins, and there is no doubt that he took the leading role in its planning and co-ordination. This is acknowledged both by Ronsard and by Dorat,[16] and even though the published account modestly is said to have been printed 'pour Olivier Codoré,' who prepared the blocks, Bouquet is referred to as its author.[17] Further, in the dedicatory sonnet in the presentation copy to Henri de Mesmes, he calls the album 'ce mien petit labeur'[18] and in the Latin 'bouquet' at the end of the Queen's entry, he accepts entire responsibility for any shortcomings the printed book may have.[19] A good many of the French poems for the inscriptions were written by him,[20] and a comparison of some of the iconographical material with a volume of his unpublished poetry indicates quite clearly that he must have played an important part in determining the artistic programme as well.

The preliminary account of the entries was prepared for the *Registres du bureau de la ville de Paris* and the printed album is based on it. (There are two manuscript copies of the *Registres*, variants from which are reproduced in our text of the *Bref et sommaire recueil.*) The wood-blocks by Olivier Codoré were

15 Ibid., 233. Cf. p. 50, n. 168.

16 Cf. K3^v and 5^r.

17 Cf. K5^v.

18 Cf. K5^v B.

19 Cf. Q27^r.

20 In the King's entry 15 of the French poems are by Bouquet and 6 by Ronsard. In the Queen's entry all 6 French poems are by Bouquet.

the starting point,[21] and they must have been executed some time between the acceptance of the designs which were passed on to the artists and sculptors and the completion of the programme, which in some cases involved subsequent modifications in the execution. The fact that Bouquet later accepted as contributions to his album additional poems by Ronsard, Dorat, Goulu, Jamyn, Baïf, and Guy du Faur de Pibrac must have made it rather difficult for lay readers to sort out what was actually used in the programme.[22]

On the occasion of the marriage, the coronation, and the two entries, there were published a great many congratulatory poems in French and Latin. Most of these are entirely without interest but there is one by Charles de Navières which is most important for our purposes, *La Renommée, sus les receptions à Sedan, mariage à Mezieres, couronnement à Saindenis et entrées à Paris du Roy et de la Royne. Poeme historial divisé en 5 chants* ... Paris: Mat. Prevost, 1571 (BN Rés. Ye 1809).

Charles de Navières (1544–1616) was a citizen of Sedan, seat of Robert de la Marck, Duc de Bouillon, whose territory also included the town of Mézières, where the marriage of Charles and Elisabeth of Austria took place. Navières had already composed some incidental poetry including a *Cantique de la paix* (1570) dedicated to his godfather, the Comte de Maulevrier, who was a brother of the Duc de Bouillon. His poetry showed a certain degree of facility, and, as Ecuyer to the Duc de Bouillon himself, he was probably requested by the two noble brothers to record for posterity the important series of celebrations which began with the wedding in their home province.

Navières' poem seems to have been completely overlooked, possibly because it starts with a long allegorical description of 'La maison de la

21 For Olivier Codoré see Yvonne Hackenbroch, 'Catherine de' Medici and her Court Jeweller François Dujardin,' *Connoisseur* CLXIII (September 1966), pp. 28–33.

22 Apart from the liminary poems and Pasquier's *Congratulation*, the items contributed for the album included five sonnets by Pibrac (K15^{v}, K24^{r}) three sonnets by Jamyn (K27^{r}, K51^{v}, K52^{r}), two sonnets by Baïf (K50^{v}, K51^{r}), and two by Ronsard (K29^{v}, K34^{r}), besides the long poems by Dorat (K22^{v}) and Ronsard (K10^{r}).

Renommée.' In its four subsequent sections, however, we have a highly detailed, factual account of the sequence of events by an accurate if somewhat naïve observer. Chant II is thus devoted to the reception of the royal parties at Sedan; Chant III recounts the marriage; Chant IV the entry of the King into Paris, and Chant V the coronation and entry of the Queen. It is these last two parts which are particularly significant for the light they shed on the official account by Bouquet and they have been reproduced in their entirety in Appendix I.

Navières' poem was published before the *Recueil* even though its *privilège* is dated later (14 April 1571). There can be no question of influence or consultation, however, since Navières begins with the processions, whereas Bouquet starts with the setting. Moreover, when Navières turns to a description of the arches, he begins at the bottom, while the *Recueil* starts properly with the decorations at the frontispieces. Navières apparently misinterprets some of the iconographical material but he represents a curious observer whose careful descriptions allow us to note the changes made in the programme after Codoré's woodcuts were completed. Bouquet obviously did not have the same freedom, and in not a few instances both his account and the routine *marchés* are shown to be inaccurate.

The *privilège* for the *Recueil* is dated 9 February 1571 and is granted to Olivier Codoré, who sought permission and copyright for the illustrations of the decorations for the entries which he wished to undertake. This was given by the monarch with the stipulation that 'lesdictes graveures et impressions desdictes Entrées seront veües et visitées par nos justiciers des lieux où elles seront, avant qu'ilz soient mises en vente.'[23] It is logical to assume that Codoré then immediately began work on the cuts and that those for the King's entry at least were largely completed when it took place. Since the decorations for the Queen's entry were rather hastily adapted and modified from those already used, it is possible that these illustrations (or parts thereof) were done later.

23 Cf. K2^r.

It is more difficult to postulate concerning the printed account. References to the fine weather on 6 March would lead one to believe that the descriptions were written after the entries.[24] It may well be that a good deal of the material was nonetheless collected ahead of time. At any rate, it seems to have been set in type by 4 July 1571 when the 'justiciers' referred to in the *privilège* apparently required that certain changes be made in the text. This necessitated approval for a supplementary expenditure 'pour avoir faict l'impression de trois fueilletz de livres de l'Entrée du Roy, chacune fueille portant treize cens lesquelles il falloit refaire, pour avoir trouvé que l'ordre d'aucuns seigneurs et dames n'avoit esté bien observé; mesmes pour [avoir] mys la Royne devant la Royne mere, Messieurs les Ambassadeurs en autre rang qu'ils ne devoient, et adjousté aucuns seigneurs qui avoient esté obmis.'[25]

This passage serves as formal indication of how many copies of the volume were printed, explaining also why so many of them are still in existence.[26] It does not provide any positive clues, however, as to which particular pages were affected and presents us with one very real difficulty – the reference to the Queen preceding the Queen Mother. Catherine de' Medici did not personally participate in any way in either of the entries, and the only references to her are in connection with her arms.[27] About the only possibility then, is that in one or another of these places the Queen's arms may have been mentioned inadvertently after those of the King and before those of the Queen Mother.

What is immediately apparent in reading the *Receuil* closely is the careless manner in which the album as a whole was edited. Quite apart from the

24 Cf. K50^{r}, K51^{r}.
25 Cf. Appendix IV, f. 132^{v}.
26 We have located well over fifty and there are no doubt others. The following libraries each possess one copy unless indicated otherwise: *Paris*: Arsenal (3), Bibliothèque Nationale (8), Mazarine (2), Petit Palais, Ste Geneviève, Sénat; *France*: Aix, Besançon, Bordeaux, Brest, Chantilly (Musée Condé) (2), Evreux, Lille (Bibliothèque Municipale), Montpellier, Rouen, Troyes; *Britain*: Bodleian, British Museum (2), Cambridge; *Europe*: The Hague (Bibliothèque Royale), Stockholm (Bibliothèque Royale), Vienna (Nationalbibliothek) (2), Zurich

expected sixteenth-century variants in spelling, it is full of typographical errors of all sorts – omitted letters or doubled ones, errors in agreement, mistakes in punctuation that alter the sense, hyphens overlooked at the ends of lines, irregularities in capitalization and italicization. There are mistakes in the Greek and the Latin, which is perhaps not surprising, but there are many more slips in the French, which is really quite inexcusable. Identifying initials are absent after certain poems and there are even three blanks where proper names which were to have been supplied were never inserted.[28] There are errors in pagination, including the printing of the numeral 2 on the page with the *privilège* and again on the first page of Dorat's *In commentarium descriptionis pomparum*. This accounts for the discovery that two different orders for these preliminary pieces may be found in extant bound copies.[29]

(Zentralbibliothek); *America*: Library of Congress, Folger Shakespeare Library, Harvard (2), New York Public Library, Toronto Public Library, Walters Art Gallery (Baltimore), Yale.

In addition, copies are listed in many catalogues among which we have noted the following: C. Fairfax Murray (London, 1910), Brun, Rondot, Bancel (Paris, 1882), Lignerolles (Paris, 1894), Desbarreaux-Bernard, Silvain S. Brunschwig (Geneva, 1955), Lucien Goldschmidt (cat. 135), H. P. Kraus (cat. 121). Leo Delteil in the *Annuaire des ventes* lists copies sold in the IIe année (1920–1), VIIe année (1925–6) (2), IXe année (1927–8), Xe année (1928–9), XIIe année (1930–1).

Of all the library copies listed, the particularly interesting ones are the presentation copies to Charles IX (Arsenal Rés. 4° H 3521), Catherine de' Medici (British Museum C 33 m 1) and Henri de Mesmes (Harvard, Houghton Library).

27 Cf. K6^{v}, K13^{v}, K36^{r}.

28 Cf. K50^{r} and Q20^{v}. During the preparation of the album it was inevitable that some of the misprints should be noticed but almost none were corrected. On K29^{r} last line, for example, at some stage 'ar' was changed to 'par' but many equally obvious errors were left. 'Ledict ordre Corinthien' (K18^{v}) appears as 'L'edict ordre Corinthien' (probably because of the frequent references to 'l'edict de pacification') and the family name of the Grand Prevost de France appears with no fewer than five different spellings. (Cf. Index of Biographies.)

29 The correct standard order would be *privilège*, Pasquier sonnet, Greek poems, *In commentarium*, Ronsard sonnet.

The *Recueil* consists essentially of four distinct parts: the King's entry, the Queen's coronation, the Queen's entry, and a long poem by Estienne Pasquier congratulating the king on the peace of St Germain-en-Laye. Each is paginated separately, which explains why not all of the bound copies contain all four items. The title-page mentions in sequence the first three items, but since there is yet another title-page for the coronation, the most common variant is to find the Queen's coronation and entry bound separately, with or without the Pasquier poem.

There was only one printing of the *Recueil* but, curiously enough, the Queen's coronation and entry were reprinted in Paris in 1610 by Gille Robinot.[30] This was the result of a political move on the part of Henri IV, who was about to embark on an extensive German campaign. In order to consolidate Marie de' Medici's position as possible Regent, it had been decided after ten years of marriage and six children that she should be formally crowned at St Denis. A few days later she was to make her entry into Paris, and since the last queen to have participated in such ceremonies was Elisabeth of Austria, the account of her coronation and entry was evidently reprinted as advance publicity. Marie de' Medici's coronation, which followed precedent very closely, took place on 13 May 1610[31] but the assassination of Henri IV the following day caused the cancellation of her entry.

The Pasquier *Congratulation* is a different story. It is not mentioned on the title-page of the *Recueil*, and since it deals with the peace treaty signed some six months prior to the entries, it might seem to be out of place. However that may be, it has no separate title-page and it was clearly printed at the same time as the rest of the *Recueil*. Typography, decoration, even the countless

30 The text was carefully corrected. There are no illustrations and the references to them have been suppressed. For the rather abbreviated account of the order of the procession in the original (cf. Q13^{v}) the editor substituted the text of the King's entry (cf. K39^{r}–44^{r}).

31 Cf. *Les ceremonies et ordre tenu au sacre et couronnement de la Royne Marie de Medicis, Royne de France et de Navarre, dans l'Eglise de Sainct Denis le 13 May, 1610.*

misprints confirm the fact. Moreover, the similarity in content between the *Congratulation*, which stands at the end of the collection, and the sonnet by Pasquier 'Sur l'entrée du Roy faicte en sa bonne ville de Paris,' which is placed at the beginning of the King's entry, emphasizes the importance of the unifying theme – that of pacification. A few copies of Pasquier's poem have been bound separately but they are simply extracts from the *Recueil*, identical in every respect.

From the accounts, we know that six copies of the *Bref et sommaire recueil* were specially illuminated by Fleurent Le Pelletier for presentation to members of the royal family, of which those belonging to Charles IX and Catherine de' Medici have been located. These would form part of the restricted number of copies bound by the royal binder Claude de Picques for distribution to the important nobility, the *premiers presidens de la cour de parlement* and other dignitaries.[32] It might be noted that all the liminary verse celebrating the occasion but not actually figuring within the album is restricted to the King's entry, while similar items for the Queen's entry were either not collected or never composed.[33] This, despite the fact that the latter entry was the subject of the particular admiration of foreign observers and considered more visually impressive in all its parts.[34]

32 Cf. Appendix IV, ff. 129^{v} and 132^{v}–134^{r} for the chronology determined by the *quictances*: Olivier Codoré furnishes 48 copies 'à reigler, laver, dorer et relier' of which 8 were bound in common parchment, two being retained for the city's record office and the remaining six being distributed to other persons (4 July 1571); Claude de Picques acknowledges the binding of an unspecified number of 'livres de ladicte entrée' (31 December 1571), of twenty copies to be treated as above and 'fourny de cordon et soye' (28 February 1572) and of ten more as above (2 April 1572); Fleurent Le Pelletier acknowledges payment for six specially illuminated copies as of 23 January and 25 February 1572, of which the two presently known conform to these specifications. The one for Catherine de' Medici contains an autograph sonnet by Bouquet, as does the copy presented to Henri de Mesmes, so we may assume that at least some other copies destined for important personalities may have been likewise ornamented with a dedicatory sonnet.

33 Cf. K15^{r}–15^{v} and Q4^{v}.

34 Q2^{v}.

It is difficult to summarize briefly the historical and political background of the times which is essential to an understanding of the symbolism of the entries. The two events which are of capital importance and which in many ways are interrelated were the moderating and surprisingly tolerant peace which concluded the third War of Religion and the marriage of the King of France to a German princess who had close links with the same kind of attitudes and who represented in her own person the quasi-mystical dynasty of the Holy Roman Empire. The symbolism of the former was to be the unifying theme of the King's entry, progressing logically in the Queen's entry to the aspirations stimulated by the latter.

Much has been written about the attitude of Catherine de' Medici toward the Reformers. For some historians her pursuit of a policy of pacification was merely an attempt to lure the Huguenots into a false feeling of security which, at the marriage of her daughter to their leader, culminated in the Massacre of St Bartholomew. For others, it was Henry II who had initiated the repression of heresy by forcible measures, and Catherine, whose natural inclinations were toward leniency, was in effect caught in a web of intrigue which gradually forced her to act through expediency against her better nature.

Wherever the truth lies, it is certain that the Peace of St Germain-en-Laye was regarded as the treaty that would put an end to all further conflicts.[35] It had been negotiated by Henri de Mesmes, Sieur de Roissy et Malassise, and the future Marshal Biron who was lame, and its terms were so advantageous to the Huguenots (general amnesty, free exercise of religion, unhindered occupation of certain designated cities) that the more militant Catholics scornfully referred to it as 'la paix boiteuse et malassise.'

35 Cf. Pierre Champion, *La Jeunesse de Henri* III (1551–1571) Paris: Grasset, 1941, I, 272. 'Il est difficile d'imaginer la joie que produisit l'édit de Saint-Germain. La paix fut saluée également par le lyrisme des poètes catholiques et huguenots ... Leur thème est toujours le même ... la France pour la troisième fois, sortait de ruines, et voulait redevenir elle-même, libre, forte ... Les Français se retrouvaient unis, dans une paix qui devait être éternelle.'

Like Pasquier, however, Bouquet was full of optimism at the general prospects and in the particularly significant dedicatory sonnet which he inscribed in the copy of the *Recueil* presented to Henri de Mesmes, he wrote: 'Quand je chante la paix et tous ceux qui l'ont faite / Est-ce pas vous louer mon tresdocte Roissi?' The theme of pacification is thus central to the King's entry and it is clearly enunciated by Bouquet in the author's sonnet printed at the head of the *Recueil*, where he says of Paris: 'Elle a receu son Roy et souverain Seigneur, / Après son sainct edict, tesmoin de sa clemence.'

This brings us to the problem of Ronsard's *Franciade* and its relation to the *Receuil*. The first four books were published in September 1572 and some critics have suggested that Ronsard wanted to use the first arch in the entry 'dedié à l'antique source, et premiere origine des Rois de France' as advance publicity for his poem.[36] The *Recueil* includes 42 verses by Ronsard on this theme which, we are told, 'pour le peu de place qui restoit vuide audict arc n'y auroient peu estre mis.'[37] Instead, their import was very effectively conveyed by Bouquet in the following quatrain placed in the very centre of the arch:

> De ce grand Francion vray tige des François
> Vint jadis Pharamond le premier de noz Rois,
> Lequel print des Troiens, et Germains sa naissance
> Dont la race aujourdhuy se renouvelle en France.

This seems to be further evidence of Bouquet's primacy in co-ordinating material for the entry, since the war-like verses written by Ronsard would seem to be quite inappropriate under the circumstances. He speaks of Francion as 'ce Prince armé' (1), descendant of a long line of victorious warriors who, 'se rendant la fraieur d'Allemagne' (11), crossed the Rhine where, 'vainqueur par une prompte guerre' (15), he carved out the nucleus of the French kingdom. His Germanic descendant, Pharamond, following in

36 K8r. Cf. the discussion in Frances A. Yates, 'Poètes et artistes dans les entrées de Charles IX et de sa reine à Paris en 1571,' *Les Fêtes de la Renaissance*, I (Paris, 1956), pp. 82–3.

37 Cf. K10r.

his footsteps, later invaded and reconquered Gaul with the same aggressive belligerency. This reunion of Trojan and German elements prefigures the marriage of Charles and Elisabeth,

> Et de rechef la race est retournée
> Par le bienfaict d'un heureux Hymenée,
> Pour conquerir, comme il est destiné,
> Le monde entier sous leurs loix gouverné. (39–42)

This further insistence upon world domination is equally out of place in the King's entry even though it constitutes the main theme of that of the Queen. Ronsard's poem, then, by its length and erudition and by its combination of disparate elements, was obviously unsuitable for use in the actual entries. But Ronsard surely knew this himself, since his other contributions all conform admirably to the required lapidary style. It would seem more logical, therefore, to suggest that the 42 verses were never intended for the arch but that, at the poet's request, they were included by Bouquet in a prominent place near the beginning of the album, where they would fulfil his ulterior motive splendidly. There they would be seen by a cultivated public who could read them at leisure in anticipation of the first instalment of the long-awaited epic, which appeared a few months later.

With the Queen's entry, there was no need to avoid the type of ambiguous references to armed conflict, which would have been inadmissible in the special context of the King's entry with its emphasis on pacification and general relief at the cessation of hostilities. Now a reunited France could look beyond its borders to further conquests that would extend its influence in all directions.

The marriage of Charles and Elisabeth in a way reaffirmed the policy of religious tolerance and harmonious co-existence, since Catholics and Huguenots were already permitted freedom of worship in Germany. When negotiations for the marriage were first undertaken by M. de Fourquevaux, the French ambassador in Spain, Charles IX expressed to him in his general instructions his great joy that peace had been established.[38] The Emperor Maximilian II, in approving the match, also took care to urge Charles to adopt the same kind of policies that had been so effective in Germany.[39]

The kings of France, from François I on, had all considered themselves as potential emperors of the Holy Roman Empire. This is why they courted the German princes and it no doubt explains in part why they were careful to steer a middle course in matters of religious tolerance.[40] 'Quant à Charles IX, il n'avait jamais cessé de penser à une candidature à l'Empire. Il entrerait déjà par son union dans la famille impériale. Enfin l'amitié traditionnelle de la France et de l'Allemagne serait affirmée par un mariage qui en deviendrait le symbole.'[41]

It is interesting to note that in the device of Charles IX, the two columns which were originally 'torses' or 'deux fois entrelassées,' by this date are invariably 'droites.' One of the changes which had to be made in the official present before it could be given to Charles in 1571 was described thus: 'reffaire et remectre les coullonnes qui sont à present torces, droictes et y mectre les devises telles qu'elles sont à present.'[42] Straight columns were undoubtedly easier to manage than curving ones, but what is also implied is surely a reference to the two more celebrated columns of the Emperor Charles V.

With regard to territorial ambitions, there is a very curious passage in the Queen's entry where the gratuitous documentation provided really has little to do with the arch, which had on it two colossal figures representing the Rhone and the Danube.[43] We are given all sorts of superfluous details concerning the courses of these two rivers, one of which flows south and the other east. In addition to 'ces deux fleuves comme principaux l'un de France,

38 Cf. *Lettres de Catherine de Médicis*, ed. H. de La Ferrière, Paris: Imprimerie nationale, III, 328.

39 Cf. Joseph Lecler, *Histoire de la tolérance au siècle de la Réforme*, Aubier, 1955, I, 264–5.

40 Cf. Pierre Champion, *Charles* IX, Paris: Grasset, 1939, I, 339.

41 Pierre Champion, *La Jeunesse de Henri* III *(1551–1557)*, Paris: Grasset, 1941, I, 284.

42 Appendix III, 5.

43 Q5^{v}–6^{r}.

et l'autre d'Allemaigne,' the text mentions the Tessin 'qui va vers le Septentrion passant par le païs d'Italie, se [rendant] en la mer Adriatique,' and the Rhine 'qui va vers Occident.' All are said to have their source in the forest of Hersinia 'située entre les Rhetez et Grisons justement entre le païs de France, et d'Allemaigne,' but in an effort to make the symbolism symmetrical, the emphasis has been somewhat distorted.

The figures of the Rhone and Danube were shown supporting 'un grand globe terrestre representant le monde, que ces deux nations doivent assubjectir à eux.' These personifications quite properly represent France and Germany, although it would be more normal perhaps to choose the Seine and the Rhine. The Rhine, however, was needed to represent the west and the Low Countries, where France also had political ambitions.[44] And when it came to Italy and the need for a representative river flowing into the Adriatic, the only choice possible was the Tessin, a rather minor tributary of the Po. This particular river differs in importance from the others and also does not itself flow directly into an ocean. The concluding argument, based on these choices, is tortuous, to say the least:

> Lesquelz quatre fleuves venantz d'un mesme lieu, proche et tenant à l'une et à l'autre nation, et se separantz de telle sorte qu'ilz se vont rendre aux quatre coins du monde contre le cours ordinaire des autres, lesquelz viennent tous d'Orient, et se vont rendre en Occident, est un signe et presaige certain que ces deux peoples assubjetiront une fois tout le reste du monde à eux.

For both entries precedent was closely followed for the route, for the location and general style of the decorations, and for the order of the procession.[45]

44 On this question and the role later played by the Duc d'Alençon, see the fascinating account in Frances A. Yates, *The Valois Tapestries*. London: Warburg Institute, 1959.

45 The following summary is not meant to be complete but is intended as a helpful guide. For a detailed description, consult the text of the *Recueil* and the footnotes provided.

Traditionally, the ceremonies began at the Prieuré Sainct Ladre just outside the Porte Saint-Denis (cf. fig. 8), where a large platform with a covered dais was constructed. It was hung with tapestries and there were wide stairways at each end so that those paying homage to the monarch might pass before the throne without having to retrace their steps. There is no information as to where or how the various groups of participants assembled, but presumably it was in the general neighbourhood so that they might march past the platform in turn and then proceed down into the city by way of the Porte Saint-Denis.[46]

All these arrangements were under the general supervision of the Seigneur de Chemaux, master of ceremonies of the King's household.

There were four main divisions in the procession. First came the members of the church – the mendicant orders (Cordeliers, Carmelites, Augustins, and Jacobins) and representatives of all the other churches and parishes of Paris. Then came representatives of the different faculties of the University of Paris (Arts, Medicine, Law, Theology) and the Collège Royal, with the Rector of Paris and his beadles, accompanied by the 'procureurs et messagers des nations.'[47] The last two major divisions comprised various civic organizations and the royal households.

As might be expected, the civic group was by far the largest. It began with 1800 representatives chosen from the various trades and divided into three sections (avant-garde, bataille, arriere-garde), marching seven abreast. After them came 150 minor civic officials bearing their staffs of office and then, mounted, the three groups of men-at-arms of the city (100 arquebusiers, 100 archers, and 100 arbalestriers). The officers of all these different groups had been provided with expensive uniforms paid for by the city. They, in turn,

46 In the Queen's entry it is mentioned that the participants 's'en sont retournez en la ville au mesme ordre qu'ilz estoient allez' (Q15^{r}). They would still have had to be assembled somewhere and it seems unlikely that any parts of the parade would have gone up and back the same route.

47 The Queen's entry specifies also the Regents but does not mention the delegates following.

were followed by an elite group of some 120 sons of wealthy bourgeois, richly mounted and led by an elected captain who had also been outfitted by the city.[48] These preceded the master workmen and the city sergeants, who were followed by the Prevost des marchands and the four Echevins with the three procureurs, the 24 councillors, and the 16 quarteniers who were responsible for civic government. After the quarteniers came four representatives from each of the eight merchant guilds and 32 of the influential bourgeois of the city. The sergeant of the watch then followed with 100 arquebusiers on foot and 50 on horseback. Hard after these came the 220 foot sergeants and the four 'sergeans fieffez.'

The contingent from the Châtelet included 100 notaries, 32 commissioners, and the baillifs. Then followed, with his guard, the Prevost de Paris, appointed by the King and not to be confused with the Prevost des marchands, who was elected. He was accompanied by his lieutenants and lawyers, the King's procurer, and the distinguished councillors and barristers of the Châtelet.

The next important group included the various officers of the Mint, the Treasury, and the Parlement de Paris with its six presidents and the Premier President, Christophe de Thou. This part of the procession was brought up by the Presidents des enquêtes, the Advocates general, and the Procureur general.

As the different units passed in front of the platform at Saint Ladre, certain delegates had the privilege of expressing the loyalty of their group. While it is not clear how many there were it is safe to assume that the process was long and tedious. At the King's entry, Charles was accompanied on the platform by his two brothers, the Duc d'Anjou and the Duc d'Alençon, his brother-in-law, the Duc de Lorraine, the Prince Dauphin, and various other dignitaries including President de Biragues, keeper of the seals. At the point when the Prevost des marchands mounted the platform accompanied by the four Echevins, the keys of the City were given over to the King.

48 For the extraordinary expenses and the very elaborate ceremonial dress provided for the capitaine des Enfants de Paris and his pages, cf. Appendix IV, f. 57^{r} et seq.

At the Queen's entry, exactly the same procedure was followed but the platform party also included a number of princesses and noble ladies. The only other difference was that some of the participants who had previously worn armour or military uniforms were dressed for this occasion in more elegant attire.

For the King's entry, the final section of the procession began with various officers of the Royal household, who preceded a richly caparisoned horse bearing the royal seal which was followed by President de Biragues. Then came a mixed group of pages and the Grand Prevost de France with his guard. After them in two separate groups were the troops of the Duc d'Alençon and those of the Duc d'Anjou. These were followed by members of the King's household with écuyers carrying the royal cloak, hat, gloves, and helmet. After them came the marshals of France, the king's own horse and his Grand Ecuyer, the Duc de Guise (Grand Maître de France), and, finally, the King himself accompanied by his brothers, his personal guard, and various high-ranking nobles.

A roughly similar order was followed in the Queen's entry, except that the King's personal accoutrements were naturally not included. President de Biragues was there, in the same position, but he was followed this time by members of the diplomatic corps, who do not seem to have taken part in the first entry. Instead of the King's écuyers carrying his personal effects, the Queen's pages, preceded by heralds and the King-at-arms, had in their charge her portemanteau and jewel box. Her two horses came next (a 'cheval de crouppe' and a 'hacquenée de parade') followed by officers of the King's household. Then came the five cardinals who had participated in her coronation, her personal equerry, and the Duc de Guise with the King's huissiers.

The Queen herself was borne in a magnificent open litter escorted by the Duc d'Anjou, the Duc d'Alençon, and various pages, écuyers, and members of the King's guard. She was followed by another litter in which were seated the King's sisters, Madame Marguerite and the Duchesse de Lorraine. They, in turn, were accompanied by the Duc de Lorraine and the Prince Dauphin.

After these came an impressive group of seven noble ladies, each riding in the company of an equally distinguished gentleman. They were followed by a second group of nine ladies of somewhat lower rank, similarly escorted. After them came four Hungarian-style coaches, in each of which were six of the Queen's ladies. The final group consisted of the mounted members of the King's guard.

For both entries special use was made of three rooms in a large house belonging to Jehan Mirault on the rue Saint-Denis, which were suitably arranged and hung with tapestries. At the King's entry the Queen, Madame Marguerite, and various other noble ladies were accommodated there where they could observe the procession pass. At the Queen's entry, the King and the Queen Mother occupied the same suite, which must have been near enough to the Châtelet so that they could join the procession as it returned from Notre Dame in order to enter the Louvre.[49]

The traditional route of royal processions into the city or funeral cortèges out of the city was along the rue Saint-Denis (figs. 7, 8), which from the thirteenth to the end of the eighteenth century was the main commercial artery of Paris, permitting direct participation of the guilds in ceremonies, and, into the bargain, symbolizing the very lifeline of the city.[50] The keys which were presented to the monarch were, in fact, the keys of the Porte Saint-Denis,[51] and along the route, the triumphal arches and other decorations were traditionally located at the following places:

1 *The Porte Saint-Denis* Here a triumphal arch was constructed 'à l'entrée du pont levis' and joined to the existing city gate by a 'berceau de liaire' some five toises in length (figs. 9, 10).

2 *The Fontaine du Ponceau* The decorations here simply incorporated the fountain which stood at the angle of the rue Saint-Denis and the rue des Egouts (figs. 11, 12).

3 *The Porte aux Peintres* (sometimes called 'l'endroit de St Jacques de L'Hospital' since the 'fausse Porte aux peintres' had been demolished in

49 Cf. Appendix IV, ff. 81^{v} and 82^{v}.

50 Maurice Vimont, *Histoire de la rue Saint-Denis de ses origines à nos jours* (Paris: Les Presses Modernes, 1935), I, p. ii.

51 Cf. Appendix IV, f. 97^{r}.

1535. Here there was a double arch through which the procession passed (figs. 13, 14).

4 *L'Eglise du Saint-Sepulchre* In front of this church, which stood on the rue Saint-Denis between the church of St-Leu and the rue Aubry-le-Boucher, there was constructed a large pedestal to support a statue or other decorations (figs. 15, 16).

5 *The Fontaine St Innocent* Another pedestal or similar construction here also served to support one or more statues (figs. 17, 18).

6 *The Châtelet* ('Le port' or 'L'Apport' de Paris) Here it was customary to construct a wall covered with a canvas in *platte peinture*, i.e. a perspective which gave the impression that the street continued in the same direction (fig. 22).

7 *The Pont Nostre Dame* Arches were constructed at each end of the bridge, and the interior, at that time lined with houses and shops, was also ornamented on a false ceiling and the sides (figs. 19–21).

One of the more startling aspects of the iconographical programmes of the entries is the rapidity of their elaboration and the relative modesty of payments to their authors in comparison with the sums paid to the painters and sculptors. Ronsard, in his capacity of 'aulmosnier du Roy,' acquitted his work by 1 December 1570 in the amount of 270 livres tournois 'sur les inventions, devises et inscriptions qu'il a faictes pour lesd. entrées' with a later sum of 54 livres tournois 'pour son parfaict payement.'[52]

One may then suppose that those accounts immediately following, but without dates,[53] are of an equivalent epoch: Amadis Jamyn, 'poete,' receiving only 27 livres for 'ce qu'il a faict par ordonnance dud. sieur Ronssard pour servir ausd. entrées,' while Jean Dorat as 'poete du Roy' received 189 livres tournois for 'tous les carmes grecs et latins mis tant ès porticques, theatres,

52 Appendix IV, ff. 88^r–88^v.

53 Ibid., ff. 88^r–89^r.

arcs triumphans que collosses,'[54] the six sugar confections presented to the Queen,[55] and the Latin legends for the present given to the King.[56] Dorat later received a supplement of 54 livres tournois for 'les inventions, carmes latins et fictions poecticques par luy faictes pour l'entrée de la Royne, aussy pour la traduction et allegorie qu'il a faict de l'histoire de Tifre par luy inventée en XXIIII tableaux pour la frize de la salle de l'evesché' (5 April 1571),[57] bringing the total cost of the programmes to 584 livres tournois.

Indeed, of a total expenditure of 49,439 livres, 10 solz, 1 denier tournois, the decorations were a relatively minor expense compared to the sums required for the costumes of city officers (and similar reimbursement to individuals),[58] the Queen's banquet and two royal presents,[59] and the inevitable extraordinary expenses. After a careful reading of the accounts, one appreciates the reasoning behind the insertion into the narrative of the illustration of an Enfant de Paris (fig. 23),[60] for it would be the only record of the

54 The relative disproportion of payment for work executed seems an indirect confirmation that it was the realization of the programmes which counted.

55 Cf. pp. 239–43.

56 Cf. pp. 187–90.

57 Save the exceptional verse by Bouquet, Dorat had the entire responsibility for the programme of the Queen's entry. Its seeming poverty (cf. pp. 204–21) may reveal haste in execution, even if we are unable to say whether Pilon's *marché* of 17 March 1571 (Appendix III, 10) was done in anticipation of a more detailed programme or was the result of general indications of earlier date. Certainly the *marché* for the Grande Salle de l'Evesché (Appendix III, 12) of 8 January 1571 mentions only 'tableaux d'histoires et figures poetiques, telles que le devis leur *sera* baillé.' One wonders whether the reduction of the programme to a single source was remarkable not only for its rarity but coincidentally for the ease and rapidity with which it could be elaborated rather than researched. Cf. p. 82 and Appendix IV, f. 107^v.

58 Cf. Appendix IV, ff. 89^r–89^v and 128^r–128^v.

59 i.e. 7400 livres, 12 solz for the Queen's present and 3334 livres, 12 solz for that of the King, once reworked, as well as 180 livres tournois for the cases. Cf. Appendix IV, ff. 95^r–95^v and 100^v–102^v.

60 They included 'tous les notables enffans de ceste Ville, aagez depuis dix huict jusques à trente cinq ans.' (*Registres* VI, 234.)

Parisian bourgeoisie, which had underwritten what was, in fact, a national celebration.

The elaboration of a royal entry necessarily supposed an unusual amount of co-ordination from its conception to the final accounting, here of 10 September 1572. The social and political aspects of such endeavours are most difficult and fastidious to reconstruct on a day-to-day basis, as opposed to the *grandes lignes* of the programme. For these, one may consult the *Registres* as well as the occasional mention in the accounts.[61] We make no pretence at being social historians and thus, perhaps, to lose sight of the Entries themselves; our remarks are accordingly confined to the artistic and literary aspects of the iconography while accepting the political explications of the *Bref et sommaire recueil* as the most reliable public account of the programmes.

It is also manifestly unwise, in the first publication of account books, to attempt a complete analysis or chronology since one is too preoccupied with their transcription and printing to achieve the requisite leisure and detachment. We then include only those technical or documentary aspects which are sufficiently clear to admit of an interpretation at the present time, and only insofar as they permit substantive observations or seem representative of problems which might generally be encountered in entries. Nor have we indicated the respective duties of the artists involved, who are nonetheless few in number, since these seem to have depended more upon the categories of work to be executed than upon their official qualities; in any case, the sums 'oultre et pardessus les ouvraiges declarez' are usually so miscellaneous in nature that it is difficult to identify the work in question.

The programme for the King's entry would have had to be completed between the time of the *marché* of Charles le Comte for the 'ouvraiges de

61 e.g. Appendix IV, ff. 127^{v}–128^{r}. In all cases there were general preparations relating to the ordering up of the public way, barriers, sanding and the like (ff. 49^{r}–49^{v}) and then the necessity of working in secrecy behind scaffolding in 'tentes de toille, appellées canonnieres ... pour cacher les figures qui se faisoient' or the effective appropriation of certain houses nearby to facilitate work (ff. 52^{r} and 81^{r}–81^{v}).

charpenteryes' (26 September 1570),[62] stating the general character of the constructions to be ornamented, and the *marché* of Nicolò dell'Abate and Germain Pilon of 11 October 1570.[63] The artists were respectively allotted 1100 and 2400 livres tournois for the decoration, and the dates of the receipts indicate a reasoned progression of work, particularly in the early stages.[64] Pilon also received an additional 105 livres, 18 solz for work on the King's entry,[65] and a separate *marché* for 550 livres tournois for modifications to statuary in view of the Queen's entry was concluded as of 17 March, a mere 11 days prior to the event.[66] The formulations mentioning the figures and attributes or symbols to be represented, sometimes by name and sometimes by category, can only be those of Ronsard since no other name is mentioned.[67]

In the execution, the artists were held to the double authority of written word (in the *devis* and *marché*) and the notarized drawings which accompanied them. Once separated from the documents, these became working drawings and it is doubtful that they were returned even if they may have been preserved

62 Appendix III, 2.

63 Appendix III, 4.

64 Cf. Appendix IV, ff. 25^{v}–34^{v}. Nicolò submitted four *quictances* of 11 October, 14 November, and 7 December 1570 and one of 3 March 1571 while Pilon submitted five dating 11 October, 9 November, and 18 December 1570 and for 21 February and 17 March 1571.

65 Appendix IV, ff. 38^{r}–39^{r} (undated).

66 Appendix III, 10 and Appendix IV, ff. 34^{v}–38^{r}.

67 Elizabeth Armstrong, *Ronsard and the Age of Gold*, Cambridge, 1968, p. 45, surmised that 'the printed account of the iconography may well preserve Ronsard's instructions to the painters.' We are inclined to think the opposite, that the *devis* (and the accounts which essentially reproduce it) retain the actual language of the poet while the *Bref et sommaire recueil* preserves what was made of it. Indeed, recurrent formulas such as 'faictes selon l'ordonnance de monsieur Ronssard, poëte' or 'ausdictes figures, seront faictes selon la description dudict poëte, comme sensuict' (Appendix III, 3) have the very character of instructions – complete with the occasional hesitation such as 'une BELLONNE, OU FURIE, OU MARS, enchesné, ayant horrible face, ou ainsy qu'il sera advisé par le poëte.'

in the hands of the executants for varying periods of time.[68] An indication of work to be done 'selon et ainsi et par la forme et maniere qu'il est pareillement contenu et declairé par icelluy devis, et cocté par lesdictz portraictz, qui sont demourez ès mains desdictz Labbé et Pillon, pour faire lesdictz ouvraiges'[69] does not, unfortunately, resolve the question of whether the artists concerned were themselves reponsible for the drawings or whether they received them from artists in city employ. This question is particularly delicate since, in both their literary and artistic aspects, the Entries of 1571 represent a collaboration between Court and City; some of the participants already possessed considerable reputation while others are known almost exclusively by their work upon the entries.

Yet the assigning of priorities on the basis of ultimate historical selection does not stand up to the evidence of the *Bref et sommaire recueil*, which gives every indication that the general programme of the Entries was the result of oral deliberations between the Royal poets Ronsard and Dorat, whose services were made available to the city authorities, and the Echevin Bouquet. We are aware that this interpretation goes against the balance of criticism on the subject, but the predominance of explanatory vernacular prose and poetry by Simon Bouquet is a precious indication corroborated by the fact that no specific payments are made to him since he was, in effect, one of the comptrollers of the city of Paris. Moreover, a Marc Anthoine Margonne received 30 livres tournois on 4 July 1571 'pour avoir escript durant huict mois soubz maistre Symon Boucquet, eschevin de lad. ville, les devises, dictums, et poesies tant en grec, latin que françois, pour les porticques et arcs de triomphes desd. entrées ...'[70] This would put the work on the inscriptions back to at least November 1570, perhaps earlier still, and would confirm Bouquet's self-avowed role as co-ordinator of the visual and exegetical

68 One can gain an idea of the sheer number and variety of drawings of similar type, now probably lost, by consulting E. Coyecque, 'Au domicile mortuaire de Germain Pilon (10 février au 13 mars 1590),' *Humanisme et Renaissance* VII (1940), pp. 45-101.

69 Cf. Appendix III, 4.

70 Appendix IV, ff. 128^v–129^r.

aspects of the programmes.[71] It is also apparent from additional receipts of Margonne that the publication of a commemorative album was anticipated prior to the entries and that Bouquet's *explication de texte* was considered essential in some way to the comprehension of the programmes.[72]

The collaboration of Margonne and Bouquet cannot have been mere transcription of the previously elaborated texts: the amount of time stated is excessive and unreasonable for such a task, and the later *quictance* of 5 September 1571 is intended for copying in view of publication. And if the *devis* and *marché* usually leave the inscriptions blank, it is surely because the copyists were ignorant of Greek and perhaps even of Latin.[73] The distribution of responsibilities whereby Ronsard apparently worked 'plusieurs et divers jours' and Dorat 'continuellement et par plusieurs jours,' while Bouquet's efforts stretched over a period of some months, are nonetheless equated in the attractive emblematical 'bouquet' of Simon Bouquet on Q27ʳ (fig. 25):[74]

> The Greek and Latin verses, apart from those culled from ancient authors, are by Dorat, the Poet Royal. As for the French verses, where these are followed by the letter R they are by Ronsard; where the letter B is added, they are to be ascribed to the said Bouquet.[75]

It is not without significance that the poems which occupy the central position for all the triumphal arches in both entries are by Bouquet.[76] Yet it is not the distribution of tasks which is decisive but rather the nuances or precisions which distinguish the allegedly parallel texts of the Latin and

71 Cf. p. 97, n. 9.
72 Appendix IV, ff. 129ʳ–129ᵛ.
73 Cf. Appendix III, 3.
74 Another version of the 'bouquet' is preserved in some copies (fig. 26), and is distinguished by a typography which makes the conceit more evident and the text less broken up, further accompanied by the reading pr*i*vatimque (correction of a typographical error) d*is*tinebatur and the appearance of the folio number Giij.
75 Q27ʳ. Cf. K3ᵛ and K22ᵛ.
76 i.e. the Porte Saint-Denis (K19ᵛ and Q2ᵛ), the first and second faces of the Pont Nostre Dame (K33ᵛ and Q11ʳ; K37ʳ and Q12ᵛ).

Greek with the French translation against which they should always be compared.[77]

Taking only the principal face of the Arch of the Porte aux Peintres as an example, it is notable that the changes sometimes involve only an adjective (K19^{r}–19^{v}) or a verb (K20^{r}). For the minor compositions, the epithets or salutations are of such obvious banality (K21^{r}) as to be utterly undistinguished in all respects; we must either reconsider Dorat's poetic reputation or else admit that he was not able to surmount the restrictions imposed upon him. And one of the French versions bears little resemblance to its point of reference, which is certainly important in relation to the alterations in programme which were finally effected. Thus the many paraphrases of the inscriptions from the King's entry are a sure indication that these never served, but were intended to explicate the contemporary significance of set-pieces in connection with the images of the album.

Before detailing the iconography of the entries one should form some general impression of the character and problems of the illustration by Olivier Codoré, which served as the only durable visual evidence of the celebrations.

The descriptive language of the album immediately preceding a woodcut gives in each case some indication of its real value as an historical document. Thus the first portal of the Pont Nostre Dame (fig. 19) is described as 'au *plus*

77 This system was adopted for those arches or *avant-portails* having a single face, but led to an ingenious system for the arch of the Porte aux Peintres, where all the Greek inscriptions were resumed in a double-faced tablet suspended in the barrel vault (K25^{v}–26^{r}). No Greek was retained for any *new* inscription of the Queen's entry, as opposed to its predominance in that of the King. In one instance the Greek was simply translated into the Latin characterizing the later entry (Q13^{r}, cf. K38^{r}–38^{v}). Most exceptionally for both entries, 'pour ce que ces deux fleuves [Rhosne et Danube] et globe qu'ils soustenoient se voioient autant d'un costé que d'autre (Q6^{r})', the Latin verse on the principal face was translated into French.

pres du naturel' for Charles' entry[78] while the same portal for Elisabeth's entry (fig. 20), the Hymen at the Fontaine des Innocents (fig. 17), and the King's present (fig. 24) are qualified as 'à *peu* pres ...,'[79] leaving the impression that only three of the sixteen cuts of the album are inexact in some way. Yet no official notice is taken of the profound changes made in the first face of the Porte aux Peintres, which may be documented by the original *devis*, and what is the only notarized drawing presently known for the entry (fig. 35).[80]

Certain other literary formulas are so general as to indicate either that the image is summary in nature or else to emphasize the amount of detail which could not be satisfactorily rendered in the block sizes.[81] This in turn is a precious if discreet witness as to the deceptiveness of relative scale of Codoré's illustration, where the single 'colosses' such as the Juno before the Sepulchre (figs. 15, 16) receive as much space as the complex programmatic arches of the triumph. To cite only one such example, the Saturn of the Fontaine des Innocents (fig. 18) received as his attribute for the Queen's entry the ship which had previously adorned the Paris of the left-hand niche in the Porte aux Peintres (fig. 13).[82]

78 K35^{r}.

79 Q11^{v}, K30^{r}, and K53^{v}. The time to time retention of the word *pourtraict* may indicate not only an image in the general sense of the term but, as well, that the notarized drawings mentioned in Appendix III in connection with the *devis* probably served as some basis for the illustration of the *Bref et sommaire recueil.*

80 The authorship of the drawings accompanying the *devis* is unresolved and, with the exception of the 'Me Baptiste' responsible for the *pourtraict* of the King's present (cf. Appendix IV, f. 95^{v}), is nowhere specified in the accounts. It is likely that we are dealing with the Me Baptiste (Pellerin?) who previously was employed for important civic festivities. Cf. *Le Recueil des inscriptions*, pp. 40–1 and p. 92, n. 71. For the controversy concerning the authorship of the *pourtraict* of the Porte aux Peintres, cf. p. 43.

81 e.g. 'le surplus des enrichissemens (K17^{v}) [– des singularitez (K27^{v}); – des beautez artificielles (K53^{v})]'; '... demonstrera le surplus (K32^{r}); ... supplera le default du reste (Q8^{v}).'

82 Cf. p. 82, n. 260.

We unfortunately know of no contemporary reactions to the album beyond the congratulations that might be expected for its production. This is regrettable in that we have no real idea of how the public appreciated the illustrations (10 blocks for the King's entry and 6 for that of the Queen) in relation to the accompanying texts. Indeed, the wording sometimes seems to suggest that these were often used in lieu of successive enumerations whose elements would be difficult for readers to imagine as a whole.[83]

It is, in any case, left to the reader to visualize the requisite inscriptions in the appropriate blank spaces on the triumphal arches and socles. This supposes that he realizes from the woodcuts themselves that the textual specification 'costé dextre/senestre' (when, indeed, it is even mentioned) means that one is looking out *from* the arches and not *towards* them.[84] While it is exceedingly difficult to propose general laws regarding reversal of block illustration at this period unless one has in hand all the preparatory drawings, it may be significant that the project and cut for the Porte aux Peintres (fig. 13) are in the same sense.[85] One may then assume that the portals were intended to welcome Charles into the city and that they were conceived as true theatrical decors so that all directions mean *stage* left and right even though there were no live *figurants*.[86] This would reduce Charles to as much a spectator of

83 'Pour ne plus ennuier le lecteur des particularitez qui y estoient en est icy representé le pourtraict (K21^{v}; cf. K36^{r}).' The only express mention of a block as aid to a reconstitution is the 'Telles estoient les inventions de ce portail duquel le pourtrait s'ensuit' of Q3^{v}, and the lack of legends for the illustrations often seems to have compelled readers to write in the general titles in their copies.

For the general problems of language and illustration cf. W. McAllister Johnson, 'Essai de critique interne des livres d'entrées français au XVIe siècle,' in XVe *Stage international d'Etudes Humanistes*, Tours, 1972.

84 e.g. K8^{r}–8^{v} (Porte Saint-Denis) and K19^{v}–20^{r} (Porte aux Peintres), while those for the same portals of the Queen's entry may be interpolated because of the slightly modified statues and attributes (Q1^{v}–2^{r} and 6^{v}–7^{r}).

85 Cf. p. 46.

86 Cf. p. 82.

the iconographical programmes as any other viewer, albeit an infinitely more privileged one.[87]

For the entirety of the illustrations for the Queen's entry, new blocks were created for the upper portions of the socles or arches, with the lower sections remaining as they had been for the previous occasion. One might be initially led to think that this ingenious process resulted from haste in printing combined with economic considerations.[88] In fact, what changes were effected by Germain Pilon for the Queen's entry were largely confined to the modification of the statuary of the frontispieces and the freshening or changing of colours of existing elements owing to the lapse of time and weathering or the desire for a more sumptuous presentation of reused motifs.[89]

Some cuts were not repeated in the Queen's entry when they did double duty, as the Châtelet Perspective (fig. 22) and the interior view of the Pont Nostre Dame (fig. 21). Other cuts included in the King's entry and not repeated were the Enfant de Paris (fig. 23) and the present (fig. 24). In the end, the reader would have come away with a better sense of the nature of the Queen's entry because of the all too summary nature of the descriptions which permitted the plates to follow in rapid succession – all on the recto of

87 The nearest Charles would come to taking a part in the programme of the decorations would be as he passed through the three triumphal arches, the first at the Porte Saint-Denis dedicated to his ancestry, the second at the Porte aux Peintres to his immediate forbears, and the third at the Pont Nostre Dame to him and his brother. In the latter two he would come out under representations of himself and his brother, the Duc d'Anjou.

88 Despite the general incorrection of the album, all the more surprising because of the care taken in preparing the text (cf. Appendix IV, ff. 128^v–129^v, cf. f. 132^v), no mention is made of the origins or execution of the illustration. This silence, as well as the very nature of the views, seems to confirm that the woodcuts were made from the official drawings – perhaps long in advance of the preparation of the text itself.

89 See Appendix IV, ff. 35^r–38^v. Cf. *La Renommée* V, 108–10.

the folios.[90] The comparison of the two entries with their affinities and divergences would then have been most difficult, with the celebrations doubtless appreciable only as entities since they were separated by the extensive (and unillustrated) relation of the Queen's coronation. The greater length of the King's entry and resultant spacing between illustrations would have made almost impossible the intricate system of cross-references which we have sought to emphasize in our textual annotations. For this reason as well, we have grouped whenever feasible the paired or reused illustrations – six in number – while retaining the sequence of the originals as determined by the order of procession as it is related in the King's entry.

One may mention two interesting omissions from the illustration, as well as the second faces of the Porte aux Peintres and the Pont Nostre Dame, which are only described.[91] The King's entry as a whole was certainly the more

90 Since there are no block margins for the motifs which float in the void of the paper, measurements are those of the subjects. Individual copies will present the expected discrepancies according to the quality of inking and amount of paper shrinkage, qualities which may also affect the legibility of the image. Any striking differences resulting from the marriage of two blocks for the Queen's entry are entirely due to variants in the height of motifs of the superstructure. The collation is as follows:
Porte Saint-Denis K13^{r} H. o^{m}200 x L. o^{m}142 (fig. 9); Q4^{r} H. o^{m}210 x L. o^{m}142 (fig. 10)
Ponceau K18^{r} H. o^{m}208 x L. o^{m}110 (fig. 11); Q5^{r} H. o^{m}200 x L. o^{m}110 (fig. 12)
Porte aux Peintres K22^{r} H. o^{m}209 x L. o^{m}141 (fig. 13); Q8^{r} H. o^{m}208 x L. o^{m}141 (fig. 14)
Sepulchre K28^{r} H. o^{m}206 x L. o^{m}093 (fig. 15); Q9^{r} H. o^{m}205 x L. o^{m}093 (fig. 16)
Innocents K30^{v} H. o^{m}208 x L. o^{m}142 (fig. 17); Q10^{r} H. o^{m}206 x L. o^{m}143 (fig. 18)
Perspective K32^{v} H. o^{m}208 x L. o^{m}213 (fig. 22)
Pont Nostre-Dame K35^{v} H. o^{m}210 x L. o^{m}145 (fig. 19); Q12^{r} H. o^{m}208 x L. o^{m}144 (fig. 20)
(interior) K36^{v} H. o^{m}208 x L. o^{m}141 (fig. 21)
Enfant de Paris K42^{r} H. o^{m}204 x L. o^{m}143 (fig. 23)
Present K54^{r} H. o^{m}206 x L. o^{m}142 (fig. 24)

91 K23^{r}–26^{r} / Q2^{r}–2^{v}; K37^{r}–38^{v} / Q12^{v}–13^{r}.

conceptually and politically important for the national sentiment, but it is surprising that the banqueting hall of the Salle de l'Evesché with its decors was not collected, as it is the one aspect of the Queen's entry of corresponding iconographical importance to the themes developed in the King's entry.[92] On the other hand, the purely circumstantial and ephemeral character of the sugar confections created for this banquet[93] would have automatically precluded their appearance.

A final word. Neither the peculiarities of the individual decorations nor their raison d'être may necessarily be deduced from the study of the illustration itself. One could not know, for example, that the structures of the Sepulchre (figs. 15, 16) and Fontaine des Innocents (figs. 17, 18) were surrounded by 'deux marches basses, affin d'empescher chevaulx d'approcher et hommes pour nuire ausd. collosses,'[94] or a host of other practical details that had to be thought of in a public celebration. Even if the accounts may seem largely recapitulative in relation to the *devis*, the comparison of all available sources may eventually succeed in bringing some order into what was a series of iconographical alternatives falling within a category of images when these are reduced to one,[95] or some telling detail or measurement is mentioned in passing. We have tried to bring together the more important of these technical and interpretive observations in the succeeding sections devoted to the individual decorations, knowing that our success will be limited.

I

At the Porte Saint-Denis, the first structure in the co-ordinated series, the decorations were generally remarkable for their sobriety as compared to the ostentation of the Porte aux Peintres or the fantasy of the Pont Nostre

92 Cf. pp. 232–9.
93 Cf. pp. 239–43.
94 Appendix IV, f. 31v.
95 e.g. Appendix III, 3; Appendix IV, f. 34r (transcription tenses changed, become incorrect); K37r while *La Renommée* IV, 669–80 provides what seems to be a satisfactory interpretation.

Dame.[96] It was here that the artillery fired salvos[97] in honour of both the King and the Queen at the moment of their actual entry into the city precincts.[98] And it is surely for this reason that this portal was also adorned with the images of 'Nostre Dame, Sainct Denis et Saincte Geneviefve,'[99] which would not otherwise be accounted for in the regular programme.

The *avant-portail* constructed thus preceded a barrel vault over the pont-levis (fig. 9), some 5 toises in length, leading to the fortification itself.[100] To be more precise, the arch was 5 toises wide by $5\frac{1}{2}$ high, the opening having a width of 12 to 13 feet and a corresponding height of 18 to 19 feet to the keystone.[101] The historiated pedestals below the statues and the cornice gave the effect of grey marble, while the inscriptions, if one assumes they were identical in character to the central one, were of black lettering on white.[102]

96 K8^{r}–12^{r}. Cf. *La Renommée* IV, 263–344; Appendix III, 3 and IV, ff. 26^{r}–28^{r} and Appendix III, 1 and IV, ff. 18^{v}–19^{r}, 21^{v}–22^{r}, 43^{r}–44^{r}, 49^{r}–49^{v} and 51^{v}.

97 K47^{v}. See Appendix IV, f. 84^{v} et seq. Cf. *Entrée de 1549*, f. 29^{v}.

98 The 38 mm module issue by Alexandre Olivier for the occasion (fig. 5) shows Paris personified presenting the keys to the city at a portal with the legend ADVENTVS LVT [ETIAE] 1571, with Charles enhorsed and proceeding over a flower-strewn ground under a ciel supported by the four Echevins (Mazerolle II, Paris, 1902, cat. 161). Cf. K45^{r} and K48^{r} and Appendix III, 16.

The silver jeton in 29 mm module for the same occasion (fig. 6) presents essentially the same scene on its obverse as occurred on the reverse of the larger medal except that only the equestrian Charles appears. The legend ADVE. CAR. VIIII, REG. LVT. (with exergue D.C.M.) is then continued on the reverse by ET. ELIZABET. REGINÆ. 1571. A feminine figure with Caduceus who may or may not be Elisabeth herself rather than a more generalized personification such as Peace is borne on a chariot drawn by two horses to a portal similar to that on the obverse. She is crowned with laurel by two figures who might be Mars and Minerva, if indeed their resolution is such as to permit specification. Cf. Henri de La Tour, *Catalogue des jetons de la Bibliothèque Nationale. Rois et reines de France*, Paris, 1897, cat. 203.

99 Appendix IV, f. 43^{v}.

100 Appendix IV, ff. 21^{v}–22^{r}.

101 K8^{r}.

102 K9^{r}. The main inscription had dimensions of 4 feet high by 7 in length.

The only relief to such colouristic austerity was a stylobate representing jasper and the five bronze masks flanking the niches and occupying the keystone itself.[103] The great attraction for the public seems to have been the 'pierre de rustique bien fort resemblant le naturel, à cause des herbes, limax, et lezards entremeslez parmi'[104] which is developed for other reasons in the Pont Nostre Dame and which calls to mind the experiments of Bernard Palissy even if his participation is nowhere attested to in the accounts.[105] Whether or not this fascination with natural motifs went any further for the spectators, it was intended 'de monstrer la chose fort ruinée pour l'ancienneté' as had already been done for Henry II's Parisian entry of 1549 (fig. 31).[106] Yet the vestiges of antiquity could be evoked by a choice of themes as well as the rhetoric of ruins and invading vegetation, and these set-pieces were perhaps capable of more variations if they were based upon popular credence rather than precise texts. For the entry of 1549, the Gallic Hercules (François I) led the four Estates with the accompanying legend TRAHIMVR, SEQVIMVRQVE VOLENTES, which by 1571 had been transferred to the decorations for the Queen's banquet. In their place on the Porte Saint-Denis appeared Francion and Pharamond, evoking the origins of the monarchy in the night of Time and admitting the imprecise nature of the sources with the discreet mention, 'Francio ab Iliacis veniens (ut fama) ruinis ...'. In a corresponding departure from precedent, the device of Charles IX was relegated to the decorations of the pont-levis rather than figuring on the face of the triumphal arch.

103 K11^{v}–12^{r}. The masks were later gilded for the Queen's entry.

104 K8^{r}.

105 See Ekhart Berckenhagen, *Die Französischen Zeichnungen der Kunstbibliothek, Berlin* (Berlin: B. Hessling, 1970), pp. 14–16 for a drawing attributed to Palissy for the Grotto of the Tuileries (fig. 36), fragments of which are preserved in the Musée nationale de céramique, Sèvres. Not only is there a striking similarity of research in the production and utilization of naturalistic motifs, but the chronology is interesting as the Grotto was elaborated from c. 1565–70.

106 Appendix IV, f. 27^{v}, cf. *Entrée de 1549*, ff. 2^{r}–3^{v}.

Thus, to preserve the language of the album, to the right was a Francion with eagle and, at the left, a Pharamond with crow carrying blades of wheat in its beak, the first representing untold wanderings and happy conquest of territory to establish a dynasty, the second, the fertility and augmentation of those origins. The pedestals upon which these figures stood carried out these themes in the emblematic figures of a wolf and a grazing cow amidst landscapes. The two legendary heroes are presented as near twins with identical attributes (radial crowns encircling swords) regarding each other across the void filled by a rusticated frontispiece surmounted by an Imperial crown and the Ordre de Saint Michel with écu de France.

Below Francion appeared a Majesté with sceptre, main de justice, and other attributes such as the 'villes et chasteaux,' not shown in the block, indicating not only an original, but a maintained and augmented grandeur. Below Pharamond, traditionally the first in the numbered line of monarchs, appeared a Victory with broken wings crushing under foot a Fortune as a sign of the immanence of this quality in the undertakings of the realm. The compositions of the interior flanks of the arch further carried out the themes of abundance and stability in the face of adversity.

The Queen's entry supposed relatively few modifications to the figures of the superstructure as opposed to the three of the five major inscriptions.[107] The Francion became a Pepin (identified by his church), and the Pharamond a Charlemagne with eagle. As well, the arms of France disappeared only to be replaced by the nymphs GALLIA and GERMANIA with their respective arms, both supporting the laurel diadem which united them.[108] The frontispiece was no longer rusticated and the bronze cornucopias which had been introduced for the King's entry were replaced by trophies.[109] All this concurred with an overtly triumphal symbolism which would have been ill-regarded

107 QI^v–3^v. Cf. *La Renommée* V, 111–13; Appendix III, 10 and IV, ff. 35^r–35^v.

108 Laurel and oak, if the terms of the *devis* were followed, Appendix III, 10.

109 Appendix IV, f. 35^v. Rather than being added to the socle, these all too conventional attributes may have been part of the structure. Cf. *La Renommée* V, 127–8: 'Sous [Sus?] un sode quarré peint de platte peinture/De foudres, fleches, d'arcs, et telle pourtraicture.'

in the prior entry relating to France alone. Here it could be excused – or perhaps, was requisite – on the occasion of the merging of two illustrious royal houses, as it would escape the bounds of purely national conflict and illustrate commonplaces.

2

For both entries, it was only logical that the structure following, at the Ponceau, pay homage to the person who incarnated the principle of monarchy and who had arranged the marriage and peace which were being celebrated in the decorations: Catherine de' Medici.

The Gallia created for the Fontaine du Ponceau (fig. 11) presents an extraordinary number of discrepancies in the written accounts, most likely resulting from its application on an existing public fountain.[110] The general precedent of the Parisian entry of 1549 had been retained (fig. 32) with a central sculpture and three accessory ones attached on the hexagonal structure, rather than the square format suggested in the woodcut. It was formerly a question of a Jupiter with thunderbolt and sceptre surmounting a celestial globe, with three Fortunes representing those of the King himself (gold), of the nobles (silver), and of the people (lead) with appropriate and distinguishable attributes.[111] For the 1571 entry, the central figure, now of Gallia, had been reduced from 10 feet to about 5 to 6 feet high, 'habillée à l'antique, dont le visage rapportoit singulierement bien à celuy de la Roine mere du Roy' with the figures of Artemisia, Lucretia, and Camilla below, 'en habitz roiaux.'[112] Catherine de' Medici then appears as France personified, the preserver of the nation who has literally 'soustenu et supporté la France renversée et desreglée *au plus fort de son mal*,' as indicated by the holding aloft of the map of France painted by Nicolò dell'Abate.[113]

110 See Appendix III, 3 and IV, ff. 28^{r}–29^{r}, 38^{v}, 49^{v}.
111 *Entrée de 1549*, ff. 4^{v}–5^{v}.
112 In the woodcut the lower figures also seem to be dressed 'à l'antique.'
113 By implication, the worst is past and improvement is to be expected as a result of this testing, as already seen in a picture for the interior of the Porte Saint-Denis ($K12^{r}$).

This emphasis on conciliation effected by prudence and resulting in peace and concord provides the transition between the Porte Saint-Denis, with its ascendance of the monarchy to Francion and Pharamond, and the Porte aux Peintres with its references to the immediately preceding monarchs, François I and Henry II: the present maintenance of the dynasty is the result of the grace of God (K14v), a nuance especially worthy of retention since all human skills remain insufficient in the face of such monumental difficulties. But these traits are alluded to by the tablets in gold lettering on azure background, which seem to have hung from the fountain and which remained for the Queen's entry.[114] Thus the results of divine providence as exemplified by women of antique repute are detailed in the persons of Artemisia (loyalty), Lucretia (chastity), Camilla, and Cloelia – if the latter was indeed included – (ability to avoid or, if necessary, to wage war).

For the Queen's entry,[115] Catherine, now presumably 'vestüe d'habits Roiaulx,' appears in 'drap d'or figuré de vert, avec ung voile sur la teste, d'une toque d'argent.' The heads of the three lower figures were modified so as to appear younger, and their raiment made to seem red or green satin.[116] Their hands were accordingly supplied with fleur-de-lis and other flowers or garlands to represent the Three Graces, in celebration of the reunion by marriage of previously warring French and Germans.[117] While the accounts persist in calling the main figure a Flora, surely because of the attributes she seemed to be presenting to the passing Queen, the link to the King's entry and the Gallia is maintained by the pleasant but manifest fiction that Catherine 'entendoit se demettre avec le temps des grandes charges et insuportables affaires qu'elle a eu, et a, à la conservation de cest estat.'[118]

3

The Arch of the Porte aux Peintres is without question the most completely documented of all constructions for any Parisian entry and that of

114 Cf. Appendix IV, ff. 50r and 51v.

115 Cf. Appendix IV, ff. 34v–36r.

116 Cf. the Apollo 'tout revestu de satin blanc (et à l'antique), devallant jusques à my jambe, enrichi de broderye.' *Suite d'Arthemise*, f. 58v.

117 e.g. Q10v.

118 Q4v.

1571 in particular. As the only freestanding triumphal arch, it permitted the continuation of a programme on two faces[119] of generally equivalent iconographical importance whose programme was most likely to be seriously meditated since it represented the actual nucleus of the theme for each entry. More importantly, it was the special responsibility of the City of Paris. It could be expected to conflate the richest artistic effect with the highest political content in an ensemble whose entire decorations were placed under the surveillance of the City Fathers.[120] This is evident when one examines the 'advent' symbolism of the Porte Saint-Denis outside the city fortifications or, alternatively, the conventional urban symbolism constructed around the city emblem (the ship) of the Pont Nostre Dame. These are the only two decorations of comparable type, but the arch of the Porte aux Peintres is the most significant within the city walls and, as well, the only one conceived as a whole rather than consisting of isolated pieces of statuary or historiated superstructures applied on existing monuments.

Of these two faces, only the principal one looking towards the Ponceau and ultimately the Porte Saint-Denis was illustrated in the *Bref et sommaire recueil* (fig. 13) to the exclusion of the other portion facing St Jacques l'Hospital. The combined programme applies not to the ascendance of Charles IX (beginning with the Francion and Pharamond of the Porte Saint-Denis) but rather 'comme il s'est maintenu nonobstant tant de divers assaults, par la providence de la Roine sa mere,'[121] which refers back to the *Gallia* of the intervening Ponceau (fig. 11). To underscore this transition from legend to the reigning monarch and thence to its application within the City and State, the essentially urban Corinthian order was employed rather than the more rustic Tuscan arches of varying types of the Porte Saint-Denis and the Pont Nostre Dame.[122]

119 For those arches having only a single face, as the Pont Nostre Dame, Pierre d'Angers was paid for the following: 'avoir painct de blanc le derriere du bois des deux arcs de charpenterie posez sur led. pont' (Appendix IV, f. 41^{r}). The illusion of solidity was thus restricted to the ornamented face.

120 Cf. *La Renommée* IV, 447–52.

121 K18^{v}.

122 Ibid. Cf. K8^{r} and K33^{r}.

For this, there were eight sculptured columns, four to a side, which were then painted to resemble 'marbre mixte' for the shafts and with bases and capitals of white marble.[123] These contrasted with the architrave of feigned grey marble with a frise comprising 'un feuillage d'or, eslevé sus un fond d'esmail de couleur d'azur'[124] while the central plaque of Cadmus sowing dragon's teeth and the trophies of the stylobate were of feigned bronze for added richness.[125] While no specific indications are given for the King's entry, those for that of the Queen mention that the Henry II and the two figures in the niches below were to be 'reblanchy et racoustré' which means they were intended to represent marble.[126] The accounts further recall that the figures of the superstructure were to be seven feet high and those of the inter-columnations between six and seven feet,[127] the columns themselves being 18 feet high including bases and capitals with a diameter of 22½ inches.[128] It thus seems that many details not appreciable in the woodcut were of *platte peinture* (e.g. fruictz et voultes) while the architectural motifs were due to the carpenter's skills.[129]

Each figure or scene, with the exception of the Cadmus, was identified by an inscription. These were no doubt incomprehensible to nearly everyone since those on the principal face were entirely in Greek and, on the second, in both Greek and Latin.[130] Since a Martin Leger had for the Queen's entry 'attaché et detaché les devises et tableaux,' these were evidently made independently and then inserted into the body of the Arch, much as those for the Grande Salle de l'Evesché.[131]

To emphasize the 'augmentation de l'Empire et monarchie de nostre Roy' two pictures were placed within the flanks of the Arch.[132] These were

123 K18^{v}.
124 K18^{v}–19^{r}. For the same frieze in the Queen's entry, see pp. 209–10.
125 Ibid. Cf. *La Renommée* IV, 485.
126 Cf. Appendix IV, f. 36^{v} and *La Renommée* IV, 483.
127 Appendix IV, f. 30^{v}.
128 Appendix IV, ff. 29^{r}–29^{v}.
129 Appendix IV, f. 30^{v}.
130 Nicolò dell'Abate executed the Greek and Latin inscriptions (K21^{r} and K24^{v}–25^{r}) to be placed above the figures of the niches, Appendix IV, f. 39^{v}.
131 Appendix IV, f. 51^{v}, cf. f. 106^{v}.
132 K25^{r}–25^{v}.

supplied with appropriate fragments of Virgilian verse to this effect, plus an additional statement showing the continuity of this heritage to Charles' yet unborn children, providing a transition to the succeeding face of the arch. Also within the barrel vaulting, the central portion had a 'compartiment de feuillages, remply des armes, chiphres, et devises du Roy' with two similar French verses on tablets, one facing towards Saint-Denis and the other towards the Sepulchre.[133]

The final face showed the reigning king in his chair of majesty with the reconciliation of Fortune and Virtue before him. To the right was the Duc d'Anjou with attributes indicating his large and small victories and clemency, and to the left, the Duc d'Alençon with the attribute of the star indicating the reincarnation of François I. Neither of these attractive programmes particularly responded to the realities of recent times, but particularized the *ex utroque Cæsar* theme traditional to the French ruling house.[134] Occupying the same position as the Cadmus plaque was a Hermes Trismegistus emblematic of the counsel of kings,[135] while the figures of the intercolumnations represented, at right, Aglaia or 'liesse publique,' and at left, Astræa and the return of the Golden Age, 'lesquelles grandeurs de nostre Roy ne se pouvant ensuivre qu'une liesse publique, et aage doré.'

If, on the one hand, the iconography of the second face is notable for its simplicity, that of the principal face is the one (of all decorations of the Entry) where the changes in the execution of iconography or specifications are most pronounced and inviting of conjecture. Since we also possess the drawing notarized by Imbert and Quetin, who also signed the *devis* which it originally accompanied,[136] these changes are all the more interesting when we compare it with the Codoré illustration with which it presents some notable variants (figs. 13, 35).

133 K25^{v}–26^{r}.

134 Cf. *Le Recueil des inscriptions*, pp. 29–32.

135 K24^{v}, cf. *La Renommée* IV, 539–46 for details of attributes and their disposition.

136 H. 0^{m} 565 x L. 0^{m} 370. Pen and ink, slightly heightened with watercolour. Cf. Catalogue, *L'Ecole de Fontainebleau* (Paris: Editions des musées nationaux, 1972), n° 26. Sylvie Béguin in her article 'Niccolò

Some of these are minor in character, as the shifting of the cock from the head of Paris to her feet but others, on the superstructure, are more substantive. In the drawing, Hercules looks not towards Antæus, but in the direction of the central motif; in the intervening space is a Hydra and, near his lowered hand, people sprouting out of the ground, both details being missing from the wood-block and again indicating that many smaller motifs are lacking from the illustrations or else were never executed.[137] In the corresponding

dell'Abbate en France,' *Art de France*, II (1962), p. 144, attributed this project to Giulio Camillo dell'Abate since its style has no stylistic relation to the work of his father. We are inclined to question this attribution in view of the relatively impersonal nature of the project, which would seem to be a working drawing destined for a collaborative effort. Everything points to such drawings being furnished to the executants, of whatever their reputation, after having passed through controls effected by City officials. It is even possible that a given subject could have been drawn *en série* by draughtsmen in the regular employ of the City for distribution since several persons (e.g. Nicolò and Pilon) would have had to work from its indications, no doubt modified to various degrees in the course of execution, at nearly the same time, but for different purposes in different workshops. Such is not easily effected from a single drawing, remarkable moreover for its state of preservation; we are thus led to consider that any attempt to give names to such works is perhaps premature and probably futile. Mme Béguin has since indicated her willingness to reconsider this delicate problem, in emphasizing another fundamental aspect of attribution: whether the woodcuts indeed respect any individual styles or rather interpret or even harmonize them. The point is well taken, but faced with a dearth of drawings to effect such comparisons we are collectively unable to come to any conclusions in the matter. Of the festival and entry drawings relating to the reign of Charles IX and attributed to Nicolò in her article, none may be connected with surety to the entry of 1571 and they have thus been left out of the discussion.

137 Nor would one guess from the block that 'ung plancher' was made on the summit of the arch for the group of *haultbois* who signalled the appearance of the King much as did the artillery salvos at the Porte Saint-Denis; Appendix IV, ff. 24^{v}, 52^{r}, and 84^{r}.

The animation of ephemeral or permanent architecture (cf. p. 49,

position on the other side was to be a 'Hercullin' with two serpents, which was finally replaced by the figure of Henry II in royal robes between two columns.[138] One would be tempted to think that the Hercules and Hercullin were changed because of an aesthetic imbalance, one with too few and the other with too many subsidiary figures, but this would not explain the destruction of a symmetrical iconography, one which is clearer when we observe that Codoré's block (fig. 13) makes nonsense of the verse on K20^{r}–20^{v}.

These two motifs in any case framed the scene with the translation of the ashes of Henry II, which was present from the start. The urn with an appropriately stylized heart is pushed upwards to the clouds (eagle and crown awaiting it) by 'lesdictz petits enfans Roiaux,'[139] each with a Greek inscription. Below this was a *platte peinture* (fig. 35) showing Cadmus sowing dragon's teeth and reaping, instead of warlike men, Greek, Hebrew, and Latin letters as a commemoration of François I. The two figures in the intercolumnations, Paris with emblematic figures (most notably a silver ship with Golden Fleece) showing the aspects of activity of Ville, Cité, et Université[140] and, to the other side all-embracing France.

In the final version, Henry II appears between the two emblematic columns representing Religion and Justice and to the other side Hercules and

n. 158) by spectators and musicians is often forgotten in the reconstruction of festivals and entries. A drawing attributed to Antoine Caron (BN Est., Rés. Ad. 105, f. 35^{r} and fig. 38) illustrates these very aspects in the funeral games of Mausolus. It may thus be assigned to Book I, viii of the *Suite d'Arthémise* rather than Book II, iii to which it was attributed by M. Fenaille, *Etat général de la Manufacture des Gobelins* I^{1}, Paris, 1923, p. 176.

138 Cf. Appendix III, 3, and Appendix IV, ff. 30^{v}–31^{r} and K19^{v}–20^{r}.

139 K19^{r}. Six children seem to be indicated in the block, but it should be the five living children as *La Renommée* IV, 505.

140 i.e. 'trafiq et commerce de marchandise ... Senat et Parlement ... les artz et sciences' (K20^{v}).

The fourth part of the city is naturally 'les faubourgs.' Cf. C. Couderc, 'Description de Paris, par Thomas Platter le jeune, de Bâle (1599),' *Mémoires de la Société de l'histoire de Paris et de l'Ile-de-France* XXIII (1896), 175.

Antæus 'Lequel Anthée touchant de la main en terre feit sortir des hommes, et fut à la fin luy et ses gens deconfit par la valeureuse force d'Alcide.'[141] If the club was indeed omitted in the execution, this would indicate Antæus overcome, *non vi sed virtute*, but it is noteworthy that the ordinary suite of the history of Cadmus is here transferred to Antæus, who supposedly drew only his physical strength from contact with his mother, Earth. We do not possess the date of the change of the former figure, and know only that Germain Pilon not only executed the columns of the portal but that he was responsible for 'la figure du roy Henry, revestu en habit royal et couvert de fleurs de lys et couronné au lieu de celle du roy qui ne debvoit estre que nue.'[142]

We are then inclined to interpret these modifications as follows, for their spirit is more than adequately explained by the interpolated French of K20r–20v, and must have resulted from a desire to tighten up a programme whose correspondances are to be read vertically as groups rather than arch and superstructure. The arch was dedicated to Charles IX, his progenitors, and close relatives, the latter occupying the subsidiary face: the central motifs should have precisely the dynastic and humanistic meanings Bouquet says they possess.[143] Henry's columns thus link with the figure of Paris below, and the Antæus with the France in her aspects of peace and war.[144] This may be more obvious upon recalling that the Antæus is on the senester and Henry the dexter side of the central motifs in all descriptions. Thus, from one side would come the threats to past accomplishments, whether internal, as Huguenots, or unspecified external forces. After all, the entry was put off for a full decade because of political unrest, and the indications for this earlier programme are entirely different in components and character.[145] On the dexter, or favourable side, is the means to withstand these threats.

The original programme was already 'defective,' if such is the word, in that Hercules with the serpents should be a child in cradle rather than a youngster or adolescent as he appears in the drawing, the sense of which

141 K20r. Nowhere in *devis*, *marché*, or text is there mention of the Hydra.

142 Appendix IV, f. 38v.

143 K18v–19v.

144 K20v–21r.

145 Cf. pp. 3–6.

would be that Threat or Dissension should be stifled immediately. In line with this, the battle scenes on the bases of the Arch are eventually replaced by more generalized trophies (figs. 13, 35), two of which seem to have been stolen and eventually replaced.[146] All this seems to indicate that the projected programme was, as we have surmised elsewhere,[147] too triumphal rather than reconciliatory in nature. Changes were therefore instituted to overcome this lack of diplomacy and represent, as does the entry, a moment of very delicate equilibrium.

4/5

The 'colosses'[148] of the Sepulchre and the Fontaine des Innocents are best considered as a pair, not only because of their complementary meanings but of their fabrication as well.[149] Two identical stylobates were fashioned in the Tuscan or Doric manner, with rusticated corners over a 'marbre mixte,' above the cornices of which appeared four bronze eagles[150] supporting ivy festoons and, eventually, the statues themselves, made of stucco carved to represent Parian marble.

The thematic succession of the statuary, a *Junon nopciere* (fig. 15) and a *Hymen* (fig. 17) tacitly acknowledged the cause for the entry – the royal marriage and the anticipated extension of the dynasty by political alliance and filiation. Unlike the *Gallia* at the Ponceau (fig. 11), the face of the first statue

146 Appendix IV, f. 40^r, cf. 39^v.
147 Cf. pp. 16–17.
148 The terminology refers more to a conception than its realization as both the Juno and Hymen were 10 feet high, exclusive of the pedestals, which were twelve feet in height (K26^r and K28^v). The emphasis intended by an isolated statue on a pedestal is seen in a passage from the *Suite d'Arthemise*, f. 57^r): 'Les bons autheurs, appellent Collosses, grosses, et haultes statues, semblables aux grandes tours, qui pour la grandeur, et haulteur qu'elles ont, donnent grand frayeur aux spectateurs et regardantz.'
149 See K26^r–30^r. Cf. Appendix III, 3 and IV, ff. 22^v–23^r, 31^v–33^r, 38^v and 49^v and *La Renommée* IV, 549–70 and 571–602.
150 According to the accounts, these were gilded for the Queen's entry, but the text of Q8^v seems more comprehensive in noting that 'les moulures et pieces de relief furent enrichiz d'or.'

was not recognizably Catherine's. Yet the Latin verse set forth the parallel of a recent union of France and Italy in the person of a Juno now bringing into the fold the Germans.[151] Not only the mention that she was 'tirant sur l'aage' but, as well, the appearance of Catherine's pre-widowhood device of the rainbow[152] emphasized her presence if not her person in all things. Additional attributes such as the distaff and spindle (not visible in Codoré's woodcut)[153] as well as the unusual familiar bird, the Cuckoo,[154] make one wonder to what extent the devisors were influenced by the text of Cartari's *Le Imagini de i dei de gli antichi*, which had only recently been illustrated.[155]

This hypothesis might be borne out by the succession of the Hymen of the Fontaine des Innocents (fig. 17) which, despite some interpolations, follows rather closely the relation in Cartari,[156] even to the torch in the right hand and veil (again not rendered in the woodcut) at the left.

Rather than a proliferation of attributes to indicate the *dédoublement* of a person of quality in the Juno, the multiplication of reinforcing figures around the Hymen befitted its more general character. Yet the principal novelty of

151 K27v.

152 See *Le Recueil des Inscriptions*, p. 84, n. 46 and K26v.

153 Appendix IV, f. 33v.

154 Cf. p. 145, n. 149.

155 The unillustrated original edition by Francesco Marcolini appeared in Venice in 1556 and was re-edited there by Francesco Rampazetto a decade later. The first illustrated edition was assured by Bolognino Zaltieri (Venice: G. Ziletti, 1571) while a similar edition with some variants in the illustration bears the same place and date but another publisher's name, V. Valgrisi. The illustrations of the *Bref et sommaire recueil* need not depend upon those of the illustrated Cartaris, although if the dated preface of 28 Settembre MDLXXI is in error and corresponded with the actual printing, these plates could have been known in 1569. The Juno (fig. 43), reconstituted from Pausanias' description of Polykleitos' statue at Corinth, is discussed pp. 179 and 181, presenting elements whose disposition and character are related in some degree to the Junos of the Sepulchre (figs. 15 and 16).

156 Preceded by Castor and Pollux (which 'follow' in the Entry of 1571 at the Pont Nostre Dame), the Hymen (fig. 44) is discussed in detail pp. 197–8 and 200, particularly concerning the interpretations of the '*nocci e fanciulli*,' which are differently explained on K29r.

this figure was the five lighted white torches 'façon de Venize du poix de unze livres ... dont la fumée estoit plus odorante que de la plus fort sivette musc, ou ambre gris.'[157] It is possible that, as for the entry of 1549, spectators of rank or ornament were stationed in the upper reaches of the Fontaine itself.[158]

At the time of the Queen's entry, all subsidiary figures were stripped from the Hymen, now become a golden Saturn (fig. 18) with sickle and ship 'pour faire entendre quelz biens nous doivent advenir par ce renouvellement d'alliance: lequel [ramene] l'aage doré en ce Royaume.'[159] Correspondingly the new silver Juno retained her original signification by the substitution of a Gordian knot for her previous attributes.[160] However, if the sequence of figures was retained, the Hymen was merely an adjunct while the Saturn became a direct consequence of her action in effecting union.

Building upon this precedent, it is likely that Bouquet's resultant explication of the symbolism of the Perspective immediately following as a confederation which 'sera l'augmentation du bien, et repos de nostre foy Chrestienne *et confusion de l'ennemy d'icelle*'[161] would have passed unnoticed even if it was in direct opposition with what was present in the Perspective and to the conciliatory tone intended for the entries.[162]

157 This description conflates Appendix IV, f. 120^{v} and K30^{r}.

158 'Ladicte fontaine estoit embellie dedans euvre de diverses damoiselles et bourgeoises, avec plusieurs gentils hommes et citoyens de la ville, tant bien en ordre que c'estoit toute beauté (*L'Entrée de 1549*, f. 11^{v}).

159 For the same two structures in the Queen's entry, see Appendix III, 10 and IV, ff. 36^{v}–37^{r}. See Q9^{v} and *La Renommée* V, 155–8 for the Saturn.

160 Q8^{v} and *La Renommée* V, 151–4 for the transformed Juno. A similar attribute in somewhat different context had already been used for Eleonore d'Autriche: 'Et ceste dame ne faisant comme ledict Alexandre deslyoit led. nou paisiblement sans force de cousteau, c'est à dire qu'elle a desnoué et resolu le nou des querelles per amitié et confederation myeulx que nul aultre' (*L'Entrée de la Royne faicte en l'antique et noble cité de Lyon l'an Mil cinq cens trente et troys le* XXVII *de May*, f. E^{v}).

161 Q10^{v}.

162 e.g. K31^{r} for the same Perspective during the King's entry as well as the changes in course of execution for the Porte aux Peintres. (Cf. pp. 40–7.)

6

Of all the illustrations for the *Bref et sommaire recueil*, the Perspective (fig. 22) occupies a place apart, not only for its exceptional proportions but since its iconography served without any modification for the entries of both monarchs.[163] The interior view of the Pont Nostre Dame (fig. 21) likewise served for both occasions, with only minor changes in 'armoiries, devises et chiffres' consonant with its purely documentary nature,[164] which is why neither block is repeated for the Queen's entry. Of these cases, the Perspective is of such manifestly superior and arresting character that it comes as no surprise to find that it is a visual adumbration of the arguments for the entries.[165]

The given dimensions of Codoré's block, of nearly square format necessitating a foldout, echo those of the original canvas placed upon a wooden backing of some 5½ toises high by 6½ toises long which received and framed the perspective much in the manner of a gigantic easel painting.[166] The perspective is resultantly the sole decoration for the entry which was entirely dependent upon illusionistic painting for its effect; it can only have been conceived as some sort of emblematic billboard for the consideration of the royal party and, of course, of passers-by. It served as a public document in a special sense, for Charles IX ordered a scaffolding erected in proximity for both entries 'pour y recevoir et retirer plusieurs seigneurs estrangers et autres seigneurs de leur suitte.'[167]

At its summit was a cornice painted to represent grey marble, as were the other columns figuring therein.[168] This cornice is indicated as resting upon the fragments of entablature of the giant order which, at left and right,

163 Q10^{v}. Cf. Appendix IV, ff. 81^{v}–82^{r}. Repairing of the damage which had occurred in the intervening time was entrusted to Claude Passavant, which seems to indicate that the canvas was treated as a tapestry.

164 Q12^{v}.

165 Cf. K7^{r}–7^{v} and Q1^{r}–1^{v}.

166 K31^{r}. Cf. Appendix IV, ff. 19^{v}–20^{r} and 45^{r}–45^{v}.

167 Appendix IV, ff. 49^{v}–51^{r}.

168 K31^{v}, although the presentation copies use gold and silver paint for the symbolic columns. Cf. Appendix IV, ff. 39^{v}–40^{r} for Nicolò dell'Abate's work of a minor nature, including a

provided the major conceits that were developed in the perspective. The rather brutal cessation of the composition at either side seems to have been intentional, since Charles de Navières recalls that it was situated at the end of the rue Saint-Denis where the procession was to detour in order to rejoin the Pont Nostre Dame.[169] The unyielding bilateral symmetry and perspectival diminution not only artificially extended the street beyond its real limits but invited the contemplation of its thesis, then permitting the party to continue according to a different orientation.

The presumed obstacle to proceeding straight on was provided by the 'tableau vivant' visible at a level superior to that of the street and presumably accessible only by ascending a central staircase. This served two purposes which would seem to be at initial variance with each other but are ultimately reconcilable: a visual articulation which supposed a fixed viewpoint for maximum effect together with an intellectual framework based on the appreciation of personifications, recognized emblems, or inscriptions as individual entities.

tablet of inscriptions which could have appeared under the feet of MAGESTAS. Curiously enough, neither the *devis* nor any of the *quictances* of Nicolò and Germain Pilon running from October 1570 to March 1571 (Appendix IV, ff. 25^{v}–34^{v}) mention the Perspective, although their headings do specify the existence of it within the work to be done. Given the importance of the work and Nicolò's position as *peintre du Roy*, it would seem that the general formulation that 'lesd. ouvraiges de sculptures et figures ont esté faictz par le sculpteur, et ce qui estoit de platte peinture par le peintre' (f. 34^{r}) could be extended to apply to this case.

The perspective was mentioned specifically when Ronsard and Dorat were convoked in September 1570 (cf. p. 8, n. 15), but it is difficult to assign these conceits to one or the other because of the particular nature of the work. While Dorat had provided verse for the pictures of the Salle de l'Evesché, the artists seem to have been given free rein as to their pictorial equivalents, while Ronsard had, or so it seems, provided the descriptions of figures to be executed for decors of the entries (Cf. p. 27, n. 67.)

169 *La Renommée* IV, 603–42.

What might today be felt to be a rather inappropriate or even ludicrous juxtaposition of the purely allegorical scenes of the stage level at front with a view of contemporary Paris and Parisians behind was indeed only a restatement in the medium of painting of what was the case elsewhere along the processional route where public monuments were given historiated superstructures.[170] This rather abstract process doubtless emphasized the presence of MAGESTAS within the city on an historically important occasion and further bears witness to an evolution of artistic means within the entries: the transition from tableaux vivants to the use of statuary at the traditional stations.[171] The reduction *ad nihil* of live figurants in 1571 carries this one step further, although the process was used in the Paris entry of 1549 as well,[172] with the figure of MAGESTAS 'unveiled' by the men behind the columns of her throne as in a popular theatrical representation. While the city criers would have proclaimed the Edict of Pacification itself, the use of symbolic architecture and, we presume, labelled personifications would have stressed the economic and cultural advantages of the peace of Saint-Germain.

These are developed if we but examine the architectural components, the leftmost pair of columns in the foreground restating with appropriate figurations and attributes (books and balance – the sword being notably absent) of Charles' own device PIETATE ET IUSTITIA.[173] To the right, an identical pair of columns bearing the arms of France and Austria with the nonetheless incorrect legends of FELICITAS ET ABONDA[N]CIA, for the textual explications and verse specify the benefits of Clémence et Felicité, the

170 i.e. watching from the balustrade above, as people rented windows in the Pont Nostre Dame and houses along the procession route, cf. *La Renommée* v, 181–4.

171 Cf. *Les Fêtes de la Renaissance* I (Paris, 1956), p. 442.

172 Cf. *Entrée de 1549*, ff. 11^{v}–13^{r}. The Lyon entry of 1548 included a perspective (fig. 47) before which live actors mimed and recited, but this mediaeval tradition had long since disappeared from the Paris entries of more progressive character, the speeches appearing *en permanance* in epigraphical form (fig. 33).

173 Cf. pp. 3 and 65.

latter of which bears the tessera and cornucopia of Liberality.[174] The attentive spectator, whether or not he remarked the catchwords in the Latin inscription, would have noticed in any case the discrepancy between 'FELICITAS' and the olive bough and captive at her feet.[175]

As for the concomitant female personifications, it might be noted that Pietas and Iustitia are of equivalent force while Felicity proceeds from Clemency. Once placed, however, in apposition to the paired columns behind them, the sense is somewhat altered: once united in marriage the houses of France and Austria are to be as firm as their counterparts, which are the very foundation of the monarchy.[176] Inversely stated, the cornice unites these columns in some semblance of real architecture as opposed to architectural elements: from it hang the arms of France supported by two geniuses and a rich festoon calling to mind the abundance of peace. Immediately below is the seated MAGESTAS, before whom TIMOR (Crainte) and PVDOR (Honte) react appropriately as the prestige of the monarchy itself is recalled and the monarch himself only referred to in passing.

7

In the *Bref et sommaire recueil* Simon Bouquet insists that the Tuscan order of the Pont Nostre Dame (fig.19) was 'd'une mode qui jamais n'avoit esté veüe ... faict de rochers parmy lesquelz estoient meslez des coquilles de limax, et herbages telz qu'on les veoid aux bordz des rivieres' and showing the conjunction of the Seine and Marne, whose symbolic urns poured out their waters amidst 'force petitz arbrisseaux et quantité de mousse entremeslez avec plusieurs petitz Lezards et Limax gravissans.'[177] This portal, repeated in

174 Du Choul, *Discours de la Religion des Anciens Romains* (Lyon: G. Rouillé, 1556), p. 139 for the Roman coins probably at the basis of this figure.
175 As the tristich of K32^r.
176 Explicit in some way in the first face of the Porte aux Peintres (K20^r and Q6^r).
177 Cf. K33^r–38^v and Q10^v–13^r with *La Renommée* IV, 643–92 and V, 159–80. Each historiated rustication framing the arch was 12 feet wide and six feet thick, while the arch itself was 22 feet high to the keystone with crab (later changed to a silver shell, probably to recall the birth of Venus, for the Queen's entry). See Appendix IV, ff. 20^r, 23^r, 33^r–34^r, and 37^r.

its essentials at the far end of the bridge,[178] was then naturalistic in character in order to enhance an iconography determined purely by the city emblem (the Argo) and the physical location upon the banks of the Seine, of the structure upon which it was superimposed. The essentials of this decor had nonetheless been envisaged for the entry planned as early as 1561,[179] although the *ordonnance* was different.

In so many ways the decorations for the entry of Charles and Elisabeth refer back to the Parisian entry of Henry II in 1549 that one feels the symbolism of the later magnificence is often merely a nuanced continuation of the earlier celebration, utilizing in new combinations the same iconographical components.

For the entry of 1549, the first portal of the Pont Nostre Dame[180] (fig. 34) showed a Typhis resembling the monarch himself with 'un grand mast de navire, garny de hune et d'un grand voile de taffetas rayé d'argent,' the decors utilizing his colours: to Typhis' right was a silver Castor and, at left, a black Pollux, each holding a star of the opposite colour (representing 'immortalité ou renouvellement de vie'), and, not visible in the cut, anchors signifying 'asseurance en navigation.'[181] The four niches of the arch depicted four of the most illustrious Argonauts while the central inscription gave forth the Virgilian sentiment:

> Alter erit iam Typhis, et altera quæ vehat Argo
> Delectos heroas.

178 'Un pareil arc de triomphe decoré et orné tout ainsi comme le precedant' (K37^{r}). The distinction to be maintained is better appreciable in the formulation for the *Entrée de 1549*, f. 16^{v}, 'un second arc estant de semblable ordre et artifice que le premier, mais different de figures et invention.'

179 Cf. Ulysse Robert, 'Quittances de peintres, sculpteurs et architectes français 1535–1571, '*Nouvelles archives de l'art français* (1876), pp. 11–12, a decoration again due Germain Pilon.

180 *Entrée de 1549*, ff. 13^{v}–14^{v}.

181 In the 1571 entry, the 'mors et bride de cheval' as attributes of temperance are to be seen in the woodcut, if not mentioned by Bouquet. (Cf. Appendix IV, f. 34^{r}.)

It is a sign of the times that by 1571 the silver Argo itself appears, and appears in the central position, in full sail to symbolize Paris – and thus France, as suggested in the text. To either side the now golden twins are personified as Charles IX and the Duc d'Anjou,[182] both visibly 'secourable' in the best classical sense of their antetypes, and further attested to by the Latin distichons and *table d'attente* referring to 'non seulement la salvation du naufrage, mais toute asseurance de repos et tranquillité à l'advenir' which would presumably come after ten years of almost continuous strife. With respect to the earlier entry, the person of the King is greatly de-emphasized in relation to the monarchy, with Charles coming, as any good citizen, to the aid of an institution when he and everyone else have been surpassed by the events around them.

On the interior flanks of this first portal – their emplacement clearly indicated by the woodcut – were two paintings of emblematic character to complete the themes of threat and dissension resolved. In one was a dolphin seeming to devour her children upon the advent of a sea monster, thus preserving them for better days, while the other showed warring beehives representing Catholics and Huguenots becalmed by a hand on high sprinkling a dispersing powder.[183] Both sentiments recall the pervasive presence of Catherine de' Medici where one might least expect it, again a testimony to her real exercise of power.

The first portal thus represented in some ways a repetition of the problems previously faced at the Porte Saint-Denis, where it was necessary to link the portal itself with an ephemeral *avant-portail* by means of a 'berceau de menuiserie couvert de lierre' (fig. 9).[184] In this case, the bridge itself was not a simple pont-levis but rather a permanent structure with residences and shops the whole of its length which had somehow to be accommodated within

182 K33^{v}. The statues were 7 to 8 feet high.

183 Cf. K34^{v}–35^{r}. Unlike the entry of 1549, whose blocks reveal the general lines of the compositions on the interior flanks of the arches of triumph, the blocks for the later entry show only the emplacements for the pictures.

184 K13^{v}.

the decorations. This was no easy task since the bridge had 'environ soixante quinze toises de long, et en chacun de ses costez sont situéez trente quatre maisons toutes marquées de lettres d'or, sur fons rouge, par nombre entresuivant depuis la premiere jusques à la derniere.'[185] The view of the interior (fig. 21) is then but a small section of what was executed, chosen to show in sufficient legibility detail which was, in the end, repetitive.

These decorations then comprised a flat ceiling to hide the irregularities of the structures on the bridge and whatever ornaments were placed on the side walls – all of which were mass produced.[186] Within the ceiling are visible a linear alternance of Charles' device of columns in standing ovals and the initials K and E for the royal couple. Alternating with this scheme was a vertical alignment of the *écu de France* surrounded by the Ordre de Saint Michel and the arms of France and Austria. Yet the two lateral rows of these are surely flat, while the ones in the centre are not depicted similarly, and seem to have hung down from the false ceiling. The side ornaments were moulded in stucco and painted, and reiterated the theme of pacification and its eventual bounty: 'une nymphe, ou naiade relevée en bosse representant le naturel, les unes chargées de fruictz, les autres de fleurs, autres de raisins, autres d'espicz de bled ... entre lesquelles y avoit des festons de lierre, et grandes armoiries entredeux tant dudict sieur Roy, de la Roine sa mere, messeigneurs ses freres que de la ville de Paris.' (In fact, only the last-named are visible in the cut.)[187]

The second portal of the bridge then continued the theme of clemency resulting from Charles' marriage and the Edict of Pacification when one could 'mettre tout maltalent en oubliance.' A silver ship similar to that of the

185 *Entrée de 1549*, f. 15^{v}. For the measures to keep the bridge in service during the decoration, cf. *Registres* VI, 254–5.

For the history of the new stone bridge which replaced an earlier wooden structure cf. *Registres* I passim.

186 We have a fair idea from the accounts (Appendix IV, ff. 40^{v}, 44^{r}–44^{v}) of the number of compositions and coats-of-arms required, as well as the time required for their application.

187 K36^{r}.

first portal 'pouvant maintenant vaguer par tout en seureté' showed the taking up again of ordinary occupations, particularly the commercial ones referred to elsewhere.[188] To one side was a Victory with palm frond tied to an olive tree and, on the other, a Mars 'avec un visage felon et cruel'[189] enchained to a large laurel tree with his arms and armour beside him. The two Latin tristichons established the parallel between Mars and Charles, each having had three victories, with the fourth and greatest being self-mastery and magnanimity, while the French quatrain repeated the conceits, at the same time emphasizing that Charles was responsible for both actions. The interior flanks of the portal showed a sacrificial scene with verse referring to the inviolability of the Edict of Pacification, and a composition in two parts illustrating the benefits of peace – various arms and armour among which bees make honey or spiders spin their webs.[190]

At the time of the Queen's entry, the only modifications seem to have been the historiated superstructures of the arches. For the first portal the Castor, Pollux, and Argo were removed and, in place of the latter, was erected a socle 'sur lequel fut figuré une Europe montée sur un taureau qui feignoit naiger'; for the second, a Venus was made from the Victory and the previously enchained Mars now made 'des autres pas en liberté, refaict une autre teste plus gaillarde' and the ship retained, with 'voiles desploiez et de cordaiges,'[191] in line with the new verses referring to the marriage and the benefits it would bring to the realm.[192]

188 K20^{v} and Q9^{v}. (Cf. Appendix IV, f. 38^{r}.)

189 These are further qualified as a 'Victoire à la riante face' and a 'Mars ayant horrible face' (Appendix IV, f. 34^{r}), and confirm the tenor of victory over self as opposed to the self-mastery of Mars, contrary to his nature, as seen in the verses of K37^{v}. May we suppose, then, that the Victory was aligned with Castor/Charles and Mars with Pollux/Henri from the preceding portal?

190 K37^{v}–38^{r}. The general conceit had been diffused through Alciati, Emb. 176, EX BELLO PAX (fig. 40) and its successor 177, PRINCIPIS CLEMENTIA (ed. 1549, pp. 215–16, and 180).

191 Cf. Appendix IV, ff. 37^{r}–37^{v}.

192 See Q12^{v}.

The official gift of the City of Paris to Charles IX was originally executed in vermeil in 1563.[193] On an elaborately decorated base supported by four dolphins 'à double queue,' there was an elegant chariot drawn by two lions with the arms of the city around their necks. In front of them was a plaque attached by four golden chains on which was to be engraved the dedication, and half-seated inside the chariot was Cybele, the mother of the gods. On her right was Neptune, with his trident, and on her left, Pluto, at whose feet crouched a three-headed dog. Facing her was the goddess Juno, whose left hand touched a peacock while her right hand rested on the edge of the festooned chariot, whose sides also displayed prominently the arms of Paris.

On the base behind the chariot but supported on pedestals were 'deux collonnes entrelassées,' each decorated with ornamental banners linked in the centre to support the arms of France. On top of the columns was a small platform surmounted by a horse held in rein by the armed boy-king seated on its back and gazing down on Cybele. Behind the horse was a sceptre, at the top of which was an eagle holding in its beak a crown suspended over Charles' head.

When the present was to be remodelled after mid-October 1570, a number of changes were detailed.[194] The dolphins supporting the base were to be redone by the goldsmith 'de la grandeur et haulteur qu'il a esté advisé,' presumably to balance better with the enlarged base which was now to include, on its sides, scenes from four of the King's victories in the Wars of Religion: Dreux (19 December 1562), St Denis (10 November 1567), Cognac (13 March 1569), and Moncontour (3 October 1569).

The principal group with Cybele in her chariot was evidently to remain intact, but at the four corners of the pedestal were to be added, in honour of

193 For its description see Appendix II. The goldsmith who created it is not identified but may well have been the same Jehan Regnard who later modified it.

194 Cf. Appendix III, 5 and Appendix IV, ff. 73^{v}, 95^{r}, and 102^{r}. The working drawing was prepared by the artist Baptiste.

Charles IX, 'les figures de quatre roys ses predecesseurs, tous portans le nom de Charles; à savoir Charles le Grand, Charles le Quint, Charles Septiesme et Charles Huictiesme, lesquels, de leurs temps, sont venus à chef de leurs entreprises.'

Further instructions specified that the goldsmith should remake the two columns, 'qui sont à present torces, droictes, et y mectre les devises telles qu'elles sont à present.' Finally, the figure of the young monarch, completely redone, was to portray him as Jupiter with an imperial crown over his head, supported on one side by the beak of an eagle perched on the croup of his horse, and on the other by the sceptre which he was holding, 'et ce comme estant deifié.'

The symbolism of the present was quite straightforward. Cybele, the mother of the gods who is usually borne in a chariot drawn by two lions, was Catherine de' Medici. According to the text of the *Receuil*, Neptune and Pluto were her sons, the Duc d'Anjou and the Duc d'Alençon, and Juno her daughter, Marguerite. The attributes cited are unexceptionable – Neptune's trident, Cerberus accompanying the god of the underworld, and Juno's peacock. There is no description of the person of Cybele, but the representation of her in Codoré's woodcut for the *Recueil* seems to show her wearing the crenelated headdress which is generally associated with her. Reference is also made to it in Dorat's Latin inscription.

The classic description of Cybele (or Berecinthia) comes from Virgil.[195] As Queen-mother, and with her numerous progeny, it was a commonplace for Catherine de' Medici to be compared to her. The following characteristic description is to be found in Ronsard's *Franciade*:[196]

195 *Æneid* VI, 781–8: En huius, nate, auspiciis, illa incluta Roma/Imperium terris, animos æquabit Olympo,/ Septemque una sibi muro circumdabit arces,/Felix prole virum: qualis Berecyntia mater/Invehitur curru Phrygias turrita per urbis,/Læta deum partu, centum complexa nepotes,/ Omnis cœlicolas, omnis supera alta tenentis./

196 Ronsard, *Franciade* I, 417–23.

Entends du ciel tes louanges, Cybelle,
Mere des Dieux, jeune, ancienne, et belle,
Qui as le chef de citez atourné,
Qui as ton char en triomphe tourné,
Par deux lions quand toy, mere honorée,
Montes au Ciel à la voute dorée
Pour au meilleu de tes enfans t'asseoir.

This is the image of Catherine de' Medici which was intended to be conveyed in the original present and it was apparently retained unchanged when the gift was later reworked.

The situation with regard to her offspring is not quite so clear, however. In the original project, Charles IX was shown as a young boy who could not, obviously, be identified with Jupiter. At the same time Cybele was accompanied in her chariot by the adult figures of Juno, Neptune, and Pluto. These could scarcely have represented Marguerite and her two other brothers, all of whom were even younger than Charles. In any event, it did not take into account either Elisabeth, the future queen of Spain, or Claude, who later married the Duc de Lorraine. It would appear then that the grouping was a more or less conventional one and that the only two positive identifications to be made were those of Catherine de' Medici and Charles IX.

When it came time to remodel the present, however, the status quo of the programme had changed. Elisabeth was dead and Claude, as Duchesse de Lorraine, no longer counted among the members of the immediate family still under Catherine's aegis. This conveniently left the two royal brothers and Marguerite, who could then be identified with the two gods and the goddess accompanying Cybele in her chariot.

The solution seemed neat enough but it was not without its problems. By associating Charles/Jupiter with Anjou/Neptune and Alençon/Pluto, emphasis was given to the Valois equivalents of the partitioners of the universe with the youngest brother in an understandably inferior position.[197]

At the same time, the now remodelled Charles cum Jupiter in juxtaposition to his sister Marguerite as Juno resulted in a manifest absurdity which was nonetheless preserved in the *Receuil.*

In the dedicatory sonnet which he composed for the presentation copy to Catherine de' Medici, Bouquet retained the Cybele comparison which was basic to the symbolism of the gift.[198] He identified Charles as Jupin (Jupiter) but rather it is the Duc d'Alençon who becomes Neptune while the Duc d'Anjou, lieutenant general of the kingdom and successful warrior, is somewhat more appropriately named as Mars. Marguerite, following the tradition of other princesses of that name, becomes Minerva.

In connection with Codoré's blocks of the decorations for the King's entry, we have already noted how he may have worked in advance from the authorized sketches submitted to the artists as working models. The modifications subsequently made and described in Navières' account of these festivities prove this conclusively. It would appear that much the same sort of thing happened with the gift: after the block was cut, certain inconsistencies were noticed and remedied without the necessary corrections being made in the album. Bouquet himself was conscious of these discrepancies and, in presenting Codoré's illustration in the album, he used the following significant change of wording: 'Le surplus des beautez artificielles qui y estoient se pourront considerer par le pourtraict qui en est icy *à peu près* representé.'

197 The very number of discrepancies among the sources and contemporary accounts brings into question whether *ad hominem* references may be *consistently* supposed in the context of such perfect banalities as the partition iconography. In Francesco Primaticcio's *Education of Mercury* at Chatsworth (fig. 37), Jupiter appears with the traits of François I while the identity of the remaining figures, personifications of purest convention, must be extrapolated. If reference is indeed made to the birth of François II (19 January 1544), then the evocation of Catherine de' Medici as Juno, is only natural. For the present discussion it might be recalled that Ronsard had already dedicated an ode to the future Charles IX in 1555 based upon this same theme of the partition; *Œuvres complètes* (STFM), VII, pp. 55–65.

198 K5^{v} A.

Final corroboration is to be found this time in the following extract from Dorat's poem *In ingressum magnificentiss. Carol.* IX *et Elisabethæ Austriæ Reginæ 1571 in Lutetiam*:[199]

Ecce ruit iam turba, venit iam pompa triumphi:
Iam Rex ad portam Dyonisi nomine sacram
Dona recognoscit, seseque agnoscit in illis,
Auro signum ingens solido memorabile donum,
Stat curru Cybele, iunctos agitatque Leones,
Acclivis geminæ quæ stat post terga columnæ
Inspiciens natum summi Iovis ore columnis
Impositus quem portat equus. Diadema superbum
Impendet capiti, medium velut anseris ovum:
Quale tulit quondam Castor prognatus ab avo
Castore, nec minus hic eques impiger ense vel hasta
Ad latus est dextrum frater Neptunus ut alter
Henricus, trifidam cuius fert dextra tridentem:
Ad lævam Franciscus, ut a Iove tertius hæres,
Margaris ante pedes, quædam velut innuba Pallas,
Aurea testudo, currus, axisque rotæque
Aurea signa super, basis quadrangula supter
Aurea: de argento sola altera læva columna:
At basis ad facies circum victoria Regis
Tres insculpta triplex: prima sed fronte notatum
Elogium, quod quos imitari quatuor illis
Ad totidem astantes hortetur cornua eodem
Nomina quod referat, referat virtutem, ut eosdem
Iustitia et pietate suis utrinque columnis.[200]

199 Dorat, *Poëmatia* (1586), p. 320.
200 'See how the crowd now presses fast; now comes the triumphal procession, and now at the gate consecrated to St Denis the King reviews his gifts, and therein finds himself reflected; an image, thickly o'erlaid with solid gold, a memorable present: Cybele

This provides confirmation, first of all, that the personifications of Neptune and Pluto remained unchanged, but it also seems to indicate that the figure of Juno with her peacock must have been altered for the reasons stated to that of Minerva with her shield ('Margaris ante pedes, quædam velut innuba Pallas' (15)).

Also, on the base of the present it was evidently decided to represent scenes from only *three* battles rather than four ('At basis ad facies circum victoria Regis / Tres insculpta triplex' (19–20)), Moncontour being omitted at this time because of the wholesale slaughter of Huguenots which took place after it. To have included this battle scene on the official gift would have gone counter to the whole theme of pacification and the ideas so eloquently expressed by Pasquier in the opening page of the album, and later developed in the appended *Congratulation*. In both of these, the re-iterated emphasis is on *three* victories.[201]

The plaque on the front of the original present, which is not shown in Codoré's view, was evidently used to inscribe the three Latin verses in

standing upon her chariot and driving her harnessed lions. She stands, inclining towards a pair of columns behind her, and gazes upon the son born from the visage of Jove, the All-highest, who sits astride a horse upheld by these columns. Over him, in the middle, rests a magnificent diadem like a goose-egg, such as once was worn by Castor whose grandsire also bore the name of Castor.

Upon the right side is his brother Henri (a horseman as doughty as he with sword or lance), in the guise of a latter-day Neptune bearing the three-pronged trident in his right hand; while on the left is François in the guise of Pluto, Jove's third heir; before the feet is Marguerite who looks like the maiden Pallas; gold is her shield as are the chariot, its axle and its wheels; gold are the images above, while below is a four-sided base, also of gold; naught is there of silver save one of the columns, that upon the left hand. And upon three sides of the base, round about, the King's three victories are engraven, while on its front is written the panegyric, so that it may inculcate justice and piety, on their respective columns, (in) those it exhorts, by means of the four (kings) who stand beside the four corners, to imitate those kings, and by recalling their names to recall their virtues also.'

201 Cf. K3r, P. 22–4.

praise of Cybele ('prima sed fronte notatum / Elogium' (20–1)) but, were this the case, the gift would seem to do more honour to Catherine than to Charles. Perhaps it is not by chance that the presentation copy of the album for Charles IX contains no special dedicatory sonnet addressed to him. As far as the other inscriptions are concerned, one could hardly imagine how these gratuitous legends could be conveniently engraved 'près de Jupiter,' 'près de Neptune,' 'près de Pluto,' and 'près de Juno.' That the last one was not, in fact, present suggests that the other personifications also probably were composed by Dorat for the album alone.

There is yet another discrepancy in Codoré's illustration which calls for comment. It is the Roman numeral XII which appears at the bottom of the left-hand column upon which the word *Pietate* is entwined.

We have already noted that one of the modifications to be made in the original present was to replace the two curved columns with straight ones and to include 'les devises telles qu'elles sont à present.'[202] This meant, first of all, that one of the columns should be of gold and the other silver. It also may have involved cutting the contours of the two Mosaic tablets of the law at the base of the gold column, which represented Religion, and the Roman numeral XII, which stood for the *Lex duodecim tabularum*, at the base of the silver column representing Justice. This would conform to the definitive version of Charles' device but its very subtlety resulted in a great deal of confusion. Some of the royal printers who had authority to employ the device not infrequently exchanged the positioning of the tablets and the numeral and this error was even made on the binding of the presentation copy of the *Recueil* especially prepared for Charles IX himself (fig. 27). It is not so surprising, then, that this mistake should have been incorporated by Codoré into his engraving of the present, even though the columns with their appropriate adjuncts appear in proper sequence on the cut for the decorations at the Châtelet.[203]

202 Cf. p. 18

203 Cf. fig. 22. The 'error' may well have been made in the *pourtrait* of the gift itself if we are to take Dorat's poem literally. In common usage the dexter side was considered to be the more

The motto *Pietate et Iustitia* is in itself almost a commonplace and that is one of the reasons why it is so difficult to trace its origins. Most historians repeat that it was the invention of Michel de L'Hospital, but precise documentation is lacking. We have not been able to find a single contemporary reference to the circumstances even though we have discovered a great many conflicting interpretations concerning the source of this legend. Certainly the magnificent drawing on parchment by Etienne Delaune now in the Musée Condé, Chantilly (fig. 29), illustrates its most comprehensive iconographic sense, for the royal device is placed in direct relation to the realm and, as well, the bases of humanistic civilisation.[204]

The young Charles IX is seen in royal robes with sceptre and sword, on his throne whose baldachino bears **CAROLVS IX INVICTIS/GALLORVM REX** and is flanked by lions.[205] To his left the device *Pietate et Iustitia* appears in conjunction with entwined columns amidst clouds which are parted, serving as pendant to the arms of France with the Ordre de Saint Michel. Below these appear the arms of the University of Paris devised by Robert Gaguin and consisting of an écu with hand descending from above holding a book surrounded by three fleur-de-lis, the whole surmounted by a banderole with the inscription *Doctrina et Sapientia*.[206] The entire scene takes place on a platform enframed by two columns, as a reclining dog accompanies **ACAD. REGIS. FILIA** in flowing robes and laurel diadem who mouths the inscription:

favourable although the logical reading of the legend on the banderole assumes that the sinister column illustrates the word *Pietate*.

It is interesting to note, however, that in the illuminated copies it is always the left-hand column which is coloured gold and this is true even for the illustration of the present.

204 H. 0^m 422 x L. 0^m 238. Pen and brown ink and brown wash, the inscription with occasional gold lettering here indicated by boldface. The drawing at present hangs in the Galerie du logis.

205 The general disposition is similar to that of Charles' seal (fig. 4) except that the main de justice has been replaced by a sword.

206 These arms with their motto have since been superseded within the University of Paris but retained by the Rector of the Academy of Paris.

Hac tenus excoluit te Mars, me docta Minerua:
 Tantum vllo nec se iactat vterq[ue] solo.
Te metuunt hostes me demirantur vbiq[ue]:
 Hinc fama penetrat **GALLUS** vtrumq[ue] polum.
Sed mox, heu! miseram me linquet docta Minerua
 Agmine pierij concomitata chorij,
Ni **TU, CHARE PATER** Natæ subueneris vnj,
 Tam sacrum valeam quo retinere gregem.
Gignebar **CAROLO: CAROLIS** pupilla fovebar:
 Absit iam **CAROLO** perdar adulta duce.[207]

The familiar manners of this personification are surely justified by the content of the extraordinarily direct supplication in which the University, as the King's only daughter, fears the imminent departure of the group *en ronde* and equally diademed (the Pierian throng) who are led away by a Minerva exclaiming over her shoulder:

Culta diu valeas, si iam te linquere spreta
Cogor, et heu! sedes quærere mœsta nouas.[208]

207 'Thus far hath Mars made you his favourite, while scholarly Minerva has made me hers; and neither is so proud of any domain else. Your enemies fear you, and everywhere I am admired; and for this cause does the Frenchman's fame extend from pole to pole. But soon, alas, shall scholarly Minerva leave me, and with her all that troop of the Pierian throng, if thou (my dear father) assist not thy only daughter, so that I may be empowered to keep by me this most holy company. Charles was my sire, and nurtured I was as Charles' child; may I, now grown, be spared destruction at Charles' behest.' (The first two Charles' referred to in the last sentence are Charlemagne who, according to legend founded the University of Paris and Charles v (le Sage), who was mainly responsible for helping to establish its international reputation in the fourteenth century.)

208 'Farewell to you who were so long my friend, if I am spurned and now must leave you and sadly seek (ah me!) a new abode.'

Her followers may generally be identified with reference to Delaune's engraved work. In order, Theology and Jurisprudence, with the latter drawing attention to Minerva's declamation while significantly lacking the sword appearing in Charles' dexter hand,[209] Music, Astronomy, Geometry, Arithmetic, Physics,[210] Dialectic,[211] Rhetoric,[212] and Grammar. But this says nothing conclusive for the sense of the drawing, whose exceptional size and magnificence must mean that it had a rather special destination.

The year 1564 was a particularly difficult one for the University of Paris because of the prolonged quarrel concerning the establishment of a college by the Jesuits, which many felt would threaten the very existence of the University. There were important debates in which the most prominent jurists of the time were involved. The case of the Jesuits was argued by Pierre Versoris, while the University was represented by Estienne Pasquier. Others participating included Christophe de Thou, Jean-Baptiste Du Mesnil, and Guillaume Du Vair.[213] Moreover, Charles IX himself was away from the capital, having undertaken a protracted tour of the realm with his mother, Catherine de' Medici.[214] It then seems quite probable that the Delaune drawing with its highly personal appeal and its eloquent inscriptions was destined to be presented to the young king himself.

One might note another drawing – again on vellum, Delaune's favourite working material.[215] Its elements are similar to those in the Chantilly drawing (fig. 29) despite a horizontal disposition, lack of inscriptions, and a realistic

209 A.P.F. Robert-Dumesnil, *Le peintre-graveur français*, IX, p. 104, cat. 345, and p. 103, cat. 343; in effect, a restatement of the royal device.

210 Ibid., p. 103, cat. 342.

211 Ibid., cat. 341.

212 Ibid., cat. 340.

213 Cf. César Du Boulay, *Historia universitatis parisiensis*, Paris, 1673, t. VI, pp. 553–649.

214 Cf. Pierre Champion, *Catherine de Médicis présente à Charles IX son royaume (1564–1566)*. Paris: Grasset, 1937.

215 H. 0^m 193 x L. 0^m 286, Inv. 772 of the Accademia, Venice (fig. 30). Cf. Ilaria Toesca, 'Quelques dessins attribués à Etienne Delaune,' *La Revue des Arts*, X (1960), pp. 255–9.

rather than an allegorical presentation. In addition to Theology and Jurisprudence, Physics is represented along with the Quadrivium (Music, Astronomy, Geometry, Arithmetic) while the Trivium (Dialectic, Rhetoric, Grammar) is absent. Charles IX, this time with sceptre and main de justice, distributes laurel diadems in the presence of Catherine de' Medici, his two brothers, and a group of six observers.

This Venice drawing has been thought by Toesca to relate to Baïf's Académie de Poésie et de Musique, which was projected as of November 1570, finally to be registered with the Parlement on 23 May 1571 after severe opposition by the University and as much obstination on the part of the royal family.[216] Baïf's letter to Charles IX beginning 'Le bon Dieu par vous aiant ramené la saison de paix en vostre roiaume, et vostre Magesté, suivant le desir qu'elle ha de voyr emploier les espritz de vos sugets en honestes estudes ...' coincides with the spirit of the Entry of 1571. Mersenne's testimony further indicates that too literal an interpretation of the Academy's statutes for 'l'establissement et avancement des poesie et musique mesurées' had led to a later misunderstanding of its aims: *all subjects* were to be included within its authority (hence the conflict with the prerogatives of the University, so recently threatened by the Jesuits), and their essentially moral and religious applications were to depend upon the affective properties of the universal harmonies of poetry and music.

The sequence of probable chronologies for these three events would alone be significant. Yet, in our considered opinion, the continual solicitation of the *personal intervention* of the monarch, or more properly speaking, of his *Magestas*, which forms the Perspective of the Châtelet (fig. 22) independent of his person or his age, is more symptomatic of the times. These hopes, as well as the emphasis upon harmony, are crucial for an understanding of the period leading from the projected entry of Charles IX to its realization in 1571.

216 Cf. Frances A. Yates, *The French Academies of the 16th Century*, London: Warburg Institute, 1947, pp. 16–27.

To return to a consideration of the possible source of the motto, it is certainly true to say that the notion of *Pietate et Iustitia* is very close to the general philosophy of Michel de L'Hospital. One could adduce many suitable quotations from his public addresses, but the following from the *Harangue à la séance du lit de justice tenue par le Roy Charles* IX *au parlement de Paris, le 17 mai 1563* is typical: 'La justice a deux genres: celle qui regarde Dieu et son honneur a nom *religion*; celle qui regarde les hommes retient le nom de *justice* ...'[217]

In his enlightened *Traité de la réformation de la justice*,[218] de L'Hospital examines classical and Biblical precedents and he quotes extensively from Cicero and the Old Testament in particular. He cites King David who 'instruisant son fils Salomon peu de jours avant son déceds, reduict tousjours sa remonstrance à ces deux articles, à sçavoir, qu'il se gouverne en son royaulme en toute pieté et justice,'[219] but he makes little distinction between enlightened religious and secular authorities: 'Ce n'est donc pas sans cause si tous les anciens, et nous avec eulx, tenons pour maxime infaillible que la pieté et la justice sont deux pivots sur lesquels tournent tous les estats du monde.'[220]

François de Belleforest in his monumental *Histoire des neuf roys Charles de France* suggests that the device of Charles IX is based on Virgil. He cites the passage where the wretched Phlegethon, who is being punished in the underworld for his shortcomings, utters the following warning: 'Discite iustitiam moniti, et non temnere divos.'[221] He adds: 'C'est l'occasion pourquoy aussi nostre Roy a basty les colonnes de son Royaume sur le fondement et plant de pieté et justice, afin que sa fatale vertu se rende admirable en la suite de deux

217 Michel de L'Hospital, *Œuvres complètes* ed. P.J.S. Duféy (Paris: Boulland, 1824–5), Vol. II, p. 28.

218 Michel de L'Hospital, *Œuvres inédites* ed. P.J.S. Duféy (Paris: Boulland, 1825).

219 *Ibid.*, Vol. II, p. 129. The Biblical passage referred to may be I Kings II, 1–12 or I Chronicles XXVIII and XXIX but the tenor of the advice is better summarized in Psalm 72: 1–7.

220 Ibid.

221 *Æneid* VI, 620.

telles perfections, et establisse son Royaume d'un ciment si bon et ferme que jamais le baatiment en soit et demeure sans estre empiré.'[222] The source is unimpeachable but the evidence is not entirely convincing.

Brantôme, on the other hand, in his 'Eloge de Charles IX' attributes the idea to Seneca and affirms that 'les roys et grandz par la pieté et justice approchoient de la divinité.' He then says of Charles: 'aussi a-il aymé l'un et l'autre, mesmement la pieté, de sorte que, pour la conservation des sainctz temples et lieux sacrez de nos ancestres, il n'a point espargné le sang de ceux qui les avoient viollez.'[223] This is a reference to the deplorable Massacre of St Bartholomew's night (23–4 August 1572) with its notorious slaughter of innocent victims. Through a circumstantial deformation of his motto, in a jeton struck afterwards, Charles was shown seated on his throne with the corpses piled up at his feet to illustrate the legend 'Pietas *excitavit* Iustitiam.'[224]

It is difficult to determine the precise passage in Seneca which Brantôme or his authorities may have had in mind. As with Michel de L'Hospital, the general notion is basic to his thought and it can be found in the *De Clementia* as well as in the *Epistulæ morales ad Lucilium*, to cite only two possibilities. A quotation from Epistula XC is as appropriate as any: 'Quid haberes quod in philosophiæ suspiceres si beneficaria res esset? Huius opus unum est de divinis humanisque verum invenere; ab hac numquam recedit religio, pietas, iustitia et omnis alius comitatus virtutem consertarum et inter se cohærentium.'

The general evidence is not especially satisfying, but it shows quite clearly how difficult it is to pinpoint the issue.

222 François de Belleforest, *L'Histoire des neuf roys Charles de France* (Paris: P. L'Huillier, 1568), pp. 320–1.

223 Brantôme, *Œuvres complètes* V, 290.

224 F. Mazerolle, *Les médailleurs français du XVe siècle au milieu du XVIIe* Vol. II (Paris: 1902), cat. 164. Cf. also Baron Ernouf, 'Iconographie numismatique de la Saint-Barthélemy,' *Bulletin du bibliophile et du bibliothécaire*, 1883, pp. 486–9 and *Le Recueil des inscriptions*, p. 79 and fig. 14.

When we turn to the question of the two columns, the evidence is equally inconclusive. Apart from the very brief references to their incidental use in a number of festive entries,[225] the only other places where they are portrayed in detail are in official medals or jetons and the marks of the royal printers. Medals are difficult to assess since the actual date of issue, if it can be verified, is not necessarily a reliable guide to contemporary usage. With printers' marks, a similar difficulty exists in that there is no way of determining whether the form of the device used is not already out-of-date. Despite the hazards, however, a brief investigation into the evolution of these forms may throw some light on the problem.

The publications of particular interest are the royal proclamations – ordonnances, edicts, letters patent, and other official documents – which were issued in the King's name. Most of them consist of only a few pages, and since their content is of no special relevancy, they will be referred to only by date or call number as listed in the catalogue of *Actes royaux* in the Bibliothèque nationale.[226]

There were several printers who published the official proclamations of Charles IX, duly authorized and counter-signed, but the most important was Guillaume II de Nyverd.[227] The first plate using a variant of Charles' device was issued by him on 19 March 1563,[228] and he continued to use it regularly until 14 August 1569. This consisted of the two columns with the Mosaic tablets and the Roman numeral XII in their proper places. The columns were 'deux fois entrelassées' and in the centre oval was a portrait of Charles IX in profile to the right, while the space at the top framed the arms of France, on each side of which was the divided legend *Pietate et | Iustitia*.

225 Cf. p. 5, n. 8.
226 *Actes royaux* (Paris: Imprimerie Nationale, 1910–60). 7 vols.
227 For information on his complete list of publications, we also consulted the Fichier Renouard in the Réserve des Imprimés at the Bibliothèque nationale, which was very kindly put at our disposal by Mme J. Veyrin-Forrer.
228 BN F 46823 (8).

On 22 November 1568 Nyverd was formally appointed 'Imprimeur du Roy,'[229] and at that time he appears to have ordered a larger block to be used as a colophon in some of his publications. It showed two angels holding between them the arms of France. At the bottom in very small format was an orthodox representation of Charles' device, this time with straight columns. Nyverd continued to use the earlier cut on title-pages, however, with the curious result that some publications have curving columns on the title-page and straight ones at the end of the book.[230]

In the meantime, Nyverd seems to have ordered yet another block to be used as a colophon, but in full-page format. It featured, in a setting decorated with scrolls and fleur-de-lis, two long and straight columns with the motto *Pietate et Iustitia* on a banner surmounting the arms of France, which were framed between the columns. The tablets and the XII were somehow interchanged and they are therefore shown at the bases of the wrong columns.

This error was perpetuated in the new version of the device for title pages which Nyverd first used on 10 August 1569,[231] its elements being identical to those of the larger colophon, but without any decoration. Again, the two were sometimes used conjointly, but this time at least without contradiction.[232]

Nyverd was not the first to use as a printer's mark the device of Charles IX with straightened columns. This honour seems to have fallen to Thibaud Ancelin of Lyon, 'imprimeur ordinaire du Roy,' and since the cut he utilized on 25 July 1566 is also the first to interchange the Mosaic Tablets and the figure XII,[233] one may well wonder if he was not responsible for this type of error, which was also picked up by his compatriot Michel Jove,[234] and by a second royal printer in Paris, Jean Dallier.[235]

229 Cf. Philippe Renouard, *Répertoire des Imprimeurs Parisiens* (Paris: Minard, 1965).

230 BN F 46837 (36) for 24 December 1568 and F 46838 (20) for July 1569.

231 BN F 46838 (30).

232 BN F 46839 (17) for 18 December 1570 and F 46840 (1) for 6 January 1571.

233 BN F 46830 (30).

234 BN F 46836 (17).

235 BN F 46836 (31).

To another of his compatriots, Benoist Rigaud, goes the honour of choosing the most whimsical variants of the royal device. As early as 19 May 1567, Rigaud had used two straight columns with the legend *Pietate et Iustitia* over the heads of two central female figures. In the year 1568 alone, however, one can find Rigaud using no fewer than three different cuts based on the theme, all of which have curved columns. One, inside the collar of the Ordre de Saint Michel surmounted by an imperial crown, consists of three large C's in the form of a clover leaf with a fleur-de-lis and an additional smaller C in each segment. In the centre, the now familiar legend surrounds two tightly twisted columns on the bases of which are C and IX. Another has two complete sets of intertwined columns with legend and crowns on each side of the arms of France.[236] The third is less involved but it seems safe to say that all three enjoyed no particular authority.

One could cite other examples of the use of the device of Charles IX as printers' marks on official publications both in the provinces and in Paris. In particular, Federic Morel used it after he replaced Guillaume Nyverd as 'Imprimeur du Roy' on 4 March 1571. These all come after the entries, however, and are therefore less relevant.

When we turn to medals and jetons we merely find corroboration of the same kind of evidence, except that the pieces in question often are not dated. The legend *Pietate et Iustitia* is used very early in conjunction with the familiar 'deux colonnes entrelassées,' bearing at their bases the same tablets and numeral.[237] The first dated example is 1563, which corresponds exactly with the first printer's mark using the same device.[238]

The first jeton with straight columns bears the date 1566[239] and again this corresponds precisely with the first occurrence of a printer's mark showing this version of the device. Some of the early medals struck for Charles IX

236 BN F 46836 (3), F 46836 (9), and F 46837 (27).

237 See Henri de La Tour, *Catalogue des jetons de la Bibliothèque Nationale. Rois et Reines de France* (Paris: 1897), cat. 163, 167, 169, etc.

238 Ibid., cat. 170.

239 Ibid., cat. 187.

portrayed him as Hercules supporting or replacing two columns which were in danger of falling, and it is noteworthy that another jeton with straight columns also issued in 1566 has on its reverse Charles IX as Hercules.[240] Still later, the following legend is added to the reverse of other similar jetons: *Hercule maior erit*.[241]

As with the entries, it would seem that a possible explanation of the symbolism is to be found in political events of the time. In 1563 Charles was approaching the age of majority and it was natural that his personal device should then be given more formal recognition in proclamations, royal acts, and jetons issued directly under his authority. This perhaps explains why the device whose existence had already been attested is now used officially for the first time.

On the other hand, the decision to straighten the columns in 1566 would seem to have been inspired by a desire to counteract Spanish propaganda and to reassert Charles' claim to be considered as a candidate for election as Emperor.

We have already mentioned the crucial role of the Low Countries,[242] 'le viel héritage de la Bourgogne, passé à l'Espagne.'[243] At the end of 1565 and during the year 1566 there were lengthy diplomatic negotiations in France between the Spanish ambassador and Catherine de' Medici concerning the possibility that her son-in-law, King Philip II, might travel across France on his way to visit the Low Countries. There is no documentary evidence to confirm it but the hypothesis that the modification in Charles' device stemmed from a desire to polarize the issue is as plausible as any.

For the entry into Rouen on the occasion of the majority of Charles IX, the following verses had been inscribed on a triumphal arch showing curved columns:

240 Ibid., cat. 191.
241 Ibid., cat. 241, 243.
242 Cf. p. 19.
243 Cf. Pierre Champion, *Charles IX* (Paris: Grasset, 1939), Vol. I, p. 35 et seq.

Hercule couronnant du Laurier de victoire
La fin de ses travaux, deux colonnes planta
Desjointes; mais ce Roy (presage de sa gloire)
Pour joindre l'univers joint ensemble les a.[244]

The decision to restore the reference to Hercules and straight columns, and the suggestion that Charles, not only in comparison to the classical hero but also in comparison to Philip II '*Hercule maior erit*,' would seem to be the verbiage necessary to emphasize the prestige of the Valois dynasty. Charles could consider himself a logical candidate for future nomination as Emperor, and as well the legitimate ruler of the Low Countries, wrongfully alienated from France.

Later on, after the death of his third wife, Elisabeth of France, Philip II obtained a dispensation from the Pope in order to marry his niece, Anne, the elder daughter of the Emperor Maximilian II. He also insisted that this wedding take place before that of Charles IX and the Emperor's younger daughter. This further underlined their rivalry, but as far as the Parisians were concerned, at any rate, the triumphal reception accorded Elisabeth of Austria after her marriage to Charles left no doubt in their minds concerning the promise which the future held for the young French monarch and his queen.

The coronation of Elisabeth of Austria was modelled as closely as possible upon that of Catherine de' Medici.[245] The physical arrangements at Saint Denis were identical except for a few incidental details – the exact length of a platform or the number of steps in a stairway, the placement of chairs for

244 *L'entrée faicte ... à Rouen* 1563. BN Rés. p Z 358 (88).

245 Cf. *C'est l'ordre et forme qui a esté tenue au Sacre et Couronnement de treshaulte et tresillustre Dame Catharine de Medicis, Royne de France, faict en l'Eglise Monseigneur sainct Denys en France, Le x jour de Juin M.D.* XLIX (Paris: Jean Dallier, 1549).

members of the royal family, and other minor modifications resulting from the participation of different personalities. But the general plan and the decorations were precisely the same, even to the special covered box with its 'fenestres bouchées de caiges d'ozier' where the King could observe everything that went on without being seen.[246]

The account of the coronation in the *Recueil* is therefore of considerably less interest than that of the two entries.[247] Not only is this section of the album, to all intents and purposes, a word-for-word copy of the earlier ceremony, but it also really bears no relation to the entries. The only connecting link is to be found in the names of the noble ladies and gentlemen who were involved both in the coronation and in one or the other of the entries.

The account of the coronation naturally does not appear in the *Registres* because it did not in any way come under the jurisdiction of the City. This part of the *Recueil* was not published separately, however, and it seems to have been included with the two entries in order to provide a complete record of all the ceremonials which followed the wedding of Charles IX and Elisabeth of Austria. There is an inevitable logic in proceeding from the King's entry to the Coronation and then to the Queen's entry which followed it. Indeed, one might say that the Queen's entry had the more valid *raison d'être*, and this no doubt explains why it was more international in scope, since it included the ambassadors of other nations and the Papal Nuncio; we are further told that 'ceste Entrée donna autant ou plus d'admiration aux estrangers qu'avoit fait celle du Roy.'[248]

Another difference discreetly noted in the *Receuil* is that many more of the younger nobility were in evidence at the Queen's entry.[249] This may have

246 For general material on the coronation of the Queens of France, compare especially M.C. Leber, *Des cérémonies du sacre*, Paris, 1825 and M.-F. Beyler, 'Le sacre et couronnement d'une reine à Saint-Denis: Marie de Médicis,' *Annuaire des membres de la société des 'Amis de Saint Denys'* (1936), pp. 34–45.

247 For Navières' account of the ceremonies, see *La Renommée* V, 1–101.

248 Q2^{v}.

249 Ibid.

been a result of the mundane character of the occasion and the fact that those who did not approve of the Edict of Pacification had no scruples about participating in the official welcome extended to a charming young queen.

Even so, the timing of the Queen's entry gave rise to some criticism. The King's entry had taken place on Mardi gras, which could quite properly be considered a day of festivity, but the Queen's coronation occurred on Sunday, 25 March right in the middle of Lent. As a religious service, it could perhaps be rationalized but there was no way to get around her entry the following Thursday, 29 March, or the banquets on two successive days – even though the menu at the second one tendered in her honour in the Chapter House at Notre Dame consisted 'selon la saison de tous les poissons rares et exquis tant de la mer que des rivieres, que l'on pourroit souhaiter (Q23^{v}).' Jean Le Frère de Laval notes:

> Encores que le peuple, parisien mesmement, se scandalisaient assez, de ce qu'au lieu d'observer les jeusnes de Caresme en prieres humbles et sobres devotions: l'on ne parloit que de jeux, festes, danses et autres mondanitez. Dont les Catholiques tournans tout à la faveur des Confederez estimoient que le Roy se vouloit peu à peu s'emanciper d'une Religieuse servitude, au plaisir de la liberté Protestante.[250]

Again, there had been some hesitation about the date for the Queen's entry. During the first week after that of the King, rumour had it that she was pregnant and that all festivities would have to be deferred for a year.[251] Work had already progressed on the removal of some of the arches when on 11 March a royal edict was published in the King's name setting 25 March as the date of Elisabeth's coronation and that of the following Thursday,

250 Cf. Jean Le Frère de Laval, *L'Histoire de France ... depuis l'an 1550 jusques à ces temps*. La Rochelle, 1581. T. II, f. 8^{v}.

251 For reports on her ill health, cf. *Calendar of State Papers. Foreign Series of the Reign of Elizabeth* (1569–71), nos. 1532, 1546.

29 March, as the date of her entry. The proclamation called for wide publicity.[252]

There was urgent need for action to stop demolitions and on 17 March a *marché* was signed with the sculptor Germain Pilon, who was entrusted with sole responsibility for adapting the remaining decorations (in whatever state) from the King's entry. The programme was no doubt discussed with Ronsard and Dorat, who ingeniously assisted Pilon in completely transforming its import with a minimum of change. Despite his preoccupation in preparing for the decorations at the banquet, Dorat composed about a dozen Latin inscriptions for this purpose, but it fell on Bouquet alone to write the French.[253] On 19 March an order was given to remove from the arches the items which were to be altered or replaced by Pilon and the entirety of the project was evidently completed in time by working night and day.

The iconographical programme of the Queen's entry could then only be the history of modifications brought to bear between 6 and 29 March 1571 upon the existing sculptures of the King's entry. The *marché* concluded with Germain Pilon specified that the work was to be completed by the 24th following, although we have no real certainty that this stipulation was honoured.[254]

The inordinate attention and expense lavished upon the statuary may have been a compensating factor for the relative intellectual poverty of the programme. If the *Bref et sommaire recueil* – our only complete account of the decorations – gives only that which was executed *anew*, then the epigraphical portions of the later entry would have been considerably attenuated unless earlier inscriptions were retained. For instance, the statue bases of the Sepulchre and the Fontaine des Innocents would have had only a Latin distichon at most. In comparison, these same statues had no identifying legends for the King's entry, but displayed on their socles a French sonnet flanked on either side by Greek and Latin verse.[255]

252 BN F 46840 (11). Cf. K54ᵛ (not accurate).

253 Cf., however, Q6ᵛ.

254 Cf. pp. 39–40.

255 Q8ᵛ (cf. K26ᵛ–27ᵛ) and Q9ᵛ (cf. K29ᵛ–30ʳ).

More likely is the probability that the interpretive rather than the descriptive character of the relation of the Queen's entry means that its written record is incomplete in many respects. The rather delicate problem which ensues is whether to consider the relation of Bouquet as the entire programme, or whether there are unspecified *renvois* back to that of the King. In short, how may we account for the curious omissions, in the descriptions of the triumphal arches, of *all* subsidiary figures and compositions save those of the interior flanks? Only the retention of the general *ordonnance* could possibly justify the reuse of the *lower* blocks for the illustrations of the King's entry.[256] Nor, despite repeated references to the haste with which the Queen's entry was executed, must we consider the album merely an abridgement of what was planned, since Bouquet insists that he has recorded all the 'inventions' for the event.[257] Our conclusion is then that the *devis* mentions only those details that were actually modified, and that Bouquet mentions only those inscriptions created in view of Elisabeth's entry.

Some corroboration of this hypothesis is forthcoming in the confrontation of a passage from the *Bref et sommaire recueil* with a corresponding extract from the accounts concerning the Porte aux Peintres:

de semblable architecture que celuy qui fut faict pour l'Entrée du Roy, excepté qu'il fut enrichi davantage, et la frize, corniche et architrave faictz d'une autre mode, moulure plus exquise, et mieux suivant les antiques. Laquelle frize fut enrichie d'un feuillage, et fleurons d'or de relief sur un fons blanc qui embellisoit, et decoroit grandement	... faict une frize selon l'anticque de rameaux de feuillammendes de relief en moullures de papier de tailles de vingt ung poulces de

256 Cf. pp. 80–1.

257 'Telles furent les inventions faites en l'honneur d'icelle Dame, lesquelles on eust bien amplifiées, si le temps l'eust permis, dont je ne feray plus ample mention pour venir à l'ordre d'icelle Entrée' (Q13r). Cf. Q3v, 10v, and 12v.

cest ouvrage: mesmes les bazes, et chapiteaux des colonnes furent dorez de fin or. Les niches feintes de marbre noir, et toutes les figures enrichies, et dorées en plusieurs endroitz, en sorte qu'il ne se recognoissoit riens de ce qui avoit servi à ladicte Entrée du Roy (Q5^{v})

hault, selon la grandeur d'icelle, qui contenoient douze toises. Lesquelles feuilleures estoient dorez et le fond peint de blanc representans le marbre. Estoient aussy dorez les chappiteaux et basses des coulonnes; *au lieu de la navire y voit ung caducé de Mercure*, et noircy les niches representans le marbre noir pour lever davantaige lesd. figures, lesquelles avoient esté reblanchies et regarnies de leurs ornemens acoustumez, *reservé les plattes peintures et inscriptions.*
(Appendix IV, f. 36^{v})

For all its summary character, the relation of the accounts is infinitely more instructive of what was to be reworked or to remain, and how this was to be effected. Moreover, there is only one figure on the Porte aux Peintres from Charles' entry which had the attribute of the ship: the Paris from the intercolumnation (fig.13). No mention is made of the corresponding pendant statue of France, which we may suppose to have been carried over, but the importance of the modification is that it would in no way change the sense of the primary figure or require the suppression of other attributes in the original grouping.[258]

This observation is essential to the solution of the puzzles of the Queen's entry since, in all cases, the personifications of the triumphal arches themselves were general enough to be put to almost any purpose. The paintings for the interior flanks of the various arches (and, we presume, those inserted into the

258 K20^{v}–21^{r}.

very face of the arches)[259] must have retained their integrity since the instructions of the *devis* and accounts invariably terminate with the formulas 'excepté [réservé; sans y comprendre] les plattes peintures et inscriptions.' Every attempt seems to have been made to make the historiated superstructures required by the new programme so visually attractive that any reuse of materials would pass unnoticed.

This fear was largely unjustified in view of the amount of time that had elapsed between the two entries, much less the ability of the viewers to retain any detailed impressions of the component parts as opposed to their

259 The just identification of motifs, their interrelations, and received or willed significations are exceedingly difficult to render by simple literary description or critical analysis. For the Porte Saint-Denis (K11^v–12^r and Q3^r) as well as the first face of the Porte aux Peintres (K25^r–25^v and Q2^r–2^v) the content of the pictures is likely the same, with emphasis placed on different details (which may be recorded in one or the other place only) which must be reconciled to gain some idea of the whole. The possibility of a hieroglyphic representation as opposed to a naturalistic one is here considerably reinforced by the (inadvertent?) inversion of descriptions.

For the second face of the Porte aux Peintres (K25^r–25^v and Q7^r–7^v) the catchwords reveal the content despite the reidentification of Juno into an Iris, both retaining the same attribute of the rainbow. The original nonetheless was entirely comprehensible owing to the positive gloss for Juno 'qui nuit ordinerement aux entreprinses des personnages de grand cœur, et par mille traverses s'oppose à leur vertu' which heralded the 'nopciere Junon' with the face of Catherine de' Medici of the Sepulchre, whose purpose is retained for the Queen's entry. This type of wishful thinking and retrospective justification or enchainement is best seen in the other of the inserted pictures for the arch, which could not have been dependent upon 'la signification desdictz fleuves [du Rhosne et Danube]' since the latter had been 'faict de nouveau' (Appendix IV, f. 36^r). This rather supports the opposite viewpoint, that there is forced consonance for the Queen's entry in relation to the conceits of the King's entry.

As for the first portal of the Pont Nostre Dame, the images are certainly the same (K34^v–35^v and Q11^r–11^v), while for the second portal (K37^v–38^r) it is stated that 'quant aux tableaux du dedans ne fut aucune chose changé de l'*invention*, pour ce qu'ilz estoient bien convenables' (Q13^r).

wonderment at its general appearance. All things considered, the major novelty of Elisabeth's entry seems to have been the creation of an illusion of live *figurants* by the application of flesh colour to the stucco, which had previously given the effect of white marble. The metamorphosis of decors was then completed by the lavish use of silver and gold where bronze had previously been employed, the insertion of new heads and arms where necessary, and some changes of costume or the reuse of attributes in different context.[260] The full measure of difference in intellectual demands for the two entries may be appreciated by contrasting the *Gallia* of the Ponceau and its abundance of mutually reinforcing hieroglyphs (fig. 11) with the directness of presentation and simplicity of the 'Flora' which it eventually became (fig. 12).[261] Or, to complete the enumeration of the separate 'colosses,' the silver Juno of the Sepulchre (fig. 16) and the golden Saturn of the Fontaine des Innocents (fig. 18) could scarcely be faulted on a conventional symbolic level, although it must be remembered that, however costly the short-term modifications, these effectively resulted in 'new' statuary – and most especially so in comparison to the time and labour required to sculpt or mould new stucco figures.[262]

All of this really means that Dorat's programme was only a supplementary or minor effort, grafted with some haste onto the preceding one of the King's entry (thus accounting for the relatively small emolument received for both this and the programme for the Salle de l'Evesché).[263] In more positive formulation, the Queen's entry showed the relative ease with which even *extant* structures and figures could be made to serve unforeseen purposes. Bouquet was then right to stress 'ce qu'on peult recueillir des hieroglyphiques,

260 e.g. the ship (cf. p. 31, n. 82) and the columns (cf. Appendix IV, f. 35^r and figs. 10 and 13).

261 Cf. K14^r–14^v and Q4^v.

262 Even if they could have been made anew, the stucco would not have been in proper condition for painting by the *sculptor*, as Pilon was responsible for this work unless otherwise specified.

263 Cf. p. 25, n. 57.

devises et inscriptions qui y estoient'[264] – the 'inventions' of the entries only imperfectly rendered by the figures alone.

Any reconstitution of the iconography of the banqueting hall decorations intended for the Queen's entry must take into account that this aspect was traditionally considered only an adjunct to the entry itself. For this reason we have found no *identifiable* surviving evidence for the compositions themselves. The only relevant texts are to be found in the specifications of the account books and the *Bref et sommaire recueil*. On the other hand, when one considers the decors of the 1571 entries, it is obvious that their albums differ in one major respect from that of 1549 upon which they were modelled: the Queen's entry was illustrated, copiously so.[265] This may be due to the longer time elapsed between the two reigns, but it is more likely a result of the fact that, in this case, the Queen's decorations were appreciably *different* from those of the King.[266] The truly historic nature of the occasion could well have justified the more important illustration in 1571, although a rapid comparison of the illustration of the two albums would probably result in the selection of the earlier album for its quality.

The *marché* of 8 January 1571 had specified five paintings on canvas 'dont les quatre seront d'une thoise en carré et le cinquiesme de neuf piedz en carré ou en auvalle,' the first four at the four corners of the ceiling and the fifth, of larger dimensions, 'au millieu du plancher et platfondz, qui sera faict en lad. salle,'[267] by Pierre d'Angers, who was also responsible for their mounting.[268] Beyond these works, Nicolò and Giulio Camillo dell'Abate were to provide a frieze to extend around the hall, some 16 toises long by

264 K6^{v}.
265 Cf. p. 33 et seq.
266 *Entrée de 1549*, f. 34^{r}: 'La Royne en la pompe et magnificence que dessus, entra dedans ladicte ville de Paris, et passant par la porte et rue de Sainct Denys, et dela par le pont nostre Dame, qu'elle trouva en la mesme parure qu'ils estoyent le jour de l'entrée du Roy, vint à l'Eglise Nostre dame ...'
267 Cf. Appendix III, 12.
268 Cf. Appendix IV, f. 107^{r}.

6 wide and 9½ or 10 high, replete with cornice and architrave – 'laquelle frize, ilz seront tenuz orner de seize tableaux d'histoires et de figures poeticques, telles que le devis leur sera baillé, et seize paisages, ou plus, selon les lieux le porteront' with whatever additional ornaments were necessary.[269]

No specific mention is made of the subjects at this time, nor whether the landscapes were to be pure landscapes or in some way associated with them, but the final execution of the frieze included 19 subjects relating to the history of Cadmus in the 'traduction et allegorie' of Jean Dorat from the *Dionysiaca* of Nonnus of Panopolus,[270] with no mention whatsoever being made of

269 We may gather some idea of the traditional aspects of such an ensemble from the relation of the non-ornamental components for the Queen's banquet in 1549: 'C'estoyent les figures des dieux et deesses qui se trouverent aux nopces de Peleus et Tethis, pere et mere du grand Achilles. Entre des figures colloquées soubs le rabat, surquoy pose la couverture de la salle, faicte en hemicicle, estoyent de singulierement beaux paisages, tant bien representans le naturel, que ceulx qui les regardoyent, et avec ce les gestes de plusieurs personnages s'esbatans à tous les jeux ausquelles la venerable antiquité se souloit avec pris exerciter, perdoyent la souvenance de boire et de manger.' (*Entrée de 1549*, f. 35r.)

270 Cf. p. 25, n. 57. Owing to the importance of its content and dimensions, it is likely that the 'Cadmus rehaulcé de couleurs' for which Nicolò received 17 livres, 10 solz, is for these decors, since it is singled out for mention and since the only other Cadmus, inserted into the Porte aux Peintres, resembled bronze. (Cf. Appendix IV, f. 39r and K19v.) The Cadmus and Harmonia then represented Charles IX and Peace governing the four estates, with the subsidiary fleet of divinities in ships attached by chains of gold (Religion), silver (Justice), copper (Noblesse), and lead (Marchandise) much in the manner of the Gallic Hercules which had graced the Porte Saint-Denis in 1549 (fig. 31). This theme had already been developed for the young Charles IX in the *Suite d' Arthemise*, f. 16v: 'Peu au paravant sa mort, il [Mausolus] commanda qu'on luy baillast de ses coffres deux images, l'une de paix, et l'autre de concorde taillés en or, de belle et antique façon. Desquelles il donna l'une, à sa bien aymée compagne Arthemise, et l'autre à son filz Ligdamis, qui estoyt encore fort jeune; Voulant signifier par là, qu'il vouloyt que son filz obeist à sa mere, et qu'ilz vescussent en toute paix, et concorde ensemble.'

landscapes.[271] The decoration then comprised 24 subjects (five in the ceiling), with the remaining pictures 'spatiez esgallement entre les pilliers en forme de Termes soustenant le platfons de ceste salle,'[272] placed above a 'tapisserie à personnages faite de soie, rehaulsée d'or et d'argent' which probably had no relation to the histories since it belonged to the City.[273]

Nicolò, qualified as 'premier peintre de l'Europe,' is mentioned by Bouquet as the author of the five 'thesis' paintings of the ceiling, and received six times the salary of his son, who probably did most of the other work.[274] Since no mention is made of drawings provided for this purpose, it would seem that the artists could give whatever form they wished to the subjects, once designated, which are praised for their diversity; one nonetheless regrets that Bouquet had felt the reader would be bored by their description,[275] thus contenting himself with recording the distichons.

Dorat's supplementary payment included not only the histories of Cadmus but the sugar confections with the histories of Minerva, for which the accounts and Bouquet's description complement each other in giving either the component elements or else the allegories which were imposed upon them.[276] These six 'grandes pieces de relief ... de sucre doré et enrichy'[277] were the creations of Jehan de La Bruyere, who paid Germain Pilon 10 livres,

271 It is difficult to say whether Nicolò's 'grande toille faite en paisage, laquelle n'a point servy parce qu'elle estoit trop grande' (Appendix IV, f. 40^{r}) might have been intended for this purpose, but it does indicate that errors of all sorts were likely to occur in the execution of such a complex programme.

272 Q21^{v}.

273 See Appendix IV, ff. 46^{v}, 81^{r}, and 83^{r}.

274 Cf. Appendix III, 12 and IV, ff. 106^{r}–106^{v} respective payments of 600 and 100 livres tournois. The work was to be done by 15 February and Nicolò acquitted his work on 8 January and 3 February, while Giulio Camillo was paid only as of the 13 and 20 March, which seems to support this hypothesis.

275 Q22^{r} et seq.

276 Cf. Appendix IV, ff. 124^{r}–126^{v} and Q24^{v}–26^{v}.

277 Q24^{v}.

8 solz 'pour avoir veu lesd. ouvraiges, les creux et rondbosses des personnaiges.'[278]

After having dined in the midst of the histories of Cadmus, the Queen was escorted into a neighbouring chamber and 'admirerent tous la nouveauté de ceste collation' where, beyond the edibles, were displayed fruits, meats and fish – all of sugar, even to the 'plats et escuelles.'[279] Since the historiated confections programmed by Dorat were also inedible, but more imposing in scale, they were mixed among the preceding for greater decorativeness and probably served as the equivalents of *surtouts de table*. From there, the Queen proceeded into still another chamber to admire the vermeil buffet which was her gift from the City of Paris.[280]

It would be unrewarding to treat these confections in detail, but it should be noted that the fifth history was intended to recapitulate the events of the royal Entries, while the submission of Asia to Minerva and Perseus in the sixth recalled vaguely the conceits for the decors of the Pont Nostre Dame as revised for the Queen's entry.[281] Like the buffet, they were minor arts appreciated above all for their 'histoires convenables et dependantes des choses susdictes,' but for that very reason represent that which was most original in the Queen's entry.

The theme of Empire which had been stressed in the Queen's entry, with its insistence on conquest and future world domination, had evolved naturally from the idea of reconciliation and subsequent national solidarity, which was central to the King's entry. In the *Recueil*, however, the abbreviated account of the Queen's entry is sandwiched between the King's entry, which alone had numerous extra poetic contributions added to it, and Pasquier's lengthy *Congratulation au Roy de la paix faite par sa Majesté entre ses subjectz l'unziesme jour d'Aoust, 1570*. This order indicates that the concept of

278 Appendix IV, f. 126^{v}.

279 Q24^{r}–24^{v}.

280 Cf. pp. 243–4.

281 Q25^{v}–26^{r} and Q10^{v}.

pacification is the important one, and it also explains, no doubt, why it was decided to place Pasquier's poem at the *end* of the published album.

We have already noted how the desired emphasis is clearly reinforced by the fact that the *Recueil* also opens with a sonnet by the same Pasquier who is at pains to explain to readers that they should not consider the celebrations described as an 'entry' but rather as a 'triumph' to celebrate the magnanimity of Charles IX. The link is obvious because this same idea is then developed at length in the 456 verses of the *Congratulation*.

Like his friends, Henri de Mesmes and Michel de L'Hospital, Estienne Pasquier represents in his person erudite urbanity, universality of interests, and an enlightened tolerance much in advance of the times. For this reason, all three of them were accused of having Protestant sympathies, whereas the truth of the matter is that they merely put the welfare of the nation ahead of a militant intolerance which could lead only to open confrontation and destructive hostilities between Catholics and Huguenots. This fundamental idea is eloquently expressed by Pasquier in the following passage, central to the *Congratulation* and a key to his thought:

> Et chacun demourant devot envers son Roy,
> Sera dans sa maison desormais en requoy,
> Vivant selon sa foy, content, en sa patrie,
> Avec ses chers enfans, et sa douce partie,
> Jusques à ce que Dieu regardant d'un oeil doux
> Son peuple miparti, estanche son couroux,
> Et que las de nous voir vaguer en ceste guise
> Nous reünisse en fin soubz une mesme Eglise. (399–404)

These same sentiments had already been formulated by him as early as 1561 in the *Exhortation aux princes et seigneurs du conseil privé du Roy*.[282]

282 Cf. Etienne Pasquier, *Ecrits politiques*. Textes réunis, publiés et annotés par Dorothy Thickett (Geneva: Droz, 1966), pp. 29–32.

Pasquier's philosophy therefore remained constant, but the politics of Catherine de' Medici and Charles IX did not. On the occasion of the Peace of Saint Germain, when Pasquier could approve whole-heartedly of the course of events, he expressed his enthusiasm in no uncertain terms. On other occasions he was more cynical, and in his general disillusionment at the end of the reign of the ninth Charles, he wrote the following satirical 'Tombeau,' which was published only with his initials:

Plus cruel que Néron, plus rusé que Tibère,
Hay de ses subjets, moqué de l'estranger,
Brave dans une chambre à couvert du danger:
Medisant de sa seur, despit contre sa mere;
Envieux des hauts-faits du roi Henri son frère;
Du plus jeune ennemi; fort prompt à se changer,
Sans parole et sans foi, hormis à se vanger;
Execrable jureur et publiq adultere;
Des eglises premier le domaine il vendist,
Et son bien et l'autrui follement despendist;
De vilains il peupla l'ordre des chevaliers,
La France d'ignorans prelats et conseillers:
Tout son regne ne fut qu'un horrible carnage,
Et mourut enfermé comme un chien qui enrage.[283]

Be that as it may, from August 1570 until August 1572 Pasquier could rejoice with other enlightened citizens at the prospect of a durable peace based on harmonious relations and mutual understanding.

These feelings were shared by Simon Bouquet who, despite his 'amateur' status, had thrown himself with such energy and obvious delight into preparations for the entries and the official record of them to be published at a later

283 Cf. Pierre de L'Etoile, *Journal* ed. Michaud et Poujoulat (Paris, 1837), p. 37.

date. Ronsard and Dorat, as official poets to the King, may have felt obliged to be more circumspect in their contributions to the album. Likewise, the sonnets specially composed by Guy du Faur de Pibrac and Amadis Jamyn, who was Ronsard's secretary, are more or less conventional in tone. Those by Antoine de Baïf, however, voice again the general optimism which found its expression in the celebrations at the entries:

> Regne la pieté, florisse la justice
> Vertu soit en honneur, en mespris la malice,
> Defaille la fureur, commande la raison.[284]

The irony of the situation was that just a few months after the publication of the *Recueil*, the Massacre of St Bartholomew's night was to re-open hostilities in the most tragic fashion. As a result, none of the additional triumphal entries into other cities of the kingdom which had been mooted in the *privilège* for the *Recueil* were to take place. Nonetheless, despite another twenty years of civil and religious disorder and the bitter internal strife ended only with the Edict of Nantes – itself modelled very closely on the Edict of Pacification of Saint Germain – Ronsard's prediction to Bouquet concerning his unique record of the Paris entry of 1571 remains essentially true:

> L'honneur des Rois, de Paris la grandeur,
> L'heur des François emplissent la rondeur
> De ton Bouquet, qui fleurist davantage
> Contre le temps qui les autres deffait.
> Car ton bouquet que les Muses ont fait,
> Ne craint l'hiver ny l'injure de l'aage.[285]

284 K51r.

285 K5r.

PART II

Bref et sommaire recueil de
ce qui a esté faict, et de l'ordre tenüe
à la joyeuse et triumphante Entrée de
tres-puissant, tres-magnanime et
tres-chrestien Prince Charles IX
de ce nom Roy de France,
en sa bonne ville et cité de Paris,
capitale de son Royaume,
le Mardy sixiesme jour de Mars
avec
le Couronnement de tres-haute,
tres-illustre et tres-excellente
Princesse Madame Elizabet d'Austriche
son espouse,
le Dimanche vingtcinquiesme.
et
Entrée de ladicte dame en icelle ville le jeudi
XXIX dudict mois de Mars, M.D.LXXI.

A PARIS
De l'imprimerie de Denis du Pré, pour Olivier Codoré.
Rüe Guillaume Josse, au Heraut d'Armes, pres la rüe des Lombars.

1572.
Avec privilege du Roy.

EXTRAICT DU PRIVILEGE DU ROY.

Charles par la grace de Dieu Roy de France à nos aimez et feaulx les gens tenans nos cours de Parlements, Gouverneurs, Baillifz, Senechaulx, Prevosts ou leurs Lieutenants, et aultres nos officiers et justiciers qu'il apartiendra, Salut. Nostre bien aimé Olivier Codoré, tailleur et graveur de pierres precieuses, nous a faict entendre qu'il desiroit singulierement de graver ou faire imprimer par figures et lettres toute l'ordre qui sera tenüe à l'Entrée que nous et nostre treschere et tresaimée compagne esperons faire tant en nostre ville de Paris que autres villes de cestuy nostre Royaulme. Mais il craint que à ce faire il luy soit fait empeschement par nos officiers, s'il n'avoit nos lettres de congé et permission de ce faire. Nous requerans treshumblement à ces fins luy vouloir octroyer nos lettres necessaires à ces causes et inclinant liberalement à la requeste qui nous a esté faicte par nostre trescher, et tresaimé cousin le duc de Genevois et de Nemours en sa faveur, avons à iceluy Codoré permis, accordé, et octroyé, permettons, accordons, et octroyons par ces presentes, qu'il puisse et luy loise imprimer et graver par figures et lettres tout l'ordre qui sera tenu à nosdictes Entrées esdictes villes de nostredict Royaulme, sans que à ce il puisse estre empesché par nosdictz officiers ou autres: et afin qu'il aye le moyen de se recompenser des frais et despens qu'il luy conviendra pour cest effaict faire, avons inhibé et deffendu, inhibons et deffendons à tous aultres imprimeurs et graveurs, que durant le temps et terme de dix ans ensuyvans et consecutifz à comter du jour et datte que lesdictes Entrées auront esté imprimées et gravées par figures et lettres qu'ilz n'ayent à les imprimer ou graver si ce n'est par congé et permission dudict Codoré. Et sur peine au contrevenant de mil escus d'amende, chacun applicable, partie à nous et l'autre audict Codoré: ensemble de la perte et confiscation desdictes imprimeries et graveures. A la charge que lesdictes graveures et impressions desdictes Entrées seront veües et visitées par nos justiciers des lieux où elles seront, avant qu'ilz soient mises en vente. Si voulons et vous mandons que à chascun de vous endroict soy, si comme à luy apartiendra, que de tout le contenu en nostre presente permission vous faictes, souffrez, et laissez ledict

Codoré joyr et user paisiblement, cessant et faisant cesser tous troubles et empeschemens au contraire. Procedant contre lesdictz contrevenans à ces presentes, par les peines contenues en nos ordonnances: car tel est nostre plaisir. Donné au chasteau de Boulongne le neufiesme jour de Fevrier. L'an de grace mil cinq cens soixante et unze. Ainsi signé.

Par le Roy, Monsieur le duc de Nemours present. De Neufville, et scellé sur simple queuë en cire jaulne, du grand scel.[1]

Le Roy fait tresexpresses inhibitions et deffenses à tous imprimeurs et libraires tant de ceste ville de Paris que des aultres de son Royaulme, de n'imprimer et exposer en vente l'ordre de l'Entrée de sa Majesté et autres choses qui en dependent: sur peine de la confiscation des livres et presses et d'estre corporellement punis. Voulant sa Majesté que celluy seul, auquel elle en a baillé permission, signée de l'un de ses quatre Secretaires d'estat, puisse faire imprimer ledict ordre de l'Entrée. Enjoignant sadicte Majesté au Prevost de Paris ou son Lieutenant, Prevost des marchans et Eschevins tenir la main à l'observation de ceste presente ordonnance et d'y user de toutes diligences requises et necessaires. Faict à Paris le septiesme jour de Mars, mil cinq cens soixante et unze. Ainsi signé, Brulart. 2v

1 The *privilège* is signed by Nicolas de Neufville, Seigneur de Villeroy, one of the four secretaries of state. On the role of the Duc de Nemours, cf. N.M. Sutherland, *The French Secretaries of State in the Age of Catherine de' Medici*. London: Athlone Press, 1962, p. 123: 'The relations of Alluye and Nemours illustrate the potentially important role of the secretaries in forestalling or dissolving misunderstandings between important persons and the court, in preventing the proud and touchy nobles from feeling neglected, forgotten or insufficiently esteemed in their absence, in championing their personal and public interests and sometimes even in preserving their loyalty to the crown.'

In the coronation and the entries the Duc and Duchesse de Nemours rank just after the royal princes and princesses.

Leu, et publié à son de trompe et cry public par les carrefours de ceste ville de Paris, lieux, et places accoustumez à faire cris et publications, par moy, Pasquier Rossignol, crieur juré du Roy nostre sire, aux ville, prevosté et viconté de Paris, accompaigné de Guillaume Denis, commis de Michel Noiret, trompette juré dudit seigneur esdictz lieux.[2] Le septiesme jour de Mars, mil cinq cens soixante et unze. Ainsi signé, Rossignol.

3r

SUR L'ENTREE DU ROY FAICTE EN SA BONNE VILLE DE PARIS[3]

N'estime point (Lecteur) que ce soit une Entrée,
Que tous ces sumptueux appareils que tu vois,
Tous ces arcz triomphaux, ces superbes arrois,
4 Dont Paris nostre ville est ores illustrée.

Ainsi que Rome on veit de lauriers tapissée
Embrasser le guerrier enflé de haulx exploitz:
Ainsi à nostre CHARLES, au plus grand de nos Rois,
8 Pour rendre dans les ans sa memoire enchassée,

Paris d'un œil joyeux, Paris sa grand' cité,
Luy dressant ce trophée à la posterité,
11 L'a voulu honorer d'un triomphe supréme:

2 This was standard practice. There were 24 town criers in Paris at the time.

3 This sonnet was also published in *La Jeunesse d'Estienne Pasquier* (1610) and *Les Œuvres meslées* (1619) with the following variants: l. 1 Ne pense point, passant; l. 7 Ainsi à nostre Roy; l. 10 un trophée; l. 12 aux champs.

Après avoir esté trois fois en camp vainqueur,[4]
Après avoir des siens surmonté la rancœur,
Et que d'un cœur plus fort il s'est vaincu soy-mesme.[5]

E. Pasquier Parisien.

Οὔνομα Βουκαίου τὸ πατρώνομον ἀνέρα δηλοῖ 3v
Τὸν κατὰ τοὺς ξυλόχους ἔμπονον ὑλοτόμον.
Καὶ σὺ ταμὼν ξύλα πολλὰ θεᾶν ἀνὰ νήριτον ἄλσος,
Εὐθαλὲς ἔπλεξας τοῦτο τὸ φυλλάδιον.[6]
Ἔνθ' ὑπὸ τοῖς σκιεροῖσιν ἀηδόνες ἀκρεμόνεσσιν
Μυρίαι ἡδυμελῆ εὐστομέουσιν ἔπη.
῎Ανθεμα τῷ βασιλῆι, καὶ ἄνθεμα τῇ βασιλίσσῃ,
Χρυσοῦ ἠδὲ λίθων παμπολυτιμότερον.

4 The three victories Pasquier had in mind were Dreux (19 December 1562), Saint-Denis (10 November 1567), and Jarnac (13 March 1569). (Cf. Pasquier, *Congratulation*, ll. 22–4). The battle of Moncontour which is usually regarded as the greatest triumph of all was considered a tragedy by Pasquier since some thousands of Huguenots were massacred after its close. (Cf. Introduction, p. 63).

5 The magnanimity of the 'vainqueur' who does not exploit his advantage but rather 's'est vaincu soy mesme' fits in with Pasquier's ideas of tolerance and enlightened statesmanship. He expresses the same notion twice in the *Congratulation* (ll. 20 and 300). It comes, of course, from Cicero's *Pro Marcello* IV, 12, for which cf. especially K 37v.

6 Bouquet did not apparently publish any other poetry but over 200 of his poems have been preserved in BN Ms. fr. 19143. These consist of *Imitations et traductions de cent dix huict emblesmes d'Alciat*, plus *Autres traductions et imitations du Latin de quelques auteurs*, as well as many sonnets, epitaphs, anagrams, and other literary forms such as elegies, stances, cartels, discours, etc.

Σοὶ δὲ Χάρις μεγάλη μάλ' ὀφείλεται εἵνεκα τούτου,
  'Ω Βουκαῖε, δι' οὗ τοῖος ἔπλεκτο πλόκος.
῎Αξιον ἐν Χαρίτων καὶ μουσῶν ναῷ ἄγαλμα,
  Κεῖσθαι, Βουκαίου σύμβολον ἀστυνόμου.)[7]

Ιω. Αὐρατὸς Ποιητὴς βασιλκός[8]

῎Αστυ τὸ Παῤῥισίων πόλεων πόλις, ἢ πόλος ἄλλος,
  Τῷ βασιλῆι γέρας τεῦξεν ἐπεμβάσιον.
Εἷς δέ τις ἀστυνόμων μούσαις μεμελημένος ἀνὴρ
  Βουκαῖος τούτους εὐθέτισεν πίνακας.
Πολλὰ δὲ καλὰ φίλων ἐπιγράμματα, πολλὰ καὶ αὐτοῦ
  ῎Εργου λαμπρὰ πάρεργ' εἰς βίβλον ἠράνισεν.
Τοὺς τε λόγους κρυφίων ἐσαφήνισε μυθολογιῶν,
  Εἰκόνας οἵ πάσας καὶ φανεροῦσι γραφάς.
Τέχνης δαίδαλον ἔργον ἄκρης δαπάνης τε πόνου τε
  'Αλλ' ἀιεὶ χαλεπὸν τὸ κλέος ἐστὶ καλόν.
Οὐκ ἄρα μνῆστις ὄλοιτο θριαμβοπρέπους προσόδοιο
  Δὶς διὰ Παῤῥισίων Συμπαραπεμπομένης.[9]

Ν. Γουλ. Αὐρατ. Γαμβ.[10]

7 'The surname of Bouquet (Bou-kaios) indicates one who toilsomely cuts wood in the copses; and 'twas after thou didst cut many boughs in the Muses' vast grove that thou didst plait this flowery wreath. So it is that under the shady branches countless nightingales melodiously chant lays, sweet as honey; as an offering to the King, and also to the Queen, more rare by far than gold or precious stones. And for this, great thanks indeed are due to thee, Bouquet, by whom a garland so fair was woven. 'Twere fitting that thy statue, Bouquet, should be set within the temple of the Graces and the Muses, depicting thee as Ædile of the city.'

8 'Jean Dorat, Poet Royal.'

9 'The city of Paris, city of cities, or rather a second city celestial, has made the King a gift of honour upon his entry. And one of the Ædiles, a man who cares for the Muses, Bouquet by name, arranged these pictures in due order; and he collected, as contributions to the book, many fine epigrams by his friends, and many splendid by-works of his own. And he clearly set out these accounts of obscure tales, the Icones, which also make every picture clear; a well-wrought artifact, of extreme cost and toilsomeness – but fair Renown is ever difficult. Thus should not the memory die of that Entry which, in triumphal fashion, the people of Paris twice escorted through their city.'

10 'Nicolas Goulu, son-in-law of Dorat.' Nicolas Goulu (1530–1601) succeeded Dorat at the Collège de France 8 November 1567. He was also his son-in-law by virtue of his marriage to Dorat's daughter Madeleine.

IN COMMENTARIUM 4^r

DESCRIPTIONIS POMPARUM ET SPECTACULORUM REGI CAROLI IX ET REGINÆ ELISABETÆ AUSTRIÆ IN IPSORUM SOLEMNIBUS IN URBEM INGRESSIBUS DUOBUS DIVERSIS DIEBUS PARISIIS EXHIBITORUM.[11]

Quantum alias immensa Lutetia præterit urbes,
Cætera Rex quantum Gallicus imperia:
Tantum magnificos superavit honore triumphos
Quem dedit urbs tua quos Gallia tota dabit.
Huius ut aspectus gentes procul iret in omnes,
Exprimit artifici sculpta tabella manu.
Sed pictura, nisi sonus huic accedat, imago
Muta tacet: scriptis nunc ea facta loquax.
Ergo quæ porta populus spectavit ab ipsa
Per seriem mixtæ lusibus historiæ,
Singula declarata suis sunt iuncta tabellis,
Occultumque loquens littera quidque docet.
In quibus ut sumptus, labor est et publicus urbis,
Quam cum Præposito quattuor usque regunt.
Sic vigil unius BOUQUETI cura peregit,
Mandarat sibi sors quod socialis opus.
Ronsardo tamen est, est Auratoque aliisque 4^v
Pars opere in tanto iure tenenda suo.
Quorum alias alii patrias cecinere Camœnas:
Græca sed ipsa meæ, suntque Latina lyræ:
Præter ab antiquis quæ sunt excerpta poëtis.
Sic nova per varias texta corolla manus.

11 'For a commentary on the description of the processions and spectacles exhibited at Paris on two several days for King Charles the Ninth and his Queen, Elisabeth of Austria, on their separate official Entries into the city.'

At tu ter fœlix Rex CAROLE, ter tua coniux,
Et quater, et quoties non numerare licet.
Cuius amor patriæ, cuius spectacula nulli,
Præter quam summo cedere visa Deo.
Omnibus in populis simul externisque tuisque,
Dum liber hic vivet, vivida semper erunt.[12]

Io. Auratus Poëta Regius.[13]

12 'As much as boundless Paris doth in size outrun all cities else, and the King of France surpass all other realms, so much doth the triumph this city hath accorded thee, and those thy entire kingdom of France shall in time to come bestow on thee, exceed in splendour the world's proudest pomps.

That its appearance might be published abroad to all nations, a picture limned with skilful hand reproduced this triumph, but a picture alone, if no voice be added, is but a dumb silent image; and therefore now, by the aid of writing, the picture is made to talk. And to this end, those things which the populace beheld from the very gate, in a pageant of history intermixed with diversions, have been severally set down, each linked to its engraving, and the speaking voice of literature communicates each secret. In these matters, just as the City of Paris bears the cost, so too she furnishes the labours of her people in aid thereof – she who is ruled by the Four in all matters, together with the Provost. Thus it was that the sleepless care of Bouquet alone brought to its conclusion the task entrusted to him by his fellow-citizens' choice.

Howbeit in this great work both Ronsard, and Dorat too, and others also, may rightfully claim for themselves a part; they have in divers places chanted their native Muses, but to my lyre belongs all that is in Greek or Latin. And so it was that, besides what was taken from the ancient poets, a garland has been woven with the help of various hands.

But thrice happy art thou, King Charles; thrice happy thy wife; and four times too, and countless times besides. For 'tis clear the love betwixt thee and thy country yields the primacy to none save God Omnipotent, while to none do these thy pageantries yield but to His splendour; and as long as this book shall live, so long shall all the world's peoples, be they foreign or thy subjects, find them living still.'

13 'Jean Dorat, Poet Royal.'

SONET 5r

DE PIERRE DE RONSARD A L'AUTHEUR.[14]

Comme une fille en toute diligence
Voyant un pré esmaillé de couleurs
Entre dedans, et choisissant les fleurs,
Un beau bouquet pour son sein elle agence,

Ainsi, BOUQUET, cueillant en abondance
Fleurs dessus fleurs, dans le jardin des sœurs,
Fais (choisissant les plus douces odeurs)
Un beau bouquet de ton livre à la France,

L'honneur des Rois, de Paris la grandeur,
L'heur des François emplissent la rondeur
De ton BOUQUET, qui fleurist davantage

Contre le temps qui les autres deffait.
Car ton bouquet que les Muses ont fait,
Ne craint l'hiver ny l'injure de l'aage.

SONET DE L'AUTHEUR. 5v

Celuy qui voudra voir combien peult nostre France,
Comme elle est invincible au fort de son malheur,
Comme il est impossible en sçavoir la valeur,
Le bon-heur, la grandeur, la force, et la puissance:

14 Cf. Ronsard, *Œuvres complètes* ed. Laumonier (STFM) XV^2, 391.

Celuy qui vouldra voir de Paris l'excellence,
De quelle affection, cœur, devoir, et honneur,
Elle a receu son Roy et souverain Seigneur,
Après son sainct edict, tesmoin de sa clemence:

Relise ce livret, et sur tout considere
Que ce Roy comme Dieu s'est monstré Prince et pere,
Qui regardant les siens de son œil de pitié

A fait cesser de Mars l'orage et le tonnerre,
Chassant de ses subjects la discorde et la guerre
Pour les rejoindre ensemble en parfaicte amitié.

B.

5vA

A LA ROYNE, MERE DU ROY.[15]

En superbe appareil Paris humble honnoroit
Son Roy à son entrée et sa Royne nouvelle:
Eux deux vous decoroient en pompe solemnelle,
Madame, de l'honneur dont on les reveroit.

Vous rapporties aux dieux ce qu'on vous referoit
Les dieux se rapportoient à leur mere Cibelle:
Cibele, qui voioit sa brigade plus belle
De voz dieux que des siens, vous en readoroit,

15 This sonnet is inscribed in the presentation copy to Catherine de' Medici. (B.Mus. C 33 m 1). For the comparison of Catherine de' Medici to Cybele and the other identifications, cf. Introduction, pp. 58–63.

Disant: Deësse Ethrusque, voudrois tu faire en France
Autre Olympe bastir que nostre demeurance:
Nostre ciel est à toi, aux tiens, et leurs neveux.

Ton Charles soit Jupin: Mars à ton Henri serve,
Neptune à ton François: Marguerite à Minerve
Commande: et soit mon throsne à toi si tu le veux.

S. Bouquet.

A MONSIEUR DE ROISSI.[16] 5vB

Quand je chante la paix et tous ceux qui l'ont faite
Est-ce pas vous louer mon tredocte Roissi?
Est-ce pas cellebrer vostre excellence aussi
De nous avoir rendu une œuvre si perfaicte?

En parle qui voudra mais quant à moi j'arreste
Que cellui qui poursuit que ne vivions ainsi
Doit estre exterminé sans aucune merci
Plus tost que de reveoir la quatriesme tempeste.[17]

16 This sonnet is inscribed in the presentation copy to Henri de Mesmes (Harvard, Houghton Library). Henri de Mesmes, Seigneur de Roissy et Malassise, was maître des requêtes au Conseil d'Etat. Cf. K45v. He was a distinguished humanist with a large library which he made available to other scholars. He was also an able statesman largely responsible for drawing up the edict of pacification of Saint-Germain 8 August 1570. This no doubt explains why Bouquet felt especially grateful to him. Cf. Edouard Frémy, *Henri de Mesmes, Seigneur de Roissy et de Malassise*. Paris: Gervais, 1881.

17 The 'quatriesme tempeste' would be a fourth religious war. This same violent idea was expressed in the entry. Cf. K38r. Cf. also Jodelle, 'Au Roy, au nom de la Ville de Paris sur la paix de l'an 1570' in *Œuvres* ed. Balmas II, 264, Sonnet V.

C'est pourquoi je oze me soumettre au hazart
D'essaier si prendres de moi en bonne part
11 Ce mien petit labeur: auquel pourres comprendre

De quelle affection à escrire me plais
Le repos de la France et ceste sainte paix
14 Que tout bon citoien doit en sa garde prendre.

S. Bouquet.

BREF ET SOMMAIRE RECUEIL DE CE QUI A ESTE FAICT, ET DE L'ORDRE TENÜE A LA JOYEUSE ET TRIUMPHANTE ENTREE DE TRES-PUISSANT, TRES-MAGNANIME ET TRES-CHRESTIEN PRINCE CHARLES IX DE CE NOM ROY DE FRANCE, EN SA BONNE VILLE ET CITE DE PARIS, CAPITALE DE CE ROYAUME, LE MARDY SIXIESME JOUR DE MARS 6r

S'estant le Roy allié par mariage avec tres-haute, tres-illustre et tres-excellente Princesse Madame Elizabet d'Austriche, fille de Maximilian Empereur des Romains: et après avoir en la ville de Mezieres avec toutes sortes de triomphes et magnificences Roialles celebré et solennisé ce sacré mariage, sa Majesté feit entendre aux Prevost des marchans et eschevins de sa bonne ville de Paris, que son intention estoit faire son Entrée en ladicte ville au mois de Fevrier ou Mars ensuivant. Lesquels receurent avec tres-humble reverence comblée de joye et allegresse ceste bonne nouvelle: et se sentans bien heureux d'estre ainsi honorez de leur Roy et Prince souverain, commencerent incontinent à faire apprestz de toutes choses necessaires, pour selon leur pouvoir et moyen recueillir et recevoir dignement un si grand et si bon Roy. Et en toutes 6v
diligences furent dressez des portiques, arcz triumphaux, figures, peintures et

devises en honneur de sa Majesté, de la Royne sa mere, de la Royne son espouse, de Messieurs ses freres, et de toute la tres-illustre maison de France: et en l'honneur aussi, et consecration de la memoire saincte de François le grand, et Henri ses pere, et ayeul: tout ainsi que cy après il sera discouru et representé au naturel en ce petit livre. Lequel tesmoignera (comme j'espere) à la posterité la tres-humble, et serviable devotion de la ville de Paris envers son Roy, le desir qu'elle a tousjours eu, pardessus toutes les autres villes de ce Roiaume, de luy rendre, avec une entiere obeissance, tres-fidelle et agreable service. Mais premier que d'entrer en la description, j'ay advisé (amy Lecteur) faire un sommaire en ce lieu de ce qu'on peult recueillir des hieroglifiques,[18] devises, et inscriptions qui y estoient.

7r

Argument.

En premier lieu est remarquée la grandeur du Roiaume de France et origine de nos premiers Rois: comme ce Roiaume s'est tousjours maintenu victorieux, et invincible, mesmement ès dernieres guerres, par la grande prudence et felicité du Roy, vertueuse conduicte de la Royne sa mere, et ayde de Messeigneurs ses freres, avec une memoire et commemoration des Roys, François premier, Henry second, ses ayeul et pere. Que aiant tels ancestres, ayeul, pere, vertueuse mere, et freres, et estant monarque d'un tel, et si florissant Roiaume, ne peult que son empire n'augmente, et agrandisse: et comme il est Prince tres-digne d'avoir succedé en telles et si grandes choses, n'a esté moins heureux en son mariage. Quand à la poursuite et diligence de la Roine sa mere, il a renouvellé et reconfirmé l'alliance qu'il avoit avec ceste ancienne

18 Cf. Gilles Corrozet, *Hecatomgraphie*. Paris: D. Janot, 1540, f. Aiii^{v} 'Et pour autant que l'esprit s'esjouit, / Quand avecq luy de son bien l'œil joyit, / Chascune hystoire est d'ymage illustrée, / Affin que soit plus clairement moustrée / L'invention, et la rendre autenticque, / Qu'en peult nommer lettre hierogliphique, / Comme jadis faisoient les anciens, / Et entre tous les vieulx Egyptiens, / Qui denotoient vice ou vertu honneste, / Par ung oyseau, ung poison, une beste, / Ainsi ay faict ...'

maison d'Austriche,[19] et espousé Elizabet fille de Maximilian, Empereur des Romains, l'une des plus sages et vertueuses Princesses du monde. A l'occasion duquel mariage et de la bonté et clemence qui est en luy representée par l'une des colonnes de sa devise (PIETATE) auroit après tant de grandes et glorieuses victoires par luy obtenües, et lors qu'il pouvoit user de icelles, fait pour le bien de son Roiaume, et repos de ses pauvres subjects, publier l'edict de pacification, à l'exemple des Atheniens: lesquels après les longues discordes civiles, par le conseil de Solon, l'un des sages de son temps, userent d'un
pareil remede, qu'ils appellerent, ἀμνηστία, c'est à dire oubliance de toutes 7
injures et querelles tant d'un costé que d'autre: voulant nostre Roy en semblable que toutes choses passées soient ensevelies sous le cercueil d'oubliance, et qu'une bonne paix, union, amitié, concorde, et tranquillité stable demeure eternellement empreinte aux cœurs de ses subjects: en quoy consiste la plus grande de ses victoires. S'asseurant aussi que comme il s'est demonstré debonnaire, benin, et clement envers eux, ils continueront la tres-fidelle obeissance, et subjection, qui luy doivent: qui sera le moien de tollir et annuller toutes les partialitez civiles. Que partant n'est plus besoin d'armes en France, ains seulement d'une bonne administration de justice, representée par l'autre colonne de sa devise (IUSTICIA) estant le pere du peuple, et Roy tres-veritable: pere, di-je, qui ne veult perdre les siens, et Roy pour leur administrer justice à tous esgalement.

A la porte S. Denis, 8

par laquelle ledict Seigneur entra, fut fait en lieu plus commode qu'on n'avoit accoustumé, un avant portail à la rustique,[20] d'ouvrage Tuscan, dedié à l'antique source, et premiere origine des Rois de France, fertilité et grandeur

19 Cf. K9v.

20 Cf. Havard, *Dictionnaire de l'ameublement et de la décoration*: 'En architecture, on applique ce qualificatif aux constructions qui semblent faites avec des quartiers de pierres brutes, entassés au hasard.'
The term *rustique* applied to the stones themselves means cut with rough facets. (Cf. following paragraph.)

d'iceluy Roiaume, invincible en quelque adversité que luy ayt sceu venir.[21]

Duquel portail la face, ouverture, et hauteur estoit plus grande qu'autre qui ayt esté veu cy devant: car son diametre par terre estoit de cinq toises en largeur, sur cinq toises et demie de hault, ayant de douze à treze piedz d'ouverture dans œuvre, sous dixhuict à dixneuf piedz sous clef:[22] le tout faict de pierre de rustique bien fort resemblant le naturel, à cause des herbes, limax, et lezards entremeslez parmi, et dont les spectateurs estoient en singuliere admiration.

Au hault du milieu de cest arc estoit un frontispice, et sur le hault d'icelluy un grand escu de France d'azur à troys fleurs de lis d'or, couronné d'une grande couronne d'or: sous lequel et à chacun costé estoient deux cornes d'abondance remplies de fruictz, faictes de bronze:[23] pour monstrer que jamais ne fut que la France n'ayt esté abondante en tous biens. A costé dextre estoit la figure d'un Roy conquerant, faicte aussi de bronze, vestue et armée à l'antique, tenant une espée nüe couronnée, pour representer le grand Francion, duquel sont issus et descendus les Rois de France.[24] Et pour ce que Francion surpassa tous les capitaines de son temps[25] en grandes et
8v glorieuses victoires estoit un Aigle près de sa teste, demonstrant la haulteur et magnanimité de son courage en l'execution de ses entreprinses:[26] ainsi que l'Aigle surmonte de son vol tous autres oyseaux: et aussi que c'est le propre signal des hommes qui laissent à leurs successeurs quelque marque d'immor-

21 Cf. K5v, Q3r. For a complementary description of this first arch cf. *La Renommée* IV, 263–344.

22 Cf. Appendix III, 1 and 3.

23 Cf. Jodelle 'Epithalame de Madame Marguerite,' in *Œuvres* ed. Balmas, I, 184. 'Je les eusse bien fait au lieu de les brunzer, / En toutes les couleurs de marbre deguiser, / Et prendre leur poli, ou bien en pierre nostre, / En serpentine, alabastre, ou porphyre, ou quelque autre, / Mais la façon de brunze est haute, et se peut mieux / Representer au vif et contenter les yeux.'

24 Cf. Appendix III, 3.

25 Cf. Ronsard, *Franciade* I, 839–41. '... marchant au milieu des plus forts / Haut relevé, de la teste et du corps / Les surpassoit ...'

26 Cf. Ronsard, *Franciade* I, 215–16. 'Mais ce Francus par hautesse de cueur / Des ennemis sera tousjours veinqueur.' Cf. K19r.

talité.[27] Sous les piedz de ce Francion estoit un pied d'estalt de proportion diagonée,[28] enrichi de moulures exquises, representant le marbre gris: dedans le fond duquel estoit un Loup courant, signifiant que ledict Francion ne feit que passer et courir une bonne partie de la Gaule, chargé de proye et d'honneur, sans jamais s'arrester en un lieu, et signifioit ceste beste l'heureuse conqueste de l'estranger: de la maniere qu'il apparut à Pirrhus par l'image posée par Danaus en la ville d'Arge.[29]

Au costé senestre estoit une autre figure Royalle, aussi de bronze, tenant pareillement une espée couronnée, representant Pharamond,[30] premier Roy des François, ayant près de sa teste un Corbeau, oyseau dedié à Apollon, qui preside aux colonies, portant en son bec des espicz de bled:[31] pour

27 For the eagle near Francion's head, cf. Ronsard, *Franciade* I, 493–514, where there is a description of a miraculous omen which is a presage of Francion's victorious career: a falcon pursued by two vultures is transformed by Jupiter into an eagle which vanquishes its opponents with ease.

28 'More high, or deep, than broad' (Cotgrave). The same terminology applied to the pedestals for the colosses of the same portal supporting Henry's crescents, which bore his device DONEC TOTVM · IMPLEAT ORBEM (fig. 31); *Entrée de 1549*, f. 2v.

29 During the battle of Argos, Pyrrhus, king of Epirus, saw a bronze sculpture representing a bull and a wolf locked in mortal combat. According to the legend, it was Danaus who had ordered the monument because he had personally witnessed such an encounter. Noting some similarity between the wolf and himself, in that as invaders they were attacking the inhabitants of the region, he was anxious to see the outcome of the struggle which would serve as an augury of the future. It was the wolf which won, and this is why he had the monument erected. Cf. Valeriano, XI, 204. *La Renommée* IV, 311–12 misinterprets the painting: 'Un loup beant s'enfuit par le large des champs / Avec ses piedz isnelz à se sauver taschants.'

30 Cf. Ronsard, *Franciade* IV, 989–1000.

31 Valeriano (XXII, 431) finds some difficulty in explaining why the raven, 'le plus malheureux oiseau du monde' should be associated with Apollo '[le] plus heureux auteur des oracles.' According to Callimachus however (*In Apoll.* 66 et seq.) it was the raven which guided into Libya Battos the Greek colony which was to found Cyrene.

The iconographical significance of

monstrer qu'il avoit conduict son peuple d'un païs sterile en un païs plus fertile, auquel il s'arresta: comme assez le demonstroit une Vache paissant, laquelle estoit dans le fond d'un autre pied d'estalt: sur lequel estoit porté ce Pharamond de semblable ordonnance, mesure, et enrichissement que celuy de Francion:[32] laquelle Vache signifie fertilité, comme il fut en pareil manifesté par l'oracle donné à Cadmus filz d'Agenor.[33] En signe dequoy nous voyons encores aujourd'huy plusieurs grandes et anciennes maisons de
9r l'Europe, mesmes en France, porter la Vache en leurs armoiries,[34] pour signifier la bonté, et fertilité de leurs païs, car cest animal paist de son naturel voluntiers en une terre franche et grasse telle qu'est la France. Et quant au Corbeau, tel oiseau guida Battus quand il abandonna l'isle de There, et s'en alla habiter Cyrene en Libye, ainsi qu'a escript Callimach, poëte Grec,

Κόραξ ἡγήσατο λαῷ
Δέξιος οἰκιστῆρι[35]

Voulant dire que le Corbeau est augure prospere à conduire un peuple pour fonder nouvelle colonie.

Ces deux figures se regardoient l'une l'autre, representans les tiges des Rois de France: l'un pour avoir conquis une bonne partie de la Gaule, et comme un esclair fouldroyé[36] ce qu'il auroit rencontré: l'autre pour avoir amené des colonies de Franconie sur les bords du Rhin et de Seine: lesquelles depuis poussées par Merovée[37] et Claudion[38] planterent les bornes de France jusques aux rives de Loire: et par leurs successeurs jusques aux Alpes et monts Pyrenées.

the bird is completely misinterpreted in *La Renommée* IV, 303–4. It is thought to be another eagle carrying 'Dedans son bec crochu, des espics de froment.'

32 Cf. Appendix III, 3.

33 Cf. Ovid, *Meta.* III, 14–27 and Apollodorus III, iv, 1.

34 The cow appears in the arms of Armagnac, Champagne, Gascogne, Guyenne, and Poitou as well as in those of the Comtes de Foix, Ducs de Candalle. Cf. K48v.

35 '(Phœbus) in raven's guise, upon the right hand, in happy omen, led the founding people.' (Callimachus, *In Apoll.* 66.)

36 Cf. the poem by Ronsard p. 111, 1. 12.

37 Cf. Ronsard, *Franciade* IV, 1031–82.

38 Cf. Ronsard, *Franciade* IV, 1001–30.

Au dessous des pied-d'estaltz qui portoient lesdictes figures et frontispice cy dessus mentionné estoit une corniche representant aussi le marbre gris, laquelle decoroit grandement l'excellence de cest ouvrage, et au dessous d'icelle trois tables d'attente, l'une desquelles, qui estoit au milieu et dessus le ceintre de l'arc, avoit quatre piedz de hault sur sept piedz de large: en laquelle estoient escriptz en grosse lettre noire, sur fond blanc ces vers,[39]

De ce grand Francion vray tige des François 9v
Vint jadis Pharamond le premier de noz Rois,
Lequel print des Troiens, et Germains sa naissance
Dont la race aujourd'huy se renouvelle en France.

B.

Et ce d'autant que Pharamond estoit de la nation d'Allemaigne,[40] et que nostre Roy a voulu renouveller ceste ancienne alliance par le mariage qu'il a faict avec nostre Roine, fille de l'Empereur des Allemaignes.

A costé droict et justement sous le pied-d'estalt qui portoit la figure de Francion estoit une autre d'icelles tables d'attente, en laquelle estoient escriptz ces vers Latins,

Francio ab Iliacis veniens (ut fama) ruinis
Et Xanthum et Simoënta in Rhenum mutat et Istrum,
Qui primus Francos Germanis duxit in oris.[41]

39 For the contract and bill for the printing, cf. Appendix I v, f. 132 et seq.

40 Cf. Ronsard, *Franciade* I, 226–8. 'Fils d'un des fils de la Royne laissée / En Franconie, estant Germain conceu, / Et des Troyens de droitte ligne yssu.'

41 'Francion, as the story tells, coming from Ilion's fall, exchanged Xanthus and Simoeis for Rhine and Danube; he was the first to lead the Franks in German regions.'

Et à l'autre costé au dessous justement du pied-d'estalt qui portoit la figure de Pharamond, estoit l'autre table d'attente en laquelle estoient escriptz ces vers,

Rex Francis leges Pharamundus tradidit auctis
Gallicum in imperium: quas gentes Carolus ambas
Ut primus iunxit, sic tu nunc Carole iungis.[42]

Outre lesquelz ne veux oublier faire mention des vers François faictz
10^r par Maistre Pierre de Ronsard,[43] premier poëte de France: lesquelz pour le peu de place qui restoit vuide audict arc n'y auroient peu estre mis.

Ce Prince armé qu'à la dextre tu vois
Est Francion le tige des François
Enfant d'Hector, qui vint sans compagnie
Comme banny habiter Chaonie.[44]
De là poussé par l'oracle amassa
Peu de vaisseaux[45] et la mer traversa,[46]
Et vint bastir près la mer Istrienne
Une cité dicte Sicambrienne:[47]
Feit alliance à la fille d'un Roy
Qu'il laissa grosse et enceinte de soy.[48]
Puis se rendant la fraieur d'Allemagne
Comme un esclair foudroia[49] la Campagne,

42 'When the Franks grew great, King Pharamond endowed them with laws to make an empire in Gaul; and these two nations, which a Charles did first unite, thou too, O Charles, art even now uniting.'

43 Cf. Ronsard, *Œuvres complètes* ed. Laumonier (STFM), XV^2 394–6.

44 i.e. Epirus.

45 For the construction of the ships, cf. *Franciade* I, 525–608.

46 For the voyage, cf. *Franciade* I, 1209–48; II, 1–370.

47 Cf. *Franciade* IV, 745–50.

48 Cf. *Franciade* IV, 751–4.

49 For the phrase 'comme un esclair' cf. *Franciade* I, 927 and K9^r.

Passa le Rhin, et sur Seine Paris
Fonda du nom de son oncle Paris.
Luy faict vainqueur par une prompte guerre
De plus grands Rois de la Gauloise terre,
Finalement mourut entre les siens
Non gueres loing des champs Parisiens.[50]
Long temps après de ceste Roine enceinte,
Vint une race au faict des armes craincte,
Un Marcomire et ce grand Pharamond
De qui l'audace est peinte sur le front.[51]
Ce Pharamond qui avoit pris naissance
De la Troienne, et Germaine alliance,[52]
Et du destin et d'ardeur animé, 10v
Suyvi de gloire et d'un grand peuple armé,
Traçant les pas de Francus son ancestre
Reconquist Gaule, et sous luy feist renaistre
Les murs tombez de Paris, et deslors
Les renforcea de rampartz et de fortz:[53]
Et se bravant d'une telle conqueste
Jusques au ciel luy feit lever la teste,
Honneur fameux des cités du jourd'huy.
Les Roys François sont descendus de luy
De pere en filz d'une immortelle suitte.
Telle ordonnance au ciel estoit predicte,
Que tous noz Rois tant Païens que Chrestiens
Seroient ensemble Allemans et Troiens.[54]
Et de rechef la race est retournée
Par le bienfaict d'un heureux Hymenée,

50 Cf. *Franciade* I, 215–22.
51 Cf. *Franciade* IV, 992–1000.
52 Cf. *Franciade* I, 224–8; IV, 835.
53 Cf. *Franciade* I, 240–3.
54 Cf. *Franciade* I, 226–32, 247–51; IV, 1143–7.

Pour conquerir, comme il est destiné,
Le monde entier sous leurs loix gouverné.[55]

A l'un des costez de cest arc plus bas que la figure de Francion estoit une niche dedans le dict ouvrage rustique, en laquelle estoit posée une Majesté de neuf pieds de hault, aiant un visage grave, et redoubté, tenant un sceptre en une main, un baston de justice en l'autre, et plusieurs petites couronnes et sceptres à l'entour d'elle:[56] pour monstrer que dès le commencement la majesté de noz Rois a esté grande, et ne s'est seulement maintenüe en sa
1r grandeur, mais s'est augmentée et acrüe en plusieurs païs et provinces, qui furent autrefois Roiaumes. Portoit ceste Majesté un habillement à triple couronne, telle que les grands Pontifes ont acoustumé de porter, à cause que ce Roiaume est seulement tenu de Dieu, sans recongnoistre autre superieur: et sous ses piedz plusieurs villes et chasteaux, pour representer l'abondance des villes, citez, et bourgades subjectes à la Majesté de noz Rois. Son manteau representoit un veloux pers, semé de fleurs de lis d'or, fourré d'hermines, mais tant bien resemblant le naturel, que l'on ne pourroit mieux, et estoit escript sous ses piedz,

Quo primum nata est tempore magna fuit.[57]

A l'autre costé plus bas que la figure de Pharamond estoit une autre niche aussi entourée de rustique: en laquelle estoit aussi posée une Victoire armée à l'antique, de pareille haulteur de neuf piedz, ayant des aisles au dos, rompues par la moictié, pressant une Fortune sous ses piedz:[58] pour monstrer que la Victoire est un partage hereditaire, et perpetuel en la maison de France, et qu'elle ne s'envolle jamais de leur race, comme les autres qui ont des aisles inconstantes, et ne peuvent arrester en un lieu; la puissance de laquelle Victoire abaisse et rompt toutes Fortunes tant audacieuses qu'elles soient.

55 This is, in brief, the theme of the Queen's entry.
56 Cf. Appendix III, 3.
57 'She became mighty at the very moment of her birth.'
58 Cf. Appendix III, 3.

Elle tenoit en sa main dextre une branche de palme qu'elle presentoit à la
Majesté susdicte, pour confirmer ce que dessus.[59] Et en l'autre main la teste
d'une Meduse, qui est le signe de la guerre, pour monstrer le moyen qu'a la
France de resister et faire teste à ceux qui vouldroient envier sa Victoire et eux
fascher qu'elle est inseparable de nos Rois. Que partant le plus grand heur que 11
puissent avoir nos voisins est d'eux rendre tousjours bons amis et confederez de nosdictz Rois. Sous les piedz de laquelle Victoire estoit escript en Grec,

ἌΠΤΕΡΟΣ ΝΙΚΗ

Qui signifie, Victoire sans aisles.
Et au dessous en Latin,

Staret ut hic, celeres Victoria perdidit alas.[60]

Et ne fault oublier qu'audessus de chacune des niches desdictes deux figures estoit une saillie portée sur deux consolateurs,[61] où, sous le plat fond de chacune desquelles pendoit un gros feston de fruictz, signifiant fertilité, qui convenoit fort bien pour l'ornement desdictes deux figures.

Au dessous de chacune desquelles figures estoit un stilobate de proportion et saillie convenable selon l'ordre d'architecture, dont le quarré de chacun representoit le jaspe, bien fort resemblant le naturel.

59 The palm signifies victory because 'bien que l'on charge la palme à fin de l'abaisser, et supprimer, elle revient neantmoins en hault, et ne succombe jamais. C'est pourquoy es combats et joustes elle estoit le signe de victoire.' (Valeriano L, 410). Cf. Alciati, Emb. 36, OBDVRANDVM ADVERSVS VRGENTIA (Henkel-Schöne 192).

60 'That she might stand in this place, Victory was deprived of her swift wings.'

61 i.e. consoles.

Quand au berceau d'iceluy depuis le hault jusques à l'impost, c'estoit un compartiment de feuillages, rozes et fleurs bien et dextrement elabouré, au milieu de hault duquel estoit la devise du Roy, qui sont les deux colonnes avec l'inscription,

PIETATE ET IVSTICIA.

En l'une des jouës de cest arc estoit un tableau de riche et excellente peinture, representant une femme couchée et appuyée sur son coulde, ayant
2r plusieurs mammelles et petis enfans à l'entour d'elle, environnée de toutes sortes de fleurs, fruictz, espicz de bled, et grappes de raisin, tenant en une main la corne d'Amaltée, et en l'autre la boëte de Pandore demie ouverte,[62] et au dessoubz ce quatrain,

France heureuse en mainte mammelle,
Ceinte d'espis et de raisins,
Nourrit des biens qui sont en elle
Les siens et ses proches voisins.

R.[63]

En l'autre jouë estoit un autre tableau de peinture tres-agreable, auquel estoient depeintz quantité de saules et serpes près les branches d'iceux. Signifiant ceste France invincible en quelque adversité qu'elle puisse avoir,

62 The female figure with several breasts (four, according to *La Renommée* IV, 331) represents Nature or Mother Earth (Diana of Ephesus or Cybele). Cf. Tervarent I, 170. The cornucopia (corne d'Amalthée) is the symbol of all the benefits resulting from the life-giving power of water (Amalthea is the daughter of the Ocean), whereas Pandora's box (*recte* pithos) represents the fruits of the earth. Cf. *passim* Dora and Erwin Panofsky, *Pandora's Box. The Changing Aspects of a Mythical Symbol* (Bollingen Series LII). New York: Pantheon Books, 1956.

63 Cf. Ronsard, *Œuvres complètes* ed. Laumonier (STFM), XV^{2}, 396.

comme l'on voit que les saules, plus sont couppez tant plus foisonnent et multiplient:[64] au dessous duquel estoit escript cest autre quatrain,

Malgré la guerre nostre Gaule
Riche de son dommage croist:
Plus on la couppe comme un saule
Et plus fertile elle apparoist.

R.[65]

Telle fut la description de cest avant portail, auquel pour plus grande decoration estoient en aucuns endroictz masques de bronze, mesmement à chacun des costez et sur la clef du milieu: enquoy ce peult considerer que cest [12v
ouvraige avoit esté faict et conduict de main de maistre: pour duquel mieux blan
faire congnoistre les particularitez, en est icy representée la figure (fig. 9). 13r

Depuis cest avant portail jusques à l'entrée de la porte estoit un berceau 13v
de menuiserie couvert de lierre, fort plaisant à regarder, ayant les mailles d'un pied de large: en chacune desquelles avoit des grosses rozaces d'or de relief, qui convenoient si bien avec la verdure qu'il sembloit que ce fust chose naturelle et proprement un vray berceau de jardin, tant il estoit bien couvert d'umbrage, à quoy aidoit et portoit faveur le beau jour qu'il faisoit lors. Ce berceau passé, se trouvoit le boullevert de la porte sainct Denis, environné

64 The whole notion of the tree or plant which grows stronger when cut, or which thrives in adversity comes from Horace, *Carmina* IV, 4 (57–60). 'Duris ut ilex tonsa bipennibus / Nigræ feraci frondis in Algido / Per damna, per cædes, ab ipso / Ducit opes animumque ferro.' Cf. also Q3r.
The context of the ode 'On the Victories of Drusus Nero' is interesting in connection with Charles IX, since it deals with the young heir of a long and distinguished line who, like Hercules or a young lion, vanquishes all his enemies.

65 Cf. Ronsard, *Œuvres complètes* ed. Laumonier (STFM), XV^{2}, 396. A similar comparison is used in the 'Elegie à la Majesté de la Royne d'Angleterre,' ibid., XIII, 58 (427–31).

d'une ceinture de deux gros festons de lierre et or clinquant, dedans laquelle estoient les armoiries du Roy, de la Roine sa mere, de la Roine son espouse, Monsieur, monsieur le Duc, et Princes du sang, environnées aussi de lierre et or semblable: qui ornoit grandement ce boullevert, à quoy sa Majesté demonstra recevoir grande delectation et plaisir.[66]

Par lequel arc, figures, devises, et peintures d'iceluy estant representé l'antiquité et première origine de noz Rois, ensemble la grandeur et fertilité de ce Roiaume de tout temps invincible en quelque adversité qu'il luy ayt sceu venir. En passant on a voulu sommairement toucher par qui et comment il a esté conservé de tant d'afflictions et assaulx qui luy sont survenus durant les troubles et guerres civiles: lesquelles depuis dix ans ont par ne sçay quel malheur travaillé cest estat.

A ceste fin un peu plus loing que ladicte porte sainct Denis à la fontaine du Ponceau[67] estoit la figure d'une Deesse habillée à l'antique,[68] dont le
4r visage rapportoit singulierement bien à celuy de la Roine mere du Roy, laquelle avoit les deux mains ouvertes, eslevées plus hault que sa teste, pour soustenir à peine une carte Gallicane pleine de villes, bourgs, bourgades, prez, forestz, rivieres, montaignes, et vallées:[69] au milieu de laquelle carte estoit en grosse lettre,

GALLIA.[70]

Au costé d'icelle estoient deux petits pilliers ou termes:[71] sur l'un desquelz s'eslevoit un sceptre, et à costé un œil et une aureille:[72] au pied duquel

66 For a parallel description of this section cf. *La Renommée* IV, 345–50.

67 For the Fontaine du Ponceau see *La Renommée* IV, 370–6.

68 'La statue en relief resemble au marble blanc' (*La Renommée* IV, 383).

69 For the decorations at the Fontaine du Ponceau cf. *La Renommée* IV, 377–442.

70 Cf. Appendix III, 3.

71 For the 'deux petits piliers ou termes' as illustrated in the drawing of the fountain, cf. Valeriano XXXII, 10: 'Quant à ce qu'ilz n'ont point de piedz ny de mains, est demonstrée la puissance de Dieu, qui n'a que faire de pieds et mains pour faire ce qu'il veut.' Cf. K24v. Cf. also Alciati Emb. 157 TERMINVS (Henkel-Schöne 1777).

72 For the eye and sceptre cf. *Orus*

terme estoit une Grue,[73] un Lievre,[74] et un Daulphin,[75] pour faire entendre que ceste Roine tres-vertueuse a soustenu et supporté la France renversée et desreglée au plus fort de son mal: l'œil signifiant comme aussi fait la Grue, le Lievre, et le Daulphin la vigilance et promptitude dont elle a usé en si

Apollo de Ægypte ... Paris: Jacques Kerver, 1543, Bk. II, No. 121: '*Comment ilz signifoient les deux principales vertuz d'un Roy.* Pour signifier les deux principales vertuz d'un Roy, ils paignoient ung sceptre et ung œil audessus signifians par le sceptre noble et humaine domination et par l'œil que le prince doibt estre regardant et pourvoiant à son peuple.'

Cf. Valeriano XXXIII, 38: 'L'oreille preste et ententifve à ouir est aussi le signe d'un ouvrage futur, par le devoir d'icelle, en quoy y a quelque pourtraict de la chose: Car en l'escouter est le commencement et comme l'image de ce que nous voulons entreprendre.' A similar grouping of hieroglyphics had been glossed as follows in the *Suite d'Arthemise*, f. 52r: 'L'œil ouvert, denotoyt l'homme bien observant justice. Par l'oreille ilz entendoyent la memoyre: Et peignoyent un lieuvre ayant les aureilles ouvertes, pour monstrer un homme de grand memoyre.'

73 The heron with a stone in the claws of one raised foot (cf. the illustration and *La Renommée* IV, 390) represents vigilance. Cf. also Valeriano XVII, 330.

74 The hare ('aiant les yeux ouvers,' according to *La Renommée* IV, 388) also represents vigilance. Cf. Valeriano XIII, 241.

75 The representation of the dolphin in the block is not legible enough to determine whether it is simply coiled, or curled around something such as an anchor. In the latter case, cf. Alciati, Emb. 143 PRINCEPS SVBDITORVM (Henkel-Schöne 683) as adapted by Bouquet in his *Imitations d'Alciat*, f. 10v: 'Le nautonnier seroit en grand danger de mort / Lors que de la tempeste est sa barque agitée / Si l'ancre dans la mer soudain n'estoit jetée / Qui des fiers Aquilons bride le grand effort. / Car le dauphin qui est des hommes le support / S'entortille allentour et la tient arrestée / Et de peur qu'elle ne soit par les ventz emportée / Pour ancrer plus proffond il luy sert de support. / Qu'il seroit bien seant que le Roy ou le prince / Qui commande absolu sur une grande province / Portast cest ecusson pendu à son costé / Se monstrant au besoin vers son peuple semblable / A l'ancre (estant la mer pour un tems effroiable) / Qui sert au nautonnier en sa necessité.'

The dolphin seems to have been replaced by an owl in the execution of the project (Cf. *La Renommée* IV, 385 and 391). The owl signifies

grandes affaires: et l'aureille la facile audience qu'elle a presté sans jamais se fascher d'importunité.[76]

Sur l'autre terme estoit une grande couppe et deux mains qui la tenoient, et au dessous deux cœurs attachez et liez ensemble d'un laqs d'amour, lequel se serroit au tour de la prinse de la couppe.[77] Près desquelz deux cœurs estoit un luth, et encores au dessus de la couppe une espée ayant le bout rompu, signifiant le soing et extreme diligence dont ceste Dame a usé pour appaiser les troubles et guerres civiles de ce Roiaume. Car la couppe est le signe de confederation, les deux mains et les deux cœurs liez ensemble d'un laqs d'amour contre la couppe, la reconciliation des deux partiz qui se sont conjoinctz amiablement ensemble (combien qu'ils fussent au paravant très
4v ennemis) par une bien heureuse paix et concorde tant recherchée par ladicte Roine, representée par le luth: lequel combien qu'il soit composé de cordes differentes et divers tons, si est ce qu'estant poussé et manié d'une main industrieuse rend de tresbons et armonieux accordz: ainsi que (graces à Dieu) a bien sceu faire ceste Roine, laquelle a si bien et heureusement accordé les parties discordantes, qu'il en est sorty une tres-desirée paix, union, et

wisdom (Valeriano XX, 374–5) and the change may have been decided because Catherine de' Medici was already represented as a dolphin protecting its young in the arch at the Pont Nostre Dame (Cf. K34v.)

76 Especially true of Catherine, whose accessibility to her subjects had been brilliantly demonstrated for the convocation of the Etats Généraux of 1561. Cf. *Suite d'Arthemise*, ff. 37r–41v and J. Russell Major, *The Deputies to the Estates General in Renaissance France*. Madison: University of Wisconsin Press, 1960.

77 The two hands and two hearts joined come from Alciati, Emb. 39 CONCORDIA (Henkel-Schöne, 1013). Cf. Bouquet's adaptation of this emblem in his *Imitations d'Alciat*, f. 14r. Speaking of the Roman habit of indicating harmony by joining hands, he says: 'Leur esprit estoit libre alors d'ambition, / Mais les gens d'aujourd'huy lesquelz par alliance / Se vont tendans les mains, ce n'est que fiction, / Leurs cueurs ne sont point jointz comme ilz font apparance: / C'est un acte cruel meschant et inhumain / De discorder de cueurs et se tendre la main.'

concorde:[78] et a osté le moien de la guerre signifiée par la pointe de l'espée rompüe. A la verité qui considerera comme ladicte Dame s'est sagement conduicte en tant de grandes affaires survenues durant la minorité du Roy et de nos Seigneurs ses enfans, et en fin avoir rendu les choses si paisibles et conservé ceste couronne, ne peult nier qu'elle n'ayt esté par don et speciale grace guidée de l'esprit de Dieu: estant certain que la prudence et sagesse et tout le conseil humain n'eust peu suffire à conduire et conserver un estat si battu et agité, comme nous avons veu cestuy cy depuis dix ans.

A ses piedz estoient les figures de Lucrece, Arthemise, Camille et Clœlie, en leurs habitz roiaux:[79] pour monstrer que ceste Dame a surpassé Lucrece en chasteté, n'aiant voulu depuis le decez du feu Roy Henry son seigneur et mari rentrer en nopces: combien qu'elle fust en aage mediocre et de virilité pour ce faire.[80] Qu'elle a passé Arthemise en pieté envers sondict Seigneur et mari:[81] comme asses le demonstre l'entreprise indicible et admirable qu'elle a

78 Cf. Alciati, Emb. 10 FŒDERA (Henkel-Schöne 389), adapted as follows by Bouquet in his *Imitations d'Alciat*, f. 1v: 'Pour ce luth accordez faut un docte sonneur / Le son n'en pourroit estre autrement delectable, / ... / L'instrument bien d'accord sont les princes de France / Qui se meintenans tous d'une ferme alliance / Te pourroient conquerir meint royaume estranger'. Cf. also Valeriano XLVII, 351.

79 The completed group does seem to have included only Artemisia, Lucretia, and Camilla. Cf. *La Renommée* IV, 407 et seq. In the event, the illustration shows only three figures, who are probably dressed 'en leurs habitz roiaux [à l'antique]' with appropriate attributes. The heroism and determination of Camilla and Clœlia were so similar that one may assume it was decided to include the latter in the album but not in the entry. Cf. also Appendix III, 3.

80 Cf. K15v.

81 'Et quant à ce qui estoyt propre et particulier aux femmes, qu'elle [Arthemise] n'estoit moindre en fidelité que Polixene, en beauté qu'Helene, en prudence que Clœlie, en chasteté que Lucrece, en scavoir que Cornelie, en constance que Zenobie' (*Suite d'Arthemise*, f. 13v). For these themes cf. Geneviève Monnier et W. McAllister Johnson, 'Caron "antiquaire": A propos de quelques dessins du Louvre,' *Revue de l'art*, nº 14 (1971), pp. 23–30.

faict commencer à Sainct Denis en France, pour honorer sa sepulture.[82]
15r Ouvrage que l'on peult dire l'un des plus grandz, merveilleux, et admirables du monde. Qu'elle a aussi surpassé Camille en toutes affaires d'importance,[83] speciallement au faict de la guerre, où elle a d'une grandeur heroïque et courage invincible tousjours accompagné le Roy et Messieurs ses freres, ayant outre le plus souvent elle seule faict plusieurs grands, facheus, et perilleux voiages pour la conservation de cest estat, mesme au temps d'hyver et des grandes gelées et glaces, ne trouvant rien difficile pour l'amour naturel qu'elle a porté et porte à nosdictz Seigneurs ses enfans, pour la manutention à ceste couronne de France: et pourtant l'on auroit dit d'elle ce que dict Virgile au second livre de son Æneide,

– ducente Deo flammam inter et hostes Expedior.[84]

Et plus bas estoit un tableau dedans lequel estoit escript en lettres d'or sur fond d'azur,

De maintenir un estat florissant
En son entier n'est chose trop commune:
Mais le sauver quand il va perissant
Il n'est donné en ce monde qu'à une.

D.F.[85]

82 Cf. Pliny XXXVI, 4. After the death of her husband, Mausolus, Queen Artemisia of Caria had built in his memory the famous Mausoleum which was considered one of the seven wonders of the ancient world. Catherine de' Medici will excel her in piety, however, by the construction of Notre-Dame-la-Rotonde, the grandiose and never to be completed funeral chapel of the Valois at Saint-Denis. Cf. Thomas Lersch, *Die Grabkapelle der Valois*. Unpublished Munich dissertation, 1964.

For other comparisons of Catherine to Artemisia cf. Ronsard, 'Compleinte à la Royne Mère du Roy,' *Œuvres complètes* ed. Laumonier (STFM), XII, 172 et seq.

83 Cf. K15v.

84 'Under God's guidance, 'twixt flame and foe I find a way' (Virgil, *Æneid* II, 632–3).

85 D.F. is Guy du Faur de Pibrac (cf.

Et près desdictes Lucrece, Camille, Arthemise, et Clœlie estoient quatre autres tableaux de pareille grandeur et façon, dedans lesquelz à sçavoir celuy qui estoit sous Arthemise estoit escrit,

ARTHEMISIA.

Non apud antiquas viduas fuit altera maior
Conjugis in cineres pietas atque ossa sepulti
Quam mea: testatur quod nobile Mausoleum. 15v
Tu tamen e viduis me sola piissima vincis.[86]

CAMILLA.

Ausa ego sum virgo iuvenum tentare laborem
Scuta sudemque tenens: et Martia bella frequentans
Fortiter occubui: tua sed nunc gloria major
Quae senior medias acies pro Rege subisti.[87]

LVCRETIA.

Nulla pudicitiae fama me fœmina vincit
Inter matronas veteres: quae morte piavi
Non mea probra mea: sed te nunc vincor ab una,
Quae sine morte probas fueris quam fida marito.[88]

p. 123). He is best known, of course, for his didactic *Quatrains* first published in 1574. Their rhyme scheme, however, is uniformly a b b a whereas this quatrain follows the pattern a b a b.

86 'Among the widows of antiquity no other loyalty, greater than my own, was found toward the ashes and bones of a departed husband; to which the far-famed Mausoleum bears witness. Yet dost thou [Catherine], and thou alone among widows, outdo me in thy unrivalled devotion.' Cf. *La Renommée* IV, 413–18.

87 'In girlish age I dared take up shield and spear, and try the stern and masculine ordeal; and in the serried ranks of war, bravely I fell. But greater now is thine own glory, for in older years thou hast entered, for thy King, the very midst of conflict.' Cf. *La Renommée* IV, 437–42.

88 'None among the matrons of ancient

CLŒLIA.

Obses pro patria Regi data, mascula virgo
Transnavi ruptis Tyberini flumina vinclis:
Servat Roma fidem: Rex me, solvitque puellas.
At tu non Tiberim, tota agmina rumpis inermis.[89]

Sur laquelle devise desdictes quatre Dames ont esté faictz les quatre Sonetz qui ensuivent par Monsieur du Faur, Seigneur de Pybrac,[90] Conseiller du Roy en son privé conseil et Advocat general de sa Majesté.

6r ARTEMISE.[91]

De saincte pieté en un Roial veufvage
Quoy que l'honneur premier jadis m'en fust donné
La mere des trois dieux sur son chef couronné
Emporte justement aujourd'huy l'advantage.

days is more famed for chastity than I; I atoned by my own death for guilt not my own; yet am I now surpassed by thee alone, who without dying dost reveal how deep thy loyalty was towards thy husband.' Cf. *La Renommée* IV, 425–32.

89 'When I was handed over to the king as a hostage for my fatherland, a girl with the heart of a man, I broke my bonds and swam across the Tiber's stream; Rome kept her pledge, and the king released both the maidens and myself. But 'twas not the Tiber thou didst break through, but (unarmed thyself) whole columns of armed men.'

90 Of the four sonnets by Guy du Faur de Pibrac, only the one on Lucretia was published separately. Cf. *Cinquante Quatrains*. Paris: Gilles Gorbin, 1575.

91 In addition to constructing the celebrated Mausoleum in memory of her husband, Queen Artemisia of Caria is said to have drunk a beverage in which his ashes were mingled so that he would continue to live in her. This phrase as expressed in the last line of the sonnet recalls curiously the motto of Diane de Poitiers, mistress of Henry II: *Sola vivit in illo*, where 'illo' presumably refers to her late husband, Louis de Brézé, or to God himself. Cf. Claude Paradin, *Devises heroiques*, 1551[1], p. 52 and Olivier de Magny, *Odes*, Paris: Wechel, 1559, ff. 84–7.

Je luy cede le loz de l'immortel ouvrage
Qu'à mon espoux j'avois pour sepulchre ordonné:
Dont le Romain jadis de le veoir estonné
Dans ces vers le nomma miracle de son aage.

Autant que mon Mausol en Roialle bonté
Fut vaincu de Henry, d'autant est surmonté
Son tombeau par celluy que la chaste Cybelle

Pour deffier l'oubly des siecles advenir
Devote a consacré au triste souvenir
De Henry son espoux qui vit tousjours en elle.

CAMILLE.[92] 16v

Le hazart des combatz en mainte et mainte sorte
J'allois cherchant par tout vierge et fille de Roy,
Le camp Troien j'avois lors mis en desarroy
Quand ARONS de son dard me feit trebucher morte.

La mort ne me priva de l'honneur que l'on porte
Aux braves combatans qui meurent comme moy:
TVRNVS ce preux guerrier honora mon convoy
Appuiant mon cercueil sur son espaule forte.

Une lance, un bouclier, un coutelas trenchant,
Un escadron carré en bataille marchant,
Sont les plaisirs que j'ay suivis dès mon enfance.

92 Cf. Virgil, *Æneid* VII, 803–17; XI, 432–867. Camilla, a legendary Volscian maiden was a warrior heroine. After many exploits in battle as commander of the cavalry of Turnus, she was killed by Arruns who in turn was put to death by the nymph Opis using one of Diana's own arrows. Catherine, of course, excels her in vigour and strategy.

Ceste Roine a plus fait: car sans effort de bras
Par victoire et mercy a mis fin aux combatz
Et uni les François soubs une obeissance.

17r

LVCRESSE.[93]

Sous l'effort mal-heureux de l'impudique force
Mon corps resta vaincu, et mon esprit vainqueur:
Le sang du coup mortel, dont je navray mon cœur
Expia le plaisir de la charnelle amorce.

Je feis voir au Romain que la femme qu'on force
Bien qu'il semble qu'entier luy demeure l'honneur
Absouldre l'on ne doibt si son forcé malheur
Estaindre par sa mort de sa main ne s'efforce.

Ainsi donc j'effaçay l'effort qu'on m'avoit faict
Et vengeant de ma main en moy l'autruy forfaict
Honteuse ne voulus à mon honneur survivre.

Mais toy qui ne veis onc ton esprit assaillir
De vice, ny le corps si proche de faillir,
Tu doibs Roine vouloir icy longuement vivre.

93 Cf. Livy I, 57–9. The story of Lucretia is almost too well known to need comment. After being raped by Sextus, son of Tarquinius Superbus, she killed herself with a dagger in the presence of father, husband, and two of their friends, demanding revenge. Lucretia best represents chastity, but the difficulty of comparing Catherine de' Medici to her is evident in the second tercet. The version of this sonnet published in *Cinquante Quatrains* ... par le S. de Pyb. plus deux sonnets de l'invention dudit Sieur. Paris: Gilles Gorbin, 1575, includes the following variations: Title, 'Lucresse Romaine'; l. 5, la Dame; l. 7 Excuser; ll. 11–14, Je me donnay la mort pour preuve d'innocence. / Nulle part mon exemple impudique vivra, / Et nulle à son honneur honteuse survivera: / Qui survit à l'honneur, il a part à l'offense.
The second sonnet is on Porcia.

CLŒLIE.[94] 17v

En la fleur de mes ans par le sort inhumain
Au Roy Tuscan je fus en ostage livrée,
Mais à l'œil de son ost je m'en suis delivrée
Passant sur un coursier le creux Tybre Romain.

L'object de ce hault faict rendit ce Roy humain,
Car lors que par nos loix je luy fus relivrée
Guerdonant ma vertu d'une riche livrée
Les ostages rendit qu'il tenoit soubs sa main.

Si pour avoir passé sur un cheval à nage
Le Tybre, on va louant mon belliqueux courage
Et Rome me reçoit en si pompeux arroy,

Que pourra meriter celle qui desarmée
A, d'un cœur indompté, traversé mainte armée
Pour le salut commun de France et du Roy?

Le surplus des enrichissemens qui estoient au tour de ceste fontaine sont representées par la figure suivante (fig. 11). 18

Et pour ce que la porte aux peintres est une place de tout temps dediée 18v
à telle solemnité y avoit en ceste porte un arc triumphal à deux faces, d'ordre

94 Cf. Livy II, 13. Clœlia was sent with other maidens as hostages to Lars Porsenna of Clusium but she escaped by swimming across the Tiber. (There is no mention of a horse in Livy.) Lars Porsenna demanded her return but agreed not to harm her or her companions if the bargain were kept. Following their safe exchange the city of Rome erected an equestrian statue in her honour. (This perhaps explains the mention of the horse.)

Again Catherine has excelled Clelia in ignoring personal danger for the welfare of Charles IX and the French people.

Corinthien, de la plus belle et riche architecture que l'on pourrait inventer,[95] aorné de toutes les beautez artificielles qui se pourroient imaginer pour un tel ouvraige:[96] estoit cest arc dedié à la grandeur de nostre Roy, commemoration de ses ayeux et pere, et honneur de Messieurs ses freres,[97] et ce d'autant que luy ayant esté cy devant representé l'origine et antiquité de ses predecesseurs Rois de France, abondance et grandeur de son Roiaume invincible, et comme il s'est maintenu nonobstant tant de divers assaults, par la providence de la Roine sa mere, fut advisé pour continuer l'histoire luy dedier cest arc triumphal: la haulteur duquel du rez de terre jusque à la sommité et sode[98] estoit de six toises ou environ, son ouverture dans œuvre de quatorze piedz sous vingt deux et demy sous clef: à chacun costé duquel estoient deux grandz stillobates, portans de plan en saillie deux colonnes de dixhuict piedz de hault representant le marbre mixte, faictes de sculpture, frizées, canelées et rudentées, striées jusques à la tierce partie et aornées de leurs bases et chapiteaux feinctz de marbre blanc, enrichies de feuillages, cartoches, et rosaces. Les sousbassementz tant dedans que dehors estoient remplis de fifres, tabourins, enseignes, arcz, traictz, morions, pistoles, et autres armes feintes de bronze, qui y donnoit fort bon lustre. Pardessus les chapiteaux de ces colonnes regnoient l'architrave, frize et corniche en leurs mesures esgallement selon ledict ordre Corinthien: dont l'architrave de la corniche representoit le
19r marbre gris et la frize un feuillage d'or, eslevé sus un fond d'esmail de couleur d'azur, si industrieusement faict qu'il n'y avoit celuy de bon jugement qui ne s'arrestast pour le considerer.

95 Du Bellay was not of the same opinion. Cf. Joachim Du Bellay, *Œuvres* ed. Chamard (STFM) VI[1], 99. Speaking of the tomb of Henry II he says, 'Pour la dignité du subject, et pour rendre l'œuvre de plus grande majesté et durée, un ouvrage Dorique, c'est à dire plein et solide, estoit beaucoup plus convenable qu'un Corinthien, ou autre de moindre estoffe, mais plus elabouré d'artifice et invention d'architecture.'

96 Cf. Appendix III, 1 and 3.

97 For the decorations at the Porte aux peintres near St Jacques de l'Hospital, cf. also *La Renommée* IV, 446–548.

98 *Sode* is a technical term which also means 'the top.' Cf. *Entrée de 1549*, f. 2v.

Sur la clef de chacune face estoient les armoiries de France couronnées et entourées de chapeaux de triumphe, le tout de sculpture, qui donnoient grand ornement à cest ouvrage.

Pardessus ceste corniche estoit un susbassement. Au milieu du hault duquel pour la memoire de defunct tres-victorieux Roy Henry estoit un vase à l'antique, lequel sembloit estre tiré dans le ciel par le bec et griffes d'un Aigle estant au dessus. Lequel vase estoit poussé par dessous, et eslevé des espaules et mains des petitz enfans Roiaux,[99] sur lequel estoit un cœur Roial couronné, demonstrant les cendres de ce bon feu Roy enfermées en icelluy, et le corps humain estre translaté en essence immortelle comme il est signifié par l'Aigle oyseau dedié à Juppiter, vollant plus près des cieux que nul autre, où se sont efforcez le pousser lesdictz petits enfans Roiaux, representant sa posterité ou ses heritiers par tous honorables moiens tant de sumptueuses sepultures, que tres-charitable pieté en memoire d'icelluy.[100] Et à l'entour estoit escrit,

Ἑρρίκου ἀποθέωσις.[101]

Et sous lesdictz enfans,

Ὄλβιος ὅστε θανὼν γόνον εὐσεβέων λίπε τέκνων.[102]

Pour signifier que,

Les hommes sont heureux
Et en leurs mortz louables
Qui laissent après eux
Des enfans pitoiables. 19v

B.

99 *La Renommée* IV, 505 specifies 'cinq enfans nus.'

100 Cf. Valeriano XIX, 356. 'Attendu que le Roy et l'Empereur est designé au moyen de l'aigle, elle estoit dediée aux funerailles de ceux qui mouroyent en laissant des enfans en vie: car ils estoyent mis au nombre des Dieux.'

101 'The apotheosis of Henry.'

102 'Blessed is he who when he dies leaves behind a family of dutiful children.'

De telle façon usoient les Romains aux obseques de l'Empereur Severe, pour monstrer qu'il estoit mis et receu au nombre des Dieux.[103]

Au dessous de ceste urne et en commemoration du grand François son ayeul, lequel restaura les bonnes lettres, estoit un tableau representant le bronze, auquel estoit depeint un Cadmus semant des dentz en terre d'un Dragon qu'il avoit tué, et ce d'autant que le Roy François de son temps tua le Dragon qui est l'Ignorance, et planta en France les bonnes lettres tant Hebraiques, Grecques, que Latines representées par les dentz du Dragon semées.[104]

Au costé dextre de ladicte urne estoit la figure d'un Prince couronné representant le feu Roy Henry estant entre deux colonnes: sous l'une

103 The source is Valeriano XIX, 356. (Cf. K19r): 'Herodian parle au long de ceste coustume, sur les funerailles de Severus, ausquelles on laissa aller d'un certain lieu une Aigle ... pour monstrer que l'ame du Prince estoit portée au ciel et rengée au nombre des Dieux.'

104 Cf. Ovid, *Meta.* III, 95–130 and Apollodorus III, iv. 1. Ronsard and Dorat 'remplacent l'Hercule gaulois en tant qu'instituteur des bonnes lettres, par Cadmus.' Cf. Marc-René Jung, *Hercule dans la littérature française du seizième siècle*. Geneva: Droz, 1966, p. 92. Barthélemy Aneau glosses Alciati, Emb. 115 LITERA OCCIDIT, SPIRITVS VIVIFICAT (Henkel-Schöne 1620) as follows (*Les Emblemes d'Alciat*. Lyon: G. Rouillé, 1549, p. 229): 'Cadmus Phœnicien filz du Roy Agenor fut le premier qui apporta les lettres d'Asie en Europe et les espandit par toute la Gr[a]ece, D'ond est sortie la fable, qu'il sema les dens d'ung serpent, desquelles sortirent hommes arméz, se combatans, et entretuans les ungs, les aultres, jusque à cinq restantz, pacifiez par Pallas, et depuys multipliez en grand peuple. Le serpent est Prudence, les dens semées sont les lettres agues, et subtiles dispersées par la Gr[a]ece, Les hommes armez, sortans de telle semence sont les gens literez, et savans es ars, et sciences, Lesquelz par envie mutuelle se defont l'ung l'aultre, sinon qu'ilz soient reduictz en paix par Pallas, qui est Sapience, et multiplient croissans tous les jours en nombre infiny: Tant qu'à la fin y en aura trop' (fig. 39). In his *Picta Poesis* of 1552, pp. 11–12, Aneau uses a similar gloss for the Lyonnais printers who were largely responsible for spreading that knowledge.

desquelles estoient plusieurs livres fermez à grosses boucles, et un Elephant: et sous l'autre un grand Œil en forme de Soleil rayonnant: l'une signifiant la Religion catholique par lesdictz livres fermez ausquelz sont contenuz les saincts misteres qui ne se doibvent communiquer aysement au peuple. Et par l'Elephant la reverance que nous devons avoir à la Religion.[105] Et l'autre la justice par le Soleil rayonnant, qui estoit au dessous, qui signifie l'Œil de Dieu, lequel jour et nuit nous regarde, comme dict Orphée en ses hymnes:[106]

Οἵτε δίκῃσι
Λαὸν ὑπὸ σκολιῇς, οἵτ' ἔμπαλιν ἰθύνουσι.[107]

C'est à dire: Ceux qui font bonne ou mauvaise justice au peuple. Ce 20r
que Homere a confirmé disant,

Διὸς ἔκδικον ὄμμα[108]

L'Œil de Dieu est justicier.[109]

Par lesquelles deux colonnes le feu Roy Henry son pere et ses predecesseurs Rois se sont maintenuz, et aussi sans telz appuis un Roiaume ne peult

105 The elephant represents piety and chastity (Pliny VIII, 1) and, by extension, religion. Cf. Valeriano II, 37–8.

106 The source is Valeriano XXXIII, 26. 'C'est pourquoy aussi Orphée a dit du Soleil *l'œil de justice*, auquel les anciens avoyent premierement voué la justice.' In adapting this passage, either Dorat or Ronsard modified the phrase to read: 'comme dict Orphée en ses hymnes' but the lines quoted are not to be found anywhere in Orpheus.

107 'Those who judge the people crookedly, and those upon the other hand who are upright.'

108 Literally, 'Jove's avenging eye.'

109 The source is again Valeriano XXXIII, 26. 'En premier lieu, c'est chose asseurée, à l'endroict des Ægyptiens, que par l'hieroglyphe de l'œil ouvert, est entendu l'observation de justice, suivant le proverbe Grec que vous scavez bien, *l'œil de justice*.' Either Dorat or Ronsard seems to have sought a classical source for this 'proverb.' The Greek quoted is not to be found in Homer but an analogous statement appears in the *Batrachomyomachia*, which was attributed to him in antiquity. 'God has an avenging eye' (I. 97 'Εχει θεὸς Ἔκδικον ὄμμα). Cf. also Hesiod, *Works and Days* 265–7.

prosperer, ne long temps durer. Que à leur exemple nostre Roy a embrassé la religion et justice, lesquelles pour plus honorer il porte en ses devises.

Et audessous estoit escript en Grec,
Κίονας ἐκ πατέρος ἀρχῆς λάβεν υἱὸς ἔρεισμα[110]

Voulant dire,

Afin de maintenir son Roiaume prospere
Ces colonnes soustient, ainsi qu'a fait son pere.[111]

B.

Que par ce moien la France se maintiendra tousjours, et subjuguera en fin tous ses ennemis. Comme il estoit representé par une autre figure, estant à l'autre costé: qui estoit un Hercule depaint comme pour accrevanter Anthée.[112]

110 'The son took pillars from his father's reign to support his own.'

111 Cf. Du Bellay, 'Ample discours au roy sur le faict des quatre estats du royaume de France,' *Œuvres*, ed. Chamard (STFM), VI¹, p. 236, vv. 791–2: 'Les faicts de vostre ayeul, et ceux de vostre pere, / Et le terme prefix à son regne prospere.' Formulary as it may seem, one might attach some importance to the funerary inscription placed upon Notre Dame de Paris for Henry's funeral, for PIETATIS IVSTITIÆ forms one entire line. Cf. C. Utenhove, *Epitaphium in mortem Herrici* [*sic*] *Gallorum regis christianissimi eius nominis secundi.* Paris: R. Estienne, 1560, f. C2ʳ (fig. 28) and Du Bellay, *Œuvres* VI¹ p. 97.

112 Antæus, the son of Poseidon and Earth, gained his strength from contact with the ground. He was overcome by Hercules (Alcides) who held him aloft and crushed him. Cf. Ronsard 'Harangue du duc de Guise' and 'Elégie à Muret' in *Œuvres complètes* ed. Laumonier (STFM) V, 208, 226. The description of Hercules 'depeint comme pour acrevanter Anthée' may well have been written by Ronsard since he uses this same unusual verb in both passages referred to above.

In the execution of the figures, the club of Hercules seems to have been omitted. Cf. *La Renommée* IV, 499–502, where the author seems not to have been able to identify the combatants.

Lequel Anthée touchant de la main en terre feit sortir des hommes, et fut à la fin luy et ses gens deconfit par la valeureuse force d'Alcide, et audessous estoit escript en Grec,

Καίπερ πταῖσμα πεσόντι φέρει παλινάγρετον ἀκμὴν,
Αλλ' ἔμπης ἐδάμη κρατερωιέρου ἶφι μαχητοῦ.[113]

Pour l'interpretation desquelz vers Grecs ont esté faictz les vers François qui ensuivent, par le poëte dessus nommé,

Bien que tout ennemy de France
Touchast sa terre comme Anthé
Pour faire issir en abondance 20v
Un peuple aux armes redouté,
Il sera tousjours surmonté.
Car la France qui ne recule
Pleine d'un courage indomté
Resemble au magnanime Hercule
Plus forte en son adversité.

R.[114]

Entre les deux colonnes de l'un des costez dudict arc estoit une niche, dans laquelle y avoit une figure representant la ville de Paris, bien richement revestue: aux costez de laquelle estoient deux fleuves, Seine et Marne, aiant des livres fermez sous l'un de ses bras, tenant d'une main des fasces, et en l'autre une navire d'argent, sur la hunne duquel estoit attachée une toison d'or, sous ses piedz un Chien regardant derriere son dos,[115] et un Coq. Ceste

113 'Though the fall brought him renewed vigour, yet was he completely overcome by the strength of the more powerful fighter.'

114 Cf. Ronsard, *Œuvres complètes* ed. Laumonier (STFM) XV², 397.

115 Cf. Valeriano V, 103. 'Les Ægyptiens pour signifier l'obeissance du serviteur au maistre, qui luy fait signe, representoyent un chien detournant la teste pour regarder derriere.'

ville est composée de Ville, Cité, et Université, dont le trafiq et commerce de marchandise, qui se faict en icelle estoit representé par la toison d'or estant sur le navire.[116] Et par les fasces, le Senat et Parlement qui se tient au Palais, assis en la Cité, et par les livres, les artz et sciences qui sont en l'Université, laquelle ville chacun cognoist estre la plus grande, riche, abondante en tous arts, sciences, et plus peuplée, que nul autre qui soit au monde, et en laquelle il n'y a jamais eu confusion ny desorde, ains a tousjours esté bien gouvernée, et pollicée, par la sagesse, et vigilance des gouverneurs d'icelle signifiée par le Coq estans sous ses piedz.[117] Et par le navire d'argent (qui sont les armoiries
21r de ladicte ville) qu'elle tient en l'autre main comme l'offrant et presentant, est demonstrée l'offre que font les habitans d'icelle à leur Roy de leurs vies, personnes, et biens en toute humilité denotée par le Chien regardant derriere son dos, d'autant que cest animal est le plus obeissant à son maistre que nul autre, et au dessous estoit escript,

Λευτετί' εὑσεβίης μήτηρ, σοφίης τε δίκης τε[118]

Signifiant,

Paris la grand cité des artz mere et nourrice
Sejour de pieté, siege de la justice.

B.

A l'autre costé dans une pareille niche estoit une autre figure representant la genie de la France ayant autour de sa teste une couronne de villes et Citez,[119]

116 For the arms of the city of Paris cf. A. de Coëtlogen et L.M. Tisserand, *Armoiries de la Ville de Paris*, Paris: Impr. nationale, 1874–5.

117 Cf. Valeriano XXIV, 440. [Le coq] signifie la garde et sentinelle; et pourtant estoit-il dedié à Mercure.'

118 'Paris, mother of piety, of wisdom and of justice.'

119 Cf. Waldemar Deonna, 'Histoire d'un emblème: la couronne murale des villes et pays personnifiés,' *Genava* XVIII (1940), 119–236.

une lance en une main, et en une autre des espicz de bled, et grappes de raisin, un pied d'or, et l'autre d'argent: signifiant que la ville de Paris n'est seulement grande des grandeurs cy dessus desduictes, dont elle est remplie: mais de ce qu'elle est assize en un païs fertile et abondant en tous biens. Avoit ceste figure le pied d'or et l'autre d'argent, signifiant les thresors inexpuisables, dont la France est remplie, et la lance la dexterité du Peuple de ceste nation, lesquelz naturellement sont les meilleurs gens-d'armes du monde, et tousjours prestz à eux deffendre si quelqu'un les veult assaillir: et au dessous estoit escript,

Χαῖρε τροφῶν μήτηρ μεγάλη, μείζων δὲ καὶ ἀνδρῶν[120]

Comme voulant dire,

France je te salüe, heureuse tu te nommes
Pour estre grande en biens: mais bien plus grande en hommes.

B.

Telle estoit la premiere face de cest arc, duquel les pilles feintes de pierre 21v
mixte convenoient fort bien à la decoration d'icelluy, et pour ne plus ennuier le lecteur des particularitez qui y estoient en est icy representé le pourtraict (fig. 13). 22r

Sur quoy furent faictz les vers Latins qui ensuivent par Jean Dorat poete 22v
du Roy ès langues Greque et Latine: que je puis dire sans faire tort aux autres le premier de l'Europe. Par lequel aussi ont esté faictz tous les vers Grecs et Latins contenus en cest œuvre, excepté ceux qui ont esté tirez des anciens, ainsi qu'il est contenu en son epigramme estant au commencement de ce livre.[121]

120 'Hail, great mother of produce – and greater still, of men!' Cf. Virgil, *Georgics* II, 173–4.

121 Cf. also Q27r.

Felix Rex, cui contigerint felicia dona
Tot cœlo indulgente: tibi nam magnus et armis,
Artibus et maior Franciscus, præstat avitum
Exemplum ad virtutis et omnis, et artis amorem:
Cui tribus hæc linguis celeberrima condita sedes.
Hinc satus Henricus genitor tuus ille, paternæ
Nec virtutis egens, nec honestæ degener artis,
Francorum regnum, quod sumpserat à patre magnum,
In maius spatium diversis finibus egit,
Plurima cum superis pugnasset bella secundis.
Nec materna minus favet indulgentia divum
Blanda tibi, flos Italiæ Catharina creatrix
Cui fuerit, natis ut fœcundissima matrum
Egregiis, sic et natis pia mater alendis,
Servandisque inter bellorum summa pericla,
Fœmina fœminei dux prudentissima sexus.
Accedet tribus his quartus favor ille deorum,
Quod fratres tot, tamque pios fortesque dederunt.
Hæc tot magna favens tibi cum concesserit ultro
23r CAROLE dona Deus: maius tamen omnibus unum
Addidit his donum, quo non felicius ullum:
Quod tu non tantum forma, nec viribus æquas,
Acribus aut animis robur genitoris, avique,
Sed magis et cura pietatis, iusticiæq;
Nisus uterque quibus geminis pernicibus alis
Sustulit in cœlum Francum nomenque decusque
Qua licuit: sed non simul omnibus omnia posse
Maxima Dii tribuunt; aliqua tuus est tenus olim
Ut progressus avus, sic et pater: ultima restant
Nunc tangenda tibi tantæ fastigia laudis.
Perge modo, et qua fata vocant, sequere impiger ultro,
Ferrea ut e terris nobis iam secla repellas,

Aurea et e cœlo revoces: quibus omnia tuta,
Omnia læta piis et iustis gentibus, illo
Ut sene falcifero quondam regnante vigebant,
Sic nunc liligero vigeant te Carole Rege:
Aut etiam tanto melius, quanto senis ævo
Confecti potior tua pulchra, vigensque iuventus.[122]

122 'O happy King, who art endowed by Heaven's grace with so many gifts of fortune! For François, mighty in arms and mightier still in arts, sets thee an ancestral example in the love of every virtue and every art; 'twas he who founded this place, of high renown for three languages. His son, thy sire Henry, lacking not his father's quality, nor falling away from his honourable arts, inherited from his father a realm of France that was already great, and by extending its bounds on several frontiers, when he had fought many a war with Heaven's support, made it still greater.

And thy mother's goodness was no less sweet to thee than Heaven's – for Catherine, flower of Italy, was thy dame, not only the richest of mothers in distinguished children, but for her children a dutiful mother in what concerned their upbringing, and in their preservation in safety among the worst dangers of the wars, a woman who of the womanly sex was a leader most wise.

To these three blessings was added, as a fourth, the divine favour whereby Heaven hath blessed thee with so many brothers, so loyal and so brave.

Whereas God hath freely granted to thee all these great gifts, O Charles; yet hath He crowned them with one gift, greater still than all of these; a gift, than which there is none happier on earth, namely that thou dost equal thy mighty sire and grandsire, not only in thy looks and strength and proud spirit, but yet more in thy care for goodness and justice. 'Twas on these qualities that both thy grandsire and thy father depended, to raise to Heaven on swift wings the name and glory of France by what means they could; but the Gods grant it not to all men at one time to achieve all the greatest feats. As formerly thy grandfather made but so much progress, so too it was with thy father; for thee it now remains to scale the last heights of this exalted glory. Do thou but go forward, and willingly and courageously follow where Destiny invites thee, to banish at last for our good from off the earth the Age of Iron, and recall from Heaven the Age of Gold; so that all mankind's interests now flourish under thee, lily-bearing King Charles, just as once they did when the old scythe-bearer was king (i.e. Saturn),

De l'autre costé estoit une figure representant le Roy assiz en sa chaire de Majesté, devant lequel estoient Vertu et Fortune se serrant les mains l'une dedans l'autre:[123] ce Roy empoignant de sa dextre leurs mains, pour monstrer que les Empires ne se peuvent eslever, ne entretenir, si la Fortune n'accompagne la Vertu, qui sont deux qualitez, dont oultre tant d'autres, nostredict Roy est doué. Et audessus estoit escripte,

23v ’Αρχομένης ἀρετῆς ἀγαθὴ τύχη αἰὲν ὁμαρτεῖ[124]

Signifiant,

Quand vertu va devant la deesse Fortune,
Aux affaires des Rois est tousjours opportune.

B.

Au costé droit y avoit une figure ressemblant à Monseigneur le duc d'Anjou frere du Roy portant en sa main senestre deux grandes couronnes de laurier, en la main dextre son espée nue, dans laquelle estoient des petites couronnes tant de feuilles de chesne que d'herbes obsidionales et muralles:[125] aupres duquel estoit un fouldre aux raions moussu et non pointu. Les

when all was safe and prosperous for the nations who lived in righteousness and justice; or, even, better are they still, inasmuch as thy fair and strong youth is better than the age of a timid old man!'

123 Cf. Alciati, Emb. 118 VIRTUTI, FORTUNA COMES (ed. 1549, p. 146), derived from a letter of Cicero to L. Plancus (*Familiares*, x.3.2): *Omnia summa consecutus es virtute duce, comite fortuna*. For the changing relationship of these two figures, see E. Panofsky, *The Iconography of Correggio's Camera de San Paolo* (London: Warburg Institute, 1961) pp. 61–6. *La Renommée* IV, 535–6 specifies that '… au milieu Charles Roy à présent / De deux nymphes reçoit un chapeau pour present.' According to Valeriano XL, 192, this would be another reference to the edict of pacification since it represents 'la liberté publique.'

124 'Good fortune ever follows when vitrue leads the way.'

125 i.e. growing on stones and walls.

couronnes grandes et petites, et ladicte espée, representoient les grandes et petites victoires qu'il a pleu à Dieu luy donner. Et le fouldre couvert, la bonté et clemence de ce Prince sous lequel estoit escript,

> Μειότεροι στέφανοι προαέθλια μείζοσίν εἰσιν
> Ἐσσομένοις μετόπισθε νέης νέῳ ἐκ βασιλείης,[126]

Pour l'interpretation desquelz ont esté faictz ces vers,

> Ces couronnes ne sont que l'erre
> D'une plus grande qu'il doibt avoir,
> Quand un Roiaume en autre terre
> Aura soubmis à son pouvoir.

R.[127]

Au costé senestre estoit une autre figure tirant à la face de Monseigneur
le duc d'Alençon frere du Roy, des piedz duquel sortoit une estoille semblant
monster au hault de son chef pour denoter que la bonne et naive nature,
ensemble tout le bon-heur du Roy François son ayeul (duquel il porte le nom)
est retourné en luy, comme nous voions que les planettes sont une partie de 24^{r}
l'an sous terre sans nous apparoistre, puis retournant sur nostre hemisphere

126 'Lesser laurels are foretastes for the youthful Prince of the greater laurels that shall later be his from a new kingdom.'

127 Cf. Ronsard *Œuvres complètes* ed. Laumonier (STFM) XV^{2}, 397. The second line presents a problem because of the extra syllable. In the edition of Ronsard's works by Blanchemain 'plus' is suppressed (IV, 203) whereas Marty-Laveaux gives 'D'une plus grand' (VI, 390). Laumonier gives the line as it stands but notes: 'Lire *grand*.' The crowns symbolize the recent victories of the Duc d'Anjou at Jarnac (13 March 1569) and Moncontour (3 October 1569). The 'Roiaume en autre terre' is surely Poland. Discussions were already under way and he officially became monarch of that country in 1573.

reluisent belles et claires au Ciel comme devant: au dessous de laquelle figure estoit escrit,

Φραγκίσκου μεγάλοιο φυὴν μείων ἀνεγείρει.[128]

Surquoy ont esté faictz ces vers François,

Du grand François ornement des grandz Rois
La bonne indole et l'ancien genie
Qui au tombeau luy feirent compagnie
Sont retournez en ce nouveau François.

R.[129]

En l'honneur de tous les trois fut fait par ledict Sieur de Pybrac le Sonet qui s'ensuit,

Le premier est mon Roy, duquel moins je n'espere
Que de ses preux aieulx, qui par illustres faictz
D'heroïque vertu, feux divins se sont faictz
4 Et vont ores roulant au plus hault de la sphere:

Le second est un Duc que Fortune prospere
A faict vaincre et dompter les guerriers plus parfaictz,
Lors que mal conseillez nous nous sommes deffaictz
8 Pour asseurer l'estat du voisin adversaire:

Le tiers un jour n'aura moins de grace et bon heur
Que de graver au ciel les traictz de son honneur,
11 Par la vertu qu'il a dedans son cœur emprainte:

128 'The nature of great François returns to life in the person of his scion.'

129 Cf. Ronsard, *Œuvres complètes* ed. Laumonier (STFM) XV^{2}, 398.

France je ne te puis souhaiter plus de bien
Que veoir ses trois par eternel lien
14 Sous l'honneste debvoir d'une amitié non fainte.

Sur le milieu de l'arc estoit un tableau representant le bronze dans lequel y avoit un Mercure d'Ægypte aiant deux testes comme Janus, l'une vieille et aiant longue barbe pour le conseil, et l'autre d'un jeune homme pour l'execution,[130] dont Ovide parlant en ses Fastes dit, 24

Hæc ætas bellum suadeat illa gerat.[131]

Et ce pour monstrer que rien ne se faict en France sans conseil. Et au bas estoit escript en Grec,

οὐδὲν ἄτερ βουλῆς Qui veult dire, Rien sans conseil.[132]

De toutes lesquelles grandeurs de nostre Roy ne se pouvant ensuivre qu'une liesse publique, et aage doré renaissant en ce Roiaume, feurent mises en

130 Cf. *La Renommée* IV, 543–6. The two heads and torsos were apparently separate 'jusque sous le nombril' with 'la basse partie / Comme en un pied quarré de terme convertie.' On the side of the younger half, which may have had only one arm, are straining oxen, while on the older side there is a tortoise which 'De gravir sur un mont bellement s'evertue.' The suggestion of the Mercure d'Ægypte may have come from Valeriano XXXII, 9, where Ovid is mentioned in connection with Janus. The significance of the 'terme' (i.e. the uncarved base of a statue which grows narrower at the bottom) is also stressed there. It represents 'la fermeté des choses qui sont faictes sagement et avec un mur conseil' (Valeriano XXXII, 10). Cf. Alciati, Emb. 18 PRVDENTES (Henkel-Schöne 1818). The expansion of this conceit in Emb. 41 VNVM NIHIL DVOS PLVRIMVM POSSE (Henkel-Schöne 1687) is also seen in Aneau's *Picta Poesis* of 1552, p. 35 (fig. 42) as FACTA IVVENVM, CONSILIA SENVM.

131 'Tis for one age to counsel war; to wage it, for the other!' (Ovid, *Fasti* VI, 86).

132 The translation is literally exact.

deux niches, qui estoient entre les colonnes de chacun costé, deux Nimphes: l'une representant liesse publicque dicte Aglaie au costé droict, revestue de paremens honorables et beaux, aiant sur sa teste un chapeau de fleurs en signe de toute honneste liberté, tenant en une main un chariot de triumphe, et en l'autre un gros bouquet de fleurs, une girlande en escharpe à l'entour d'elle, et plusieurs autres girlandes et pieces d'or, et d'argent respandües à ses piedz: au dessus de laquelle estoit escript,

Læta fero Gallis, ludos, spectacula, pompas.[133]

Et en l'autre costé une autre nymphe representant l'age doré, laquelle sembloit descendre du Ciel au travers de plusieurs nues, dont elle estoit demi
25r couverte, ayant son vestement tout semé d'estoilles, et les bras plus hault eslevez que sa teste pour soustenir trois Serpens dorez entrelassez l'un dans l'autre, et se mordans par la queüe:[134] signifians les trois aages. A costé d'elle estoit une faulx et plusieurs ronses fauchées, signifiant les noises et dissentions estre couppées par le benefice de la paix. Et estoit escript au dessus d'elle,

Aurea secla ferens terras Astræa reviso.[135]

Dont ne se pouvant ensuyvre qu'une augmentation de l'Empire et monarchie de nostre Roy, furent mis deux tableaux dans les flancz et costez

133 'For the French nation I bring enjoyments; games and shows and processions.'

134 The nymph seems to represent both the Age of Gold and Astræa (Justice), although she does not have the scale or other attributes of Justice. Astræa was the last to leave the earth when wars and other evils became prevalent. Her return signals the return of the Age of Gold. Cf. Valeriano, *Continuation*, I, 586.
The 'serpent en rond qui se mordoit le bout de la queüe' is also the symbol of the good king. (Cf. Valeriano XV, 286.)

135 'I, Astræa, come to earth once more, bringing the Age of Gold.' Cf. *passim* Elizabeth Armstrong, *Ronsard and the Age of Gold*, Cambridge University Press, 1968, pp. 45–6.

de cest arc: en l'un desquelz estoit un Soleil levant enrichi de ses propres ornemens, qui sont son chariot et chevaulx, et une Aurore allant au devant remplissant tout le vuide du Ciel de girlandes, rozes, safran, et fleurs de liz: sur l'une des roues duquel chariot estoit un coq oiseau dedié à telle planete, qui de son naturel imite à son lever et coucher le cours du Soleil.

Au bas de la roüe estoit aussi un Cancre pour representer le chemin que le Soleil faict à reculons du troppicque estival, jusques au Capricorne troppique hybernal:[136] au bas duquel tableau estoit une grande mer, de laquelle sortoit à demi corps la belle deesse Thetis,[137] recevant entre ses bras le Soleil couchant. Au dessus apparoissoit entre plusieurs nues obscures et rougeastres l'estoille dicte Vesper, sous lequel tableau estoient escritz ces vers de Virgile,

> Omnia sub pedibus, qua sol utrumque recurrens
> Aspicit Oceanum, vertique regique videbit.[138]

Et à l'autre tableau estoit depeint un grand sceptre porté de byais par 25v
l'aire de l'air[139] qui du bout d'embas touchoit la mer, et de celuy d'enhault orné de deux aisles touchoit le Ciel, pour monstrer que le sceptre de France n'aura autres bornes de sa victoire que l'ocean, et de sa renommée que le Ciel: autour duquel sceptre estoit escrit cest aultre vers de Virgile,

> Imperium Oceano, famam qui terminet astris.[140]

136 The two extremes represented by the Crab (Cancer) and the Goat (Capricorn) cover the periods 22 June to 22 July and 22 December to 21 January.

137 For the Latin poets, Thetis was a synonym for the sea. She is represented as a beautiful nymph or naiad.

138 'He shall see all things under the sun, in its daily course from the Eastern to the Western sea, roll obedient beneath his feet' (Virgil, *Æneid* VII, 100–1).

139 i.e. air currents, the force of the wind.

140 'To limit his sway by the Ocean, and by the stars his fame.' (Virgil, *Æneid* I, 287).

One wonders why the full quotation, stressing the Trojan descent, was not retained from Virgil, *Æneid* I, 286–7: 'Nascetur pulchra Troianus origine

Et pour faire entendre que cela ne luy est seulement acquis par les grandeurs susdictes, mais que la destinée y consent, estoit une Juno au dessus, qui nuit ordinerement aux entreprinses des personnages de grand cœur, et par mille traverses s'oppose à leur vertu: tesmoing Hercule, Ænée, et plusieurs autres vaillans capitaines de l'antique saison: laquelle assize sur le courbe de son arc en Ciel, touchoit d'une main ce sceptre comme consentant que nostre Roy soit seigneur de l'univers et près d'elle estoit escript,

Fata sinunt.[141]

Et au dessous de ce tableau,

Rex cui talis avus, genitor, mater pia, fratres,
Quæ magna accepit, natis maiora relinquet.[142]

Au milieu de cest arc dont le fond du berceau estoit paré d'un compartiment de feuillages, remply des armes, chiphres, et devises de Roy pendoit un
6r tableau double, en l'un des costez duquel regardant la porte sainct Denis
estoient escriptz ces vers,

Vous avez pour aieulx d'une heureuse naissance
Tant de Rois conquereurs, et un frere vainqueur,
Un Paris qui vous offre et ses biens et son cœur
Et un si grand Roiaume en vostre obeissance.

B.

Cæsar / Imperium Oceano, famam qui terminet astris.' It would have made a better parallel in length and in sense to the passage, also from the *Æneid*, immediately opposite. Cf. also Q9v.

141 'The Fates allow.'

142 'A king whose grandsire, father, loving mother and brothers are such as these, received a kingdom which was mighty but will leave to his children one mightier yet.'

Et à l'autre costé regardant vers le Sepulchre,

Doncques vous surpassez de tous les Rois la puissance
Et ne s'en trouvera qui puisse avoir cest heur
De pouvoir à la vostre esgaller sa grandeur
Car Roy en terre n'est si grand qu'un Roy de France.

B.

Et pource que l'heureux et bien fortuné mariage du Roy est la principalle cause de nostre felicité presente, fut mis devant le Sepulchre,[143] une grande forme de perron, à l'entour duquel estoient deux marches basses, sur lesquelles estoit porté un grand stillobate d'ordre Tuscan et Dorique de douze pieds de hault, duquel les plaintes à l'entour des encoigneures estoient feintes par assiettes de rustique[144] dont le fond de chacun carré representoit une pierre de marbre mixte, sur laquelle estoit posé un pied-d'estail. Aux quatre coins estoient quatre Aigles feintz de bronze portans festons de lierre, et au dessus une pille[145] servant de marche-pied pour porter un grand Colosse de dix piedz de hault, qui estoit une nopciere Junon, qui preside aux mariages. En l'honneur de la Roine sa mere, laquelle ne s'est contentée d'avoir saincte-ment endoctriné Messieurs ses enfans, et nourry dès leur jeunesse en la 26v
religion tres-saincte et catholique: soustenu à cause de leur minorité tant de grandz et insupportables affaires. Auroit d'abondant comme tres-soigneuse mere pourchassé la plus grande et insigne alliance de toute l'Europe, et marié nostre Roy avec Madame Elizabet d'Austriche fille de l'Empereur Maximilian en l'intention de ne moins faire à l'endroit de messeigneurs ses freres, et de les allier avec le temps aux plus grandz monarques,[146] afin d'avoir

143 For the decorations 'devant le Sepulchre,' cf. *La Renommée* IV, 549–70.
144 Cf. Appendix III, 3.
145 i.e. pilier.
146 Catherine de' Medici had many elaborate plans for the marriage of her children. After the death of François II there was some question of a dispensation from the Pope so

ce bon heur de veoir des enfans issus des siens qui, à la façon des Cicognes,[147] la puissent honorer, reverer, et soustenir en sa vieillesse, ainsi qu'avec si grande diligence, et soucy elle les a nouris et preservez en leur si bas aage, et estans demeurez orphelins de leur pere et seigneur.

Ceste Junon estoit faicte d'estuc si blanc et bien taillé qu'il n'y avoit celluy, qui ne le print pour vray marbre. Elle estoit habillée à l'antique aiant un septre d'or en main, un croissant près de sa teste, en ses piedz des patins dorez, et l'Iris ou arc en Ciel près d'iceux:[148] avec l'oyseau duquel Theocrit faict mention en son livre,[149] au bas de laquelle estoit un grand tableau, dedans lequel estoit escript ce Sonet,

that Charles IX could marry Mary, Queen of Scots. (Denied by Catherine de' Medici *Correspondance* 29 December 1563.) He and each of his two brothers in turn, however, were considered for marriage with Elizabeth of England. Elisabeth of France had married Philip II of Spain and Marguerite was about to marry Henri de Navarre.

147 The stork represents filial piety and, by extension, gratitude, since it had the reputation of looking after its parents when they grew old. Cf. Alciati, Emb. 30 GRATIAM REFERENDAM (Henkel-Schöne 827) adapted as follows by Bouquet in his *Imitations d'Alciat* f. 3r: 'La cicogne souvent dans son nid se transporte, / Tant que son petit soit par elle alimenté, / Mais c'est sur un espoir, qu'en la necessité / Son petit luy fera tout en la mesme sort: / L'effect à son espoir à la fin se rapporte / Car dès que son corps de vieillesse matté / Tout son vivre luy est par l'enfant apporté / Et quand il veut voller sur son doz le supporte.' Cf. also Valeriano XVII, 319–20. The stork is, in addition, an attribute of Juno. (Cf. Tervarent I, 115).

148 The rainbow is the sign of the reconciliation resulting from the marriage of Charles IX and Elisabeth of Austria. Cf. Q7v. The Iris or rainbow was Catherine de' Medici's device. Cf. Paradin, *Devises héroiques*, Lyon, 1557, p. 64. It stood for 'le vray sine de clere serenité, et tranquilité de paix.'

149 The bird mentioned by Theocritus is the Cocu (i.e. Cuckoo). The source is Valeriano XXV, 458. 'Les interpretes de Theocrite disent que Jupiter amoureux de Junon, print la forme du Cocu et s'en alla à la montagne dicte Thronax, et puis après Coccyx, où Juno se trouva, laquelle repoussa Jupiter jusques à ce qu'il eust changé de forme.'

This mutability explains the strange appearance of the bird in the

SONET

de Pierre de Ronsard.[150]

Catherine a regi la navire de France
Quand les ventz forcenez la tourmentoient de flotz,
Mille et mille travaux a porté sur son dos
Qu'elle a tous surmontez par longue patience.

Ceste Roine qui n'eut sa pareille en prudence
Veillant pour ses enfans nos Princes sans repos
Au temps qu'un chaste amour vint allumer leurs os
Les fait Roines et Rois par nopciere alliance.

C'est elle qui l'Olive en la France rameine
Alliant nostre Roy à la race Germaine,
D'où vient à ce Roiaume un bon heur renaissant:

illustration for, as Valeriano notes, 'On peut bien signifier par cet oiseau l'homme ayant changé de mœurs ou de visage: car on dit que cet oiseau se transforme en Faucon, bien qu'il n'ait les ongles crochus, ny la teste du Faucon, auquel il ne ressemble que de couleur.' He adds 'ô les gentils Dieux qui prenoyent plaisir en ces folies! ô que ceux là sont encores plus sots qui n'ont eu honte d'escrire ces choses!'

The fact that the Cocu logically could only represent Henry II perhaps explains in part why it was not included in the finished group. Cf. *La Renommée* IV, 560.

150 This sonnet is claimed by Jamyn. Cf. Amadis Jamyn, *Œuvres* 1575, ff. 67^{v} and 68^{r}. It is odd, however, that *La Renommée* V, 560–4, also attributes the poem to Ronsard.

The following variants occur in editions of Jamyn's poetry published in 1575, 1577, 1579, and 1582 (the variants are the same for all, except where indicated): l. 2 l'environnoyent de flotz; l. 3 tourmens ont assiégé (accablerent 75) son dos; l. 5 Ceste invincible Royne, admirable; l. 6 en tous lieux sans repos; l. 10 Prince; l. 11 un bien heureux renom; l. 12 si accorte et prudente; l. 14 Signe qu'elle leur est ce qu'au ciel est Junon.

Et Paris qui la voit si sage et si prudente
Luy donne de Junon la figure presente,
14 Ensemble corps et biens d'un cœur obeissant.

v Et à un autre costé estoient escripts ces vers Latins,

Iunxerat Italiæ quæ nubens omine fausto
Iuno Iovi Gallos, nunc pronuba iungit eosdem,
Germanis, ut tres populos coniungat in unum
Invictum reliquis, quos magnus continet orbis.[151]

Et à un autre costé estoit escript en Grec,

Εἰς γάμον ἡρώων γαμετὴ ποτιέρχεται Ἥρη[152]

Voulant dire,

Aux nopces des grandz Rois Juno faisant honneur
Assiste voluntiers, pour leur porter bon heur.

B.

Le surplus des singularitez qui y estoient se pourra considerer par le
3r pourtraict qui en est icy representé (fig. 15).

151 'She who as Juno, marrying Jove under joyful auspices, had joined the French and Italians, now acts as Juno Pronuba to bless the union of the French and Germans; so that she joins together all three peoples into one such that none else in all the world can overcome it.'

152 'Juno Pronuba attends the weddings of heroes.' For the confusion between Juno Pronuba and the FIDII (*recte* FIDEI) SIMVLACRVM in such scenes, cf. Geneviève Monnier and W. McAllister Johnson, 'Caron "antiquaire": à propos de quelques dessins du Louvre,' *Revue de l'art*, n° 14 (1971), p. 26, n. 19.

En l'honneur duquel mariage estoit devant la fontaine de sainct Innocent[153] un autre grand colosse de pareille haulteur que celuy de Junon, porté sur pareil pied d'estail et stillobate, de la mesme mesure, forme, et enrichissement. C'estoit la figure du Dieu Hymenée en forme d'un jeune homme, embelli d'une petite barbe follette, crespelüe, et longs cheveux.[154] Il avoit quatre flambeaux à l'entour de luy, et un qu'il tenoit en l'une de ses mains, faisant le cinquiesme, pour ce que le nombre quinaire est dedié à ce Dieu, de laquelle façon ont usé les anciens Romains au jour de leur mariage, et en l'honneur d'iceluy dieu faisoient allumer cinq flambeaux durant la premiere nuit de leurs nopces. 28

De l'autre main il tenoit un voile de couleur jaulne duquel les espouzées souloient cacher leur visage à la premiere veüe de leur mary, afin qu'on ne veit la honteuse rougeur de leurs faces. Il estoit couronné de fleurs entremeslées de marjolaine et de mirthe, vestu d'un long manteau de couleur orange troussé sur l'espaule, et en ses piedz des brodequins de jaulne doré.

A l'un de ses costez estoit un petit Amour serré par le corps d'un demy ceint à grosse boucle, pour denoter qu'il fault que l'amour de mariage soit arresté chaste et lié.[155]

153 Cf. Appendix III, 3 and Introduction, p. 49. For the decorations at the Fontaine St Innocent, cf. *La Renommée* IV, 571–602.

154 The god Hymen is usually represented as a vigorous young man holding a lighted torch. The red or safran colour of his robes characterizes not only Greek and Roman wedding garments but also those of many other early peoples. Additional attributes of Hymen are the flute, flowers such as the rose, myrtle, and marjoram, and fruits such as oranges and pomegranates. Cf. Tervarent II, 382. The torch represents weddings (cf. Valeriano XLVI, 340) and the reference to the significance of the number 5 comes from Alexander of Aphrodysias through Aristotle's *Metaphysica* (Berlin Academy p. 38, l. 10): 'Marriage they identified with 5 because it is the union of male with female and the number 5 arises from the first even number (2) and the first odd number (3).'

155 The belt traditionally represented chastity. Cf. Valeriano XL, 207.

A l'autre costé estoit une Jeunesse, sur laquelle il s'appuioit,[156] signifiant qu'il fault entrer en nopces durant la verdeur de l'aage sans attendre si tard: 9r afin de pouvoir voir ses enfans grandz, et avoir le plaisir de les pourvoir, et advancer: qui est le plus grand heur et bien que puisse avoir un grand Prince et monarque, par dessus ses autres grandeurs. Sous les piedz de ce petit Amour estoit une sphere, representant le monde, pour monstrer que rien ne vit en ce monde qui ne soit subject à l'amour, affin de faire renaistre d'espece un espece son semblable pour l'entretenement, de l'immortele mortalité, suivant ce que dit Platon.

Autour de ceste sphere estoient force pommes d'orenges et girlandes faictes de Rozes et de liz, qui denotoient que la jeunesse s'amuse plus volontiers aux choses de plaisir, qu'à son profit. Quant aux pommes d'orenges, qui signifient l'or, chacun sçait combien l'or est desiré en l'amour: tesmoing Athalante,[157] qui en fut surprinse, et vaincue, et aussi que les pommes comme ayant formes rondes, sont tousjours dediées à Cupido.[158] Philostrate en ses images en donne ample cognoissance. Sous les piedz de cest Hymenée estoit un chevreau animal lascif, pour signifier l'ardeur amoureuze de jeunesse,[159]

156 With a torch in one hand, it was obviously impossible for Hymen both to hold a yellow veil in the other and to lean on 'une Jeunesse' (Hebe, according to *La Renommée* IV, 585). The block, in fact, does not show the yellow veil which modestly covered the face of the bride in classical times. Cf. Valeriano XL, 198.

157 Atalanta represents tireless strength and agility. According to the legend she was finally beaten in a race by Hippomene (or Melanion) when she stopped to pick up one after the other three golden apples which had been given to him to drop by Venus. Cf. Ovid, *Meta.* X, 560 et seq. and Valeriano LIV, 482.

158 For the apple as a sign of love, cf. Alciati, Emb. 190 IN FIDEM VXORIAM (Henkel-Schöne 966) as adapted by Bouquet in his *Imitations d'Alciat* f. 31r: 'Car la pomme appartient à la belle Cypride: / Le Thebain devança la visite scheneide / Par les pommes jadis: Et par la pomme encor / Un berger autrefois s'esprit de Galathée: / Bref l'honneur de l'amour la pomme s'est ventée / Depuis que le Troyen jugea la pomme d'or.'

159 The kid or goat represents sensuality or lechery. Cf. Valeriano X, 180.

laquelle est d'autant plus desireuse du mariage qu'elle est plus chaude et pleine d'humidité. Et tout aupres estoit une corneille, denotant la fermeté inviolable qu'on doibt s'entregarder en mariage,[160] pour ce que tel oyseau, comme la tourterelle, ne se racouple jamais après qu'elle a perdu son premier party.[161]

Il y avoit aussy des petis enfans, et autres animaulx qui sortoient de petites pellicules et thaies, signifiant le mot Grec ὑμήν hymen. Bref pour monstrer que toutes choses sont immortelles par le succes de generation.

Au bas de cest Hymenée estoit ce Sonet dudict Ronsard,[162]

Heureux le siecle, heureuse la journée
Où des Germains le sang très ancien
S'est remeslé avec le sang Troien
Par le bien-faict d'un heureux Hymenée.

Telle race est de rechef retournée
Qui vint jadis du filz Hectorien,
Que Pharamond prince Franconien
Feit regermer sous bonne destinée.

O bon Hymen, bon pere des humains
Qui tiens l'estat de ce monde en tes mains
Bien favorable à ce sainct mariage,

Qu'un bon accord ne face qu'un de deux
Et que les filz des filz qui viendront d'eux
Tiennent la France eternel heritage.

160 Cf. Valeriano XX, 380. 'Et pour ce qu'il n'y a aucun estat de vie où la concorde soit plus requise qu'en marriage, la corneille est l'indice et enseigne de cette concorde.'

161 Cf. Valeriano XXII, 410. 'Quand la tourterelle a perdu sa compagnie [sic], elle ne s'allie plus à aucun.'

162 Cf. Ronsard, *Œuvres complètes* ed. Laumonier (STFM), XV², 400.

30r Et à l'autre costé ces vers Latins,

Fœlix ducit Hymen fœlicia numina secum;
Hinc Amor est castus, matura sed inde Iuventa.
Casta placent superis, vigor est iuvenilibus annis,
Hinc soboles Regum pietate armisque potentum.[163]

Et à l'autre costé en Grec,

Ἁγνὸς ἔρως νεότης τε νέων εἰς λέκτρα καὶ ἁγνῶν.[164]

Comme voulant dire,

Le Dieu de chaste amour, et la sage jeunesse
Honorent en ce lieu nostre Prince et Princesse.

B.

Ne fault obmettre que oultre tant de singularitez qui estoient en ce theatre, y estoient representez les elemens du feu et de l'eaue, assavoir du feu par lesdictz cinq flambeaux brulans, faictz d'un odeur aromaticque, dont la fumée estoit plus odorante que de la plus forte civette musc, ou ambre gris que l'on pourroit trouver, et l'eaue naturelle par deux gros muffles de bronze venant de la fontaine sainct Innocent proche dudict theatre:[165] qui estoit un chose fort belle à veoir. De laquelle fontaine qui meriteroit bien un pourtrait à part ne feray aucune description pour ce qu'elle se peult encore veoir en son

163 'Lucky Hymen brings with him lucky gods: on one side chaste Love, and on the other, vigorous Youth; chastity pleases Heaven, while strength belongs to youthful years; and from this source comes progeny to kings who are firm in faith and war.'

164 'Holy is the love and youth of those who come young to the wedding-couch and are chaste withal.'

165 Cf. Naomi Miller, 'The Form and Meaning of the "Fontaine des Innocents",' *Art Bulletin*, vol. L (1968), pp. 270–7.

estre. L'excellence de l'ouvrage de laquelle bien consideré se peult dire l'un des chefz d'œuvre du monde, en ouvrage de massonnerie et architecture. Et quant audict theatre le pourtraict en est icy au peu près representé (fig. 17). 30

Passant plus outre et venant devant le Chastellet en la place nommée 31
l'Apport de Paris se presentoit un autre spectacle de platte peinture qui est bien à remarquer.[166] C'estoit une grande perspective, sur laquelle regnoit une Corniche representant le marbre gris, laquelle avoit six toises et demie en largeur, sous cinq toises et demie de hault, en laquelle on voioit de loing un double rang de colonnes representant aussi le marbre gris ornées de leurs bases et chapiteaux tant bien dressées et couchées qu'il sembloit combien que ce ne fut qu'une platte peinture, qu'elles fussent vraiement eslevées et distantes bien loing l'une de l'autre.[167]

Audessus d'icelle se voioit un double rang de fenestres renfoncé bien avant en perspective: remplies de Dames, et Damoiselles regardant par ces fenestres comme s'il y eust eu une rüe en icelle.

A l'un des costez estoient deux grandes colonnes telles que le Roy les porte en sa devise, avec l'inscription (Pietate et Iustitia) au bas desquelles estoient les figures de Religion et Justice.[168]

A l'autre costé estoient deux autres colonnes de pareilles grandeur et proportion, en l'une desquelles estoient les armoiries du Roy, et en l'autre celles de la Roine. Les deux colonnes representans les maisons de France, et d'Austriche, qui se sont ainsi alliées par ce mariage: au bas d'icelles estoient les figures de Clemence et Fœlicité comme ayant esté ce mariage la principalle cause de la Clemence dont le Roy a usé envers ses subjectz par son edict de pacification, et par consequent de nostre felicité presente et advenir. 31

166 'Un spectacle / De plate perspective' according to *La Renommée* IV, 611. For the decorations at the Châtelet, cf. *La Renommée* IV, 603–42.

167 Cf. Appendix III, 1.

168 For a possible representation of Justice, cf. Valeriano XLII, 254: 'La justice tenant en la main gauche la balance juste, ne pendant de costé ny d'autre ... en la main droicte ... des trousseaux de verges, avec un cousteau qui estoit lié au bout, signifiant hieroglyphiquement, que chascun est recompensé deüement selon son merite.'

Au milieu de ceste perspective estoit un Palais basty d'autres colonnes, à l'entrée duquel et sur un grand perron auquel il falloit monter par cinq, ou six degrez, seoit une Majesté sous un pavillon appuiée sur des coissins de velours verd, tenant un sceptre d'or en sa main dextre, aiant à ses piedz d'un costé une figure representant Crainte, au bas de laquelle estoit escript (TIMOR). Et à l'autre costé une autre figure, representant Honte, au bas de laquelle estoit escript (PVDOR). Signifiant que d'oresnavant la Majesté du Roy sera plus crainte. Et que chacun venant à son mieux penser, la respectera davantage. Au bas duquel perron y avoit une table d'attente en laquelle estoient escripts ces vers,

Magna licet nascens Maiestas regia crevit
Quæque suo sub Rege: sed incrementa recepit
Maxima sub Magnis primo et te CAROLE nono.[169]

Et sous les figures de la Religion, et de Justice estans sous les colonnes cy dessus mentionées estoit escript,

Iusticia et pietas veterum custodia Regum
Maiestatis habent ante alta palatia sedem,
Stipantes regale latus vi tutius omni.[170]

Et dessous les figures de Clemence et Felicité estant au bas de deux autres colonnes estoit escript,

169 'Under each king [of France] the king's majesty, great as it was at the beginning of his reign, grew greater still in his hands; but that majesty received its greatest increase of them all under those great kings who bore the name of Charles – the first Charles of all, and now thee, the ninth.'

170 'Justice and Piety, guardians of the majesty of the kings of old, have their abode before towering palaces; and they protect the king's body more securely than any force.' Cf. K49^{v}.

Sæpe graves Regum Clementia temperat iras: 32
Pacis ob idque sacram fert dextera pignus olivam:
Cui comes est fœlix cunctarum Copia rerum.[171]

Et plus hault sous lesdictes armories du Roy et de la Roine posée contre lesdictes colonnes representans les maisons de France et d'Austriche estoit escript,

Dum stabit iunctis Maiestas fulta columnis
Francæque Austriæque, domus durabit in ævum.[172]

La figure d'icelle icy representée demonstrera le surplus (fig. 22). 32

De là se trouvoit le pont nostre Dame,[173] à l'entrée duquel estoit un arc 33
triomphal d'ordre Tuscan, et d'une mode qui jamais n'avoit esté veüe, duquel l'ouverture estoit de douze piedz dans œuvre sous vingt et deux sous clef, le bas jusque à la haulteur de l'architrave faict de rochers parmy lesquelz estoient meslez des coquilles de limax, et herbages telz qu'on les veoid aux bordz des rivieres.[174]

Sur la clef de ce berceau y avoit deux grands Daulphins et un cancre au milieu, lesquelz Daulphins soustenoient une grande table d'attente. Au costé de laquelle estoient deux statues l'une d'un vieil homme chenu aiant longue barbe, coronné de rozeaux et de joncz: et l'autre d'une femme aiant grandz cheveux, tenant l'un et l'autre un grand aviron, et un cruche jectant eaue en abondance, sur lesquelles ilz s'appuioient: pour representer les fleuves de Marne et de Seine qui se rendent en ladicte ville.[175] A l'endroict de laquelle

171 'Often doth Mercy soften the dangerous wrath of kings; this is why as a token of peace she beareth the sacred olive-branch in her right hand; and her companion is Prosperity.'

172 'So long as your Majesty shall stand firmly supported upon the twin columns of France and Austria, your house shall last for ever.'

173 For the decorations at the Pont Nostre Dame, cf. *La Renommée* IV, 643–80.

174 Cf. Appendix III, 1 and 3.

175 It is difficult to know which figure represented which river. The Seine is

eaue respandüe, estoient force petitz arbrisseaux et quantité de mousse entremeslez avec plusieurs petitz Lezardz et Limax gravissans.

Au dessus de la corniche qui regnoit pardessus le berceau et voute de cest arc estoit un grand navire d'argent, sous laquelle se voioit une riviere. A costé duquel navire, qui representoit non seulement la ville de Paris, mais aussi tout le Roiaume de France (D'autant que ladicte ville est l'exemple auquel tous les autres se mirent) estoient les jumeaux Dioscures, qui sont les figures de Castor et Pollux resemblans de visage au Roy et Monseigneur,[176]
3^{v} faictes d'or, et aians chacun une estoille d'or sur leurs testes, lesquelz soustenoient ce navire, comme l'aiant saulvé d'une grande tempeste et orage,[177] et fut ceste representation prinse, sur ce que Castor et Pollux sont estoilles de

'un fleuve' and the Marne 'une rivière,' a distinction which is noted in *La Renommée* but not here, where both are called 'fleuves.' The logical order and a tradition which is still maintained would suggest that the Seine is the female figure, but these distinctions did not necessarily obtain in the sixteenth century. Indeed, for paintings of the same personifications in the flanks of the Porte aux Peintres for the Paris entry of Henry II in 1549, the Seine is masculine in accordance with 'fleuve' while the other has no description and is called a 'pareil fleuve representant la riviere de Marne.' (Cf. *Entrée de 1549*, ff. 7^{v}–8^{r}.)

176 The appelation 'Dioscuri,' which simply means 'sons of Jupiter' is usually reserved for the twins Castor and Pollux, sons of Jupiter by Leda. They represent in their persons concord and harmony. (Cf. Edgar Wind, *Pagan Mysteries in the Renaissance*. New Haven: Yale University Press, 1958, p. 139.)

It is also not without significance that they are equals. In making his brother lieutenant general of France in 1567, Charles IX had relinquished a good deal of power and this was the subject of some disagreement and jealousy between them. (Cf. Brantôme V, 251.)

The comparison was a commonplace but it may well have been suggested by Dorat, who also composed a Latin poem on the same subject. (Cf. Dorat, *Poëmatia*, 1586, Lib. II, p. 67, 'Ad Carolum Regem, et Henricum Regis Fratrem, Gallicos Dioscuros.')

177 Cf. Alciati, Emb. 43 SPES PROXIMA (Henkel-Schöne 1462). This emblem was adapted by Bouquet in his *Imitations d'Alciat* f. 17^{v} but the text is not directly relevant here.

tres-heureuse rencontre, et certain presage de temps calme, quand ilz apparoissent aux mariniers au plus fort de la tempeste. Aussi la presence de ces deux grandz Princes freres nous signifie non seulement la salvation du naufrage, mais toute asseurance de repos et tranquillité à l'advenir.

Au dessous duquel navire en la table d'attente cy dessus specifiée estoit escript,

Puis que ces astres clairs Dioscures nous sont
Apparuz en ce lieu après si grand orage,
Ceste nef et les siens doresnavant pourront
Voguer libres par tout, sans crainte du naufrage.

B.

Et à costé dessous la figure de Castor,

Nobilium Castor quondam moderator equorum,
Nuncque ratum, gravis hæc quo salva regente carina.[178]

Et à l'autre costé dessous Pollux,

Dum geminus gemino stabit cum Castore Pollux,
Non metuet sævas ratis hæc iactata procellas.[179]

178 'Castor, long since the governor of famous steeds, and now of ships, under whose guidance this deep-laden bark is safe.' In the *Poëmatia* of 1586 (Epigrams I, p. 33) Dorat gives 'magna' instead of 'gravis' but this does not alter the sense.

179 'So long as Pollux shall stand firm at the side of his twin brother, the ship shall not fear the fierce gales that toss her.'

34r

SONET

de Pierre de Ronsard.[180]

Quand le navire enseigne de Paris
(France et Paris, n'est qu'une mesme chose)
Estoit de ventz et de vagues enclose
Comme un vaisseau de l'orage surpris,

Le Roy, Monsieur, Dioscures espritz
Freres et filz du Ciel qui tout dispose,
Sont apparuz à la mer qui repose
Et la navire ont saulvé de perilz,

De Juppiter les deux enfans jumeaux
Ne sont là hault, ni si clairs ne si beaux,
Jamais Argon ne fut si bien guidée:

Autres Thyphis, autres Jasons encor
Ameneront la riche toyson d'or,
En nostre France et non point de Medée.[181]

180 Cf. Ronsard, *Œuvres complètes* ed. Laumonier (STFM), XV^2, 401. This sonnet was simply intercalated in the descriptions and responds well enough to the first portal of the Pont Nostre Dame save for the final tristichon, where the mention of Typhis, Jason, and especially Medea calls to mind the same portal for the *Entrée de 1549*, ff. 14^r–14^v. Here, Typhis appeared on the arch itself, while the two interior flanks bore paintings, visible in the woodcut (fig. 34) of the consecration of the Golden Fleece and a 'Jason ravissant ladicte peau d'or et emmenant Medée' with the following epigraph: QVOD MARTI PHRYXVS SACRAVERAT / ABSTVLIT ARTE ÆSONIDES: TV MARTE FERES. Cf. p. 54.

181 These are all references to the expedition of the Argonauts in quest of the golden fleece. Other members besides Jason, who served as leader, were Castor and Pollux and the pilot, Typhis. Their vessel was the Argo.

Et à fin de faire cognoistre par quel moien ces deux Princes sont 34
aujourd'huy si beaux, clairs, et deifiez, veu les orages, et tempestes, qui ont esté depuis dix ans en la France, estoit un tableau de peinture dans l'un des flancs de cest arc, auquel estoit depeint une mer enflée et un grand monstre marin à l'un des boutz d'icelle, lequel faisoit contenance de devorer à gueule bée les petitz Glauques ou Dauphineaux estantz prest de l'autre bout de la mer sous la garde et protection d'un grand Dauphin, leur progeniteur, lequel les couvroit des ses aisles le plus qu'il pouvoit.[182] Mais ce voiant pressé par le monstre marin les avaloit et receloit en son estomach comme en lieu de toute seureté, jusques à ce que ledict monstre fut passé oultre. Lequel passé rendoit ce Dauphin ses petitz sains et entiers.

A l'exemple duquel Dauphin, la Roine a bien sceu garder noz Princes ses enfans petitz, et en bas aage, contre toutes advenues et effortz, et en fin iceux rendu sains, entiers et apparens telz qu'ilz sont aujourd'huy. De laquelle nature des Dauphins Oppian poëte Grec a doctement escript, duquel les vers Grecs qui estoient sous ce tableau ont esté extraitz:

'Αμφιχανὼν κατέδεκτο κατὰ στόμα, μέσφι ὅτε δεῖμα,
Χάσσηται, τότε δ' αὖθις ἀνέπτυσε λευκανίηθεν.[183]

The reference to the 'riche toyson d'or' which will be brought back to France by Charles IX and the Duc d'Anjou and their successors suggests further victories over Spain and the Empire, whose chivalric order was that of the Golden Fleece. (Cf. Jodelle, *Le Recueil des inscriptions*, p. 108.)

182 The origin of the legend of the dolphins as guardians of mankind is the scene of Bacchus and the Tyrrhenian pirates. (Cf. Cartari, Aneau.)

183 'The creature opens wide its jaws and receives them within its mouth, till the fear has receded; then ejects them once again from its throat' (Oppian, *Halieutica sive de Piscatione* I, 754–5). Oppian refers to the Glaucus (a kind of fish), not the dolphin.

Signifiant,

Le Dauphin pour sauver ses glauques de danger
Quand le monstre marin devorer les pourchasse,
35r Les remect en son corps faignant de les manger
Puis le monstre passé les rend sains en la place.[184]

Et pour faire entendre d'abondant comme ceste Dame a sagement procedé pour maintenir l'estat de la France, estoit un autre tableau en l'autre joüée, dans lequel estoient deux ruches à miel, desquelles les mouches sorties avoient une cruelle guerre les unes contre les autres, chaque bande conduicte par son Capitaine, et une main jectant de la pouldre menüe par dessus à l'endroict où estoit le plus grand conflict. Par le moien de laquelle pouldre s'appaisoient et retournoient toutes en leurs ruches.[185]

Par ceste main espandant la pouldre, estoit signifiée la prudence et sagesse d'icelle Roine, laquelle a accordé les deux partiz et faict retourner chacun en sa chacune par l'edict de pacification, duquel cy après sera faict plus ample mention. Au dessous duquel tableau estoient escritz ces vers de Virgile,

Hi motus animorum, atque hæc certamina tanta
Pulveris exigui iactu compressa quiescunt.[186]

184 Though not signed, this poem is probably by Bouquet, since all of those by Ronsard are either octosyllabic or decasyllabic.

185 Cf. W. Deonna, 'L'abeille et le roi,' *Revue belge d'archéologie et d'histoire de l'art* XXV (1956), 117–19. Through the prudence and wisdom of the enlightened monarch who sprinkles them with dust, the bees return to their hive. In this case, however, where there are two hives of bees 'desquelles les mouches sorties avoient une cruelle guerre les unes contre les autres,' we have a manifest reference to the Catholics and Huguenots and the effect of the Edict of Pacification. Cf. Introduction, p. 15.

186 'All these turmoils and all these mighty contests lie stilled under the weight of a handful of fine dust, cast upon them' (Virgil, *Georgics* IV, 86–7).

Le reste de l'arc par enhault estoit un compartiment dressé fort industrieusement. Duquel le pourtraict est icy rapporté au plus près du naturel (fig. 19). 35v

Passant lequel arc et entrans dans le pont nostre Dame, sembloit que ce 36r
fussent les champs Elisées tant il estoit revestu de toutes pars de decoration et magnificence, n'y aiant maison celle part où il n'y eut une nymphe, ou naiade relevée en bosse representant le naturel, les unes chargées de fruitz, les autres de fleurs, autres de raisins, autres d'espicz de bled comme les offrant et presentant au Roy,[187] pour monstrer l'abondance de toutes choses estre retournée en France par le moien de son edict de pacification: entre lesquelles y avoit des festons de lierre, et grandes armoiries entre deux tant dudict sieur Roy, de la Roine sa mere, messeigneurs ses freres que de la ville de Paris, le tout dressé et couché par mesure et proportion convenable, sans qu'il y eust un point qui passast l'autre.

Le dessus estoit un double compartiment de lierre dressé en platte forme par parquetz et entrelatz de mesure parmy lesquelz estoient autres armoiries avec chiffres, devises de divers ornemens, dont pour n'ennuier le lecteur, est icy representé le pourtraict (fig. 21). 36v

A l'autre bout estoit un pareil arc de triomphe decoré et orné tout ainsi 37r
comme le precedant. Au hault duquel pour representer la bonté et clemence de nostre Roy, après tant de grandes victoires, et monstrer combien se presentant l'occasion de son mariage auroit pour le bien et repos de ses pauvres subjectz faict publier l'edict de pacification, s'estant rendu plus bening qu'il n'estoit victorieux, et voulu mettre tout maltalent en oubliance. Estoit sur le hault dudict arc une figure tenant une palme, pour representer une grande victoire, laquelle estoit attachée et liée contre un grand Olivier. En l'autre costé un Dieu Mars avec un visage felon et cruel, lequel estoit attaché et

187 Nymphs carrying the same gifts were used in one of the confections at the banquet for the queen where they were said to represent the 'trois estatz.' Cf. Appendix IV, f. 124v.

enchainé d'une grosse chaine de fer contre le pied d'un grand laurier,[188] aiant son corps de cuirasse, espée, et armes près de luy, comme signifiant qu'il n'en avoit plus de besoing par la pieté, doulceur, et debonnaireté de nostre Roy, lequel remis toutes les faultes passées, et en ce faisant arresté du tout la guerre en France, dont s'ensuivra le repos d'icelle, commerce, et traficq de la marchandise, qui se pourra doresnavant exercer en toute liberté, comme il estoit demonstré par un grand navire estant entre ceste victoire et Dieu Mars, pouvant maintenant vaguer par tout en seureté. En la table d'attente du milieu duquel arc estoient ces vers,

> CHARLES victorieux au plus fort de sa gloire
> S'est monstré doux, clement, et gratieux guerrier,
> Aiant attaché Mars et sa grande victoire
> 37v L'un à un olivier, et l'autre à un laurier.
>
> B.

Et sous le Dieu Mars estoient ces vers Latins,

> Fœlix Mars alios postquam devicerat omnes,
> Vicit ad extremum se dans veniam hostibus ipsum,
> Una trium laurus pulcherrima quarta priorum.[189]

188 Cf. Valeriano XLVIII, 377. Contrary to what one might expect, a 'Mars belliqueux lié par les pieds' represents 'fermeté.' This fits in perfectly with the ideas represented in the Latin with its reference to Cicero.

189 'Blessed is Mars; for once he had overcome all others, in the end he conquered himself, granting pardon to his enemies; which was his fourth and last crown of laurel and lovelier than the other three.' (Cf. K3r.)

In the *Poëmatia* of 1586 (Epigrams I, p. 33) Dorat modified the first line to read, 'Felix Mars, alios qui postquam vicerat omnes,' which does not affect the sense.

Mars is the conquering Charles, and the reference to his victory over himself is a reminiscence of Cicero, *Pro Marcello*, IV, 12. This particular oration, which deals with clemency and pacification, was a famous school text, and, by a happy coincidence, the

Et sous la Victoire estoient ces autres vers,

> Militibus ducibusque triplex victoria multis
> CAROLE parta tibi est, tua sed victoria quarta
> Propria parta tibi te milite, te duce solo.[190]

Et pour faire entendre que ceste victoire retenüe et edict de pacification est une chose ferme et stable que sa Majesté veult et entend estre inviolablement gardé et observé entre ses subjectz y avoit un tableau dans l'un des costez duquel estoit un autel et sur icelluy une pierre carrée signifiant stabilité, et fermeté tres-asseurée avec une couppe de vin respandu sur icelle: et au devant de l'autel un Pontife aiant une mitre en teste vestu d'habitz sacerdotaux, tenant en l'une de ses mains un agneau prest à immoler, et en l'autre un gros caillou, duquel il estoit prest à frapper l'agneau, comme disant que tout ainsi que le vin de ceste couppe est respandu en terre, et cest agneau prest à

Bibliothèque Nationale in Paris possesses a bound manuscript copy-book of translations written by the future Charles IX for his tutor, Jacques Amyot, which includes the *Oraison de Ciceron pour M. Marcellus*. The Latin, 'hodierno vero die te ipse vicisti' is somewhat expanded to read, in French: 'mais au jord'huy vous devriez vous resjouir d'avoir par vostre virtu remporté la victoire de vous mesme et de vos passions' (Ms. fr. 2313, f. 66r).

190 'Thy threefold victory, O Charles, was won by many a soldier, many a general; but thy fourth victory (over thyself) was thine own; 'twas won with thee alone as soldier, and general too.'

In the *Poëmatia* of 1586 (Epigrams I, p. 33) line 2 reads as follows: 'Carole parta tibi, tua sed victoria quarta est.'

The *Suite d'Arthemise* (Livre IV, ch. vi) discusses at length the three major types of warfare – *royalle*, *civile*, *visceralle* – with ample citations from Claudian as to the virtues of self-mastery in a monarch. Often presented as the first battle to be won, moderation (resulting from magnanimity) would presumably be more difficult for Charles to attain or maintain as a result of the events of the prior decade and thus a more perfect victory.

immoler, puisse estre respandu le sang, et immolé le corps de celluy qui contreviendra en sorte que ce soit aux pasches et convenances de cest edict de pacification.

38r Aux quatre coings de l'autel y avoit des boucles que quatre hommes armez tenoient, pour ce qu'il n'estoit permis au temps passé aux prophanes de mettre la main sur la table de l'autel. Lesquelz quatre hommes armez representoient les quatre mareschaux de France commis et deputez pour l'execution et entretenement de cest edict.[191] Au bas duquel autel estoit escript,

Fœdus immortale.[192]

Et au bas du tableau ces deux vers d'Homere,

᾽Οππότεροι πρότεροι ὑπὲρ ὅρκια πημήνειαν
῟Ωδέ σφ᾽ ἐγκέφαλος χαμάδις ῥέοι ὡς ὅδε οἶνος.[193]

Sur lesquelz ont esté faictz ces vers François,

191 The four marshals were François, Duc de Montmorency (1559), Henri, Comte de Damville and later Duc de Montmorency (1566), Artus de Cossé (1567), and Gaspard de Saulx, Maréchal de Tavannes (1570).

The relevant passage in the edict of pacification (XXV) reads as follows: 'Et quant aux differens qui pourroyent intervenir à cause desdites venditions des terres, ou autres immeubles, obligations ou hypotheques faites à l'occasion desdites rançons, comme aussi pour toutes autres disputes dependantes du fait des armes, qui pourroyent survenir: se retireront les parties par devers nostre dit trescher et tresamé frere le Duc d'Anjou, pour, appelez les Mareschaux de France, en estre par luy decidé et determiné' (8v). Cf. 'Troisiesme edit de pacification' in *Mémoires de l'Estat de France sous Charles neufiesme.* Recueillis par Simon Goulart. Meidelbourg: Henrich Wolf, 1578, Vol. I, ff. 5r–12r.

192 'A deathless compact.'

193 'Whoever shall first violate their pledges, may their brains flow out upon the earth, just as wine does' (Homer, *Iliad*, III, 299–300). Cf. Q13r.

Tout ainsi que ce vin est respandu en terre
Puisse estre respandu le sang et le cerveau
Et le corps immolé au lieu de cest agneau
De celuy qui vouldra renouveler la guerre.

B.[194]

En l'autre costé estoit un tableau double, dans lequel estoient forces corceletz, morions, ganteletz, rondaches et autre sorte d'armes parmi lesquelles les abeilles faisoient leur cire et miel, signifiant qu'il n'est plus besoing d'armes en France estant cest edict de pacification bien entretenu:[195] et dessous estoient ces deux vers d'Ovide,

Aspice fœlici lætentur ut omnia pace,
Arma cruor tinxit, nunc ea melle madent.[196]

Et plus bas à mesme fin, pareilles sortes d'armes, esquelles les aragnés faisoient leurs toilles, et dessous ces vers de Theocrit, 38v

ἀράχνια δ' εἰς ὅπλ' ἀράχναι
Λεπτὰ διαστήσαιντο, βοᾶς δ'ἔτι μήδ' ὄνομ'εἴη.[197]

194 The same idea is expressed by Bouquet in the dedicatory sonnet in the presentation copy to Henri de Mesmes (p. 102). Cf. also Jodelle, 'Au Roy, au nom de la Ville de Paris sur la paix de l'an 1570' in *Œuvres* ed. Balmas II, 264, sonnet V.

195 Cf. Alciati, Emb. 177 EX BELLO PAX (Henkel-Schöne 1489 and fig. 40), adapted as follows by Bouquet in his *Imitations d'Alciat* f. 23r: 'Dans ce casque timbre de guerre indoutable / Du sang de l'ennemy cent foys ensanglanté / L'industrieuse abeille en toute seureté / Or façonne la cire et le miel aggreable.'

196 'Behold how all things do rejoice in peace and prosperity; whereas weapons once were stained with blood, now they drip with honey.' These verses are not to be found in Ovid.

197 'And over arms of war may spiders spin their slender webs; and let the very name of the battle-shout be no more' (Theocritus, *Idylls* XVI, 96–7). Cf. Q13r and Ronsard, 'Elegie à la Majesté de la Royne d'Angleterre', *Œuvres complètes* ed. Laumonier (STFM), XIII, 59 (451–4).

Comme voulant dire,

> Là les aragnés font dans les armes leurs toilles,
> Signe de seure paix et oubli de querelles.
>
> B.

Dont s'ensuivra (Dieu aidant) une bonne administration de justice, afin de restablir et remettre toutes choses en leur ancien estat sous l'obeissance du Roy telle qu'elle luy est deüe, et d'autant plus qu'il est pere du people et Roy tres-veritable establi de Dieu pour rendre la justice egallement tant au grand qu'au petit:[198] et que tout ainsi que par son edict de pacification nous a faict apparoir de sa clemence et pieté representée en l'une des colonnes de sa devise: s'efforcera par sa justice representée en l'autre colonne d'icelle devise à nous maintenir en repos, et reünir et incorporer tous ensemble en son obeissance.

Voila en somme quelle fut l'invention et intelligence des œuvraiges susdictz. Reste à venir au faict et ordre qui fut tenu à ladicte entrée.

39^r Le mardi sixiesme jour de Mars 1571 le Roy arriva environ dix heures du matin au prieuré sainct Ladre assis aux faulxbourgs sainct Denis, auquel lieu luy avoit esté dressé un eschaffaut près le logis du Prieur, tant afin de voir passer les compagnies des estatz de ladicte ville, que pour ouir et recevoir les

198 The great seal of Charles IX shows him seated on the throne meting out equitable justice to all of his subjects (fig. 4). The idea of the boy or even a young man as 'père du peuple' seems a bit far-fetched, but as the legitimate king who attained majority at 13 this was, in fact, his role. The point is constantly emphasized by Michel de L'Hospital in his *Harangues*. Cf. also Ronsard, 'Elegie à la Mageste du Roy mon maistre,' in *Œuvres complètes* ed. Laumonier (STFM), XIII, 131–40. The poem ends with the suggestion that if Charles IX follows the precepts which the poet has set out for him 'lors sera vostre Sceptre puissant / De jour en jour en vertu florissant, / Et serez dit comme le bon Auguste, / Non pas un Roy, mais un pere tresjuste.'

harengues et salutations qui luy seroient faictes de la part d'iceux.[199] Et afin que n'y eust aucun desordre, estoient deux grands escaliers l'un pour monter, et l'autre pour descendre de cest eschaffault, lequel estoit couvert de riche tapisserie: et au milieu dressé un hault dais de trois marches couvert de tapisserie de Turquie et dessus un dez tendu de riche valeur, sous lequel estoit posée la chaire pour soir sa Majesté, couverte d'un riche tapis de veloux pers tout semé de fleurs de lis d'or traict.[200]

Si tost que sa Majesté y fut arrivée commencerent à marcher au devant les quatre ordres Mendiennes qui sont les Cordeliers, Carmes, Augustins, et Jacobins: et après eux toutes les autres Eglises et Paroisses d'icelle, vestuz de leurs surplis, marchans tous à pied en ordre de devotion et humilité.

L'université de Paris suivoit après à pied avec bon nombre d'hommes de chacune des facultez d'icelle, à sçavoir, des Artz, Medicine, Decret, et Theologie, accompagnez des Lecteurs du Roy tant ès lettres Hebraiques, Grecques, Latines, Mathematiques, que autres parties de Philosophie, vestuz de leurs chappes, et habitz accoustumez, suiviz du Recteur[201] portant robbe 39^{v}
d'escarlatte et chapperon de menu verd, aiant ses douze bedeaux devant luy portants masses d'argent doré. Après lequel estoient les procureurs et messagers des nations qui estoit une belle chose à veoir, veu le grand nombre d'hommes doctes en toutes langues et sciences remarquez en ceste compagnie: sans que les longues guerres qui ont esté en ce Royaume aient diminué le cours d'icelle Université la plus celebre et florissante du monde.

199 Cf. Appendix III, I. For the order of the entry, cf. also *La Renommée* IV, 25–262.

200 'Ledict eschaffault ayant deux escaliers aux deux costez, l'un servant à monter et l'autre à descendre, pour evitter la presse. Toutefois, lors de lad. entrée, fut sa chaize tournée du costé de Sainct Denys en France, ce qui fut changé et rabillé, à l'entrée de la Royne, comme il sera dict cy apres' (*Registres* VI, 280).

201 According to César Du Boulay, *Historia universitatis parisiensis*, Paris, 1673, t. VI, p. 979, the Rector of the University of Paris elected 15 December 1570 was 'Gabriel Loblesson. al. de Berone Nobilis.' On 24 March 1571 he was replaced by Charles Gilmer who, presumably, represented the University at the Queen's entry on 29 March.

Ceux là passez vint le corps de la ville en l'ordre et equipaige qui s'ensuit. C'est à sçavoir de dixhuict cens hommes de pied choisis et esleuz de tous les mestiers d'icelle conduictz par leurs Capitaines, Lieutenants, et enseignes, dont furent faictz trois bandes, avantgarde, bataille, et arrieregarde, tous habillez des couleurs du Roy.[202] Mais d'une telle ordonnance et si bonne façon que l'on pouvoit discerner chacune bande, l'une blanche, l'autre grize, et l'autre rouge. Car ceux de l'avantgarde avoient les chausses et pourpointz blancz, chamarrez et bandez de veloux rouge, l'escharpe de taffetas gris. Ceux de la bataille, les chausses et pourpointz de gris, bandez et chamarrez de veloux rouge, l'escharpe de taffetas blanc. Ceux de l'arrieregarde, les chausses et pourpointz rouges, chamarrez et bandez de veloux blanc, l'escharpe de taffetas blanc, chacune bande de sixcens hommes sous deux Capitaines, deux Lieutenants, et deux enseignes aians tous morions gravez et dorez, quant aux harquebusiers, et quant aux picquiers, tous armez de
40r corseletz et bourguignottes, la plupart gravez et dorez, accompagnez de fiffres et tabourins en bon nombre marchantz sept à sept, et tenantz si bien leurs rengz, qu'il n'estoit possible de mieux.[203]

Ceste compagnie passant pardevant sa Majesté la salua d'une escoppeterie si bien faicte, qu'elle monstra en recepvoir grand contentement, d'autant plus qu'elle les cogneut tous vrais hommes de guerre, experimentez et bien adroictz au maniment des armes, et dignes de luy faire un bon service si l'occasion s'y presentoit.

Cest avantgarde, bataille, et arrieregarde passées, venoient après les menuz officiers de ladicte ville jusques au nombre de cent cinquante, portantz robes

202 'Les sept et dix mestiers suivent leurs Capitaines / Et portent au milieu six enseignes hautaines / Dont le taffetas teint en rouge, blanc, et gris, / A du Roy la devise et la nef de Paris' (*La Renommée* IV, 61–4). For the 1549 entry of Henry II they are all named by trade. (Cf. *Registres* III, pp. 164–5.) There were 80 trades and 2326 men, of whom the largest groups were printers (250), masons, stone-cutters, and carpenters (200), and clothiers (200).

203 For the Mandements aux officiers de la ville, cf. *Registres* VI, 235.

miparties de rouge et bleu, les chausses de mesme, chacun tenant un baston blanc en sa main conduictz par deux sergens de ladicte ville à cheval, vestuz de robbes miparties de pareilles couleurs, aians sur les manches gauches d'icelle un navire d'argent qui sont les armoiries de ladicte ville.[204]

Après eux venoient les cent harquebuziers à cheval, aians trois trompettes devant eux, vestuz de leurs hocquetons d'orfeverie aux devises dudict Seigneur et armes de ladicte ville. Le bas duquel estoit tout couvert et enrichi de broderie, marchant trois à trois après leur cornette: sous leurs Capitaine,[205] Lieutenant, enseigne, et guidon, portantz tous la longue harquebuze à l'arçon de la selle, le feu en la main, et aiantz tous manches de maille.[206]

Sous autant de drappeaux marchoient les cent Archiers de ladicte ville 40^{v}
de mesme ordonnance et parure, portans chacun la couple de pistolles à l'arçon de la selle.[207]

A leur queüe estoient les cent Arbalestriers ainsi armez, conduictz et esquippez que les precedans, aiant aussi chacun d'eux la couple de pistolles à l'arçon de la selle.[208]

Ces trois compagnies passées marchoient de cent à six vingtz jeunes hommes enfans des principaux Bourgeois et marchans de ladicte ville,[209] conduictz par le Seigneur des Prez leur Capitaine,[210] duquel le Seigneur

204 In the *Registres* VI, 280, this paragraph follows the next one.

205 Guichart Grantremy. (Cf. Appendix IV, f. 93^{v}.)

206 '… et leur sayes, de leurs coulleurs ordinaires' (*Registres* VI, 280). *La Renommée* IV, 78–80 adds 'Un panache voltige à l'entour de leur creste, / La chemise de maille au dos vestu ils ont / Et sous deux Estanders et un guidon ils sont.'

207 *La Renommée* IV, 82–3 notes 'ayant d'orfevrie / Leurs hoquetons marquez.' Their captain was Pierre Duru. (Cf. *Registres* VI, 211 and Appendix IV, f. 93^{v}.)

208 *La Renommée* IV, 83–90, gives additional details. The captain of the Arbalestriers was Jean Ragueneau. (Cf. *Registres* VI, 400 and Appendix IV, f. 93^{v}.)

209 Cf. Appendix III, 9.

210 For the *devis* for his armour, cf. Appendix III, 9. For his extra expenses see *Registres* VI, 258. These would no doubt have been considerable when one takes into account the materials listed in Appendix IV, f. 57^{v} et seq.

Marcel le jeune, et Dolu estoient Lieutenants, Clairseilier et le Lorrain enseigne et guidon,[211] habillez de casaques à manches pendantes de veloux rouge cramoisi haulte couleur, si fort chamarrez de passemens, cordons et canetille d'argent, qu'il restoit bien peu de vuide: couvertz de corps de cuirasse sous leurs casaques, desquels par les brassats paroissans richement gravez et dorez se pouvoit considerer de quelle valeur pouvoit estre chacun de leurs harnois: dont l'armet et gantelets estoient portez par un paige que chacun d'eux avoient devant soy: excepté le Capitaine qui en avoit quatre, et les Lieutenants, Enseigne, et Guidon, chacun deux.

Ils portoient chappeaux de veloux noir, garniz de pennaches des couleurs du Roy: dont les cordons faicts de grosses perles entremeslées de diamans,
41r rubis, et autres pierres precieuses estoient de valeur inestimable et n'y avoit celuy d'entreux qui ne feust monté sur cheval d'Espaigne, ou autre beau cheval de service, sur lesquels ils s'estoient exercez quelque temps au paravant: en sorte qu'ils estoient quasi tous dressez au galop, en rond, à toutes mains, à corbettez, et à passades. Lesquels ils faisoient quelquefois voltiger et pannader, mais de si bonne grace qu'ils se rendoient tousjours en leur reng et place.

La sellegiret[212] et harnois de leur cheval estoient de mesme veloux
[41v cramoisi que leur casaque, couvers et enrichis de canetille, cordon, passe-
blank] mentz, et houppes d'argent, dont le surplus des singularitez se peult con-
42r siderer par le pourtraict qui en est icy representé[213] (fig. 23).

211 This part of the text is slightly different in the account given in the *Registres* VI, 281: 'Ces compagnies passées, marchoient les jeunes hommes, enfans des principaulx bourgeois et marchans de ladicte Ville, conduictz par le seigneur Desprez, leur cappitaine, le s^r^ Mathieu Marcel et René Dolu, lieutenans, Nicolas Clairsellier et Pierre Le Lorrain, enseigne et guydon.'

212 i.e. saddle armour.

213 The *Registres* add the following paragraph: 'Les pages des cappitaines, lieutenans, enseignes et guydons estoient montez et vestuz de mesme parure ou peu près que leurs maistres, portans leurs equippages cy devant transcriptz. Toute laquelle trouppe qui estoient au nombre de cent hommes à cheval, en fort bon equipaige, comme dict est, s'estoit assemblée à Sainct Martin des

Cest compagnie estoit suivie des maistres des œuvres,[214] de charpenterie, massonnerie, et capitaine de l'artillerie d'icelle ville, aussi à cheval, vestuz de casaques de veloux noir, passementées d'argent, et pourpoins de satin rouge cramoisi, marchant eux trois d'un reng. 42v

Et consecutivement huit sergens de ladicte ville à cheval, vestuz de pareilles robbes mi-parties, et aiant chacun une navire d'argent sur l'espaule gauche, comme les deux precedans, desquels est cy devant faict mention.

Après eux marchoit maistre Claude Marcel prevost des marchans, aiant une robbe mi-partie de veloux rouge cramoisi brun, et veloux tanné, fourrée d'une excellente marte sublime,[215] le saie de satin rouge cramoisi, à boutons d'or, sa mulle harnachée d'un harnois de veloux noir, frangée d'or, à boucle et cloux dorez, la housse bandée et frangée de mesme, trainant en terre. Au devant duquel marchoient quatre hommes à pied vestuz de ses couleurs,[216] et deux grandz lacquais à ses deux costez, dont l'un portoit[217] les clefz de la ville, attachées à un gros cordon d'argent et de soye des couleurs du Roy, pendant à un baston couvert de veloux cramoisi, canetillé d'argent.[218]

Après luy marchoient les quatre eschevins de ladicte ville, à sçavoir maistre Pierre Poullain secretaire du Roy, maistre François d'Auvergne seigneur de Dampont, conseiller au thresor, maistre Symon Bouquet bourgeois

Champs, duquel lieu ilz vindrent devant l'Hostel de la Ville, pour marcher en l'ordre qui leur seroient ordonné par mesdictz sieurs les Prevost des Marchans et Eschevins, ayans leur trompettes et clairons devant eulx. Et après qu'ilz eurent faict la reverence à mesd. sieurs, qui estoient pretz à les recepvoir, furent mis à la queue des Enffans d'icelle Ville, pour estre les plus proches du corps de la Ville' (*Registres* VI, 281).

214 'Et marchans les dessusdictz, furent suyviz par les maistres des œuvres ...' (*Registres* VI, 281).

215 i.e. zibeline.

216 Black and white. For details on the colours and arms of the Prevost des marchands and the four échevins see A. de Coëtlogen & L.M. Tisserand, *Armoiries de la Ville de Paris* I, 293–300.

217 '... devant luy sur son espaulle ...' (*Registres* VI, 282).

218 '... et à ses costez deux lacquayz vestuz de ses coulleurs, led. s^r Prevost estant seul' (*Registres* VI, 282).

et Symon de Cressé seigneur dudict lieu, vestuz de pareilles robbes de veloux
43r que celle dudict seigneur prevost, doublée de panne de soye noire, portans bonnets de veloux, leurs mulles enharnachées de veloux noir, bordé de passements de soye noire à boucles et cloux dorez, la housse bandée et bordée de mesmes, aiant chacun deux lacquais vestuz de leurs couleurs, marchants devant eux.

Les procureur du Roy de la ville, recepveur et greffier d'icelle marchoient après ensemblement,[219] habillez, à sçavoir, le procureur du Roy de robbe de veloux rouge cramoisi haulte couleur: le recepveur de veloux tanné brun: et le greffier semblable ausdictz eschevins, suivis de vingtquatre conseillers[220] d'icelle ville, portans robbes de satin noir.

Les seize quartiniers[221] venoient après, habillez de robbes de damars noir: et après eux les maistres de la marchandise, à sçavoir quatre gardes de la drapperie portans robbes de veloux noir. Quatre de l'espicerie, et de l'appotiquererie, de veloux tanné. Quatre de la grosserie et mercerie de veloux violet. Quatre de la pelterie de veloux pers fourré de loups cerviers. Quatre de la bonneterie, de veloux tanné. Et quatre de l'orfebverie, de veloux cramoisi brun, accompaignez de trentedeux des principaux bourgeois, et notables marchans de ladicte ville fort honnestement habillez. Lesquelles gardes porterent au retour le ciel et poisle[222] sur la Majesté du Roy, ainsi qu'il sera declaré cy après.[223]

219 The Procureur was Claude Perrot, the Receveur Françoys de Vigny and the Greffier Baschellier. For the traditional arguments concerning the order in which they should march, cf. *Registres* VI, 229.

220 For their names, Cf. Appendix IV, f. 89v.

221 For their names, Cf. Appendix IV, f. 90r.

222 Cf. Havard, *Dictionnaire de l'ameublement et de la décoration*: 'Le mot "ciel" autrefois servait à désigner d'une façon générale toutes les tentures placées horizontalement à une certain hauteur et qui empêchaient de voir soit le plafond, soit même le ciel (d'où leur nom). Le poêle est à peu près la même chose et peut varier beaucoup. Cela peut être un ciel garni de courtines ou garni sur un côté d'un long dossier' Cf. Appendix III, 7.

223 'Toute laquelle compaignye de la Ville, partant de la Greve, allerent par la rue de la Vennerye et passerent

La compaignie du chevalier du Guet venoit après, estant de cent cinquante hommes, dont cent harquebusiers à pied marchants cinq à cinq tous morionnez, vestuz de mandille de broderie des couleurs du Roy, et d'une mesme 43v
pareure, conduicts par l'un de ses Lieutenants: accompaignez de bon nombre de tabourins et fiffres. Et cinquante à cheval, tous bien armez, montez, et equippez, portans chacun la couple de pistolles, aians saies de broderies de mesme couleur et pareure que les gens de pied, excepté qu'ils estoient plus richement estoffez.[224]

A la teste desquels estoit le seigneur Testu chevalier du Guet, armé d'un fort riche corps de cuirasse, revestu pardessus d'une casaque de veloux rouge cramoisi haute couleur, chamarré de cordon d'argent, aiant ses paiges et laquaitz de mesme livrée, accompaigné de ses autres Lieutenants et Guidon, et tant lesdicts hommes à cheval que de pied avoient leur devise accoustumée, qui est une estoille devant et derriere.

Venoient après les unze vintz sergens à pied, tous habillez d'une pareure et des couleurs du Roy: dont les deux tiers harquebuziers tous morionnez, et le reste picquiers armez de corseletz blancz: excepté dix ou onze portans hallebardes à l'entour de l'enseigne accompagnez de bon nombre de tabourins et fiffres, marchantz cinq à cinq.

Tous suyvans les quatre sergens fieffez à cheval, d'une mesme pareure.

Et consecutivement les cent notaires, suiviz des trentedeux commissaires du Chastelet, vestuz de robbes longues et de saies de veloux ou satin noir. Et après eux les Audienciers dudict Chastelet, à cheval.

par la rue du Crucifix Saint Jacques et l'Aport de Paris par dedans la rue Sainct Denys, où fut prins le chemyn, combien que l'on pensoit aller par la rue Sainct Martin. Mais fut advisé d'aller le long de lad. rue Sainct Denys, à cause que Messieurs les quatre Eschevins et les gardes qui debvoient porter le ciel demourerent en chemyn, qui n'eussent esté veuz, au moyen de quoy fut prins le chemin de lad. rue Sainct Denys, pour trouver la compaignie par la rue du Bourg l'Abbé, devant la Fontaine la Royne, pour gagner la porte Sainct Martin, et en ce faisant evitter confusion' (*Registres* VI, 282).

224 For additional details, cf. *La Renommée* IV, 115–30.

44r Les Sergens de la douzaine de la garde du Prevost de Paris venoient après à pied, habillez de leurs haulquetons d'orfebvrie à la devise du Roy.

Le Prevost de Paris venoit après fort bien monté et richement armé et habillé, aiant deux pages devant luy, portant l'un son armet, et l'autre ses ganteletz, et son escuier au milieu, tous montez sur braves chevaux d'Espaigne.

Ledict Prevost estoit suivi de trois lieutenantz, Civil, Criminel et Particulier, portans robbes d'escarlatte, et dessus chapperons de drap noir à longues cornettes. Comme aussi faisoient les deux Advocatz, et Procureur du Roy. Lesquels marchoient les premiers rangs: avec les vingtquatre Conseillers dudict Chastelet: à la suite desquels estoient aucuns des plus notables et fameux Advocats et Procureurs dudit siege.

Tous suivant estoient les Sergens à cheval avec leurs enseigne et guidon devant eux, tous habillez d'une pareure et des couleurs du Roy, aiant chacun la couple de pistoles.[225]

Ceux-là passez venoient messieurs de la justice en l'ordre qui ensuit.

Et premierement les Generaux des monnoies, aiant leurs six huissiers devant eux avec le greffier: suivis des deux Presidens portans robbes longues de satin noir et lesdictz generaux de damars ou taffetas noir. Partie desquelz de robbe longue, et le reste de robbe courte, accompaignez des principaux officers de la monnoie et changeurs de ladicte ville.

44v Les gens de la court des aydes venoient après precedez par leurs huissiers et greffier, dont les presidens portoient robbes de veloux noir. Avec lesquelz marchoit le General des finances en la charge de Paris, vestu d'une robbe de satin noir. Et quant aux conseillers de robbe d'escarlatte et chapperon noir, suiviz des esleuz et autres officiers des greniers à sel de ladicte ville.

Tout suivant venoient messieurs de la chambre des comptes, aiant aussi leurs huissiers devant eux et leurs deux greffiers consecutivement, portans robbes de damars noir: après lesquelz marchoient les six presidens vestus de longues robbes de veloux noir. Les maistres, de satin. Les correcteurs, et

225 '... l'enseigne volante / Porte d'un Saint Loys la figure branlante' (*La Renommée* IV, 141–2).

auditeurs, de damars et taffetas noir, suivis d'aucuns des officiers comptables de ladicte ville, aussi honnestement vestus.

Messieurs de la court de parlement souveraine de ce Roiaume marchoient après en l'ordre qu'ilz ont accoustumé,[226] aiantz devant eux leurs huissiers, que suivoient les quatre notaires et greffiers criminel et des presentations, vestuz de robbes d'escarlatte: le greffier civil après eux seul portant sa robbe fourrée de menuverd. Et après luy le premier huissier aussi seul portant robbe d'escarlatte, un bonnet carré de drap d'or fourré de menu verd epuré.[227]

Messieurs les six presidens venoient après vestuz de leurs grandes chappes d'escarlatte, leurs mortiers de veloux noir bandez de toille d'or en la teste ainsi qu'il est accoustumé.[228] Aiant monsieur maistre Christofle de Thou, 45r
premier president, sur l'espaule gauche de sa chappe trois petites bandes de toille d'or à la difference des autres.

A leur queüe estoient les Presidens des enquestes et Conseillers tant laiz que ecclesiastiques, avec les deux Advocatz[229] et Procureur general, marchant au milieu desdictz Advocatz, tous portans robbes d'escarlatte et chapperon fourré de menu verd.

Ainsi que les dessusdictz arrivoient audict lieu de sainct Ladre montoient sur l'eschaffault cy dessus mentionné pour faire leurs harangues au Roy en toute reverence et humilité. Près et autour duquel estoient monseigneur le duc d'Anjou son frere et lieutenant general representant sa personne en ces Roiaumes et païs. Monseigneur le duc d'Alençon, aussi son frere, monseigneur le duc de Lorraine son beau frere: monseigneur le Prince Daulphin, et

226 Estienne Pasquier would have marched with 'Messieurs de la court de parlement.' Cf. K3r.

227 i.e. with the long hairs trimmed.

228 Cf. *Registres* VI, 202–3, 214–15 and F. Blanchard, *Les Présidents au mortier du parlement de Paris* (Paris: 1647). The six presidents were René Baillet, Christophe de Harlay, Pierre Hennequin, Nicolas L'Huillier, Bernard Prevost, and Pierre Seguier. It was the custom to wear hats only on ceremonial occasions. Cf. Charles Desmaze, *Le Parlement de Paris*. Paris: Michel Lévy, 1859, p. 139.

229 The two advocates general were Baptiste du Mesnil and Guy du Faur de Pibrac.

plusieurs autres Princes et grandz seigneurs, et bien près de sa Majesté monsieur le president de Biragues conseiller en son conseil privé et aiant charge des sceaux de France, accompaigné des Maistres des requestes qui estoient en quartier jusque au nombre de dix, auquel lieu, par le Prevost des marchans, accompaigné des eschevins, après avoir faict sa harangue,[230] furent presentées les clefz de ladicte ville à sa Majesté ainsi qu'il est accoustumé.[231] Et faict s'en retournerent tous lesdictz estatz après avoir faict leurs harangues, au mesme ordre qu'ilz estoient venuz, excepté ledict seigneur Prevost de Paris, qui demoura avec le Roy pour marcher en la trouppe des Chevaliers de l'ordre.

45v Peu de temps après ont commencé à marcher ceux qui estoient de sa maison et suitte cy après declarez. A sçavoir messieurs les Maistres des requestes,[232] habillez de robbes longues de veloux noir. Les deux huissiers de la Chancellerie portans robbes de veloux cramoisi violet et leurs masses au poing. Les grand Audiencier, et Commis du Conterolleur vestuz de robbes de veloux noir. Et puis estoit le seel du Roy en son coffret couvert d'un grand crespe, posé sur un coissin de veloux pers semé de fleurs de liz d'or, porté par une haquenée blanche caparassonnée, et couverte d'une grande housse de veloux[233] trainant en terre, toute semée de fleurs de liz d'or. Ladicte hacquenée conduicte par les resnes de sa bride par deux grandz lacquetz dudict seigneur

230 For the two entries, the only harangues that have been preserved are those of the Prevost des marchands presenting the City's gift to Charles IX (K52v) and welcoming Elisabeth of Austria as the new queen (Q14r).

231 'Auquel lieu, par mond. Sieur le Prevost des marchans, accompaigné des Eschevins, suivy de la pluspart des Conseillers, fut faicte la harangue à Sa Majesté. Et faisant icelle ung genoil en terre, baisant les clefs, les presenta à Sa Majesté, qui les print luy mesmes et commanda à mond. seigneur d'Anjou les faire bailler à une garde escossoize, qui les print et rapporta tost après au Bureau, declarant que le Roy les renvoyait à la Ville, se confiant en eulx comme ses très bons, très loyaulx et fidelles subjectz' (*Registres* VI, 284).

232 This would include Henri de Mesmes who was Maître des requêtes au Conseil d'Etat. Cf. K5v B.

233 'Violet,' according to *La Renommée* IV, 152.

de Biragues: et à costé estoient à pied les quatre chaussecires qui tenoient les couroyes dudict sceau aians les testes nües.

Suivant icelluy seel, marchoit icelluy seigneur president de Biragues vestu d'une robbe de veloux cramoisi brun, monté sur sa mulle enharnachée de veloux et couverte d'une housse de mesme couleur à frange d'or, aiant au tour de luy ses lacquaiz, et estoit suivi de son escuier et de son secretaire estans à cheval.

Quelque espace après suivoit le Prevost de monseigneur le duc d'Anjou, accompaigné de ses lieutenant et archers. Cent chevaux legiers sous la charge du seigneur de Monterend grand prevost de France.[234] Le seigneur de Camby capitaine des guides suivi de ses quatre guides entretenuz à la suite du Roy.

Après vindrent les paiges des gentilzhommes de la chambre, Capitaines, 46
Contes et autres seigneurs, et après ceux des Chevalliers de l'ordre, Mareschaux de France meslez ensemble, montez sur coursiers, rousins, chevaux d'Espaigne, et Turqs, portant en leur teste, les uns les armetz et lances de leurs maistres garnies de banderolles, et les armetz de beaux et riches pannaches. Les autres portoient morions aians aussi de riches pannaches: et aucuns avoient des rudelles, et corseques.[235] Lesdictz chevaux fort richement enharnachez, une partie bardez, et l'autre partie caparassonnez, mais tous de diverses sortes, se rapportans toutesfois aux habillemens des paiges qui estoient dessus.

Ledict seigneur de Monterend grand prevost de France marchoit après bien monté et armé. Et après luy suivoient ses lieutenantz de robbe longue, et de robbe courte, exemptz, et archers. Iceux archers portans hocquetons d'argent à cheval, officiers et sergens de ladicte prevosté.

Après eux estoient les Capitaines, Lieutenantz et Enseignes de la garde de monseigneur le duc d'Alençon frere du Roy fort bien armés, et montés sur grands chevaux richement enharnachez, et caparassonnez, suivis de cinquante

234 For further details cf. *La Renommée* IV, 159–72.

235 'Rudelle' – a sort of shield. 'Corseque' – a javelin or spear.

six archers comprins trois exemptz. Tous lesquelz archers vestuz de casaques de veloux gris fort richement bandées de passement d'argent et de soie orengé.

Les Capitaines, Lieutenants et Enseignes de la garde de monseigneur
5v le duc d'Anjou aussi fort bien armez, montez sur grandz chevaux, fort richement enharnachez, et caparassonnez, suivis pareillement d'aultant d'archers, et exemptz. Les archers vestuz de casaques de veloux verd, aussi fort richement passementez d'argent.

Puis marchoient les gentilzhommes de la chambre et avec eux aucuns grandz seigneurs.[236] Puis les Chevaliers de l'ordre tous richement armez[237] aiant casaques de drap d'or, et d'argent, et fort bien montez sur grandz et braves chevaux.

Eux passez marchoit le Conte de Maulevrier sur un petit cheval, comme lieutenant de monsieur le duc de Bouillon son frere pour son absence et malladie,[238] suivi des lieutenant dudict seigneur de Bouillon[239] et des Capitaines des gardes des Suisses, de messeigneurs d'Anjou et d'Alençon et iceux Suisses du Roy, et de mesdictz seigneurs entremeslez par reng, les uns parmy les autres: chacun d'eux habillez de veloux. Ceux du Roy d'incarnat blanc et gris. Ceux de mondict seigneur de verd, blanc et noir. Et ceux de mondict seigneur d'Alençon de gris, blanc, et orengé.

236 *La Renommée* IV, 184–5, specifies Carnavalet, Monpesat, and Villequer.

237 These are the Chevaliers de l'ordre de Saint-Michel, founded by Louis XI at Amboise in 1469. Traditionally there were only 36 members of the order but the number had been so augmented in the sixteenth century and the prestige so debased that Henri III in 1578 established a new order, that of the Saint-Esprit. Cf. André Favyn, *Le Théatre d'honneur et de chevalerie*, Paris, 1620.

238 According to Charles de Navières, the author of *La Renommée* IV, 187–99, the Duc de Bouillon, though ill, was able to watch the procession from a window. Navières is particularly interested in these details in his capacity as écuyer to the Duc de Bouillon, Prince du Sedan. Cf. Introduction, p. 9.

239 Probably Jean d'Averhoult, Seigneur de Guyencourt. (Cf. Fleury Vindry I, 319.)

Lesdicts Suisses passez vindrent les haultz bois et trompettes[240] sonnantz de leurs instrumentz, revestuz et habillez de veloux rouge.

Après les poursuivans treize heraulx d'armes, et le Roy d'armes, vestuz de leurs cottes d'armes.

Suivant eux estoient quatre des paiges de monseigneur le duc de Lorraine. 47
Six de monseigneur le duc d'Alençon. Six de monseigneur le duc d'Anjou tous fort richement habillez, et montez sur grandz chevaux, excellens, sumptueusement enharnachez et caparassonez.

Marchoient derriere treize des paiges du Roy, estants aussi tres-richement vestuz, et montez, sur aucuns des grandz et plus beaux chevaux de la grande escuirie fort richement enharnachez et caparassonnez.

Puis le seigneur du Puizet escuier d'escuirie[241] du Roy, portant le manteau Royal. Le seigneur du Rivau aussi escuier d'escuirie qui portoit le chappeau Royal. Le troisiesme estoit le seigneur de Beauvau pareillement escuier d'escuirie portant les gandelletz. Et monsieur des Roches premier escuier l'armet Royal couvert du mantelet Royal de veloux pers, semé de fleurs de liz d'or traict, fourré d'hermines, et couronné d'une grande couronne close.[242] Et estoient tous lesdictz escuiers richement armez, et habillez, et leurs chevaux caparassonnez aussi tres-richement.[243]

Après marchoient messieurs de Dampville, et de Tavanes mareschaulx de France, aussi tres-richement armez et parez.

A leurs queües venoient à pied les sommeliers d'armes du Roy, vestuz de veloux des couleurs dudict seigneur.

Et suivant eux le cheval de parade du Roy entierement couvert d'un grand caparasson de veloux pers semé de fleurs de liz d'or traict trainnant en 47
terre. Il portoit au costé droict de sa selle la masse dudict seigneur Roy. Et de l'autre costé son estoq, et estoit ledict cheval mené par deux escuiers d'escuirie allant à pied, ainsi qu'il est de coustume.

240 There were 16 of them according to *La Renommée* IV, 203.

241 The 'ecuyers d'écurie' followed the king wherever he went and slept outside the door of his bed chamber.

242 Cf. Appendix IV, f. 84^{r}.

243 Appendix III, 7, and Appendix IV, f. 78^{r}.

Monsieur le Conte de Charny grand escuier de France marchoit après, armé et monté sur un autre grand et brave cheval du Roy couvert de mesme caparasson que ledict cheval de parade. Il portoit en escharpe l'espée de parade du Roy, et avoit aucuns des autres escuiers et cavalcadours à pied aupres de luy.

Monsieur le duc de Guise grand maistre de France estoit à costé à main droicte portant son baston de grand maistre.

Le Roy aiant devant luy l'ordre dessusdict arriva à la porte sainct Denis, où il feut salüé d'un fort grand nombre d'artillerie tant de son arsenaq, que de ladicte ville: auquel lieu luy feut presenté un ciel de veloux pers semé de fleurs de liz d'or traict, frangé de mesme, et fort enrichy de broderie d'or, par lesdictz quatre eschevins. Lesquelz le porterent sur sa Majesté, depuis ceste porte sainct Denis jusques devant l'Eglise de la Trinité: duquel lieu jusques devant l'Eglise sainct Leu et sainct Gilles, fut porté par les quatre gardes de la Drapperie, qui le mirent entre les mains des quatre maistres Espiciers: lesquelz le porterent depuis icelle Eglise sainct Leu et sainct Gilles jusques à sainct Innocent: où les Merciers le receurent.[244] Et depuis le
8r delivrerent aux Pelletiers qui le porterent jusques devant le Chastellet, et là les Bonnetiers le vindrent prendre pour en faire leur debvoir jusques à sainct Denis de la Chartre, où ils le delivrerent aux Orfebvres, qui le porterent jusques à nostre Dame, et encores depuis ladicte Eglise jusques au Palais.

Ledict seigneur Roy estoit armé d'un harnois blanc curieusement poly, gravé, et enrichi, et paré pardessus d'un saie de drap d'argent frizé, excellent et tres-richement garny de canetilles et frizé d'argent. Le reste de son habillement estant de mesme, fort sumptueux. Son chappeau de toille d'argent aussi bordé, et enrichy, et davantage garny d'un cordon où y avoit grand nombre de pierres precieuses d'inestimable valleur, avec un pannache blanc

244 The order here is the same as for the 1549 entry of Henry II but the text is defective. Following the earlier entry one can correct it as follows: 'et là les Merciers le receurent qui en feirent leur devoir jusques devant Sainct Opportune, où ilz le consignerent aux Pelletiers, lesquelz s'en acquiterent jusques devant le Chastelet ...' (Cf. *Registres* III, 171.)

semé de grand nombre de belles perles, estant monté sur un parfaictement beau, excellent et brave cheval, bardé et caparassonné de mesme pareure que son saie, allant sa Majesté et maniant ledict cheval fort dextrement: aiant devant luy ses lacquaiz richement habillez, et escuiers de son escuirie estant à pied vestuz tous d'une pareure de veloux cramoisi, enrichi de broderie d'argent, bottez de bottes blanches, et esperons dorez.

A la queüe desdictz escuiers estoit l'un de ses porte-manteaux. Et après Nambut huissier de l'ordre[245] et de la chambre du Roy et Boisrigault aussi huissier de chambre, habillez de robbes de veloux blanc portans leurs masses.

Autour de sa Majesté estoient sur les deux costez à pied les vingt et
quatre archers de la garde du corps avec leurs hallebardes et hocquetons 48
blancz faictz d'orfevrie aux devises du Roy: et à sa dextre un peu sur le derriere dudict poisle estoit monsieur le Marquis du Maine, grand chambellan de France, estant tres-richement armé et vestu, monté sur un beau grand cheval, enharnaché et caparassonné de mesme son habillement.

Derriere le Roy près de luy estoient mondict seigneur le duc d'Anjou son frere et lieutenant general, et monseigneur le duc d'Alençon aussi son frere à costé de luy à main gauche, pareillement excellentement bien et richement armez, vestuz, et montez sur tres-beaux et braves chevaux, tres-somptueusement enharnachez, et bardez.

Après estoient monseigneur le duc de Lorraine beau frere du Roy, et à costé de luy aussi à main gauche monseigneur le Prince Daulphin, aussi tres-richement armez, vestuz, et montez.

Suivoient après Messieurs les ducz de Nemours à main droicte, et d'Aumalle à main gaulche, qui estoient semblablement bien armez, vestuz et montez.

Messieurs de Meru au milieu, aiant monsieur de Thoré son frere à main dextre, et monsieur de Candalle son beau frere à senestre.

Et après marchoient messieurs les Contes de Retz[246] et de Lanssac,

245 i.e. L'Ordre de Saint-Michel. Cf. K46v.

246 Albert de Gondi, Comte and later Duc de Retz (1522–1602) was the principal favourite of Charles IX despite the difference in their ages. He carried the procuration to Spire

Capitaines des deux cens gentilzhommes de la maison, suiviz de leurs com-
9r paignies desdictz deux cent gentilzhommes, fort bien montez, armez et caparassonnez tous d'une pareure et qu'il faisoit fort bon voir.

Puis marchoient messieurs de Nançay, le Vidasme de Mans, et Viconte d'Auchy, Capitaines des gardes du Roy, suiviz des archers desdictes gardes estans sous leurs charges, tous bien armez et montez.[247]

Et le seigneur de Chemaux, maistre des ceremonies qui alloit et venoit pour ordonner tous les ordres cy devant declarez, estant aussi fort bien armé et monté sur un grand cheval richement enharnaché et bardé.

Et en cest ordre, compagnie et magnificence sa Majesté entra en ladicte ville et Cité de Paris, où il fut par les habitans d'icelle avec une joye et allegresse incroiable, crians à haulte voix, vive le noble Roy de France, et luy soubhaitant tout bon heur, accroissement, prosperité et longue vie. Et passant par la porte aux Peintres et cheminant par la rüe sainct Denis, qui se va rendre au grand Chastellet, et de là par le pont nostre Dame, print grand plaisir tant aux ouvraiges et devises qui estoient aux arcz de triomphe et autres spectacles, dont cy devant est faict mention: qu'à divers instrumenz de musique qui sonnoient par tous lesdictz lieux: lors que sadicte Majesté passoit.

Lequel parvenu jusque à la porte de l'Eglise de nostre Dame, descendit pour y aller faire son oraison, comme il est de bonne et louable coustume et
9v avecques luy messeigneurs les ducz d'Anjou, et d'Alençon, et de Lorraine,

where the Archduke Ferdinand stood in for the king in the wedding ceremony with Elisabeth of Austria. He also presented to the queen the gifts of jewelry from Charles IX, Catherine de' Medici, the Duc d'Anjou, and the Duc d'Alençon. (Cf. *passim* Madame Jullien de Pommerol, *Albert de Gondi, maréchal de Retz*. Geneva: Droz, 1953, pp. 47–51.)

247 Cf. *La Renommée* IV, 257–62: 'Et quatre cent archers, que pour la garde on conte / Soubz la charge de Losse, et d'Auchy le viconte, / Bresay et la Ferté, d'incarnat et de blanc/ Ayants leur bannerolle, et sur le gauche flanc / Un des harquebuziers. Bref ce grand nombre ensemble / De lances droitement une forest ressemble.'

Prince Daulphin, et plusieurs autres Princes et seigneurs qui l'accompaignerent en ladicte Eglise.[248] Et afin que ce pendant il n'intervint quelque desordre ou confusion, les deux cens gentilzhommes et quatre cens archers s'arresterent partie sur ledict pont nostre Dame, et partie du costé de Petitpont devant l'Hostel Dieu, jusques à ce que le Roy fust de retour de ladicte Eglise, et passé en la rüe de la Callendre pour aller au Palais, où il entra accompaigné desdictz Princes et seigneurs par le grand escallier qui conduict en la salle des Merciers: et trouva ledict Palais paré et orné non seullement de tres-belles et riches tapisseries, mais aussi de plusieurs singularitez.[249] Le soir en la grand salle dudict Palais fut faict le soupper Royal, où sa Majesté se rendit avec autres habitz que ceux de ladicte Entrée: aiant la robbe et chausses de satin quarnadin,[250] tout faict de broderie, couvert de perles, icelle robbe

248 The *Registres capitulaires* of Notre Dame give a brief description of the reception of Charles IX in the church: 'Hodie (VI martii) in receptione domini nostri Regii et prestatione juramenti ac promissionis de privillegiis et juribus ecclesie per eum observandis et tuendis, prout fieri solet in novo et jucundo adventu regum Francie ad dictam ecclesiam, dominus antiquior canonicus presens foret textum Evangelii, et liber dicti juramenti ac promissionis eiusdem domini nostri Regis reverendo domino Episcopo Parisiensi tradetur per dominum cantorem, ac omnia et singula preparabantur nostrum Regem. Et singuli domini dicte ecclesie ac ceteri de choro huic aderunt cum capis.' Arch. nat. LL 259 f. 461^{v}.

249 It seems most likely that there were additional decorations within the court yard of the Louvre itself. (Cf. K31^{v}.) With two columns decorated for this purpose, this may be where Jamyn's quatrain on the king's device was used. Cf. Amadis Jamyn, 'Pour les deux colonnes du Roy érigées en place d'honneur' *Œuvres poétiques* (1575) f. 67^{v}:
'Pour la garde des roys Justice et Pieté / Se plantent au devant de la maison Royale, / D'elles non du harnois dépend la seureté, / C'est ce qui la peult rendre au monde sans égale.'
Cf. Appendix IV, f. 39^{v}. Pierre Du Colombier, *Jean Goujon* (Paris, 1949, pl. XIX–XX) includes la Religion and La Justice as previously 'frontispices du premier avant-corps de l'aile méridionale de la Cour du Louvre' (now in the Perrault colonnade leading toward Saint-Germain l'Auxerrois).

250 No doubt *incarnadin*, but cf. also K46^{v} where the adjective *incarnat* is used.

fourrée de loups cerviers. Le collet perfumé, le bonnet de veloux noir, garny de fort riches pierreries et d'une plume blanche. Duquel soupper l'ordre fut tel.

A l'endroict du milieu et au dessus de la table de marbre qui est à l'un des boutz de ladicte grand salle, estoit tendu un dez de veloux pers semé de fleurs de liz d'or traict, sous lequel fut mise la chaire, en laquelle sa Majesté s'assist pour soupper. A sa main dextre monseigneur le duc d'Anjou son frere et Lieutenant general, un peu au dessous de luy monseigneur le duc de Lorraine, son beau frere, et monseigneur le Cardinal de Bourbon à sa main gaulche. Monseigneur le duc d'Alençon aussi son frere, un peu audessous de
or luy monseigneur le Prince Daulphin. Audict soupper monseigneur le duc de Guise servit de son estat de grand maistre: [251] servit de pannetier: monseigneur le duc de Nemoux d'eschanson, et monseigneur le Marquis du Maine d'escuier tranchant. Et fut la viande portée par les gentilz-hommes de la chambre.

Au dessous de ladicte table de marbre à main droicte tirant jusques à la porte de la salle des merciers fut dressée une autre table ordonnée pour les autres seigneurs Ambassadeurs et Chevaliers de l'ordre. De l'autre costé de ladicte salle à main gauche depuis la chambre du plaidoier tirant à la chappelle, pour la court de parlement et autres. Et à l'opposite de l'autre part depuis la porte de ladicte salle des merciers allans contre-bas vers la porte des petitz degrez dudict Palais, pour ceux du corps de la ville.

Et pour ce que toutes choses portoient faveur à ceste triomphante et joieuse Entrée, furent faictz les sonetz qui ensuivent, tant sur la beauté du jour qu'il sembloit que les astres eussent reservé en espargne pour plus grande decoration de ceste solemnité, que en l'honneur et memoire d'icelle: qu'il a semblé ne devoir estre obmis en ce lieu.

251 The text is blank at this point. Artus de Cossé was officially Grand Pannetier de France but it is most probable that at this banquet this particular function was performed by a high-ranking noble, as was the case after the queen's entry. Cf. Q21r.

SONET[252]

Entrez heureusement, ô grand Roy de la France,
Dans la grande Paris, Roine de noz Citez,
Paris ouvre les bras. Seine et ses deitez
Baissant leurs verdes eaux facent rejouissance.

Campagnes et Forestz d'une bonne esperance
Reprenez vos honneurs. Toutes adversitez
Soient mises en oubly. De plaisir incitez
Tous de joie faisons heureuse demonstrance.

O Paris dans tes murs le bon CHARLES ton Roy
Beau, sur un beau cheval en triomphant arroy,
D'armes environné, va faire son Entrée.

Les armes cesseront entre les citoyens
Mais si quelque estranger ose attaquer les tiens,
O CHARLES, la deffence aux armes est monstrée.

A. d. Baif.

SONET[253]

Voiez le Ciel qui rit d'une clairté serene,
Voiez le fleuve clair qui desenfle ses eaux,
Voiez rebourgeonner les seveux arbrisseaux,
Voiez reverdoier la montagne et la plaine.

252 This sonnet appeared in *Les Jeux de Jan Antoine de Baïf* (Paris: Lucas Breyer, 1573), with the title 'De l'entrée du roy Charles IX' and the following variants: l. 2 vos Citez; l. 3 tes bras; l. 4 gaïe esperance; l. 8 Faison d'entiere joyë heureuse; l. 13 quelque mutin. The same version was also included in Baïf's *Cinquiesme livre des Passetems*.

253 This sonnet also appeared in *Les Jeux de Jan Antoine de Baïf* (Paris: Lucas

Voiez le bon Soleil, qui du printemps rameine
La joieuse saison. Escoutez des oiseaux
Qui rejouissent l'air mille motetz nouveaux
En l'honneur de mon Roy, la joie se demeine.

Mon Roy faict dans Paris sa magnifique Entrée,
Allegresse par tout nous voions demonstrée,
Presage bien heureux de meilleure saison.

Regne la pieté, florisse la justice.
Vertu soit en honneur, en mespris la malice,
Defaille la fureur, commande la raison.

A. d. Baif.

1v

SONET

AU ROY[254]

Junon qui des vaillans est tousjours envieuse,
Hier d'un voile noir emmantela les cieulx
Pour faire vostre entrée (où le peuple joyeulx
De Paris vous reçoit) obscure et pluvieuse.

Breyer, 1573), with the title 'Du jour de l'entrée' and the following variants: l. 1 rire le Ciel; l. 4 le doux Soleil; l. 6 La gaillarde saison; l. 12 fleurisse; l. 13 à mespris. It, too, was included in Baïf's *Cinquiesme livre des Passetems*.

254 This sonnet, untitled, was included by Jamyn in editions of his *Œuvres poétiques* in 1575, 1577, 1579, and 1582 with the following variants: l. 8 semence valeureuse; l. 10 l'illustre Majesté; l. 11 y jettoit sa lumiere (79–82); l. 12 A ce jour vous estiez; l. 13 confesse; l. 14 il guide.

Mais Juppiter chassa ceste vapeur nueuse,
Reserenant l'azur de la voulte des Dieux,
Pour vous favoriser, et pour contempler mieux
8 Vous CHARLES, de Francus la race valeureuse.

Le Soleil reluisoit, comme aux longs jours d'esté,
Et s'approcha pour veoir si grande Majesté
11 Qui voisine du Ciel envoioit sa lumiere.

Vous fustes à ce jour le Soleil du Soleil,
Qui confessa ne veoir monarque à vous pareil,
14 Soit que près, soit que loing il coure sa carriere.

A. Jamin.

SONET[255] 52

Non autrement que le grand Jupiter
Feist son entrée en la voulte eternelle
De son Palais, quand Junon l'immortelle
4 Vint son courage en mesme lict donter.[256]

On vit des Dieux la trouppe se planter,
Toute pompeuse en ordonnance belle,
Tout à l'entour pleins de gloire nouvelle,
8 Et le Ciel pur de beautez s'esclater:

255 This sonnet was included by Jamyn in the *Œuvres poétiques* of 1575, 1577, 1579, and 1582 under the title 'Pour l'entrée du roy Charles IX en sa ville de Paris.' Variants are as follows: l. 3 Lors que sa sœur et sa femme (sa femme et sa sœur 79–82); l. 7 On vit par tout une; l. 9 Une grand' flamme en rayons estandüe; l. 10 Dessus leurs chefs cà de là (çà et là 77–82); l. 11 Eblouissoit: d'aise on n'oyoit que bruit; l. 12 Telle je voy de mon Prince; l. 13 Maint demi-Dieu de tous costez le suit; l. 14 De joyeux cris (cris joyeux 79–82) resonne la contrée!

256 This is a reminiscence of Homer, *Iliad*, XIV, 292.

Une grand nüe est toute d'or tendüe,
Qui flamboioit sur leur chef respandüe
A longs rayons: d'aise tout le Ciel bruit.

Telle se vit de ce grand Roy l'Entrée
Qu'à l'environ meint Prince et seigneur suit:
De cris joieux retentist la contrée.

A. Jamin.

2v Le lendemain le Prevost des marchans et Eschevins, avec le Procureur, Recepveur, Greffier et autres Officiers de la ville furent au Palais presenter au Roy le present qu'ilz luy avoient dedié pour recognoissance de l'honneur qu'il avoit pleu à sa Majesté leur faire. Le suppliant tres-humblement qu'il luy pleust d'avoir celluy autant agreable, comme il luy estoit offert d'une entiere devotion, de la part de ceux qui estoient près d'immoler à ses piedz (pour son service) leurs vies, leurs corps, et tout ce qui estoit en leur puissance:[257] que le Roy accepta et receut de bon cœur, demonstrant manifestement qu'il l'avoit bien agreable. Duquel comme chose memorable n'a semblé impertinant faire icy quelque mention.

257 'Sire, voicy un petit present que vos bons cytoyens de vostre bonne ville de Paris vous presentent par moy. Nous savons bien qu'il n'est tel qu'il vous appartient; mais nous vous supplions en recompense de recevoir noz bonnes volontez et affection, que nous vous portons et porterons-nous à vostre posterité, avec l'obeissance qui vous est due.' Auquel Prevost des Marchans led. seigneur feist responce qu'il remercioit sa bonne Ville et les cytoyens d'icelle du present, qu'il recevoit d'aussi bonne volonté qu'il savoit que l'on luy portoit en sadicte ville, et qu'il le trouvoit très beau, et qu'il les prioitt de continuer tousjours l'affection et obeissance comme l'on avoit faict jusqu'à ce jour. Ce faict, il commanda de le serrer (Extrait des depenses faites à l'entrée du Roy et de la Royne à Paris en 1571, published by Cimber et Danjou, *Archives curieuses de l'histoire de France*, 1ère série, t. VIII, p. 368). (Cf. Appendix IV, f. 96r.)

C'estoit un grand pied d'estail soustenu par quatre Daulphins, sur lequel estoit erigé un chariot triomphant, embelly de plusieurs ornementz, et enrichissementz, trainné par deux Lions aians les armoiries de la ville au col. Dans ce chariot estoit assize Cibelle mere des Dieux, representant la Roine mere du Roy, accompaignée des Dieux Neptune, et Pluton, et deesse Junon, representans Messeigneurs freres, et Madame seur du Roy.[258] Ceste Cibelle regardoit un Juppiter, representant nostre Roy eslevé sur deux colonnes, l'une d'or et l'autre d'argent, avec l'inscription de sa devise, PIETATE ET IVSTICIA. Sus lequel estoit une grande couronne Imperiale, soustenüe d'un costé par le bec d'un Aigle posé sur la crouppe d'un cheval sur lequel il estoit monté. Et de l'autre costé du sceptre qu'il tenoit, et ce comme estant deifié.[259]

Aux quatre coings du subassement de ce pied d'estail estoient les figures 5
de quatre Roys ses predecesseurs, tous portans le nom de Charles. A sçavoir Charles le grand, Charles le quint, Charles septiesme, et Charles huitiesme.[260] Lesquelz de leurs temps sont venuz à chef de leurs entreprises, et leurs regnes ont esté heureux et prosperes après plusieurs affaires par eux mises à fin, comme nous esperons qu'il adviendra de nostre Roy.

Dedans la frize de ce pied d'estail estoient les batailles et victoires grandes et petites par luy obtenües. Le tout faict de fin argent doré de ducat cizelé, buriné et conduict d'une telle manufacture que la façon surpassoit l'estoffe.

258 Cf. Introduction, pp. 58–61.

259 Cf. Appendix III, 5.

260 The kings chosen were all supposedly outstanding for their intelligence, their conquests, and their generosity.
Charles I (Charlemagne) (742–814) was the eldest son of Pepin. He united the French nation. Cf. $Q1^{v}$–2^{r}.
Charles V (le Sage et l'Eloquent) (1337–80) was the first to be called Dauphin de Viennois. He expelled the English from many parts of France.
Charles VII (le Victorieux, le Bien-servi) (1403–61) is the Charles associated with Joan of Arc. With her aid he also defeated the English at Orléans.
Charles VIII (l'Affable ou le Courtois) (1470–97) initiated the Italian campaigns.
Cf. especially François de Belleforest, *L'Histoire des neuf Roys Charles de France* ... Paris: L'Huiller, 1568.

Au devant du subassement qui portoit le chariot estoit escript,

> Fœlix prole parens, qualis Berecinthia mater
> Invehitur curru Phrygias turrita per urbes,
> Læta deum partu, centum complexa nepotes.[261]

Et sur reply du siege de Cibelle estoit escript,

> Macte sequens exempla patrum: sic itur ad astra.[262]

Et près de Jupiter ceste devise,

> Parcam ego subjectis, debellaboque superbos.[263]

3v Et près de Neptune representant Monseigneur le duc d'Anjou,

> Magna tibi magno Neptune potentia ponto.[264]

Et près de Pluto representant Monseigneur le duc d'Alençon,

> Tertia pars mundi cessit ditissima Diti.[265]

261 'Thou parent much blessed with offspring; even as Cybele, that mother of the Berecynthian mount; who with her crown of towers, upon her progress goes through Phrygia's cities, rejoicing in the birth of the gods and enfolding five-score of her descendants in her rich embrace.'

262 'Blessed be thou, imitating thy sires' example; thus does one rise to the undying stars.' This is a reminiscence of Virgil, *Æneid* IX, 641.

263 'I will spare the conquered, and in war my proud foes will I subjugate.' This is a paraphrase of Virgil, *Æneid* VI, 853.

264 'Great is thy power, O Neptune, and great the ocean's too.'

265 'A third of all creation – and that the richest – has fallen to Pluto's share.'

Et près de Juno representant Madame seur du Roy,

Me quoque sceptra manent, nunc sum virguncula Juno.[266]

Le surplus des beautez artificielles qui y estoient se pourront considerer par le pourtraict qui en est icy à peu près representé (fig. 24).

L'entrée du Roy ainsi faicte l'on ne pensoit rien moins qu'à l'Entrée de la Roine: d'aultant qu'estimant que ladicte Dame feust enceinte on tenoit qu'elle seroit differée pour un an, et courut ce bruit jusque au Dimanche unziesme jour de Mars: que sa Majesté avec la Roine sa mere et messeigneurs ses freres accompaignez de plusieurs Princes, seigneurs, dames et des estatz de ladicte ville furent en procession en l'Eglise nostre Dame, suivant la bonne, louable, et ancienne coustume de ses predecesseurs. Où lesdictz Prevostz et Eschevins mandez en la maison Episcopalle d'icelle furent advertis par icelle Roine sa mere, que le couronnement de la Roine estoit arresté à sainct Denis au Dimanche vingt cinquiesme dudict mois, et au Jeudy ensuivant son Entrée en ladicte ville: que partant eussent à eux tenir prestz et pourvoir à toutes choses comme ilz avoient faict pour l'Entrée du Roy.

De ceste heure commencerent à y donner ordre en toute diligence mesmes à faire racoustrer les Theatres, Portiques, et Arcz de triomphe: dont partie estoit commencée à desmollir. Ne voulans rien de ce qui avoit servi à l'Entrée du Roy feust reveu en icelle: ce qui feut observé au mieux qu'il feut possible. Mais la briefveté du temps fut cause que tous leurs desseins ne furent entierement executez, ainsi qu'ilz eussent bien voulu. Dont ne sera faict icy plus ample mention pour venir à l'ordre du couronnement faict à sainct Denis en France, le Dimanche vingt cinquiesme dudict mois, ainsi qu'il s'ensuit.

FIN

266 'Juno am I; in time to come I too shall bear the sceptre; yet now am but a maid.' This is obviously a reference to Marguerite's proposed marriage with Henri de Navarre, which was already under discussion.

C'EST L'ORDRE ET FORME QUI A ESTE TENU AU SACRE ET COURONNEMENT DE TRES-HAUTE, TRES-EXCELLENTE, ET TRES-PUISSANTE PRINCESSE MADAME ELIZABET D'AUSTRICHE ROINE DE FRANCE:

Faict en l'eglise de l'Abbaie Sainct Denis en France le vingt cinquiesme jour de mars, 1571

Le Roy et la Roine estans le vingt et troisiesme jour dudict mois de Mars arrivez audict sainct Denis, le vingt cinquiesme jour dudict mois l'acte et solemnité dudict sacre fut faict ainsi qu'il s'ensuit. Il y avoit un grand eschaffault au milieu du cœur de ladicte Eglise assis droict devant le grand autel d'icelle, de la hauteur de neuf piedz ou environ, aiant de longueur vingt huict piedz sur vingt deux de large: estant ledict eschaffault garny de barrieres tout autour, fors à l'endroict de l'escallier, par lequel l'on y montoit, qui estoit du costé dudict grand autel, et y avoit seize marches en hauteur, et puis se trouvoit une espace d'environ six piedz de long, et aussi large que ledict escallier. Et après l'on montoit une autre marche pour entrer audict grand eschaffault. Environ le milieu duquel tirant un peu sur le derriere y avoit un hault dez de la hauteur d'un peu plus d'un pied où l'on montoit deux marches, lequel haut dez et marches qui contenoient de neuf à dix piedz de long et environ de six de large, estoient couvertz d'un grand drap de piedz sur lequel fut mis la chaise ordonnée pour asseoir ladicte Dame, couverte de veloux pers semé de fleurs de liz d'or en broderie, et audessus un daiz de semblable parure. Les costez des barrieres au dedans dudict eschaffault estoient tenduz de deux bandes de drap d'or frizé, et par le dehors de tapisserie tres-riche relevée d'or et d'argent tumbant à un pied et demy de terre: le fondz et escallier dudict eschaffault planchée de veloux cramoisi semé de broderie d'or. A main droicte, et main gauche dudict daiz furent posées deux chaises couvertes de veloux cramoisi violet brodées et frangées d'or, ordonnées, assavoir celle de main droicte pour Madame de Lorraine, et l'autre pour Madame Marguerite seurs du Roy.

A un pied près de la chaise de madicte Dame de Lorraine à main droicte y avoit une longue selle couverte de drap d'or frizé, pour y asseoir Madame la princesse Daulphin, Mesdames les duchesses de Nemoux, et de Nevers.

A l'autre costé à main gauche aussi à un pied près de la chaise où s'asseit Madame Marguerite y avoit une pareille selle couverte, et garnie de mesme où s'asseit Madame la princesse de la Roche-sur-yon, et Madame la duchesse de Guyse.

Devant ledict hault daiz un peu à gauche y avoit un petit escabeau couvert de drap d'or frizé et un carreau de mesme parure, ordonné pour reposer la grande couronne après qu'elle seroit ostée de dessus le chef de la Roine, et que on luy auroit baillé la petite.[1]

A l'entrée dudict eschaffault près, mais un peu plus en avant que ladicte selle de main gauche y avoit un escabeau paré de semblable parure pour asseoir Madame la Connestable duchesse de Montmorancy, et Dame d'honneur de ladicte Dame Royne.

De chacun costé dudict grand eschaffault, et non loing d'icelluy y en avoit deux autres separez presque de semblable haulteur. Le premier du costé de main droicte qui estoit le plus petit et le plus approchant du grand autel, estoit ordonné pour asseoir les Princes. Et l'autre qui estoit près et approchant

1 The crown of Jeanne d'Evereux, traditionally used to crown French queens.

ledict grand eschaffault estoit pour les Chevaliers de l'ordre,[2] gentilz hommes de la chambre et autres grandz seigneurs Capitaines et gens d'apparence.[3]

Le premier du costé de main gauche correspondant à celluy desdictz Princes estoit pour les Ambassadeurs: et l'autre correspondant à celluy desdictz Chevaliers de l'ordre pour les Dames, et Damoiselles de la Roine: audessous, et attenant duquel y avoit un autre petit eschauffault ordonné pour les Dames qui avoient apporté et baillé à ladicte Dame d'honneur le pain et le vin, et le cierge avec l'argent pour l'offerte, pour après les bailler à ladicte Dame d'honneur aux Princesses et Dames pour les presenter à la Roine. Mais pour ce que ladicte Dame d'honneur estoit duchesse, elle commanda ausdict trois Dames d'aller elle mesmes porter les offertes aux Princesses pour
3v cela ordonnée. Assavoir à madame la duchesse de Guyse les deux pains, et à Madame de Nevers le vin, et le cierge où estoient fichées les treze pieces d'or.[4] Et de l'autre costé de main droicte lesdictz deux eschaffaulx des Princes, Chevaliers de l'ordre et gentilshommes y avoit un autre eslevé de trois à quatre piedz plus hault ordonné moictié d'icelluy pour messieurs du conseil privé, et l'autre moictié separée pour les Dames et Damoiselles de la Roine mere du Roy. Et de l'autre costé un pareil pour les deux cens gentilshommes.

Les barrieres de tous les dessusdictz eschaffaulx parées diversement, les unes de drap d'or, les autres de veloux cramoisi bordez d'or, et les autres de tres-riche tapisserie.

Au bas du costé de l'eschaffault desdictz ambassadeurs dedans l'encloz du grand autel y avoit un banc couvert de drap d'or pour Messeigneurs les Cardinaulx de Bourbon, de Guyse, de Pellevé, et d'Est, et derriere eux estoit un banc pour les Evesques.

Plus avant du mesme costé assez près dudict grand autel y avoit un autre petit eschaffault, eslevé de trois à quatre piedz pour les chantres de la chappelle du Roy,[5] tendu par le dehors de fort belle tapisserie.

2 L'Ordre de Saint Michel, Cf. K46v.

3 i.e. notable, important.

4 Cf. C9r.

5 La Sainte Chapelle.

Joignant ledict autel de ce mesme costé y avoit un table honorablement preparée pour y poser les sceptre, main de justice, grande et petite couronnes, avec l'anneau ordonné pour ledict sacre.

De l'autre costé à main droicte, y avoit une chaise couverte de veloux 4
violet brodée, et frangée d'or avec deux oreillers pour seoir monseigneur le Cardinal de Lorraine faisant l'office.[6]

Et derriere du mesme costé estoit dressée une table richement et honorablement parée pour y mettre le pain, vin et cierge, attendant que ledict seigneur de Chemaulx maistre des ceremonies les vint prendre pour les bailler aux Dames ordonnées pour les porter, comme dict est cy dessus.

Derriere le banc de mesdicts seigneurs les Cardinaulx y avoit des bancs couvertz diversement de toille d'argent et tapiz pour les Prelatz, ordonnez tant pour servir au sacre, et couronnement, et à la messe, que pour y assister.

Le parterre du cœur depuis ledict grand eschaffault de la Roine jusques audict grand autel estoit couvert de veloux rouge cramoisi brodé d'or, et de grandz et riches tappiz veluz[7] à l'entour dudict grand autel, pardessus lesdicts tappiz d'un drap de pied[8] de drap d'or.

Hors et joignant le cœur de ladicte Eglise entre deux pilliers y avoit de chacun costé un eschaffault tapissé de riches tapisseries pour y mettre en

6 The Cardinal de Lorraine had been directly involved in negotiations in Madrid in 1569, where he was sent 'tant pour y faire des complimens de condoléance au roi Phillippe II sur la mort d'Elisabeth de France, son épouse, que pour demander en mariage pour le roi Charles IX Elisabeth d'Autriche, fille de l'empereur Maximilien.' This was necessary since Philip was the head of the House of Hapsburg. Negotiations were successful and the marriage contract signed 14 January 1570.

The Cardinal de Lorraine had received the Abbey of St Denis in 1557 and it was therefore logical that he should crown Elisabeth of Austria even though it was the Cardinal de Bourbon who had crowned Catherine de' Medici 10 June 1549.

7 i.e. with long pile, Turkish carpets.

8 Cf. Furetière, *Dictionnaire*: 'Une pièce d'étoffe ou tapis qu'on met sur un prie-Dieu, et qui sert de marchepied aux princes et prélats quand ils viennent dans les églises.'

celluy de main gauche plusieurs Dames et Damoiselles: et à l'autre qui estoit à la main droicte, plusieurs gentilzhommes et gens d'apparence.

4v Et derriere et au costé gauche dudict grand autel estoient dressez deux autres eschaffaulx en forme de theatre, à cinq marches, touts couverts de tapisserie pour y asseoir plusieurs presidens, conseillers, damoiselles et gens notables venant pour veoir ceste ceremonie.

Outre tous les dessusdictz eschaffaulx, il en fut fait un vis à vis dudict grand autel à main droicte plus eslevé que les autres qui fut couvert et les fenestres bouchées de caiges d'ozier et tappissé de riche tapisserie par dedans et par dehors de veloux rouge cramoisi faict à broderie d'or, et servit ledict eschaffault au Roy, et à la Roine sa mere, accompaignez de Monseigneur de Lorraine et autres grandz seigneurs, pour veoir lesdict sacre et couronnement.

Ledict jour vingt cinquiesme de Mars, la Roine se trouva le matin en sa chambre habillée de corset, surcot d'hermines, manteau, ornement de teste, et autres habitz Roiaux: et estoit son manteau de veloux pers, semé de fleurs de lis d'or en broderie, fourré d'hermines aiant la queüe de sondict manteau sept aulnes de long.

Son ornement de teste tout garny de pierrerie, sondict corset aussi de veloux pers couvers de fleurs de lis d'or traictz, et son surcot garny et enrichy de gros diamans, rubiz et esmeraudes, le tout de telle excellence, richesse et valeur que le pris en est inestimable.

5r Messeigneurs les duc d'Anjou et d'Alençon freres du Roy, et messeigneurs les Cardinaux de Bourbon et de Guise allerent trouver ladicte Dame Roine qui estoit accompaignée des Princes, Princesses, et Dames cy après nommez, et de plusieurs grandz seigneurs et Dames, en grande et honorable compagnie.

Mesdictz seigneurs tres-richement habillez et parez. Et lesdictz seigneurs Cardinaux revestuz de leurs grandes chappes.

Et quelque temps après amenerent la Roine partant de sadicte chambre jusque à la porte de l'Eglise en l'ordre qui s'ensuit.

Premierement marchoient les Suisses de la garde de mesdictz seigneurs, et après ceux du Roy. Les deux cens gentilz hommes de la maison du Roy. Les gentilz hommes de la chambre, et chambellans, et parmy eux bon nombre de seigneurs Capitaines, et autres gentilz hommes qui se trouverent audict sacre et couronnement.

Suivant eux les Chevaliers de l'ordre aians le grand ordre au col.

Après les trompettes, et les heraultz revestuz de leurs cottes d'armes.

Puis Nambut huissier de l'ordre, et de la chambre du Roy, et Boisrigault aussi huissier de ladicte chambre, portans les masses.

Et suivoient après Messieurs les Prince Daulphin, duc de Nemoux, et 5
Marquis d'Elbœuf. Et après eulx marchoient monsieur de Guise à main
droicte portant hault le baston de grand maistre, et monsieur le Marquis
du Maine son frere comme grand Chambellan de France.

Puis la Roine menée, et soustenüe par messeigneurs les ducz d'Anjou, et d'Alençon, estans aussi à costé d'elle un peu plus derriere messeigneurs les Cardinaux de Bourbon et de Guise, qui luy aidoient à soustenir les pans de son manteau Roial.

Mesdames les Princesses Daulphin, et de la Roche-sur-yon, et duchesse de Nemoux portoient la queüe dudict manteau Roial de ladicte Dame, et celles desdictes Dames furent portées sçavoir est celle de madicte Dame la princesse Daulphin, par monsieur le Conte de Chaulne, celle de madicte Dame la princesse de la Roche-sur-yon par monsieur de Monpezat, celle de Madame la duchesse de Nemoux par monsieur la Vauguion.

Après la Roine marchoient mesdictes Dames les duchesse de Lorraine, et Madame Marguerite seurs du Roy, les queües de leurs manteaux portées, assavoir celle de madicte Dame de Lorraine, par messieurs de Meru et de Thoré, et celle de madicte Dame Marguerite par messieurs de Candalle, et de Thourenne.

Suivant elles marchoient mesdames les duchesses de Guise au milieu,
de Nevers à main droicte, et Madame la Connestable duchesse de Mont- 6
morancy à main gauche, et estoient les queües de leurs manteaux portées,
assavoir de madicte dame de Guise par monsieur de Fontaines, de Nevers
par monsieur de Bouvines, de madicte Dame la Connestable par monsieur
Clermont d'Entrague.

Lesdictes dames, et duchesses avoient leurs chappeaulx, et cercles de duchesses, et leurs corsetz, et manteaux de veloux pers, et leurs surcotz d'hermines enrichiz de pierreries de grande valeur: reservé toutesfois mesdictes dames les princesses de la Roche-sur-yon, et Connestable vefves qui avoient leurs accoustremens sans aucun enrichissement.

La Roine en la compagnie que dessus arrivée à l'Eglise, s'agenouilla devant le grand autel sur un oreiller qui luy fut presenté par monsieur le Marquis du Maine grand Chambellan de France. En laquelle Eglise elle trouva monseigneur le Cardinal de Lorraine revestu de ses ornemens pontificaux, accompaigné de messeigneurs les Cardinaux de Pellevé et d'Est, bon nombre d'Evesques, Abbez, et autres prelatz estans aux deux costez dudict grand autel aux lieux pour ce ordonnez.

Mondict seigneur le Cardinal de Lorraine bailla à baiser à la Roine (comme elle feit avec grande reverance et honneur) le reliquaire, disant ledict seigneur Cardinal l'oraison pour ce ordonnée. Et ce faict fut menée sur ledict grand eschaffault eslevé devant ledict grand autel, et là assise en la chaise
6v posée sur ledict hault dez estant soustenüe (y allant) par mesdictz seigneurs les ducz d'Anjou, et d'Alençon, et mesdictz seigneurs les Cardinaux de Bourbon et de Guise à costé d'elle comme cy devant est dict.

Après que la Roine fut assise, mesdictes Dames la duchesse de Lorraine et Marguerite, seurs du Roy, luy feirent une grande reverance chacune, et pareillement toutes les autres Princesses et Dames, mesmes celles qui luy portoient sa queüe, et s'asseirent toutes sur les bancz preparez pour elles, chacune en son rang, ainsi qu'il est cy devant declairé.

Pendant que lesdictes dames s'asseirent en leurs places, mesdictz seigneurs les Cardinaulx de Bourbon, et de Guise descendirent et allerent au banc ordonné pour eulx. Et les autres Princes qui avoient marché allans à l'Eglise devant ladicte Dame Roine, se meirent à l'eschaffault dressé pour les Princes, ainsi qu'il est cy devant declairé.

Et pour le regard de mesdictz seigneurs les ducz d'Anjou, et d'Alençon, s'asseirent en deux chaises garnies de toille d'or, mises derriere celle de la Roine hors de son hault dez, se tenans prestz, quand ladicte Dame se levoit ou agenouilloit pour luy aider à soustenir son grand manteau, et la couronne qui

luy fut mise sur la teste ainsi qu'il sera cy après declaré. Et quand à mesdictz seigneurs de Guyse, et Marquis du Maine ilz se meirent tout debout aux deux costez de l'entrée dudict escallier, tenant mondict seigneur le duc de Guise le costé de main droicte, et mondict seigneur le Marquis celuy de main gauche: estant auprès de mondict seigneur le grand maistre le seigneur de Chemaux, 7r
maistre des ceremonies, pour recevoir ses commandemens, afin de faire et accomplir les ceremonies.

Peu de temps après lesdictz seigneurs Cardinaux se leverent, et retournerent sur ledict eschaffault. Lesquelz, et mesdictz seigneurs les ducz d'Anjou, et d'Alençon menerent ladicte dame Roine devant ledict grand autel, allant devant mondict seigneur de Guise portant son baston de Grand maistre, et mondict seigneur le Marquis portant ledict oreiller: et fut sa queüe portée par les trois Dames dessusdictes.

Ladicte Dame descendüe devant ledict grand autel, se prosterna la face contre bas faisant devotement son oraison, et icelle oraison achevée: mesdictz seigneurs les ducz d'Anjou, et d'Alençon la leverent sur ses genoux, et ainsi à genoux ladicte Dame enclina son chef pour ouir l'oraison que prononça mondict seigneur le Cardinal de Lorraine.

L'oraison par luy dicte, il print la saincte unction qui luy fut presentée par messieurs les Evesques de Baieux, et de sainct Papol. C'est assavoir l'ampolle où estoit ladicte unction par ledict Evesque de Baieux, et la platine où fut versée ladicte unction par ledict Evesque de sainct Papol. Pendant le temps que ladicte oraison se disoit mondict seigneur de Guise grand maistre, et le seigneur de Chemaux maistre des ceremonies avec luy allerent querir mesdictes Dames duchesse de Lorraine, et madame Marguerite pour servir audict sacre.

Icelles Dames venües, monsieur le Cardinal de Lorraine print ladicte 7v
unction, et en versa en ladicte platine telle quantité qu'il veit estre necessaire, et en oignit ladicte Dame sur son chef qui fut descouvert par madicte Dame de Lorraine, et après en la poictrine qui fut descouverte par Madame Marguerite, disant mondict seigneur le Cardinal l'oraison pour ce ordonnée.

Ledict seigneur Cardinal procedant oultre audict sacre print pareillement l'anneau qui luy fut presenté par monsieur l'Evesque de Digne, et le meit au doigt de ladicte dame disant aussi l'oraison pour ce ordonnée.

Ce faisant selon l'ordre cy dessus escrit, ledict seigneur Cardinal bailla à ladicte Dame les sceptre et main de justice, lesquelz luy furent presentez par monsieur l'Evesque d'Auxerre, grand aumosnier du Roy. Et dict mondict seigneur le Cardinal l'oraison pour ce accoustumée.

Après icelluy seigneur Cardinal print la grande couronne qui luy fut baillée par monsieur l'Evesque de Paris. Laquelle ledict seigneur Cardinal presenta sur le chef de ladicte Dame sans la lascher, estant cependant soustenue par mesdictz seigneurs les Ducz d'Anjou et d'Alençon. Et depuis mise ès mains de mondict seigneur le Prince daulphin. Et au lieu d'icelle en fut posée sur la teste de ladicte Dame par messieurs les ducz d'Anjou, et d'Alençon, une autre petite toute couverte, et enrichie de diamans, rubiz, et perles de
8r grandissime pris et excellence. Et en ce faisant ladicte Dame se descharga dudict sceptre ès mains de mondict seigneur le duc de Nemoux, et de la main de justice ès mains de monsieur le Marquis d'Elbeuf.

Ledict sacre faict et oraisons dictes par mondict seigneur le Cardinal de Lorraine, la Roine fut ramenée par mesdictz seigneurs les ducs d'Anjou, et d'Alençon, et Cardinaux de Bourbon, et de Guise en sa chaise sur ledict haut dez et marchoient devant elle lesdictz seigneurs duc de Nemoux et Marquis d'Elbeuf avec ledit sceptre, et main de justice. Et devant eux mondit seigneur le Prince Daulphin tenant eslevée ladicte grande couronne, dont ladicte Dame avoit esté couronnée: mondict seigneur le Marquis du Maine portant l'oreiller et mondict seigneur de Guise grand maistre estant devant ladicte Dame Roine: et marchoient en cest ordre depuis ledict grand autel jusques sur ledict hault dez.

Ladicte Dame estant ainsi assise pour oir messe, lesdictz Cardinaux s'en retournerent seoir en leurs sieges. Et mondict seigneur le Prince Daulphin posa devant elle sur ledict escabeau à ce ordonné ladicte grande couronne, et se tint ledict seigneur Prince à genoulx près ledict escabeau.

Aux deux costez près mesdictz seigneurs les ducz d'Anjou, et d'Alençon estoient aussi à genoulx, mesdictz seigneurs les ducz de Nemoux, et Marquis d'Elbeuf. Icelluy seigneur duc de Nemoux tenant le sceptre à main droicte, et ledit Marquis d'Elbeuf ladicte main de justice à la senestre.

Ladicte Dame ainsi assise en sa chaise, la messe commença à estre celebrée 8v
par mondict seigneur le Cardinal de Lorraine, qui fut dicte à deux diacres, et sousdiacres. Lesdictz diacres furent, l'Evesque de Meaux chantant, et qui dist l'evangille, et l'Evesque de Chaalons assistant. Les sousdiacres furent monsieur l'Evesque d'Avranches chantant, et qui dist l'epistre, et monsieur l'Evesque de l'Odesve assistant.

Au commencement de ladicte messe Madame la Connestable duchesse de Montmorancy comme dict est Dame d'honneur presenta à la Roine ses heures, et un livre d'oraisons et puis s'en retourna asseoir en sa place.

Et quand ce vint à dire l'evangille mondict seigneur le Cardinal de Lorraine donna la benediction audict seigneur Evesque de Meaux, qui dist l'evangille, et après presenta le livre à mondict seigneur le Cardinal de Bourbon, lequel accompaigné desdictz deux diacres, et sousdiacres alla trouver ladicte Dame, et aïant pris dudict Evesque de Meaux ledict livre bailla à baiser à ladicte Dame l'evangille, laquelle s'agenouilla pour ce faire sur l'oreiller qui avoit esté posé, et laissé devant elle par mondict seigneur le Marquis du Maine. S'estant ladicte Dame tenüe debout durant l'evangille, et pareillement toutes les autres Dames après avoir faict une grande reverance.

Durant aussi ledict evangille se tindrent debout mesdictz seigneurs les ducz d'Anjou, et d'Alençon freres du Roy, pareillement mondict seigneur le
duc de Nemoux, et Marquis d'Elbeuf, aians lesdictz sceptre, et main de 9r
justice, et semblablement mondit seigneur le Prince Daulphin tenant en ses mains ladicte grande couronne eslevée, qu'il avoit auparavant posée sur ledict petit escabeau.

L'evangille finy et le credo dit, les trois Dames ordonnées pour porter à ladicte Dame d'honneur le pain, le vin, le cierge avec l'argent pour offrir estant en leur petit eschaffault bas, cy dessus declairé, qui furent mesdictes dames la Mareschalle de Dampville, de Candalles, et contesse de Fiesque, aians receu lesdictz offertes par les mains dudict seigneur de Chemaulx maistre des ceremonies qui les portoit sur trois grandes touailles de damars blanc frangées d'or, chacune de cinq aulnes de long, monterent l'une après l'autre sur ledict grand eschaffault. Premierement ladicte dame Mareschalle de Dampville, avec les deux pains l'un doré, et l'autre argenté. Après elles ladicte dame de Candalles avec le vin, et la troisiesme ladicte dame Contesse de Fiesque avec le cierge de cire, auquel estoient attachées treize pieces d'or.[9] Et à mesure qu'elles montoient après avoir faict deux grandes reverences, à l'entrée dudict grand eschaffault, l'une vers le grand autel, et l'autre vers la Roine, se trouverent vers ladicte Dame d'honneur pour luy bailler lesdictes offertes, qui leur commanda les presenter, sçavoir est le pain à madame la duchesse de Guise, le vin à la main droicte de madame de Nevers, et à elle mesme en la main gauche ledit cierge, auquel estoient attacheés lesditz treize pieces d'or, et porta madite dame de Nevers lesdictes deux offertes pour n'y avoir assez de Princesses pour servir audict sacre.

9v Et lors partant ladicte dame pour aller à l'offerte, se leverent derechef toutes lesdictes dames, et luy feirent une grande reverence, et l'accompaignerent mesdictz seigneurs les ducz d'Anjou, et d'Alençon, et Cardinaux de Bourbon et de Guise, et lesdictes deux Dames à qui feurent baillées lesdictes

9 The coins for the offering were specially minted. At the king's coronation it was traditional to give 'treize grandes pièces d'or' (cf. Georges Péré, *Le Sacre et le couronnement des rois de France*, s. I. 1921, p. 39), but the practice varied with the queens. It was eight escus at the coronation of Anne de Bretagne and two 'pains' – one of gold and one of silver at the coronation of Eleanor of Austria, second wife of François I. For the coronation of Catherine de' Medici, which served as precedent for that of Elisabeth of Austria, it was again thirteen coins. M.C. Leber (*Des Cérémonies du sacre* … Paris, 1825, pp. 422–7) offers various explanations for the choice of such an inauspicious number, but the most plausible would seem to be that it is considered as the gift of the king associated with the twelve peers who traditionally took part in the ceremony at Reims. Additional support for this interpretation is given by the fact that, exceptionally, thirteen peers assisted at the coronation of Charles IX. (Cf. Mézéray, *Histoire de France* … Paris, 1685, Vol. III, p. 58.) In this case the offering consisted of fourteen coins. (Cf. *L'Entrée, Sacre et Couronnement du Roy Charles neufiesme* … Paris, 1561.)

offertes, qui l'une après l'autre les presenterent à l'autel, luy portant la queüe aussi les autres dames à ce ordonnées: mesdictz seigneurs les ducz de Nemoux, et Marquis d'Elbeuf allans devant lesdictz sceptre, et main de justice: mondict seigneur le Prince Daulphin portant la grande couronne et mondict seigneur le Marquis du Maine portant devant ledict oreiller: marchant pareillement mondict seigneur de Guise grand maistre devant ladicte Dame.

Ladicte offerte faicte ladicte Dame retourna s'asseoir en sa chaise accompaignée comme dessus. Et quand ce vint à l'elevation du Corpus Domini, elle se leva de sadicte chaise pour s'agenouiller, et pareillement madame de Lorraine, et madame Marguerite seurs du Roy, et les autres Princesses, et Dames qui luy feirent une grande reverence. Mesdictz seigneurs les ducz d'Anjou et d'Alençon tousjours aux costez d'elle, et de mesdictz seigneurs ducz de Nemoux, et Marquis d'Elbeuf tenans ledict sceptre, et main de justice, et pareillement mondict seigneur le Prince Daulphin ladicte grande couronne eslevée en ses mains durant l'eslevation dudict Corpus Domini.

Après ladicte eslevation, et benediction dicte par monsieur le Cardinal de Lorraine, quand ce vint à l'agnus dei, mondict seigneur le Cardinal de Bourbon alla baiser mondict seigneur le Cardinal de Lorraine officiant, et après 10
ladicte dame à la joüe en signe de paix, laquelle s'agenouilla de rechef sur ledict oreiller qui luy fut presenté par mondict seigneur le Marquis du Maine.

Après ledict agnus dei et consommation faicte du Corpus Domini par mondict seigneur le Cardinal de Lorraine ladicte dame fut menée de rechef audict grand autel par mesdictz seigneurs les ducz d'Anjou et d'Alençon, et Cardinaux de Bourbon et de Guise. Les dessusdictes trois dames portans la queüe de son manteau: marchans aussi les Princes qui portoient le sceptre, main de justice, grande couronne et oreiller, et là elle recut en grande devotion et reverence le Corpus Domini par les mains de mondict seigneur le Cardinal de Lorraine. Et après avoir faict son oraison s'en retourna en ladicte chaise accompaignée comme dessus, où elle acheva d'oir ladicte messe.

La messe dicte et achevée la Roine descendit en l'ordre que dessus marchant devant elle mesdictz seigneurs les ducz de Nemoux, et Marquis d'Elbeuf avec ledict sceptre, et main de justice, mondict seigneur le Prince

Daulphin avec ladicte grande couronne, mondict seigneur le Marquis du Maine portant ledict oreiller, et mondict seigneur de Guise grand maistre marchant devant elle.

Et lors mondict seigneur le duc d'Anjou la print par dessous le bras droict, et mondict seigneur le duc d'Alençon pardessous le gauche.

10v Et ainsi accompaignée desdictes Dames, Princes, et seigneurs, cy devant nommez, la ramenerent en sa chambre.

Et fault noter que devant la celebration desdictz sacre, et couronnement les queües ne furent portées aux Princesses, et Dames qui y servirent, et n'y avoit sur le grand eschaffault que les dessusdictes Dames assises en leurs lieux comme dict est. Et lesdictz Princes qui y servirent avec les seigneurs et gentilshommes qui portoient les queües desdictes Dames quand elles entrerent et sortirent de l'Eglise, qui se tindrent derriere elles sans faire aucun empeschement. Et pareillement mondict seigneur le grand maistre, et ledict seigneur de Chemaulx près de luy, auquel il ordonnoit ce qui estoit à faire pour accomplir les ceremonies.

Fault aussi entendre que le seigneur de Nançay l'un des capitaines des gardes, et les autres capitaines, lieutenans, et exemptz de la garde Escossoise, estoient partie dedans le cœur, partie deça delà, avec quelque nombre d'archers pour garder qu'il n'y eust aucun desordre audict sacre, et couronnement, comme aussi n'y en eut il aucun.

A la fin de ladicte messe fut criée, largesse, de par ladicte Dame audedans de l'Eglise par un des heraux d'armes d'une bonne somme d'or et d'argent, qui fut jetées au peuple à diverses fois.

Les ambassadeurs residens près la personne du Roy qui se trouverent audict sacre et couronnement, furent le Nonce de nostre sainct pere le Pape, l'ambassadeur du Roy d'Espaigne, celluy d'Escosse, et celluy de la seigneurie de Venise, et disnerent avec mondict seigneur le Cardinal de Lorraine.

FIN

L'ORDRE TENU A L'ENTREE DE TRES-HAUTE ET TRES-CHRESTIENNE PRINCESSE MADAME ELIZABET D'AUSTRICHE ROYNE DE FRANCE

1r

Sa Majesté aiant esté sacrée et couronée en l'Eglise sainct Denis en France, ainsi qu'il a esté discouru cy devant, il fut quand et quand advisé et resolu que au Jeudy ensuivant xxix jour de Mars mil cinq cens lxxi elle feroit son Entrée en ceste ville de Paris, comme elle feit, ainsi qu'il sera cy après declaré. Mais premier que d'entrer en l'ordre, seront representées les devises, et inscriptions qui furent mis ès arcz de triumphe dressez ès mesmes endroitz, qu'ilz avoient esté à l'Entrée du Roy: pour plus grande intelligence desquelles a esté fait ce petit sommaire.

Qui vouldra sommairement repasser quel fut l'estat ancien de ce Royaume, il trouvera que nostre France, autrefois appellée du nom de Gaule, bien qu'elle fut distincte, et separée de la Germanie par ce grand entreject du Rhin, qui est comme une grande barre entre l'un et l'autre pais: Toutesfois si avoient ces deux nobles nations plusieurs rencontres, et conformitez de 1v
meurs ensemblement, et estimerent quelques notables autheurs, comme Strabon, que le nom de Germain eust esté donné à l'Allemaigne pour la fraternité qu'elle avoit avec la Gaule.[1] Cela fut cause que Pharamond (duquel est cy devant fait mention) extrait de la Franconie, païs situé dans la Germanie, s'achemina plus aisement en ce païs où il establit sa demeure avec si heureux succes que Clovis[2] l'un de ses successeurs se veit posseder comme luy l'Empire de la Gaule, et de la Germanie, maintenant appellez France et Allemaigne. Ce que pareillement feit Charles le grand que nous appellons Charlemaigne, vivantz lors ces deux peuples en paix, concorde, et union.

1 Strabo, *Geography*. Cf. iv.4.2.

2 Cf. Ronsard, *Franciade* iv, 1143–1252.

Parquoy chacun de nous doit louer Dieu que nostre bon Roy Charles, à l'exemple de ses predecesseurs a voulu renouer ceste ancienne alliance par le mariage fait avec la Royne Elizabet d'Austriche sa chere espouse, à la diligence, et poursuite de la Royne sa mere: laquelle ne se lassa jamais de vacquer au bien, et augmentation du Roy son filz. Alliance certainement qui nous promet tout bon heur en ce Royaume, et une amitié inviolable, et indissoluble entre ces deux nations. Voire nous est certain pronostic que tout ainsi qu'anciennement estant unies ensemble, elles combatirent le superbe Romain, aussi subjugueront elles l'Asie, et planteront leurs bannieres en tout le reste de l'univers.

Pour doncques gratuler à ceste nouvelle alliance fut fait à la porte sainct Denis un avant portail à la rustique, presque de semblable ordonnance, façon, mesure et enrichissement, que celuy qui fut fait pour l'entrée du Roy:[3] sur le hault de l'un des costez duquel estoit une figure representant Pepin Roy de France, vestu d'un grand manteau Roial de veloux pers, couvert de fleurs de
2r lis d'or, fourré d'hermines, tenant d'une main une espée nüe, de laquelle il restablit la foy Chrestienne, dechassa les Sarrazins, et infidelles, et remit le Pape Zacharie en son siege, quoy qu'il fust de petite stature, et n'eust que quatre piedz et demy de hault, mais sa magnanimité fut telle qu'il ne trouva rien impossible pour la conservation, et augmentation de la foy Chrestienne:[4] en signe de quoy de l'autre main embrassoit une colonne sur laquelle estoit posée une Eglise.

A l'autre costé estoit une autre figure representant Charles filz de ce Pepin, depuis surnommé le grand pour les haultz faictz d'armes qu'il feit,

3 For the modifications cf. *La Renommée* v, 111–30.

4 Cf. Ronsard, *Franciade* IV, 1865–85. In describing Pepin he wrote: 'Luy bas de corps, de cœur grand capitaine' (I. 1869). Du Haillan, *L'Histoire de France* (1576), pp. 128–34 says that it was not Zacharie whom Pepin restored to his rightful state but his successor Etienne. Ronsard is non-commital: 'Rome qui fut tant de fois assaillie / Sera remise en son premier honneur, / Par luy le Pape en deviendra seigneur / Et des François prendra son accroissance: / Tant le bon zele aura lors de puissance' (II. 1874–8).

tenant aussi une espée nüe en une main, et de l'autre embrassant pareillement une colonne, sur laquelle estoit une Aigle, marque de l'Empire: d'autant que de son temps l'Empire d'Orient fort affoibly, fut transferé en Occident, et mis en sa protection, lequel il ne defendit seulement contre les Sarrazins et infidelles, mais l'augmenta de plusieurs pais, et provinces, qu'il subjuga et conquesta sur eux, lesquelz après il feit convertir à la foy Chrestienne.[5]

Entre ces deux figures estoient les escuz du Roy, et de la Royne, posées sur un sode, environées l'un de son ordre, et thiare imperialle, et l'autre d'une cordeliere sortant de dessous une couronne Royalle: à costé desquelz estoient deux Nymphes,[6] l'une dicte GALLIA, et l'autre GERMANIA, tenantz au dessus un grand chapeau de laurier,[7] en signe des grandes victoires, que ces deux nations ont obtenues ensemble. Au milieu du hault de ce portrait estoit une cartoche antique, en laquelle estoient escritz ces vers, 2v

De la religion Pepin fut defenseur,
Des peres sainctz l'appuy: et son filz Charlemaigne
Remist la Majesté de l'Empire en grandeur
Tenant le sceptre en main de France et d'Allemaigne.

B.

Et sous le Roy Pepin estoient ces vers Latins,

Hanc olim sacram me substentante columnam
Regni creverunt et opes, et gloria Francis.[8]

5 Since Book IV of the *Franciade* concludes with the life of Pepin, Book V ought to have begun with Charlemagne. One would like to see in this brief summary an outline of how Ronsard planned to present him, but the details are too general to be particularly significant.

It had been prophesied that Charles IX would be as great as Charlemagne. (Cf. K9v and Brantôme V, 240.)

6 'Faictes de marbre blanc' according to *La Renommée* V, 125.

7 *La Renommée* V, 130 says 'chesne vert.'

8 'In time past, when I upheld this sacred column, France gained renown

Et sous Charlemaigne,

> Hanc quoque me Imperii fractam subeunte columnam
> Imperium stetit, et nostra stat stirpe nepotum.[9]

Et pour ce que ceste Entrée donna autant ou plus d'admiration aux estrangers[10] qu'avoit fait celle du Roy, tant pour le grand nombre de jeune noblesse qui s'y trouva davantaige, que pour le redoublement de magnificence qui y fut veu, specialement en la multiplicité des sumptueux et riches habitz, dont estoient revestuz les Princes, Seigneurs, Dames, et Damoiselles. Lesquelz outre le grand prix que ce pouvoit estimer le fin drap d'or et d'argent frizé dont ilz estoient, furent la plus part bordez et entourez de grosses perles Orientales et pierres precieuses à double rang d'inestimable valleur, en sorte que l'on eust pensé ce Roiaume avoir esté cent ans paisible. Furent mis dans
3r les flancs de ce portail deux tableaux bien à propos pour tel subject et fort plaisans à regarder.

A l'un desquelz estoit un homme vestu estrangement, aiant un visage robuste, et comme demy furieux, lequel marchoit et foulloit de ses piedz grande quantité de safran fleury et camomille,[11] qui se monstroient non seullement resister à ceste foulle, mais encores reverdir et florir d'avantaige, comme est la nature de ces deux herbes, ainsi que nous voions estre advenu en la France, la grandeur de laquelle tant s'enfault qu'elle eust peu diminuer pour les desastres, qui luy sont advenuz, qu'il semble qu'elle en soit augmentée,

for her kingdom and prosperity for her realm.'

9 'And when I, too, upheld this broken column of the Empire, that Empire stood fast; and it does so still under my progeny.'

10 There is no mention of 'estrangers' in the King's entry.

11 This phrase concerning safran comes straight from Pliny XXI, 17: 'gaudet calcari et adteri, pereundoque melius provenit.' The same thing is said to be true of amarante (XXI, 23) although Pliny does not mention camomile. Cf. also K12r.

suivant l'ancien proverbe qui dict, La France plus invincible en adversité, qu'en prosperité:[12] au bas duquel estoit escrit,

Tant plus on foulle aux piedz la fleur
Du saffran, plus est fleurissante,
Ainsi de France la grandeur
Plus on la foulle, et plus augmente.

B.

En l'autre estoit un grand champ, en l'un des boutz duquel y avoit un beau vergier remply d'arbres chargez de toutes sortes de fruictz. A l'autre bout une quantité de blez en espi et vignes blanches et noires, chargées de raisins et au milieu toutes sortes de fleurs, sur lesquelles estoit une grande femme nüe demy courbée, aiant le visage beau, grave, et gratieux, et plusieurs mammelles à l'entour d'elle d'où sortoit laict en abondance, signifiant l'abondance incomprehensible de toutes sortes de fruictz que la France produit.[13]

Au dessous estoit escrit,

La France riche et valureuse 3^{v}
Est mere si fertile en biens,
Qu'elle peult de mammelle heureuse
Nourrir l'estrangier et les siens.[14]

Telles estoient les inventions de ce portail duquel le pourtrait ensuit (fig. 10). 4^{r}

12 'Aussi est ce une chose que vous [Catherine de' Medici] avez tousjours aprise, que la vertu des grandz princes, et princesses paroist daventage aux adversitez, qu'aux choses prosperes, comme l'industrie d'un bon pilotte se voyt plus tost durant une tempeste, que quand la mer est calme' (*Suite d'Arthemise*, ff. 4^{v}–5^{r}).

13 This figure had already been used for the King's entry. Cf. K II^{v}.

14 Though not signed, this poem is probably by Bouquet since Ronsard did not contribute any other poems to the Queen's entry.

Par lesquelles figures et inscriptions estant raportée la memoire de l'antique alliance des François et Germains, pour faire mention de celle, par qui ceste alliance est renouvellée et a poursuivi, et sollicité un si heureux mariage pour nostre Roy, et augmentation de son Roiaume, fut mis à la fontaine du Ponceau une figure vestüe d'habits Roiaulx, representant au naturel la Roine mere du Roy,[15] tenant en ses mains une couronne faicte de fleurs de lis, qu'elle monstroit vouloir poser sur le chef de ladicte Roine Elizabet, comme celle sur laquelle elle entendoit se demettre avec le temps des grandes charges et insuportables affaires qu'elle a eu, et a à la conservation de cest estat.[16] Au dessoubz estoit un tableau dans lequel ces vers estoient escritz en lettres d'or sur champ d'azur,

> Accipe et hæc manuum quæ sint monimenta mearum
> Regina et longum socrus testantur amorem.[17]

A ses piedz estoient les trois Graces, Thalia, Aglia, Ephrosina, faisant girlandes, et chapeaux de triumphe de toutes sortes de fleurs, en signe de joye et liesse publique, qui se doibt ensuivre du renouvellement de l'alliance de ces deux belliqueuses nations.[18] Dont le pourtrait est icy rapporté (fig. 12).

Passant plus oultre, et venant à la porte aux Peintres estoit un grand arc triumphal d'ordre Corinthien à deux faces, quasi de semblable architecture que celuy qui fut faict pour l'Entrée du Roy, excepté qu'il fut enrichi davan-

15 The figure of Catherine de' Medici here is basically as it was for the King's entry, 'une Deesse habillée à l'antique' (K13^{v}). Neither she nor the three lower figures are wearing 'habits Roiaulx' (cf. K14^{v}).

16 Cf. *La Renommée* v, 131–6.

17 'Do thou also take these symbols, O Queen; for they are a keepsake from my hands, and bear witness to a mother-in-law's enduring love.'

18 There were apparently no inscriptions to correspond to those for Artemisia, Lucretia, and Camilla in the King's entry. Cf. K15^{r}–K15^{v}. There is also no mention either here or in *La Renommée* of distinguishing attributes for the three Graces. The central figure may be Aglaia ('liesse publique') who normally holds a rose-bud in her hand. Cf. K24^{v}.

tage, et la frize, corniche, et architrave faictz d'un autre mode, moulure plus exquise, et mieux suivant les antiques.[19] Laquelle frize fut enrichie d'un feuillage, et fleurons d'or de relief sur un fons blanc qui embellissoit, et decoroit grandement cest ouvrage: mesmes les bazes, et chapiteaux des colonnes furent dorez de fin or. Les niches feintes de marbre noir, et toutes les figures enrichies, et dorées en plusieurs endroitz, en sorte qu'il ne se recognoissoit riens de ce qui avoit servi à ladicte Entrée du Roy.[20] Sur le hault duquel, pour demonstration et preuve de l'amitié inviolable de ces deux nations, estoient deux grandz Colosses faitz d'argent, chacun de dix piedz de hault, portans longs cheveux, et par dessus force jons et roseaux en forme de couronnes, et aians longues barbes, chenues, pour representer, l'un le fleuve du Rhone, lequel passant par le lac de Geneve (sans se mesler toutesfois parmy) vient descendre à Lion, et traversant le païs de Provence, tirant vers le midy se rend à Aiguemorte, petite ville à costé de Marseille, et de là par un seul conduit entre en la mer Mediterranée.[21] L'autre le fleuve du Danube, qui va vers Orient, traversant tout le pais d'Allemaigne jusques en Constantinople, et

19 Cf. *La Renommée* v, 137–50.

20 Despite the care which had been taken for the King's entry and the rather hasty modifications made for the Queen's entry, all seem to be agreed that the latter was much more magnificent. This may in part be a tribute to Germain Pilon, who was entrusted with the changes (Cf. Appendix III, 10), but it may also be the result of a liberal use of gold paint and ornamented decoration. Cf. *La Renommée* v, 197–202: 'Vrayment quand le festin des nopces j'aperceu / Puis de Charles l'entrée à Paris je conceu / Qu'on ne pourrait plus voir, mais, que ceste autre entrée / Bien manifestement mon erreur m'a montrée. / Car d'autant qu'un sapin surpasse un buisson bas, / D'autant y sont plus grands les biens et les ébas.'

The changes described in the text are not shown in the illustrations which are identical with those for the King's entry save for the figures above the cornices. Cf. pp. 40–7.

21 Cf. Ronsard, *Franciade* II, 231–4. 'Loin les chassa au rivage inconnu / De la Provence, où le Rosne cornu / Entre rochers roulant sa viste charge / Pres Aigue-morte en la mer se decharge.' For the outline of the course of the Rhône with its single mouth, cf. Strabo IV, 1, 11 and Ammianus Marcellinus XV, 11, 16–18.

passant par une petite isle nommé Thomos (en laquelle Ovide fut banny) se va rendre par sept conduitz en la mer Exine.[22]

Ces deux fleuves comme principaux, l'un de France, et l'autre d'Allemaigne representoient l'une et l'autre province, et par un accord mutuel supportoient un grand globe terrestre representant le monde, que ces deux nations doivent assubjectir à eux, et d'autant plus que non seullement ces deux fleuves, mais encores le Rhin, qui va vers Occident, et passant par le païs bas de Flandres se rend par deux conduitz en la mer Oceane:[23] et le Thesin, qui va vers le Septentrion passant par le païs d'Italie, se rend en la mer Adriatique:[24] viennent de la forest Hersinia située entre les Rhetez et Grisons justement entre le païs de France, et d'Allemaigne, lesquelz quatre fleuves venantz d'un mesme lieu, proche et tenant à l'une et l'autre nation, et se separantz de telle sorte qu'ilz se vont rendre aux quatre coins du monde contre le cours ordinaire des autres, lesquelz viennent tous d'Orient, et se vont rendre en Occident, est un signe et presaige certain que ces deux peuples assubjetiront une fois tout le reste du monde à eux.[25] Au dessoubz estoit une grande table d'attente, en laquelle estoient escriptz ces vers,

Ut fluvii iungunt in mutua fœdera dextras,
Gallicus hinc Rhodanus, Germanicus Ister at illinc,
Terrestremque globum sustentat uterque sinistra:
Sic donec firma (velut olim) pace manebit
Gallia Germanis iuncta, et Germania Gallis
Terrarum imperium gens utraque iuncta tenebit.[26]

22 Cf. Ronsard, *Franciade* I, 1121–4. 'Puis aprochant du grand Danube large / Qui par sept huiz en la mer se descharge / Aborderas à l'isle qui des Pins / Porte le nom.' For the Danube with its seven mouths, see Strabo VII, 1, 1 and Ammianus Marcellinus XXII, 8, 44.

23 Strabo insists on the Rhine's two mouths (IV, 3, 3), but cf. also Ammianus Marcellinus XV, 4, 2–5.

24 Cf. Strabo IV, 6, 12.

25 Cf. Introduction, pp. 18–19.

26 'Just as the rivers join hands in a common pact – the Rhine from Gaul upon the one side, and on the other

Et pour ce que ces deux fleuves et globe qu'ilz soutenoient se voioient autant d'un costé que d'autre, furent ces vers Latins traduitz en François, et mis en un autre tableau du costé de l'autre face dudict arc, telz qu'ilz sont icy raportez,

Comme l'on veoit le Rosne, et le Danube ensemble
L'un fleuve des Gaulois, et l'autre des Germains
D'un naturel accord joindre leurs fortes mains
Quand pour tenir ce globe à l'un l'autre s'assemble:
Ainsi tant que la paix chassant de nous la guerre
Joindra comme jadis les Germains aux Gaulois
Et l'une et l'autre gent tiendra dessoubz ses loix
De deux n'estant plus qu'un l'Empire de la terre.[27]

B.

Et pour revenir à l'amitié de ces deux nations, lesquelles n'a jamais esté possible desjoindre, quelque mutation ou laps de temps qui soit avenu, ne pour quelque desunion que autrefois on ait pensé entre eux. Delaissant ce que en a escrit l'antiquité, venant au recent et dernier secours qu'ilz se sont donnez les uns aux autres, estoit à l'un des costez une figure representant le Roy Henry deuxiesme de ce nom, ayant ses habitz, et couronne imperialle, et tenant son sceptre et main de justice: l'aide duquel iceux Allemans ayantz

the German Danube – and each of these two upholds the world's orb with its left hand, so likewise, as long as France remains joined to Germany and Germany to France, in peace secure as of old the two nations, united, shall hold sway over all the earth,'

27 These verses which are signed by Bouquet are claimed by Jamyn. Cf. Amadis Jamyn, *Œuvres poétiques* 1575, f. 67r: 'Vers sur la peinture du Rosne et du Danube faicts à la mesme entrée.' Since the poem was withdrawn from later editions, whereas the one claimed from Ronsard was not (K27r), one may well speculate on possible repercussions.

Variants: I. 1 Ainsi qu'on veoit, I. 3 D'un mutuel accord, I. 4 Or' que tenant.

imploré du temps de l'Empereur Charles v se seroit aussi tost rendu prompt, et diligent pour les secourir, les aiantz par sa presence conservez en leur liberté Germanique. Eux en semblable voiantz les troubles derniers, et divisions de ce Royaume se seroient pareillement divisez pour donner secours à l'un et l'autre party.

Au dessous de ceste figure estoient escritz ces vers,

Cœperat Henricus moliri, fœdere ut esset
Gallia fida soror Germanæ iuncta sorori.[28]

A l'autre costé estoit une autre figure representant nostre Roy Charles IX à present regnant, lequel suivantz les traces de ses ancestres n'a seulement conservé ceste amitié des François et Allemans, mais d'abondant l'a corroborée par son mariage, ainsi qu'il est cy devant specifié, au dessous duquel estoient escritz ces vers,

Henrici patris inceptum nunc perficit ecce
Germanam iungens sibi CAROLVS ELIZABETAM.[29]

Du costé de l'autre face estoient les figures de Messeigneurs les ducz d'Anjou, et d'Alençon ses freres, l'un tenant une espee nüe couronnée et l'autre une hache d'armes:[30] comme estantz tousjours prestz pour eux emploier pour son service, et augmentation de sa grandeur, sous lesquelz assavoir Monseigneur estoit escrit,

Pro patris et fratris sociis hic militat ensis.[31]

28 'Henry began to work for the union of France, as a loyal sister, with her sister Germany.' (There is a pun on Germana ['German'] and germana ['own' or 'full' sister]). Cf. p. 204.

29 'Now behold, Charles brings to fulfilment his father's undertaking as he unites German Elisabeth to himself.'

30 These figures were adapted from the King's entry. Cf. K23v.

31 'This is the sword that takes the field for his father's and brother's friends.'

Et sous Monseigneur le Duc,

Et mea fraterna pro fœdere militat hasta.[32]

En l'un des costez du dedans de cest arc estoit un tableau de riche et excellente peinture, auquel estoit depeint comme en une carte, grande partie de la terre environnée de mer en plusieurs endroitz pour raporter à peu pres du naturel les parties de l'Orient, et Occident. Plus hault à chacun des boutz deux grandz soleilz, l'un representant l'Orient avec l'Aurore allant devant, et l'autre le Couchant accompagné de l'estoille dite Vesper devise semblable, et dependant de la signification desdictz fleuves pour tousjours confirmer ce qu'a esté dict, que ces deux nations unies ensemble, domineront tout le monde, et par consequent l'Orient, et l'Occident. Au bas duquel estoient escritz ces vers,

Quæ divisa prius totum diviserat orbem
Gens, iterum coniuncta occasum iunget et ortum.[33]

A l'autre costé estoit un autre tableau aussi industrieusement elaboré contenant un grand, et beau paisage, et au dessus l'arc en ciel dit Iris,[34] signe de reconciliation comme pronostic, que ce renouvellement d'amitié advenu par ce mariage sera d'eternelle durée, et non jamais violable, au dessous duquel estoient escritz ces vers,

Æterni dederat signum quem fœderis arcum,
Hunc Gallis Deus hoc et Germanis dedit anno.[35]

32 'And my spear also goes to war for the pledged word of my brother.'

33 'That same nation which erstwhile, itself divided, divided all the earth, shall – once more united – unite the West and East.'

34 Cf. K26v.

35 'In this year hath God vouchsafed to French and Germans that rainbow-sign which once He gave to make His everlasting covenant.'

Le surplus des beautez artificielles, qui estoient en ce theatre, se peuvent remarquer par le pourtrait, qui en est icy representé (fig. 14).

Et à fin de faire entendre les grandz biens qui nous proviendront de ceste alliance, estoit devant le Sepulchre un grand pied d'estail de mesme ordre que celluy qui estoit à l'Entrée du Roy, dont les moulures et pieces de relief furent enrichiz d'or: sur lequel estoit une Junon faite d'argent,[36] aiant dix piedz de hault, tenant un nœud Gordien, que les anciens ont dit indissoluble, signifiant que telle sera ceste alliance entre ces deux peuples, qui apportera à ce Royaume abondance et grandes richesses, qui sont representées par ceste Junon,[37] au pied de laquelle estoit escrit,

Sit sponsis, populis sit non resolubile vinclum.[38]

Le pourtrait qui en est icy rapporté supplera le default du reste (fig. 16).

Un peu plus loing devant la fontaine sainct Innocent y avoit un semblable pied d'estail, et de pareil enrichissement, portant un Saturne d'or de dix piedz de hault.[39] Lequel d'une main tenoit un navire d'argent, et de l'autre une faucille pour faire entendre quelz biens nous doivent advenir par ce renouvellement d'alliance: lequel ramenant l'aage doré en ce Royaume,[40] fera que d'ores en avant le marchant pourra trafiquer, et negotier librement par tout:

36 *La Renommée* v, 151 says 'qui semble d'or.'

37 Elsewhere Ronsard suggests that it is Catherine de' Medici who will restore the Age of Gold. Cf. Ronsard, *Œuvres complètes* ed. Laumonier (STFM) XIII, 79 (47–9): 'Si nous voyons le Siecle d'or refait, / C'est du bienfait / De la bergere Catherine.'

38 'Between the betrothed pair and between their peoples, let there be a bond that none can loose.'

39 Saturn, as a representative of the Age of Gold, had already appeared at the Rouen entry of Henry II in 1550. The town gate was decorated as a triumphal arch representing that Age, and was surmounted by a gilded statue of Saturn standing on a silver crescent moon supported on either side by a Sibyl.

40 For the theme of the Age of Gold, cf. K24v.

et le laboureur recueillir et serrer ses fruictz avec seurté, comme il estoit signifié par le navire et faucille.[41] Au bas de ce Saturne estoit escrit,

> Plaudite iam Galli redeunt Saturnia regna:
> Falx dabit hæc segetes: ratis hæc feret undique merces.[42]

Le pourtrait qui ensuit demonstrera le surplus (fig. 18).

Quant à la place dicte la porte de Paris, la mesme perspective qui y estoit à l'Entrée du Roy y fut remise tant pour ce qu'il ne fut possible en si peu de temps (pour la grande espace de lieu) executer ce qui avoit esté designé, que pour ce qu'elle y estoit bien seante, à cause de l'union des maisons de France, et d'Austriche y representées, desquelles deux maisons ainsi conjointes, et de nouveau confirmées en amitié depend le repos universel de la Chrestienté, et d'autant plus que nous voions aujourd'huy tous les Princes Chrestiens estre, graces à Dieu, en union, confederation, alliance, et amitié, telle et si asseurée que chacun estime qu'elle doit durer eternellement, qui sera l'augmentation du bien, et repos de nostre foy Chrestienne et confusion de l'ennemy d'icelle.

Et pour ce que par les escritz de plusieurs Saintz et anciens grands personnages a esté predict que des François et Allemans doit sortir un grand Monarque lequel subjuguera outre l'Europe non seullement l'Asie, mais tout le reste du monde que nous esperons devoir estre de ce mariage,[43] fut mis au

41 Cf. Valeriano XLII, 258. The sickle is said to be 'principallement en la main de Saturne ... l'hieroglyphe du temps, qui a donné maturité à toute chose.' For this reason, it is also the symbol of hope. Cf. Tervarent I, 162.

42 'Now, ye French, give praise; 'the realms of Saturn return again'; this is the sickle that shall gather the harvests, and this the ship that shall bring merchandise from all quarters.' It is always well to recall the deformations that may result from the use of a classical quotation removed from context and often reduced in scale, in this case Virgil, *Eclogues* IV, 6–7: 'Iam redit et Virgo, redeunt Saturnia regna / Iam nova progenies cælo demittitur alto.'

43 The prophecy that a particular child would bring back the rule of Saturn, the earthly presence of Astræa, the

premier portail du pont nostre Dame un Thoreau nageant en mer portant une Nymphe sur sa croppe, dicte Asie.[44] Pour signifier que tout ainsi que l'ancien Juppiter en pareille forme ravit Europe (que iceux François, et Allemans avec leurs confederez occupent) aussi le Jupiter nouveau, ou Daulphin de France qui doit sortir de ce mariage ravira l'Asie, et le reste du monde pour joindre à son Empire, et soy faire Monarque de l'univers.

Au dessous estoient escritz ces vers,

1r Par le vieil Jupiter Europe fut ravie:
Le jeune ravira par Isabel l'Asie,
Que d'Europe, et d'Asie on taise le renom,
France Allemaigne soit de l'univers le nom.

B.

A l'un des costez,

Jupiter Europam rapuit vetus: at novus ecce
Jupiter huc Asiam ducta rapit ELISABETA.[45]

A l'autre costé,

Non Asiæ, non Europæ, iam nomina posthac
Sed iam totus erit Germania Gallia mundus.[46]

virgin goddess of Justice, and the Golden race of men is a reference both to Virgil's Fourth or 'Messianic' Eclogue (cf. Q9v) and also *Æneid* VI, 791–800.

The return of the Age of Gold is a favourite theme of Ronsard's applied to the reign of Charles IX. Cf. *Œuvres complètes* ed. Laumonier (STFM), XIII, 109 (659–82); 240 (1–4). Cf. Q26r.

44 Cf. *La Renommée* V, 167–74.

45 ' 'Twas Jupiter of old that reft away *Europa*; but lo, a new Jupiter, marrying Elisabeth, doth abduct and bring hither – Asia!'

46 'No more hereafter shall Asia and Europe keep their names, but now the whole world shall be but "Germany-France".'

Dedans l'un des costez de ce portail pour honorer le lict d'un si heureux mariage, estoient deux ruches à miel ausquelles les mouches entroient paisiblement, combien qu'elles semblassent avoir eu un grand conflict entre-elles au paravant:[47] qu'elles monstroient avoir delaissé à la nouvelle de ce mariage. Et dessous estoit escrit,

> Rursus apes solitas post bella revisite cellas:
> Mella super thalamos urnis effundite plenis.[48]

Et à l'autre costé pour memoire de ce grand Monarque, qui doibt venir de ce mariage, estoit depeinte une grande mer enflée de ventz, et orages, qui couroient au dessus, pour lesquelz faire cesser estoit Æolus dieu des ventz, lequel avec son trident les dechassoit et commandoit eux retirer,[49] rendant par
ce moien ceste mer paisible et calme, pour donner issue à un Daulphin[50] 11
premier poisson de la mer: le naturel duquel est tel qu'à sa venüe toute tormente cesse: du nom duquel sont surnommez les premiers masles de

47 Cf. K35r. The representation of bees entering two hives 'paisiblement, combien qu'elles semblassent avoir eu un grand conflict entre-elles au paravant' would seem to demand unusual ingenuity of the painter. Perhaps the scene is identical with the one used for the King's entry.

48 'Once again, ye bees, return to your wonted cells after the wars; and in full jars pour forth your honey over the wedding chambers.'

49 Cf. N. Conti, *Mythologie* II, viii: 'Ciceron au premier livre des Dieux, suyvant l'avis de Chrysippe, dit que Neptun est l'air qui s'espand sur la mer, neantmoins on ne nommoit pas seulement du nom de Neptun cet air là, mais aussi l'élément mesme de l'eau.'
Æolus is usually associated with the moderating of the winds, but with the trident he would seem also to represent Neptune.
Cf. Virgil, *Æneid*, I, 135: 'Quos ego ...! Sed motos præstat componere fluctus.'

50 Charles V (1337–80) was the first heir to the French throne to be called Dauphin. Cf. Tervarent I, 145. The dolphin is 'premier poisson de la mer' because it represents Neptune himself and domination of the elements to render the sea 'paisible et calme.' Cf. Valeriano XXVII, 486.

France, qui sera ce grand Monarque cy dessus mentionné que nous esperons, et dessous estoit escrit,

> Æolus ecce fugat turbantes æquora ventos,
> Tutus ut in placidas Delphin novus emicet undas.[51]

2r Le portrait en est icy rapporté à peu près (fig. 20).

2v Quant au parement du pont nostre Dame il fut orné tout ainsi qu'il avoit esté à l'Entrée du Roy, lequel aussi on n'eust sceu faire autre en si peu de temps, excepté que les armoiries, devises, et chiffres de ladicte dame y furent mises au lieu de celles qui y estoient.[52]

Sur le portail de l'autre bout dudict pont fut mis un grand navire d'argent representant la ville de Paris,[53] ayant les voilles tendus, et enflez du vent de Septentrion venant d'Allemaigne, duquel costé apparoissoit aussi l'estoille de l'Ourse grande et petite comme guide de ce navire pour le conduire en seureté par tout.[54] Au bout du hault du mas estoit ceste devise d'icelle ville,

> Tumidis velis Aquilone secundo.[55]

Et au dessous droit au milieu de l'arc ces vers,

> Puisque l'Ourse apparoist pour guider ce navire
> Et le vent Aquilon fait ses voilles enfler
> Les François et Germains feront un jour trembler
> Tout le reste du monde, et joindre à leur Empire.

B.

51 'Lo, Æolus routs the winds that trouble the sea's surface, that our young Dolphin (Dauphin) may safely leap forth upon calm water.'

52 Cf. K36r.

53 This is probably the same ship that was used for the King's entry (fig. 19).

54 Cf. *La Renommée* v, 175–6.

55 'With swelling sails and following breeze.'

Et à costé ces vers,

> Martia coniugio Gallis si iungitur Arctos,
> Flatibus Arctois tumefient vela secundis.[56]

Et à l'autre costé,

> Gallica in occiduo si sidere nunc regit arctos
> Vela, quis æquoreis iam sit vagus error in undis?[57]

Quant aux tableaux du dedans ne fut aucune chose changée de l'invention, 1
pour ce qu'ilz estoient bien convenables: seulement ce qui estoit en Grec à l'Entrée du Roy fut mis en Latin.
A l'un estoient ces vers,

> Utri sacra manu violarint fœdera primi
> Ut vinum hoc, sic diffluat his tellure cerebrum.[58]

Et à l'autre,

> Arma super tenues distendat aranea telas
> Post hæc: at belli ne sit iam nomen in orbe.[59]

56 'If to the French the martial North be joined in marriage, our sails shall be filled with the North-wind following fairly.'

57 'If the North-wind now steer our French ship by the western star, our course at sea must needs be true.'

58 'Whichever of the two parties first breaks the sacred pledge, let his brains spill out upon the ground as this wine does.' This is but a Latin version of the Greek quotation from Homer used in K38^{r}.

59 'Hereafter let the spider spread her fine web over armaments, and let the name of war exist no more upon the earth.' This is another Latin version, this time of the Theocritus quotation used on K 38^{r}.

Telles furent les inventions faites en l'honneur d'icelle Dame, lesquelles on eust bien amplifiées, si le temps l'eust permis, dont je ne feray plus ample mention pour venir à l'ordre d'icelle Entrée.

Doncques le Jeudy vingtneufiesme jour dudict mois estant ladicte Dame arrivée sur les neuf heures du matin au Prieuré S. Ladre, est montée et s'est assise au hault du mesme eschaffault qui avoit esté dressé pour le Roy, pour recevoir et ouir les harangues et salutations de la part de ceux de ladicte ville.[60] Et estoient près et autour de ladicte Dame sur ledict eschaffault plusieurs Princes, Princesses, Seigneurs, et Dames, et mesmement Monsieur le President de Birague, conseiller du Roy en son conseil privé, et aiant charge des seaux de France.

3v Quelque espace de temps après se sont acheminez au devant de ladicte Dame les quatre ordres Mendianes, et les paroisses, le Recteur avec les Docteurs, Lecteurs, et Regens de l'université de Paris.[61] Suivant eux six enseignes de gens de pied, esleuz des dixsept mestiers, fort bien armez, et en bon ordre: faisant le nombre de dixhuit cens hommes, tant harquebouziers que picquiers. Après ont suivy les deux Sergens de la ville, à cheval, et les menuz officers d'icelle ville à pied, vestuz de robbes miparties de bleu et rouge. Les trois compagnies de la ville, assavoir cent harquebouziers, cent arbalestriers, et cent archiers en fort bon ordre, et equipaige: marchant devant chacune compagnie la cornette, guidon, et enseigne desploiez.

Cela passé sont venuz les cent Enfans de la ville, tous fort bien montez, equippez, et habillez d'une parure, conduictz et menez par leurs capitaine, lieutenants, enseignes, et guidons aussi deploiez. Et au lieu que le jour de l'Entrée du Roy ilz portoient corps de cuirace, et brassars dessous leurs cazaques, ilz avoient tous pourpointz de satin blanc decouppez, marchans dix ou douze d'entre eux devant le capitaine: dont aucuns avoient changé d'accoustremens estans habillez de sayes de veloux blanc, decouppez, doublez de

60 For details of the procession, cf. *La Renommée* v, 213–68. The summary is sketchy indeed.

61 The Regents were not mentioned in the King's entry. Cf. K39v.

toille d'or, passementez de passement d'or, et semez d'une infinité de boutons d'or.

Après ont marché le maistre de l'artillerie de la ville: les deux maistres des œuvres de Charpenterie, et Massonnerie,[62] les huit autres Sergens de la ville à cheval, portant à la main gauche sur l'espaule un navire d'argent faict d'orfeverie, qui sont les armes de ladicte ville. Et après le Prevost des mar- 141
chans, les quatre Eschevins, Procureur, Receveur, et Greffier, Conseillers, Quarteniers, et Bourgeois de ladicte ville. Lesdicts Prevost et Eschevins vestuz de robbes miparties de veloux cramoisy de haulte couleur, et de veloux tanné, au lieu que le jour de l'Entrée du Roy elles estoient de veloux cramoisi brun, et veloux tanné.[63]

62 Respectively, Jehan Durand, Charles Le Conte, and Guillaume Guillain.

63 Parvenuz devant sa Majesté, mond. s^{r} Marcel, Prevost des Marchans luy dist ce qui s'ensuict: 'Madame, je ne vous puis assez declarer la grand joye, plaisir et delectation que recepveront aujourd'huy les bourgeois, cytoiens, manans et habitans de ceste bonne Ville de Paris, cappitalle de ce Royaulme, très humble et très obeissans, très affectionnez, fidelles et loyaulx subjectz du Roy, à la joyeuse et nouvelle entrée de vostre Royalle Majesté, accompagnée de messeigneurs les très haultz et très illustres princes, messeigneurs les ducs d'Anjou et d'Allençon, et de mesdames les très illustres princesses, Mesdames ses seurs. Et vous font dire par moy noz concytoiens qu'ilz se reputent très heureux d'avoir une Royne et dame tant accomplye en toutes graces et vertuz, issue ... (omission) de l'antienne et bonne tige de Valois, jadis roys de France, dont nous voyons aujourd'huy ces deulx illustres branches conjoinctes par mariage, en ce temps de paix et patience, lequel nous esperons veoir augmenter de bien en mieulx, estant aujourd'huy la France et Germanie si bien alliez. Vous remercient très humblement de vostre très noble visitation, vous offrant leur personne, leurs cœurs affectionnez, biens et voluntez en tous estatz, qu'ilz vous supplient voulloir accepter et recevoir pour agreables, et qu'il plaise à vostre Royalle Majesté les mainctenir tousjours en la bonne grace de nostre très souverain et naturel Prince, et à la Vostre, s'asseurans que soubz umbre d'icelle et protection d'ung tant bon Prince et bonne Princesse, ilz ne fauldront à estre maintenuz et considerez en tout ce qui leur sera besoing.

'Madame, pour n'estre long en mes propos et ne retarder ceste heureuse

Les maistres jurez des six estatz de marchandise tous à cheval, chacun en son ordre et qualité, vestuz et habillez ainsi que le jour de l'Entrée du Roy.

Le chevallier du guet fort bien monté, habillé de toille d'argent aiant devant luy un paige monté et vestu de mesme, et après luy ses lieutenantz, sergens, et archiers tant à pied, qu'à cheval.

Les unze vingtz sergens à verge à pied, tous les harquebouziers morionnez, hors mis quelques uns qui estoient au tour de l'enseigne portans hallebardes.

Les quatre sergens fieffez.

Les cent Notaires, les trente deux Commissaires, et les Audienciers du Chastelet, tous à cheval, habillez selon leur estat de robbes longues noires.

Les sergens de la douzaine du Prevost de Paris: iceluy Prevost fort bien monté, et au lieu que le jour de l'Entrée du Roy, il estoit en armes, il estoit en robbe de drap d'or frizé, son habillement enrichy d'un fort large passement d'or, la housse de son cheval de mesme. Et estoit devant luy son escuier monté sur un beau cheval fort bien enharnaché, et deux des pages et deux lacquais dudict Prevost, vestuz de veloux vert passementé d'argent. Ledict Prevost pour la malladie du Lieutenant civil[64] estoit suivy seullement de ses Lieutenantz criminel, et particulier, Advocat, Procureur, et Conseillers dudict
14v Chastelet. L'enseigne des Sergens à cheval marchoit après, suivie desdicts Sergens portans tous pistoles à l'arçon de la selle de leurs chevaux, et aians leurs casacques grises passementées d'incarnat, et blanc.

Les deux Presidens des monnoies marchoient après et estoient suiviz

entreprinse qu'avez faicte de visiter ceste bonne Ville de Paris, je ne vous diray plus, sinon que vous soyez plus que la très bien venue, priant Dieu qu'il luy plaise vous conserver et maintenir en toute felicité, avec le Roy nostre très cher prince et Souverain seigneur, en tel repos et patience que ses bons et loyaulx subjects et les vostres puissent participper au bien de paix tant necessaire à la prosperité de tous les subjectz d'ung si bon Roy très chrestien.'

Puis suyvoient les maistres ... (*Registres* VI, 305).

64 The Lieutenant of the Prevost de Paris was apparently present at the King's entry. Cf. K44r.

des Generaulx et officiers d'icelles monnoies, lesdicts Presidens, et partie desdicts Generaulx vestuz de robbes longues, et l'autre partie de robbes courtes de divers draps de soye.

Messieurs de la court des Aides après, aians leurs huissiers, et greffier devant eux. Les Presidens portans robbes de veloux noir. Le General des finances audict Paris vestu d'une robbe de satin, et les Conseillers vestuz de robbes d'escarlatte suiviz des Esleuz et autres officiers du Grenier à sel, et des Aides de ladicte ville.

Messieurs de la chambre des Comptes venoient suivant ladicte court des Aides, et avoient aussi leurs huissiers devant eux, et estoient pareillement aucuns d'eux vestuz de robbes longues, et les autres de robbes courtes de draps de soye de diverses façons, suiviz des officiers comptables establiz en ladicte ville.

Après eux marchoient Messieurs les premiers maistres d'hostel du Roy, et de la Royne, accompagnez des autres maistres d'hostel dudict Seigneur et de la Roine.

Messieurs de la court de Parlement souveraine de ce Roiaume semblable- 15r
ment precedez par leurs huissiers. Les quatre notaires et Greffier criminel et des presentations de ladicte court vestuz de robbes d'escarlatte. Le Greffier civil après eux seul, portant sa chappe fourrée de menu vert. Et après luy le premier huissier aussi seul habillé d'escarlatte, son mortier de drap d'or en la teste fourré de menu vert. Les Presidens estoient revestuz de leurs chappes d'escarlate les mortiers en la teste, ainsi qu'il est accoustumé. Monsieur de Thou premier President aiant pour difference des autres trois petites bandes de toille d'or sur l'espaule gauche. Et suivoient après, les Presidens des enquestes, et Conseillers avec les deux Advocatz, et au milieu d'eux le Procureur general du Roy, portans tous robbes d'escarlatte, et leurs chapperons de mesme, fourrez de menu vert.

Tous les dessusdicts aiant trouvé ladicte Dame sur ledict eschaffault marchans en l'ordre, et comme cy devant est dict, luy ont faict leurs treshumbles salutations, et harangues, puis s'en sont retournez en la ville au mesme ordre qu'ilz estoient allez.

Après les dessusdicts rentrez, l'artillerie en grand nombre a tiré, et salüé ladicte Dame, et cela faict ont commencé à marcher ceux de sa compagnie et suite, assavoir:

Le Prevost de Monseigneur le Duc d'Anjou frere et Lieutenant general
15v du Roy, suivy de son Lieutenant de robbe courte, de ses deux Lieutenans de robbe longue, et de ses Greffier et archiers.

Les deux compagnies de chevaux legiers du sieur de Monterud, grand Prevost de France et de l'hostel du Roy conduittes par les Capitaines, Lieutenans, et enseignes d'icelles.

Le sieur de Camby, Capitaine des guides suivy des quatre guides du Roy, entretenuz à sa suitte.

Ledict Sieur de Montrud accompagné de ses Lieutenans de robbe longue, et de robbe courte, exemptz, Greffier, et archiers de la Prevosté de l'hostel à cheval, aians leurs hocquetons d'orfevrie, et chacun un espieu au poing.

Les Capitaine, Lieutenant, Enseigne, et Exemptz de la garde de Monseigneur le Duc d'Alençon frere du Roy suiviz de cinquante archiers vestuz de cazaques de veloux gris, passementez de passement d'argent, et de soie orengée, bien montez, et equippez: aians leurs harquebouzes à l'arçon de la selle.

Le Capitaine, Lieutenant, Enseigne, et Exemptz de la garde de mondict Seigneur le Duc d'Anjou, aussi fort bien montez sur grandz chevaux, et richement vestuz, et accoustrez, suiviz de pareil nombre d'archiers à cheval, portans cazaques de veloux vert passementez d'argent.

16r Après eux sont venuz les Gentilzhommes des Princes, Princesses, Dames, et grandz Seigneurs qui accompagnerent la Roine, et suivant eux grand nombre de Gentilzhommes servans et escuiers d'escurie du Roy, habillez les uns de drap de soie enrichiz de passement d'or: les autres aians les doubleures de leurs cappes et manteaux de toille d'or ou d'argent, fort bien montez sur beaux et grandz chevaux, avec les housses de mesme parure que leurs habillemens.

Après les Gentilzhommes de la chambre de Monseigneur le Duc Alençon, de Monseigneur le Duc d'Anjou, ceux du Roy, et parmy eux plusieurs

Capitaines, et grandz Seigneurs, jusques environ le nombre de mil, les uns vestuz de drap d'or frizé, les autres d'autres differentes sortes de drap d'or, d'argent, et de soie: la pluspart, aians par dessus le drap d'or ou d'argent du passement d'or, ou d'argent, d'enrichissemens et belles façons, et leurs manteaux et chapeaux semez d'une infinité de grosses perles, pierreries, boutons, et fers d'or, tous montez sur grandz chevaux d'inestimable valeur, fort sumptueusement enharnachés, et aians leurs housses de mesme pareures que leurs habillemens.

Eux passez ont suivy deux huissiers de la Chancellerie, portans robbes de veloux cramoisi violet brodées de passement d'or, et leurs masses. Les
grand Audiencier, et au lieu du Contrerolleur de l'audience, qui estoit 16
malade, son Commis revestuz de robbes de veloux noir, et aucuns des Secretaires de la maison, et couronne de France diversement vestuz, et accoustrez de draps de soie. Messieurs les Maistres des requestes habillez de robbes longues de satin. Monsieur le President de Birague marchant après, vestu de robbe de veloux rouge cramoisy, monté sur sa mulle enharnachée de veloux, et couverte d'une housse de mesme couleur à franges d'or. Aiant autour de luy ses lacquais, et estoit suivy de son escuier, et de son secretaire, ainsi qu'à l'Entree du Roy.

Après sont venuz les Ambassadeurs residens près la personne du Roy, precedez par leurs secretaires: et estoit devant, et le plus prochain desdicts Ambassadeurs le Sieur Jeronime Gondy, commis à les recevoir.

L'Ambassadeur de Venize estoit accompagné du Sieur de Meillault, Chevalier de l'ordre du Roy.

L'Ambassadeur d'Escosse estoit accompagné de Monsieur le Conte de Chaulne.

L'Ambassadeur d'Espaigne estoit accompagné de Monsieur d'Espinay.

Et Monsieur le Nonce du Pape estoit accompagné de Monsieur l'Abbé de Vandosme.

Lesdicts Ambassadeurs passez, les Suisses de la guarde du Roy, de 17
Messeigneurs les ducz d'Anjou, et d'Alençon suivoient, aians devant eux le Sieur Conte de Maulevrier, frere de Monsieur le Duc de Bouillon, habillé

de veloux blanc à la Suisse, et monté sur un petit cheval fort bien enharnaché, et couvert d'une housse de toille d'argent, et après luy les Capitaines, et Lieutenant desdicts Suisses aussi vestuz de veloux blanc à la Suisse,[65] leurs bonnetz de mesme, accoustrez tout au tour de grandz panaches blancz, tous semez de pierreries, boutons, et fers d'or, lesdicts Suisses de la guarde du Roy et de mesdicts Seigneurs estant entresmeslés par rengs les uns parmy les autres, vestuz de diverses livrées ainsi qu'à l'Entrée du Roy.

Après marchoient les haulbois, et cornetz à boucquin, et les trompettes et clairons estant à part alloient sonnant sans cesse de leurs instrumentz.

Les poursuivans d'armes, dix heraultz, et le Roy d'armes, tous revestuz de leurs cottes d'armes suivoient après.

Après eux marchoient deux paiges de la Roine, nües testes, vestuz, et leurs chevaulx enharnachez, et couvers de toille d'argent jusques en terre, le premier ayant devant luy à l'arson de la scelle de son cheval le portemanteau de ladicte Dame, et l'autre la boiste aux bagues derriere luy sur la crouppe de son cheval.

Joignant eux estoit un escuier de ladicte Dame vestu de veloux blanc
7v monté sur un fort beau cheval blanc, enharnaché et couvert de toille d'argent, ainsi que ceux desdicts paiges.

Le cheval de crouppe de ladicte Dame venoit après, estant un paige dessus vestu de la mesme parure que les deux autres, et estoit ledict cheval blanc tout couvert de toille d'argent frizée trainant jusques en terre: la housse, et la planchette qui estoit par dessus de mesme.

Après estoit la hacquenée de parade de ladicte Dame toute blanche aussi, entierement couverte jusques en terre de toille d'argent frizée, la housse, et la planchette qui estoient par dessus de mesme, et estoit menée par deux escuiers de ladicte Dame habillez de robbes de veloux blanc, et saies de toille d'argent, et les pans de ladicte housse portez par deux paiges habillez de toille d'argent.

65 This is a large, roomy garment cut with slashes. It was very popular with young nobles during the reigns of Charles IX and Henri III.

Après eux est passé le Sieur de Quelluz Lieutenant des deux cens Gentilzhommes de la maison du Roy, suivy d'iceux deux cens Gentilzhommes qui estoient à pied, et faisoient haye des deux costez depuis la Royne en avant, aians tous robbes de draps de soye, de diverses façons enrichies de passementz d'or, d'argent, ou de soye, leurs haches en la main, et la pluspart d'eux de grosses chesnes d'or au col, et estoient joignant eux les Sieurs Conte de Retz, et de Lanssac leurs capitaines, aians leurs grandz ordres au col, estans aussi tres-richement vestuz et parez.

Suivoient après les lacquais de ladicte Dame teste nüe, habillez de toille 18r
d'argent.

Monsieur le Prevost de Paris vestu, et monté comme cy devant est dict, alloit après.

Luy passé ont suivy cinq Cardinaux, qui sont Messeigneurs les Reverendissimes Cardinaux de Bourbon, et de Lorraine à costé l'un de l'autre: devant eux Messeigneurs les Reverendissimes Cardinaux de Guyse, de Pelvé et d'Est ensemble; tous revestuz de leurs rochetz, et portans leurs chappeaux de Cardinaux sur leurs testes.

Monsieur le Conte de Fiesque, Chevalier d'honneur de ladicte Dame estoit devant sa litière, tirant sur la main gauche, fort bien vestu et monté.

Monseigneur le Duc de Guyse, grand Maistre de France, portant en sa main le baston de grand Maistre, estoit sur la main droicte plus près de la lictière de ladicte Dame monté sur un beau cheval d'Espaigne, enharnaché, et luy tres-richement vestu.

Les deux Huissiers de chambre du Roy, vestuz de veloux blanc, estoient à pied portans leurs masses comme ilz faisoient à l'Entrée du Roy.

La Royne venoit après dedans une lictiere descouverte, dont le fondz par dedans et par dehors estoit couvert de toille d'argent trainant en terre: les
muletz qui la portoient tous couvers de toille d'argent frizée, aussi trainant en 18v
terre, et les paiges qui montoient lesdicts muletz et menoient ladicte lictiere habillez de toille d'argent les testes nües.

Ladicte Dame estoit habillée de surcot d'hermine, couvert de pierreries de tresgrande excellence, et inestimable valeur, de corset, et manteau Royal, portant sur la teste une couronne d'or enrichie d'infinies perles, et pierreries tresexquises curieusement applicquées, et estoit seulle dedans ladicte litiere, aux deux costez de laquelle estoient mondict Seigneur le Duc d'Anjou, frere et Lieutenant general du Roy, à la main droicte, et mondict Seigneur le Duc d'Alençon, aussi son frere, à la main gauche, tous deux tres-richement habillez, leurs habillemens semez d'une infinité de pierreries, et estoient montez sur grandz chevaux d'Espaigne, bravement, et superbement enharnachez.

Joignant la litiere de ladicte Dame estoient quatre de ses escuiers d'escurie marchant à pied, tous habillez de robbes de veloux blanc, et sayes de toille d'argent.

A l'entour de ladicte Dame estoient les vingtquatre archiers du corps du Roy à pied, revestuz de leurs hocquetons tous blancz faictz d'orfevrie.

Au dessus de ladicte Dame estoit un poisle de drap d'or fort riche, et fut porté ainsi, et par ceux mesme qui porterent celluy du Roy le jour de son Entrée.

19r Madame la Duchesse de Lorraine, et Madame Marguerite sœurs du Roy, suivoient après dedans une litiere, couverte et parée tout ainsi que celle de la Roine, accoustrées et vestues de surcot, et manteau Ducal, enrichiz d'une infinité de pierreries, et autres singularitez convenables à leur grandeur, et estoient accompagnées de Monseigneur le Duc de Lorraine à main droicte, et de Monsieur le Prince Daulphin à main gauche.

Après marchoient:

Madame la Princesse de Condé accompagnée de Monsieur le Duc de Nemoux.

Madame de Montpensier, accompagnée de Monsieur le Marquis du Maine.

Madame la Princesse Daulphin, accompagnée de Monsieur le Marquis d'Ellebeuf.

Madame la Princesse de la Roche-sur-yon, accompagnée de Monsieur le mareschal Dampville.

Madame la Duchesse de Nemoux, de Monsieur de Meru.

Madame la Duchesse de Guise, de Monsieur de Thoray.

Madame la connestable Dame d'honneur de la Royne, de Monsieur de Candalles, son gendre.

Toutes lesdictes Dames sur haquenées blanches enharnachées de toille 19
d'argent, et elles habillées de surcot d'ermines, corsetz, manteaux, et cercles de Duchesses: les queües de leursdictz manteaux portées par leurs escuiers marchans à pied après elles, tous vestuz de veloux, ou satin blanc, et chacune d'elles suivies de deux lacquais de mesme parure, ayans lesdictes Dames leursdictz surcotz, et manteaux enrichiz de grande quantité de pierreries, excepté les vefves qui portoient leurs accoustrementz et couronnes sans aucun enrichissement.

Suivant elles marchoient:

Madame la Mareschalle Dampville, accompagné de Monsieur le viconte de Thuraine.

Madame la Mareschalle de Cossé, de Monsieur de Carnavallet.

Madame la Mareschalle de Tavanes, de monsieur de la Chapelle des Ursins.

Madame la Contesse de Fiesque, de monsieur de Sainct Sulpice.

Madame la Contesse de Rhetz, de monsieur de la Vauguyon.

Madame de Villeguier l'aisnée, de monsieur de Montpezat.

Madame de Byron, de monsieur de Strossy. 20r

Madame de Froze, de monsieur de Canaples.

Madame de la Tour, de monsieur de Sourdis.

Toutes lesdictes Dames, vestues et parées de toille d'argent enrichies d'une infinité de perles, et pierreries, et montées sur haquenées blanches, enharnachées de housses de mesme parure.[66]

Après lesdictes Dames suivoient quatre Chariotz de ladicte Dame Royne attelez, et tirez chacun de quatre chevaulx hongres enharnachez de toille d'argent, conduictz par des cochiers Hongres de nation, vestuz de mesme parure à la Hongresque, lesdictz chariotz estoient couverts seullement par le hault de toille d'argent, enrichis de houppes d'argent et de soye blanche, et les bois, rouaiges, lymons, et tout ce qui depend esdicts chariotz argenté d'argent fin: en chacun desdicts chariotz estoient six damoiselles de ladicte Dame toutes revestues de robbes de toille d'argent, enrichies d'une infinité de boutons d'or, de perles, et de pierreries.

66 For additional details cf. *La Renommée* v, 247–64.

Suivant lesdicts chariotz estoient les Capitaines des gardes du Roy, avec leurs Lieutenant, enseignes, et guidons, les exemptz, et tous les Archiers desdictes gardes montez à cheval, et revestuz de leurs hocquetons d'orfevrie à la devise du Roy.

Ladicte Dame Royne en l'ordre, et magnificence que dessus entra dedans ladicte ville de Paris, et passant par la porte et rue S. Denis, et de là, par le
20^{v} pont nostre Dame qu'elle trouva parez, et racoustrez des portiques, d'arcs triomphans, devises et dictons cy devant declairez arriva à l'Eglise nostre Dame,[67] où elle descendit pour y faire son oraison, et avec elle Messeigneurs les Ducz d'Anjou, et d'Alençon, et de Lorraine, et Prince Daulphin, duc de Guise, et autres Princes, et Mesdames de Lorraine et Marguerite, sœurs du Roy, et pour porter la queüe de la Royne descendirent aussi Madame de Montpensier, Madame la Princesse Daulphin, et Madame la Princesse de la Roche-sur-yon.

Quant à celle de madicte Dame de Lorraine, elle fut portée par [68]

Et celle de madicte Dame Marguerite par [68]

Et celle de mesdictes Dames de Montpensier, Princesses Daulphin, et de la Roche-sur-yon par les Seigneurs pour cest effect ordonnez.[69]

Après que ladicte Dame eut achevé son oraison elle s'en alla au Palais où à la descente sa queüe luy fut aussi portée par lesdictes Dames, ainsi qu'en l'Eglise nostre Dame.

Le soir s'est faict le soupper Royal, avec les ceremonies et solempnitez qui seront dictes cy après.

21^{r} La Royne s'est assise au mesme endroit que le Roy fut assis le jour de son Entrée, et sous un daiz de veloux pers semé de fleurs de liz d'or. A sa main droicte estoient assises, Madame la Princesse de Condé, Madame la

67 In the *Registres capitulaires* of Notre Dame under the date of 27 March there are a few details about preparations made to receive the queen but nothing concerning the actual ceremony (Arch. nat. LL 260, p. 473). Cf. K49^{v}.

68 There are blanks here in the text. Cf. K50^{r}.

69 The Marquis du Maine, the Marquis d'Elbœuf, and the Maréchal Damville.

Princesse Daulphin, Madame de Nemoux, et Madame la Connestable, et à sa main gauche Madame de Montpensier, Madame la Princesse de la Roche-suryon, et Madame de Guise.

Monsieur de Guise servoit audict soupper de grand Maistre, Monsieur de Nemoux de Pannetier, Monsieur le Marquis du Maine d'eschanson, et escuier tranchant, pour ce que Monsieur le Prince Daulphin qui debvoit servir de Pannetier demoura trop à venir.

Quant au reste du festin, et des autres tables ordonnées en la grand salle, il y fut tenu et gardé un mesme ordre que le jour de l'Entrée du Roy, et sans aucune difference: sinon que la table qui fut servie à ladicte Entrée pour aucuns des Princes et Seigneurs a esté pour les autres Dames, et Damoiselles qui ont tenu rang à ladicte Entrée.

Le lendemain ladicte Dame alla oir la messe en l'Eglise nostre Dame, 21v accompagnée de Madame la Duchesse de Lorraine, Madame Marguerite sœurs du Roy, et plusieurs Princesses, Dames et Damoiselles, et quelques Gentilzhommes de leur suitte: où le Prevost des marchans, et Eschevins suiviz du Greffier, Receveur, Procureur, Conseillers, et aucuns des Enfans de la ville, vindrent au devant de sa Majesté, pour la supplier leur faire cest honneur vouloir prendre son disner en la maison Episcopalle d'icelle Eglise, suivant l'humble requeste qu'ilz luy en avoient faict le jour precedent: ce que voluntairement elle leur octroia. Et fut conduitte par une gallerie faicte expres regnant depuis la porte de l'Eglise jusques à un grand escallier fort magnifiquement orné et decoré, par lequel elle monta en la grande salle preparée pour cest effect, où entrant fut salüée d'un grand nombre de trompettes, clairons et cornetz, tesmoignans la joye incredible que chacun recevoit de sa venue.[70]

Arrivée en ce lieu se mist et tous ceux de sa suitte à contempler les singularitez d'icelle salle, en laquelle outre l'excellence de la tapisserie à personnages faite de soie, rehaulsée d'or et d'argent, dont elle estoit tendüe par tout, y avoit une frize au dessus de dix piedz de large, en laquelle estoient dixneuf

70 This arrangement follows the same careful order of precedent as that prescribed for the procession (Q19r).

tableaux spatiez esgallement entre les pilliers en forme de termes soustenant le plat fons de ceste salle, lequel estoit d'une fine toille blanche de lin sur compartiments de feuilles de liarre en quadrature, enrichiz d'or clinquant, parmy lesquelz estoient plusieurs rozases d'or eslevées, chiffres, devises, et armoiries
22r tant de ladicte Dame, que de la ville.

En ce plat fons estoient aussi cinq grandz tableaux dependans des dixneuf cy dessus mentionnez qui font en tout vintquatre, contenans une fort belle histoire non au paravant veüe, ne mise en lumiere, laquelle fut extraicte du livre de Nonnus, poete Grec, dont la conclusion estoit comprinse en ces cinq derniers tableaux, desquelz le plus grand estoit au milieu: auquel estoit depeint un grand navire, dans lequel Cadmus representant un Roy, ou Prince du peuple estoit avec son espouse Harmonie, qui est la paix, gouvernant quatre autres navires, par lesquelz les quatre estatz estoient representez: mis ès quatre coings dudict plat fons, tous cinq flottans en mer, apparoissoit au naturel en ce hault qui donnoit fort bonne grace, et contentement à l'œil d'un chacun, et attachez à quatre chaines, qui dependoient du grand navire susdict, l'une d'or, l'autre d'argent, un autre de cuivre, et l'autre de plomb. A quoy sa Majesté, et ceux de sa suitte s'arresterent longuement: car outre la beauté du subject de ceste histoire, qui fut trouvée bien à propos, ces tableaux avoient esté faitz par le premier peintre de l'Europe. De sorte que par la diversité d'iceux on ne se pouvoit souller de les regarder. Ce qui meritoit bien un livre à part, mais pour n'ennuier le Lecteur sont icy seullement raportez les distiques de chacun tableau faitz par Jean Dorat, Poete du Roy, duquel est cy devant fait mention.

22v Au premier estoient ces vers:

I

Dum tecum altitonans Pluto formosa quiesci,
Fulmen Amorne Iovi clam surripit, anne Typhœus?[71]

71 'Beauteous lady, since Pluto (*recte* Jove) who thunders aloft is silent in your presence, has Love or Typhœus stolen away Jove's thunderbolt?' Cf. Nonnus I, 145–6. Pluto here is the daughter of Cronus and mother of

2

Dii metuunt sua tela timenda Gigantibus olim:
Nec cœlum, sed terra tonat: stellis sola pugnant.[72]

3

Consultant superi: placet hæc sententia tandem:
Furacem Cilicem furacior opprimat Arcas.[73]

4

Cadme relinque ratem, pastoria sibila finge:
Fas superare dolo, quem vis non vincit aperta.[74]

5

Incautam volucrem sic cautus decipit auceps:
Fistula fulminibus potitur, pastorque Gigante.[75]

6

Plaudite Pastori qui vicit fraude Typhœum:
Plaudite Mercurio, qui furtum a fure recepit.[76]

Tantalus, not the god of the underworld. 'Zeus had hurried to Pluto's bed.' It would therefore appear that Dorat has made a mistake since he perhaps was unaware of the existence of the less well known Pluto.

72 'The gods stand in fear of their own weapons, once dreaded by the Giants; 'tis not heaven, but earth that thunders now; Earth wars against the stars.' Cf. Nonnus I, 157–218, 291–3.

73 'The gods are in council, and at length the following resolution carries: that the thieving Cilician must be crushed by an Arcadian, himself a greater thief!' This particular scene is not to be found in Nonnus. The thieving Cilician is Typhœus and the Arcadian, Mercury.

74 'Cadmus, leave thy ship and cunningly tune the shepherd's pipe; 'tis right to outwit one that manifest violence fails to conquer.' Cf. Nonnus I, 362–76, 387–92.

75 'So does the wily hunter lure the careless bird; the pipe masters the thunder, and a shepherd overthrows a Giant.' Cf. Nonnus I, 481–534.

76 'Applaud the shepherd, who defeated Typhœus by stealth; applaud Mercury, who won back loot from a thief.' (This is an extension of the idea found in the previous section from Nonnus.)

7

Redduntur sua tela Iovi: servare memento
Tela pater, ne mox subeas graviora pericla.[77]

8

Excussus somno quærit cum fulmine furem:
Mercurium Cadmus nebulæ sed servat amictu.[78]

9

Frustratus vanas exercet barbarus iras:
Vastat agros Cilices, Nymphas fugat arva colentes.[79]

3r 10

Advocat auxilio socios ad bella Gigantes:
Immanes cœunt fratres: diis bella parantur.[80]

11

Montibus ingesti montes ad sidera surgunt:
Tela trabes fiunt, et montibus eruta saxa.[81]

12

Semiferi invadunt cœlum: trepidantia retro,
Sidera diffugiunt: it saxeus imber in altum.[82]

77 'Jove recovers his weapons; do thou, Father, be sure to guard well thine arms, lest presently thou mayest incur worse dangers.' Cf. Nonnus 11, 1–5.

78 'Awakened from sleep, he looks for his thunderbolt – and for him who stole it – but Cadmus cloaks Mercury in a garment of mist.' Cf. Nonnus 11, 6–10. (Here it is Cadmus who is covered by a cloud. There is no mention of Mercury.)

79 'Outwitted, the savage idly vents his anger; he lays waste the fields of Cilicia, and chases away the Nymphs who inhabit the countryside.' Cf. Nonnus 11, 20–59.

80 'He summons his fellow-Giants to war to aid him; the dread brethren gather around, and war is prepared against the gods.' Cf. Nonnus 11, 334–55.

81 'Mountains piled on mountains rise to heaven; tree-trunks, and rocks plucked out from the mountain-sides, become weapons.' Cf. Nonnus, 11, 371–90, 451–74.

82 'Half-wild creatures invade heaven; the stars shrink back and disperse in terror; a shower of rocks ascends on high.' Cf. Nonnus 11, 475–507.

13

Iuppiter offensus dignas Iove concipit iras:
Ipse sua victus tumulatur mole Typhœus.[83]

14

Eccce Iovi superi lætum pæana canentes
Victori, ducunt cœlo plaudente triumphum.[84]

15

Iam Nymphæ et Satyri saltant: iam pascua saltu
Et segetes gaudent pulso terrore Typhœi.[85]

16

Navigat in Thracem Cadmus: Caducifer adstat
Et Pitho: Harmoniæ thalamum petit arte faventum.[86]

17

Apparent arces Thracis domus Emathionis:
Electræque hospes Cadmus venit, et gener ibit.[87]

83 'Offended, Jove falls into a rage worthy of himself, and the defeated Typhœus is buried beneath the pile of rocks that he cast.' Cf. Nonnus II, 553–630.

84 'Behold how the gods sing a joyful hymn of praise to Jove the conqueror as they march in triumphal procession to the applause of heaven.' Cf. Nonnus II, 699–712.

85 'Now dance the Nymphs and Satyrs; and now do the pastures and the crops celebrate with dancing, since the fear of Typhœus is put away.' (An extension of the idea found in the previous section from Nonnus.)

86 'Cadmus sails to Thrace, with Mercury and Peitho by his side, and by the skill of his supporters he makes for Harmonia's bower.' Cf. Nonnus III, 19–54. There is no mention of either Mercury or Peitho on the voyage but the latter meets him on the way to Harmonia's house (III, 84–5, 95–8). Mercury is later introduced into the home in order to help Cadmus (III, 409–24).

87 'They come within sight of the stronghold of Thrace, Emathion's home; Cadmus comes to Electra as her guest, but shall go thence as her son-in-law.' Cf. Nonnus III, 124–30, 180–94, 226–33.

18

Est opus arte deæ Veneris Suadæque favore,
Nobilis Harmoniæ vir ut ignotus sit et hospes.[88]

19

Festa celebrantur connubia: Iuppiter adstat:
Musa cavit: diis terra frequens est alter Olympus.[89]

Et quant aux cinq navires flotans en mer, dedans le platfons, estoit au plus grand estant au milieu [from 22r],

23v Quatuor una regit navis stans firma per illas
Concordem Harmoniam vehit ars qua provida Cadmi.[90]

A celuy où estoit representée la Religion,

Hæc Semelem vehit et Bacchum Iovis igne Creatum
Relligiosa cohors, sacra cui sunt orgia curæ.[91]

A celuy où estoit representée la Justice,

Pentheus hac vehitur superum vindex et Agave
Vindex Iusticiæ quæ nec sua pignora novit.[92]

88 'There is need of divine Venus' skill, and of Peitho's (Persuasion's) assistance, in order that the famous hero should be a stranger to Harmonia, and yet her guest.' Cf. Nonnus III, 373–7; IV, 67–113.

89 'The wedding-feast is celebrated; Jove attends; the Muse sings her song; and the Earth, being full of gods, becomes a second Olympus.' Cf. Nonnus V, 88–143.

90 'Alone, she guides four ships, standing steady upon them, in the way wherein the foreseeing skill of Cadmus bears Harmonia, the uniter of hearts.' (This scene, which was imagined by Dorat, is not to be found in Nonnus.)

91 'This rout of devotees, charged with the sacred symbols, carries along Semele, and Bacchus born of Jove's fire.' Cf. Nonnus V, 202–5.

92 'Upon this ship are borne Pentheus, the gods' avenger, and Agave, the type of Justice, who knows not even her own children.' Cf. Nonnus V, 552–5.

A l'autre où estoit representée la Noblesse,

> Hæc vehit Autonoen agitatoremque ferarum
> Actæona: notat quæ Nobilis ordinis arma.[93]

Et à l'autre representant la Marchandise,

> Hac Iuno vehitur, maris et cui cura Palæmon,
> Quæ Mercatorum est vaga per maris æquora turba.[94]

Sa Majesté aiant quelque temps contemplé les beautés de ceste salle luy fut presenté l'eau pour laver et aux Princesses de sa suitte. Puis se mist à table où elle fut servie selon la saison de tous les poissons rares et exquis tant de la mer que des rivieres, que l'on pourroit souhaiter.[95]

Le Prevost des marchans luy servit de maistre d'hostel: et portoient après 24
luy les platz les gentilzhommes et officiers de la maison de ladicte Dame marchant au devant les trompettes et clairons à chacun metz que l'on luy portoit.

Il y avoit quatre autres tables, pour les Seigneurs, Dames, Gentilzhommes et Damoiselles qui s'y trouverent:[96] esquelles les Eschevins faisoient pareil office de maistre d'hostel, suivis des enfans de la ville portans la viande, vestuz des mesmes habitz qu'ilz avoient esté le jour precedent. Et fut le service si bien ordonné outre l'excellence et diversité de viandes et bons vins, que plusieurs des Seigneurs et Gentilzhommes tesmoignerent n'en avoir veu de leur vie le semblable.

93 'This ship carries Autonoë, and Actæon, the hunter of wild beasts; and it designates the armour of the order of nobility.' Cf. Nonnus v, 212–17, 287–8. Actæon, the hunter, is the son of Autonoë, who married Aristaios. The analogy with Charles IX and Catherine de' Medici is manifest.

94 'Upon this one is Juno borne, and Palæmon, who hath charge of the sea – the crowd of merchants, journeying through the tracts of ocean.' Cf. Nonnus v, 556–62.

95 Cf. Appendix III, 13.

96 Cf. Appendix IV, ff. 120^{v} to 124^{r}.

Le Roy pour la magnificence qu'il avoit entendue de ce festin s'y voulut trouver en personne avec Messeigneurs les Ducz d'Anjou et d'Alençon ses freres. Avec lesquelz print le plaisir au bal après le disner, et autres Gentilz-hommes qui y survindrent: ce qui dura assez longuement, et jusques à ce que ladicte Dame fut suppliée par lesdicts Prevost des Marchans et Eschevins prendre la collation en une autre salle prochaine où elle se rendit avec les Princesses susdictes et Dames de sa suitte, comme aussi pleut au Roy s'y trouver avec Messeigneurs ses freres, et plusieurs Princes, et grandz Seigneurs, lesquelz admirerent tous la nouveauté de ceste collation.

En laquelle outre le nombre infini de toutes sortes de confitures seiches, et
24v liquides, diversité de dragées, cottignac, massepans biscuit et autres singularitez qui y estoient. N'y a sorte de fruict qui se puisse trouver au monde en quelque saison que soit, qui ne fust là. Avec un plat de toutes viandes et poissons: le tout de sucre, si bien resemblant le naturel que plusieurs y furent trompez, mesme les platz et escuelles esquelz ilz estoient, estoient faitz de sucre.

Davantage pour plus grande decoration furent entremeslez parmy, six grandes pieces de relief aussi de sucre, dont n'a semblé impertinent faire quelque mention.

L'INTERPRETATION DES SIX HISTOIRES FAICTES DU SUCRE POUR LA COLLATION DE LA ROYNE.[97]

La premiere histoire contenoit la naissance de Minerve, laquelle naist du cerveau de Jupiter, et est receu par deux deesses ou Nymphes, le tout estant envelopé d'une nüe d'où sortoit une pluie d'or comme une largesse du ciel.[98]

97 For a more detailed description of the six confections see Appendix IV, f. 124r et seq.

98 When Jupiter's head was split open at his request by Prometheus or Vulcan, Minerva sprang forth fully armed. Cf. Apollodorus I, iii, 6. According to another legend, at the moment of her birth a golden rain fell on Rhodes. Cf. N. Conti, *Mythologie* IV, V: 'Strabon ... escrit que quand Minerve nasquit de la teste de Jupin, il plut de

La Minerve signifie la sapience, laquelle ne vient que du ciel, et n'a pere que Dieu, qui la depart aux Rois et Roines et toutes gens de conseil selon qu'il luy plaist. La pluie d'or signifie la grande abondance de tous biens qu'apporte sapience. Minerve naist toute grande, car la sapience qui vient de Dieu est tousjours parfaicte.[99] Le sens allegoric est tel, mais pour le present, l'histoire represente par Minerve nostre Royne Elizabet, laquelle comme toute celeste et divine a esté par la singuliere faveur de Dieu mise en terre pour estre espouse d'un Roy de France, et causer le bon heur, paix, et prosperité des François.

La seconde histoire contenoit la nourriture de Minerve estant assise au milieu d'un jardin de plaisance, auquel y avoit une vigne entrelassée de roses et plusieurs autres sortes d'arbres et fruictz, comme oliviers, myrtes, cyprès, et fleurs de lis. Près ceste Minerve estoient trois Nymphes, qui la servoient portans platz pleins de fruicts d'une main, de l'autre l'une des trois portoit un globe, la seconde une balance, la troisiesme un compas pour monstrer les trois parties de la divine sapience.[100] Celle qui tenoit le globe estoit la Theologie, celle qui tenoit la balance, la Politique, ou administration des affaires publiques. La troisiesme qui tenoit le compas signifioit tous ars, engins mestiers, et inventions artificielles pour l'usage, et service des hommes.[101] Bref les trois Nymphes representoient toutes sciences, et vertus, entre lesquelles a esté nourrie Minerve, qui signifie la bonne nourriture qu'a eu nostre Reine estans sous sa mere l'Imperatrice Princesse pleine de toute vertu, bonté, prudence, pieté, et pudicité.

l'or à Rhodes.' (Cf. Strabo, *Geography* XIV, 2, 10.)

Both Conti and Valeriano LIX interpret the significance of this rain as: 'l'alliance des biens celestes qu'il faut avoir de son amour et benignité.'

99 Cf. Hesiod, *Theogeny* 886 and K10^{v}–11^{r}.

100 According to the account given in Appendix IV, fol. 124^{v}, the three nymphs described here were included in the third confection while those in the second represented the 'trois estatz,' one holding a bowl full of fruit, the second a bowl of grapes, and the third three stalks of grain.

101 Cf. Ovid, *Fasti* III, 815–34.

La troisiesme histoire contenoit l'apparition de Minerve, quand elle se monstra près du palus, ou lac Tritonien avec sa hache, et targue comme preste à executer quelque grand ouvrage, et exploit de sa main.[102] Signifiant que la sapience divine après avoir esté nourrie, et entretenüe en bon exercice, et discipline de jeunesse, a puissance de faire quelque grand effect pour
5v perpetuelle memoire. Ainsi qu'a faict nostre Royne, laquelle venüe à la cognoissance de nostre Roy si bien née, nourrie, instruite, et comme choisie de Dieu, et preparée pour un tel mariage, nous a causé un si grand bien: assavoir d'avoir remis la paix en France à sa venüe.

La quatriesme histoire contenoit comme Minerve armée avec son bon chevalier Persée, tua la Gorgone, qui avoit trois testes, et un œil servant aux trois.[103] Signifiant que le conseil de Pallas ou Minerve mis en execution par la force de Persée rompt tout effort de guerre, sedition, et trouble provenant d'aveuglée ignorance. Ainsi qu'a faict nostre Roy, lequel soustenu comme Persée, et favorisé de sa Minerve, a chassé et abatu tous les troubles et seditions qui estoient en ce Royaume.

La cinquiesme contenoit comme Minerve avec son Persée fait son Entrée triumphante en la ville d'Athenes, la Gorgone estant abatue aux portes de

102 According to some legends, Minerva made her first appearance near Lake Tritonidus. A possible descriptive source is to be found in N. Conti, *Mythologie* IV, v: 'Une jeune Dame virile et robuste, armée d'une cuirace, l'espée au costé et l'armet en teste, orné de tymbres et pennaches. Elle tenoit en la main droite une javeline de bardes, et en la gauche une grand' targue de cristal, où estoit placquée la teste de Gorgone toute eschevelée monstrueusement de couleuvres: vestue au reste d'une cazaque sur ses armes, brochée d'or sur un changeant de pourpre et de bleu celeste. Et auprès d'elle estoit un olivier verdoyant, au-dessus duquel voletait une petite chouette.' Cf. Alciati, Emb. 22 CVSTODIENDAS VIRGINES (Henkel-Schöne 1732).

103 Cf. Apollodorus II, iv, 2. There is some contradiction here between the first two sentences. It was not Minerva, but Perseus who killed the Gorgon with her aid. She guided his hand.

ladicte ville.[104] Qui signifioit l'Entrée du Roy, et de la Royne en ceste ville de Paris, ville excellente en toutes bonnes disciplines, et diverses langues, comme jadis Athenes. Le Roy estoit monté sur le Pegase, cheval aislé, né du sang de la Gorgone.[105] Pour signifier que la renommée du Roy volera par tout le monde pour ses verteuses prouësses: tant par la bouche des hommes, que par les escriptz des Historiens et poetes, qui ont la plume à la main, comme le Pegase aux flancz. Au costé de Persée sont plusieurs hommes tournez en pierres par le regard de la Gorgone, qui signifioit l'espouventement qu'auront
et ont desja tous les ennemis du Roy, estonnez de sa gloire, magnificence, et 26
prosperité en toutes affaires, qu'il conduira par le bon conseil de sa Minerve.

La sixiesme contenoit la ville d'Athenes, où Neptune d'un costé, Minerve[106] de l'autre debatant le nom de la ville, qui n'estoit encores imposé, et fut accordé que celuy qui inventeroit le don plus profitable aux hommes nommeroit la ville. Neptune de son trident frappe contre une roche, d'où sort un cheval d'armes: Minerve frappe de sa hache sur la terre, et fait sortir un bel Olivier qui signifie paix. Persée est au milieu comme juge, qui choisist

104 None of the classical accounts suggest that Medusa was killed just outside the city of Athens, and the triumphal entry of Minerva and Perseus is also imaginary. The account suggests that Athens here represents Paris (Cf. Appendix I v, f. 125^{v}.)

105 Fathered by Neptune, according to Apollodorus II, iv, 2.

106 The general sense is that of STVPOR ADMIRATIONIS, EX ARMORVM, ET LITERARVM PRÆSTANTIA (fig. 41) of Aneau's *Picta Poesis* of 1552, p. 104. The theme had already received the following application in the *Suite d'Arthemise*: 'Le bon prince doyt avoir le livre en une main, et l'espee en l'autre. L'un luy enseigne à la honte, et la turpitude d'une trouppe de mauvais roys, et les salaires qu'ilz ont receuz de leur desbordementz, affin de l'inciter à la vertu: l'aultre luy servira pour coupper la racine du vice, et des vicieux, et pour defendre, et contregarder son pais contre ses ennemys, affin que vive en toute seureté et tranquilité puis apres' (f. 45^{v}). It should be further noted that in the preceding, or fourth, confection, it is precisely blind ignorance which is considered to be the basis of 'tout effort de guerre, sedition et trouble.'

l'olive de Minerve, et mesprise Neptune, et son present guerrier.[107] Qui signifie la prudence de nostre Roy, lequel par le bon heur, et faveur de sa Minerve la Royne, a planté la paix en ce Royaume, et pour ce merite, que non seulement la ville de Paris comme Athenes, mais toute la France soit nommée et renommée du nom d'icelle très heureuse, et vertueuse Minerve Elizabet Royne de France.

Plus contenoit icelle histoire un navire venant de Lybie chargé de plusieurs sortes d'animaux, et oyseaux estrangers, conduictz par un Maure monté sur un chameau, presentant ledict navire en signe de congratulation, ou hommage à Persée et Minerve.[108] Et signifioit ce navire venant de Barbarie, que l'Asie un jour viendra se soubmettre à nostre Persée, et Minerve (qui sont le Roy et la Royne) ou aux enfans, qui sortiront de leur tres-heureux mariage comme tesmoignent plusieurs propheties,[109] disant que du
6^{v} sang des François et des Allemans rejoinctz ensemble doit naistre un Prince qui dominera sur tout le monde.

Leurs Majestés aiant quelque temps contemplé ceste collation et prins leur refection, ensemble ceux de leur suite tant que bon leur auroit semblé, fut ladicte Dame conduite en une chambre prochaine, en laquelle estoit dressé sur une grande table un buffet d'argent vermeil doré,[110] cizelé, de

107 The contest of Athena and Neptune had already been used at the Perspective du change in the Lyon entry of 1548. Cf. *La magnificence de la superbe et triumphante entrée de la noble et antique cité de Lyon* ... ed. Georges Guigue, Lyon, 1927, pp. 47–8. This version comes directly from that source where Neptune strikes a rock with his trident 'et soubdain sortit un cheval jusques à demy de terre.' Pallas 'planta sa lance en terre et tout aussitost commença à fleurir et fut convertie en olive, voulant donner à entendre que la force et puissance de Sa Magesté sera telle craincte à ses ennemys que leur malveillance se convertira en paix.'

Cf. also N. Conti, *Mythologie* II, viii. The addition of Perseus as judge (instead of the gods) is a fiction of Dorat to link this story with the others.

108 Cf. Appendix IV, f. 126^{r}.

109 Cf. Q10^{v}.

110 Cf. Appendix III, 15 and Appendix IV, ff. 100^{v}–102^{v} for the specifications and description of the different articles comprising the buffet.

grande valleur, et lequel pour l'excellence de l'ouvrage d'iceluy, et beauté des histoires convenables et dependantes des choses susdictes dont il estoit aorné par tout, meriteroit bien une description à part.[111] Ce buffet luy fut presenté et offert par lesdicts Prevost des marchans et Eschevins: non comme chose digne de sa Roialle Majesté mais pour recognoissance de l'honneur qu'il luy avoit pleu faire à ladicte ville. Lequel elle accepta et monstra avoir non seullement agreable, mais outre offrit qu'elle auroit tousjours les affaires de ladicte ville en singuliere recommandation envers le Roy son Seigneur et espoux.

Ce fait se retirerent leurs Majestés au Palais, où le soir furent faictes plusieurs belles et magnifiques masquarades, desquelles ne sera fait icy autre mention, d'autant que cela n'est du fait d'icelle ville.[112]

FIN

(The following Latin text appears as a calligram in the original album. Cf. figs. 25 and 26 and Introduction p. 29.)

Simon Bouquet cuius Parisiensis, populi suffragio nominatus, et ab omnibus urbis ordinibus designatus, Regiæque Maiestatis autoritate confirmatus, ad rerum urbanarum administrationem et Ædilitiam potestatem gerendam anno Domini miless. quingentess. septuagesimo Carolo Nono invictissimo 2

111 Cf. Appendix III, 15.

112 For the entertainment at the Louvre cf. Enea Balmas, *Un poeta del rinascimento francese, Etienne Jodelle. La sua vita. Il suo tempo.* Florence: Olschki, 1962, pp. 628–9. Balmas argues that this commission was given to Jodelle, proving the high esteem in which he was held at the court despite the so-called fiasco of the civic reception for which he was responsible after the recapture of Calais. Cf. Jodelle, *Le Receuil des inscriptions.*

Some of the poems perhaps composed for this occasion are in Jodelle, *Œuvres* ed. Balmas II, 269–84. If these rather conventional verses were indeed intended for the reception at the Louvre they give little idea of what Bouquet calls 'plusieurs belles et magnifiques masquarades.'

regnante. Eo ipso anno cum Rex civilium bellorum tumultibus toto regno compositis, et fœlicissimo suo matrimonio cum serenissima Principe Elisabeta Maximiliani Augusti filia perfecto, ingressum sibi parari in eandem urbem Parisiensem iussisset, et Præfecto urbis, quatuorque; Ædilibus curationem eius apparatus rite commisisset, distributione facta suarum cuique partium dictus Bouquet provinciam triumphalium arcuum, statuarum, tabularum pictarum, inscriptionum, et omnium quæ ad ornamentum tanti spectaculi erant necessaria sortitus est. In quibus ille obeundis operam dedit ut omnia (sicuti veteri consuetudine in huiusmodi apparatibus receptum est) temporum conditioni responderent: iisque à Maiestate Regia probatis, et in lucem emitti iussis, idem ea collecta atque digesta in commentarium redegit ad perpetuam rei memoriam. In quibus omnibus disponendis, et explicandis siquid erroris obrepserit, aut si stylus impolitior visus fuerit, norit candidus Lector, hoc esse ipsius velut præludium, in quo nihil operæ ei ponere vacuerit, nisi raptim et horis succisivis propter maximas et assiduas occupationes, quibus per id omne tempus publice privatimque detinebatur.[113]

113 'Simon Bouquet, a citizen of Paris, elected by the people's vote, appointed by all classes in the city, confirmed by authority of the King's Majesty in the office of administrator of the city's affairs and vested with the Ædile's powers in the year of our Lord fifteen hundred and seventy, in the reign of the most invincible king, Charles the Ninth. In that same year, when the King, having put an end to the disturbances of the civil wars in all parts of his realm, and having solemnized his eminently happy marriage to the Most Serene Princess Elisabeth, daughter of the Emperor Maximilian, had commanded preparations to be made for his entry into that same city of Paris, and had entrusted the charge of the said preparations to the Provost of the city and the four Ædiles, apportioning to each his share of the responsibility, the said Bouquet was given as his commission the arranging of triumphal arches, statues, paintings, inscriptions and whatever things were necessary to the adorning of this great spectacle. In discharging these duties he took care to see that all things (according to the ancient and accepted custom in displays of this kind) should be suitable to the circumstances of the occasion; and when these ceremonies had been approved by the King's Majesty, and their publication

Græci et Latini versus præter eos qui ex antiquis sunt excerpti sunt Aurati Poëtae Regi: Gallici vero qui R. litera subnotantur, Ronsardi: quibus B. litera supponitur, dicto Bouquet ascribendi.[114]

commanded, it was he who also collected and arranged the details and turned them into a narrative, so that the occasion might be remembered for ever. If, in arranging and expounding these events, he has allowed any error to creep in, or if his style seems to lack proper polish, the reader should kindly recognize that this is but a subsidiary work on his part, wherein he had no leisure to bestow on any labour save hastily and at spare moments, on account of the enormous and unremitting claims of daily business which occupied him both in a public and in a private capacity throughout the said period.'

114 'The Greek and Latin verses, apart from those culled from ancient authors, are by Dorat, the Poet Royal. As for the French verses, where these are followed by the letter R they are by Ronsard; where the letter B is added, they are to be ascribed to the said Bouquet.'

AU ROY
CONGRATULATION
DE LA PAIX FAITE PAR
sa Majesté entre ses subjectz
l'unziesme jour d'Aoust

1570.[1]

Puisque Dieu qui les cœurs des grands Roys illumine,
Sire, vous a faict voir des vostres la ruine,
Et que nous regardant d'un œil plain de pitié,
Avez dans voz païs replanté l'amitié
Qui s'estoit quelque temps d'entre nous esgarée
Par une passion follement bigarrée:
Que vous par un discours plus certain que voz ans
Seul avez combatu la rage de ce temps,
Aiant pour premier trait de vostre aprentissage
Faict entre vos subjectz un chef d'œuvre si sage,
Chef d'œuvre où le prudent ne vouloit aspirer,
Chef d'œuvre que le bon n'osoit presque esperer.

1 Despite its date, the *Congratulation* did not appear separately but was published as part of the *Bref et sommaire recueil.* Along with the two entries and the coronation, it is paginated separately, but the few copies which have been bound that way are simply extracts from the album. They have no title-page and the text is identical, even to the misprints. (Cf. ll. 2 *vostre*: *vostres*, 70 *Toute homme qui le suit faict œuvre retrogrades*, 194 *Flue*: *Elue*, 202 *venoint*: *venoient*, 263 *dun' coup*, 299 *euv*: *eut*, etc.)

The *Congratulation* was later included by Pasquier in *Le Monophile* (1578), *Les Recherches de la France*

Et vraiment je serois ingratement bien chiche,
Si ores je voulois tenir ma plume en friche
Pour n'entonner à tous d'un magnifique arroy
Par ce grand univers la gloire de mon Roy,
Et faire à l'estranger plus fin que nous entendre
Qu'un CHARLES de Valois dès sa jeunesse tendre

(1596) and *La Jeunesse d'Etienne Pasquier* (1610). After his death it also appeared in *Les Œuvres meslées* (1619) and *Œuvres* (1723). Cf. Dorothy Thickett, *Bibliographie des Œuvres d'Etienne Pasquier*. Geneva: Droz, 1956, 62.

The text of the poem is the same in *Le Monophile* and *Les Recherches* but there are variants, as indicated, in *La Jeunesse d'Etienne Pasquier*, *Les Œuvres meslées*, and *Les Œuvres*. (The only substantive one of note is the change in l. 27 from *deffaicte* to *victoire*.)

l. 13 He!; l. 14 ma voix; l. 27 la victoire; l. 40 nous; ll. 41–2 (omis); l. 50 du masque; l. 73 se guide; l. 78 le vile artizanat; l. 103 de masques; l. 107 spectateur seullement; l. 121 par nous; l. 132 dix-huict; l. 149 fatale ruine; l. 156 Ne pouvant faire; l. 172 la religion; l. 173 la paix; l. 177 ostrons; l. 187 quelquefois attaché; l. 202 deux fois; l. 210 Mais Croix qu'on supportoit; l. 217 ainsi leur vie languissante; l. 247 nous devons; l. 248 aheurté; l. 250 Qui estoit aux aguetz, de deux; l. 251 ces divisions, d'effaict si; l. 252 Que celle ... ces feux; l. 275 que l'Orient; l. 282 Avant qu'estre; l. 289 Et autres non moins; l. 298 Et; l. 300 etiez par vous; l. 309 Mais; l. 316 estoit un vray appas; l. 318 son conseil; l. 322 Du sage; l. 336 ains pilleurs; l. 338 n'estoit pas moindre; l. 340 Est ... de mepriser; l. 342 Est; l. 345 de Marquis, et ll. 347–8 (omis); l. 351 de la honte; l. 353 avez pensé; l. 354 De nos; l. 357 nous peussions; l. 360 sans oubliance; l. 383 nous promettre l. 398 cette France; l. 413 Et lors que; l. 422 s'est; ll. 431–2 (omis); l. 433 On; l. 439 une guerre; l. 451 à l'avenir.

The Edict of Pacification was signed at Saint-Germain 8 August and sent to the Parlement de Paris 11 August 1570 although it was not signed by the king until 15 August. Cf. Pierre Champion, *Charles IX*, I, 290: 'M. de Lansac, un vieux libéral, et le président René de Birague, un strict catholique, tous deux fidèles serviteurs de la reine-mère, le presentèrent au Parlement. Charles IX les avait expédiés en poste, très rapidement. Et lorsque les articles furent lus, personne n'osa prendre la parole ...' Pasquier himself was a prominent member of the Parlement.

(Aage propre à la lance, aage propre à l'escu)
A d'un coup et son aage et soy mesme vaincu.
Sire tresgrande feut, est plus qu'on ne peut croire
Et la premiere, et l'autre et la tierce victoire,
Que par trois divers ans, que par trois divers jours
Vous obtintes de Dieu en trois cruels estours.[2]
Quand souz motz acharnez nous tous portions la pique,
Qui pour le Huguenot, qui pour le Catholique.
Grande fut la deffaicte[3] auprès de Moncontour,
Mais s'il vous plaist peser chaque chose à son tour,
Bien que du Ciel vous feut ceste victoire offerte,
Si est-ce que sur vous tomboit sans plus la perte,
N'aiant lors devant vous autre but ou object
Que de voir mettre, helas, à sac vostre subject,
Et en le ruinant sur une mesme tresme,
Se silloit peu à peu vostre ruine mesme.
Donnant occasion au subtil estranger,
D'ourdir encontre vous un plus fascheux danger,
Pendant qu'il congnoissoit s'espuiser sans ressource,
Le sang de voz subjectz, et leur vie, et leur bource.[4]
Estranger qui vous a, dans la paix plus battu
Que si à guerre ouverte il vous eut combatu,

2 Cf. Pasquier, 'Sur l'entrée du Roy.' Cf. K3^r, 1. 12.

3 The text in the original and in *Le Monophile* (1578) is 'deffaicte.' In *La Jeunesse d'Etienne Pasquier* (1610) and *les Œuvres meslées* (1619) it is 'victoire,' but Pasquier wrote 'deffaicte' on purpose, since between 14,000 and 15,000 Huguenots were massacred on the field after the battle of 3 October 1569. Cf. Pierre Champion, *Charles IX*, I, 230–1.

4 This is a reference to Philip II of Spain, who urged the extermination of all Huguenots. Cf. Baguenault de Puchesse, 'La politique de Philippe II dans les affaires de France 1559–1598, *Revue des questions historiques* XXV, (1879), 5–66.

Quand il sceut dextrement destourner la tempeste
Contre vous, qui s'alloit esclater sur sa teste.
Et afin que sachiez (Sire) de quel effect
Et de quelle suite est la guerre qui se faict
De subject à subject en une republique,
Je vous veux figurer ceste beste horrifique,
Et en peu de papier comme sur un tableau
Vous pourtraire au naïf tout son bon et son beau.
Ce Monstre hideux qui est une beste allouvie,
Plain de feu, plain de sang, d'un masque prend sa vie,
(Car rien de vray il n'a) mais pour tous ses parens
Met le masque du bien public dessus les rengs.
De ce seul pere il prend sa premiere naissance
De folle opinion s'allaicte son enfance.
Qui pour laict le nourrit du vent de vain espoir,
L'empennant dès le bers d'esles de hault vouloir.
Comme son pere est beau, et sa nourrice belle,
Aussi sur son entrée est sa jeunesse telle:
Par elle ce glouton sçait surprendre en ses retz
Grands, petitz, sages, fols, par mille doux attraitz,
Qui courent à l'envy souz l'esle de ce Monstre
Tant les commencementz en sont de belle monstre.
Mais croissant peu à peu par les ans, il prend cœur
Dedans l'ambition, l'insolence, et rencœur.
Et plus en le paissant de subjection l'anime,
Plus contre ses suppostz luy mesme s'envenime
Rongeant une ruine enchesnée en son sein,
Redorée du miel d'un specieux dessein.
Comme une autre Circé, au son de ses aubades,
Tout homme qui le suit faict œuvres retrogrades.
Car soudain qu'il nous à dedans ses laqs surpris
Aussi tost il retourne à l'envers noz espriz:

Tout ce guide à rebours d'un jugement follastre.
L'on abhorre la paix, la guerre on idolastre:
L'un court à l'estranger contre sa parenté,
L'autre prend la prison respit de sa seurté.
La majesté des Roys estant ensevelie
Souz le simple artizant tout l'estat se manie.
Et n'y a ny de loy ny de religion
Sinon de tant que veult sa brusque ambition.
Les villes qui estoient de frontière couvertes,
Sont lors à la mercy des gendarmes ouvertes:
Et le païs qui fut limitrophe et frontier,
Franc et quitte du mal reste à demy entier.
Le grand faict son profit de la perte publique,
Dessus le plat païs le soldat tirannique,
Se donnant tout tel jeu qu'il lui plaist à son tour,
Va volant, ravageant et pillant le labour.
Et pendant que tout est ainsi sans discipline,
Nous humons à doux traict chetifz nostre ruine,
Ne sentantz (enivrez d'un esprit esperdu)
Que nous perdions sinon lors que tout est perdu.
  Le fruict que ce discord intestin nous apporte
Est d'ouvrir au barbare en nos païs la porte,
Et où en autre guerre il y vient à tatons,
Nous au doigt et à l'œil luy monstrons les quantons,
Le guidons à la main par les gais, et peu sages
Luy enseignons les lieux, les villes, les passages,
Par où mieux, par où moins, il nous peult assaillir,
Et par où il pourra quand il vouldra saillir
En un mauvais success: le tout soubs une amorce
Qu'il vient pour (nous tuer) joindre avecque nous sa force.
  Mais luy non aprenty de morgues nous repaist,
Et rien que nostre perte en son cœur ne luy plaist.

Car plus nous nous heurtons contre nostre querelle,
Plus il est retenu et demeure en cervelle,
Se faisant seullement spectateur de nos jeux,
Quand nous à yeux bandés jouons à qui mieux mieux,
Et que chacun pippé d'une vaine despouille,
Luy mesmes dans son sang ses mains cruelles souille,
Combattans or son pere, ores son propre enfant,
Pour se rendre de soy non d'autre triomphant.
  Ainsi tandis que l'un de tout poinct se conserve
Et que l'autre s'expose à la mort sans reserve,
Faisant de sa victoire un fantastique gain,
Nous enseignons la voye au barbare inhumain
De dresser un estat nouveau de nos ruines,
Luy qui ne s'estoit mis des nostres que par mines.
Ainsi le Got, l'Alain, le Lombard, le Germain,[5]
S'agrandirent jadis au despens du Romain:
Ainsi le Turc prenant chez nous, par vous adresse,
Surprit à la parfin l'empire de la Grece:
Ainsi prit Saladin nostre Hierusalem
S'armant encontre Gui comte de Lusignem.
Brief ainsi prennent fin toutz estatz, toutes villes,
Par les divisions de leurs guerres civilles.
  Nous eusmes de ce mal presque un eschantillon
Lors que l'Orleannois et le fier Bourguignon
Souz faulx tiltre empruntans le nom du Roy leur sire
S'esbatoient à l'envy de nous perdre et destruire:
Quand l'un rendu plus foible introduisit l'Anglois
Qui dans Paris planta dix et huit ans ses loix.

5 All of these fought with the Romans. The Goths and Germans are northern barbarians and the Alains a tribe of Scythians or Sarmates. The Lombards are in northern Italy.

Mais en fin feut chassé par la sage conduite
D'un Roy de mesme nom et de mesme merite
Que vous, Sire, lequel restablit souz sa main
Tous ses biens et païs par œuvre plus qu'humain:
Grand feut vraiment le mal, voire quasi supreme,
Que lors courut, mais non si aigu ny extreme
Que le nostre, de tant que la religion
Produit en noz espritz plus forte passion.
Elle faict que celluy qui souz elle s'enflame
Perd gaïement le corps cuidant saulver son ame:
Qu'il espouse les feuz, les gibets, estimant
Que mourant pour sa foy il meurt heureusement:
Et ne veult s'enquerir si sa creance est vraie,
Si de Dieu, si du Diable, ains luy suffit qu'il croie.
4r Si que soudain qu'on vient pour son opinion,
De la parolle aux mains, ceste desunion
Est un seur prognostiq de totalle ruine,
Car plus vous surmontez plus le vaincu provigne.
Tout ainsi comme l'Hydre: et ne rend les abois,
A celluy qui l'assaut pour deux cheutes ny trois,
Ainçois en se flattant tousjours se faict acroire
Que Dieu pour fin de jeu luy garde la victoire
(Soit que sa foy soit telle, ou que le desespoir
Pour ne pouvoir de mieux luy cause tel espoir)
Souz ceste opinion chacun d'un humeur acre
S'entretue, se perd, se noye, se massacre,
Se meurdrist, se ruine, et plus de mal il fait,
Plus cruel il se plaist et baigne en son meffait,
Et d'une pieté tainte de sanglant vice
Il estime en tuant faire à Dieu sacrifice.[6]

6 Cf. ll. 27–34. These verses help to explain why Pasquier considered Moncontour a defeat rather than a victory.

Qui vouldra balancer le profit au vray poix
Que raporte ou la paix ou la guerre à noz Roys
Cettuy là trouvera qu'en une guerre ouverte
Y a cent et cent fois, plus qu'en la paix de perte:
Et qu'en la guerre aussi qu'on faict à l'estranger
Y a moins, qu'en la guerre interne, de danger.
Il trouvera encor que la guerre civile
Est bien plus supportable, et s'il fault dire utile,
Qui se fait par les grandz pour leur ambition,
Que celle qui se fait pour leur religion:
Car mesme outre la foy, ceste cy souvent couve 4
Souz soy tout le venin qui dans l'autre se trouve.

Mais sur tout il verra qu'en vain c'est s'abismer
En discours de cuider que pour bien escrimer
Et joüer des cousteaux nous ostions la racine
Des erreurs, il y fault toute autre medecine.

Quand Dieu voulut jadis son peuple delivrer
Des mains des Pharaons tirans, et le livrer,
Lors pauvre, lors chetif, souz la sage conduite
De Moïse il voulut aussi d'une fuite
Que pour planter sa loy dedans Palestin,
Chacun d'un bras d'acier meurdrit le Philistin,
Qu'aucun d'eux n'espargnast en la cause commune,
Non plus le sang du vieil comme le sang du jeune,
Et pour s'estre à pitié encontre eux attaché
Des mains du Roy Saül, feut le sceptre arraché.
Car tel estoit le vœu que ce grand chef Moïse
Avoit juré à Dieu: mais quand à nostre Eglise
S'il vous plaist repasser quel a esté le cours,
Depuis son premier plant, c'est tout autre discours.

Quand Jesus Christ, duquel comme d'une grande bonde
Elüe la vraie foy, vestit un corps au monde,

Pour establir sa loy et sa religion,
Il se pouvoit armer de mainte legion
D'Anges du Ciel pour faire aux mescreantz la guerre.
Le feit-il? non vraiment, ainçois lors que sainct Pierre
5r Meu d'un zele indiscret frappa de son cousteau,
Il le luy feit soudain rengaigner au fourreau,
Et à l'instant faisant sa voix aux Juifz entendre,
Par trois fois il feit choir ceux qui le venoient prendre.
Monstrant que ce n'estoit du glaive temporel
Qu'il bat ses ennemis, ains du spirituel:
Et jamais sur la mort il n'eut tant d'avantage
Que quand il print la mort en la Croix pour partage.
Tellement qu'à tous ceux qui luy ont succedé
Il leur a pour leur lot la mesme Croix cedé.
Non Croix flottant aux champs d'une guerre civile,
Mais la Croix qu'on souffroit pour prescher l'evangile.
Et comme ce grand Christ doibve estre seul patron
De nos deportementz: aussi depuis Neron
Jusques à Constantin le grand, n'y eut preudhomme,
Qui pour sa probité tint les clefz dedans Romme,
Lequel ne fut aussi par cruelz jugementz
Pour le nom de son maistre exposé aux tourmens:
Et tant que feut leur vie en ce point languissante,
Tant fut entre Chrestiens l'Eglise florissante,
Croissant comme la palme, et par tormens divers,
S'acreut non en l'Europe, ains par tout l'univers:
Elle espandit ses fruictz par toutes les provinces
Malgré l'ire des temps: mais soudain que les Princes
Tournerent leurs propos impiteux en pitié,
Aussi tost s'altera l'Eglise de moitié,
5v Aussi tost se logea dans le Christianisme
L'ambition, l'erreur, l'heresie, le sisme:

Et pendant qu'on defend non la foy, mais son bien,
Dieu d'un juste couroux suscite l'Arrien
Que l'on veult supprimer après plusieurs concilles,
Par le glaive trenchant et par guerres civilles:[7]

Mais comme en ces discours charnels on se promet
D'emporter le dessus par armes, Mahommet
Espiant son apoint, se met à la traverse,
Qui sur ce seul objet en l'Orient renverse
Tout ce que d'un long traict en nostre affliction
Nous avions espandu de la religion.

Tout de ce mesme sens n'agueres en Allemaigne
Nous vismes estendartz ondoïer la Campagne:
Tout en feu, tout en sang, tout en combustion,
Tous se bouleverser par double faction:
Pour cuider extirper la semence erronée
Dont elle avoit esté par Luter estrenée.
Mil meurdres deplaisantz, et au monde et à Dieu:
Mais après longz combatz, pour cloture du jeu,
Au lieu d'avoir banni le Luterianisme,
En tiers pied se planta chez eux l'Anabatisme.

Aussi devons nous tous tenir pour arresté
Que soudain que l'on s'est à la guerre aponté
Pour deux religions: aussi tost la fortune,
Qui se tient aux aguetz, sous main en engendre une
De ces dissentions, d'effaict plus dangereux,
Que l'autre qui premiere avoit produit ses feux,
Fille qui tuë en fin, et sans que l'on y pense,
Les deux religions dont elle print naissance.

7 This refers to the legend of the Aryan invasions, their conquests, and attempted expulsion.

Et pour dire en un mot, Sire, oncques on ne veit
Que le Chrestien tirast de ces guerres profit,
Ou ce profit causoit cent fois plus de dommages
Et à l'ame, et au corps: tesmoins les longs voiages
Qu'entreprismes jadis à credit oultre-mer
Quand à flottes nous tous aprenans à ramer
Pour recouvrer devotz par croisades nouvelles
Ce que sur nous avoient conquis les infidelles,
Feismes d'un coup de pied sourdre de toutes partz
A ceste grande emprise, un monde de souldartz,
Qui tous y acouroient de volunté non fainte,
Estant ce leur sembloit ceste querelle saincte.
Mais quel en fut le fruict? non autre, fors qu'au bout
En gaignantz, aussi tost nous reperdismes tout:
Et avecques les meurs de ce Turc barbaresque
Nous veismes nostre foy se tourner en crotesque,
Lors que le faux Templier de venin infecté,
Le voulut transplanter dedans la Chrestienté.
Ainsi l'evenement de ces sacrées guerres,
N'apporta au Chrestien gaing d'ames ny de terres
Mais feit que le Levant, après maint exploit beau,
Devint de nostre foy et de nous le tombeau:
v Instruis par là que Dieu ne veult point que sa vigne
Par les guerres, ainçois par presches se provigne,
Instruictz que Dieu ne veult autre glaive ou harnois
Pour combatre l'erreur sinon l'homme de choix
Qui ait exemple, sens, meurs, et literature,
Ains qu'il soit appellé à quelque Prelature,
Que l'Evesque s'armant d'une devotion
Chasse bien loing de luy l'ardente ambition,
L'ignorance, l'erreur, l'avare hipocrisie:
Voila les vrais cousteaux meurdriers de l'heresie.

Tous ces discours vous sont par un grand don des cieux,
Sire, en vos jeunes ans passez devant les yeux,
Et mille autres plus beaux que ceux qui ont la force
Ne gousterent jamais que par dessus l'escorce.
Mais vous grand Roy, guidé d'un aspect plus benin
Seul avez en vainquant descouvert le venin
Que couvoit dessouz soy ceste histoire tragique.
Vous avez recognu que vostre republique
Toute vivoit en vous, que les mesmes oustils
Pour vaincre l'estranger estoient les deux partis,
Qu'aveugles nous faisions heurter l'un contre l'autre,
Si que l'un d'eux perdant, la perte en estoit vostre,
Et que tant qu'en noz cœurs ce discord eut vescu
Vous seul en surmontant par vous estiez vaincu.
Qui vouldra REUNIR avec RUINER mettre
Il verra qu'il n'y a transport que d'une lettre
Et qu'en reünissant vos villes ruiniez,
Et qu'en les ruinant vous les reünissiez.
Car dans un REUNIR le RUINER se treuve,
Dont voz povres subjectz ont faict derniere espreuve.
Vous avez descouvert que la hazardeux gain
Des batailles ne vient d'un jugement humain,
Ains qu'il advient souvent qu'aux plus belles journées
Les petites deffont les plus grandes armées,
Et que le desespoir qui commande en un Camp
Le fait journellement maistre et seigneur du champ.
Vous avez estimé que la force estrangere
Qui vous donnoit secours, n'estoit que passagere,
Mesmes que ce secours estranger de soldatz,
Pour en dire le vray, ne servoit que d'apastz
De plus ample ruine, et qu'un Seigneur qui regne
Prend de l'œil ses conseilz, comme le temps le meine:

Que celuy qui vous est naturel estranger
Peut en vain sa nature en aultre instinct changer.
Vous avez veu qu'ainsi comme la main prudente
De l'expert medecin parfois la veine esvente,
Tirant tantost de l'un, tantost de l'autre flanc,
Le bon, pour espuiser aussi le mauvais sang,
Mais qui à tous propos, comme d'une fontaine
Vouldroit du patient evacuer la veine,
Ce seroit l'affoiblir de tant, qu'à la parfin
En le voulant guerir on luy donroit sa fin:
v Ainsi en estoit-il au magistrat supreme,
Aux affaires d'estat et des siens, tout de mesme,
Que tuer sans respect le mauvais et le bon
Tant de fois, c'estoit mettre un sceptre à l'abandon.
Vous avez encor veu que de donner vostre ordre
Pour recompense à tous estoit un grand desordre:
Que créer tant d'estatz nouveaux, et tant d'honneurs,
Ce n'estoit faire autant de pilliers, mais pilleurs:
Et que d'un estat neuf en vendre d'exercice
A un jeune homme neuf, c'estoit aussi grand vice.
Que faire, que defaire, et refaire une loy
C'est aprendre au sujet de contemner son Roy,
Et que tout ce qu'un Roy doibt en son cœur empraindre
C'est d'estre respecté et non pas de contraindre.
Aussi que d'establir en tous lieux gouverneurs,
C'estoit un long aller tout autant de seigneurs,
De Ducz, de Potentatz, de Comtes et de Princes,
Que vous establissiez par dessus vos Provinces:
Lors que la plus part d'eux sans aucun contrerole
Jouoit, comme il vouloit dans l'eau trouble son role:
Qu'ainsi en Italie autre fois le debat
Du Guelphe et Gibelin,[8] altera leur estat,

S'estant de ses discords provigné à la honte
De l'empire Germain, là un Duc, là un Comte.
  Brief vous avez cognu que dedans le chaos
De ces troubles civils tout mal estoit enclos.
Parquoy d'un bon enclin vous avez pensé, Sire, 8
De nous rendre la paix que le bien-né desire:
Affin que dans la paix vous puissiez restablir
Tout l'heur que le discord nous avoit sceu tollir.
Et si avez voulu par Roialle ordonnance
Que nostre maltalent passast par oubliance:
Estant peu de la paix, si aussi nostre dueil
N'estoit ensevely d'un eternel cercueil.
Aiant plus regaigné par un seul trait de plume
Que n'eust fait en dix ans Vulcan sur son enclume.
  O Roy vraiment uny à la divinité,
Roy sage, Roy benin, qui avez merité
De voir d'une main forte engraver vostre gloire
A jamais au plus hault du temple de memoire:
Je veux eternisant maintenant vostre honneur
Prophetizer à tous de mesme voix vostre heur.
  N'y l'orage sur mer, ny la malle fortune
Qui court sur les maisons n'est à tous jamais une:
Ny onq'en son printemps Roy ne feut mal traité
Qui n'ait après senty un très heureuz esté:
Pourveu qu'à l'advenir du mal il se souvienne,
Et que le souvenir en cerveau le retienne.
Et vous Sire, que Dieu à la paix a guidé
De vous seul pouvez estre en ce subjet aidé.

8 These are the two factions into which Italy and Germany were divided at the beginning of the thirteenth century. The Gibelins were partisans of the temporal powers of the emperors whereas the Guelphs were supporters of the Pope.

Car si contre l'advis mesmement du plus sage,
Discourant noz malheurs en vostre plus bas aage,
3v Par un grand paradoxe avez à l'impourveu,
Au plus chault de la guerre à nostre paix pourveu.
Que pouvons nous de vous desormais vous promettre
Fors qu'un heur, et revoir toutes choses remettre
Après un long desroy en leur ancien train:
Quand vous Sire, tenant aux affaires le frain,
Et reglant vos subjectz d'une mesme balance
Ferez entretenir la paix en nostre France?
Quand vous pour nettoier de tout point le venin
Serez autant aux uns comme aux autres benin,
Arrachant de leurs cœurs la malheureuse crainte
Qu'une sourde rumeur avoit dans eux empraínte.
Ainsi et Prince sage et Prince diligent,
Vous scaurez faire espargne et d'hommes et d'argentz.
Ainsi, tous deux unis en vous leur capitaine
Ferez sourdre (ô miracle) un amour de la haine,
Et chacun demourant devot envers son Roy,
Sera dans sa maison desormais en requoy,
Vivant selon sa foy, content, en sa patrie,
Avec ses chers enfans, et sa douce partie,
Jusques à ce que Dieu regardant d'un œil doux
Son peuple miparti, estanche son couroux,
Et que las de nous voir vaguer en ceste guise
Nous reünisse en fin soubz une mesme Eglise.[9]
Couroux qu'alentirons indubitablement,
Lors que d'un cœur contrit nous tous ardentement

9 In ll. 397–404 we have the essence of the poem which indicates quite clearly Pasquier's attitude toward temporal and spiritual power.

En nous humiliantz devant sa sainctte face, 9
Devotz, luy requerrons que son vouloir se face:
Quand nous à jointes mains pour trouver guarison
Par aumosnes, par dons, par frequente oraison,
Par pleurs, par charité, par jeusnes, et par larmes,
Combatrons pour son nom, et non point par les armes
Et quand nous ne verrons promeuz aux dignitez
Les flateurs en l'Eglise, ains les mieux meritez:
Lors que les bons prescheurs moins entachez de vices
Seront recompensez des plus grands benefices,
Et que les Eveschez n'iront à l'abandon
En la main du mauvais, ains seullement du bon:
Brief lors que l'on verra renaistre en nostre Eglise
Les venerables meurs de l'antique Prestrise.
  Ce sont les instrumentz par lesquelz en effaict,
Nous pouvons reparer tout ce qui est deffait,
Et non à coupe-gorge entre nous introduire
Un long mespris de Dieu, au lieu de nous reduire:
Jà la commune voix disoit que le soldat
Tant d'un party, que d'autre estoit du tiers estat:
Voulant dire que fol il eslevoit la creste,
Contre son Dieu, lequel il n'avoit plus en teste.
  Parquoy ce n'est assez (Sire) que d'avoir fait
Vostre edit de la paix, s'il n'est du tout parfait.
Il faut que pour oster cy après toute doubte
Encore à vostre edit cest article on adjoute.
  L'on dit qu'ayant jadis le sage Athenien 9
Souvent senty l'effort du Salaminien,
Il feit paix avecq luy: et pour la rendre stable,
Il ordonna par loy non jamais violable
Que nul à l'advenir ne parlast d'annuller
Ceste paix, et que cil qui viendroit pour parler

De faire à Salamine autre guerre nouvelle,
Cestuy-la feust de tous reputé pour rebelle:
Ne voulant sur project fantastique esprouver
Ce qu'autrefois le temps luy avoit faict trouver.[10]
  Sire, que ceste loy soit en France preschée:
Qu'à cloux de diamantz[11] elle y soit attachée,
Que celuy qui vouldra encontre vostre edit
Par raison sophistique apporter contre-dit,
Ou soubz motz partiaux de Papiste, Fidelle,
Catholicque, Huguenot, remuer la querelle
Qui presque a mis l'estat de France en desarroy,
Cestuy comme ennemy de France et de son Roy
Bien loing à tout jamais de nous on extermine,
Et que chassé il soit, rongé de la vermine,
Qu'ensevely soit-il dans le ventre des loups,
Ce Sophiste, pipeur, du commun bien jaloux:[12]
Lequel pour un repos affecté qu'il trafique
Troublera le repos de la chose publique.

E. Pasquier Parisien.

10 Evagoras, King of Salamine on the island of Cyprus, conquered all the surrounding area and even won a victory over the Egyptian naval forces before being defeated by Ptolemy. Solon established peace with Salamine.

11 Cf. Valeriano XLVII, 383: 'Le clou estoit anciennement le signe d'arrester et asseurer ferme quelque chose: Tant que l'on faisoit la Deesse Necessité avec un clou de Diamant à laquelle il n'est mesmes loisible aux Dieux s'opposer, quand elle a proposé aucune chose, comme dit Homere.'

12 Such radical treatment of dissenters seems incompatible with the notion of tolerance but the classical source is Homer, *Iliad* III, 299–300. The original Greek is used in the King's entry K38r, and a Latin version in that of the Queen Q13r.

PART III

APPENDICES

APPENDIX I

Because of their importance as controls, we have reproduced Chants IV and V of Charles de Navières (Navyère), *La Renommée ... sus les receptions à Sedan, mariage à Mezieres, couronnement à Saindenis, et entrées à Paris du Roy et de la Royne*. Paris: M. Prevost, 1571 (BN Rés. Ye 1809). (See Introduction, p. 9.)

Lines have been numbered for convenience, and the corrections made which are indicated in the list of *Errata* at the end of the volume.

CHANT QUATRIESME DE LA RENOMMEE

de Ch. de Navyere, G. Sed.

Dieu! que nos ans sont courts et comme le temps glice
Ja l'hiver farineux despouille sa malice,
Le soleil force prand et ja nous la sentons,
Desja les arbres nus grossissent leurs boutons
Pour resveiller de verd leur perruque rameuse.
Ja Seine la riviere et la riviere Meuse
Rentrent en leurs canaux et leurs flots revenus
A leur lieu coustumier, heurtent leurs bords connus.
Ja la Grace et ses sœurs sur le champ revenues
Osent prandre leurs mains pour danser toutes nues,
Ja folatre l'enfant, ja chante l'oisillon,
Ja vers nous à voller l'arondelle void l'on
Et plus la terre au soc durement ne rebelle.
Or avec le beau temps voicy la feste belle
Voicy le jour prefix de l'entrée arrivé
Ce jour que le soleil s'est ja six fois levé
En ce mois prenant nom du Prince de la guerre:
Le jour est aussi beau que l'on sauroit requerre,
Et l'air purifié qui le soleil reçoit
A fait que plus matin chacun levé se soit
Avant peu reposé, car ce seroit paresse
De n'alier prandre place avant la foule et presse

Ou de ne visiter, par tout se pourmenant,
Les spectacles et arcs qu'on parfait maintenant.
Contre le prieuré de Sainladre on appose
Un Tëatre evident lequel d'ais on compose
Avec deux escalliers: par l'un monter il fault,
Et par l'autre descendre au pied de l'eschaffault,
Sur lequel un haudais de trois marches on dresse
Recouvert de tapys, où la chaire maitresse
De Charles mise on a, soubz un dez bien formé,
Et de fleurs de lis d'or sur son velours semé.
La majesté du Roy en ceste chaire assise,
Se met pour escouter d'une face rassise,
Les harangues et dits de tous ceux qui montés,
Sont de luy remonstrer quelque chose apprestés.
Duquel siege roial il void en apparence
Les estats qui passants luy font la reverence:
Premierement il void du Tëatre approcher
Les Eglises qu'on fait vers la ville marcher.
Puis le Recteur élu qui long vetu chemine
En robe d'escarlate et chaperon d'hermine,
Après douze Bedeaux, dont il est honoré,
Tous leurs masses portans faictes d'argent doré.
Il gouverne trois moys toute l'Academie,
Que le Roy nomme bien sa fille et son Amie,
Non à tort, car il scait que l'Université
Faict exceller Paris sur toute autre cité.
De là vient le scavoir et diserte eloquence,
Le sens de diffinir d'un fait de consequence,
De cognoistre les loix: de là vient aussi l'art
De rendre le malade en un estat gaillard:
De là vient mesmement la science sacrée
De deviser de Dieu qui la science crée:
De là vient celuy là qui ose de ses yeux
Departir par maisons la courbeure des cieux:
De là vient la musique, et la vertu meilleure
De ceux qui de Lauriel pressent leur cheveleure
Ainsi qu'une fontaine en ceste et ceste part
Par ruisseaux argentins toute son onde espard.
Les sept et dix mestiers suivent leurs Capitaines
Et portent au milieu six enseignes hautaines

Dont le taffetas teint en rouge, blanc, et gris,
A du Roy la devise et la nef de Paris:
Au son des tabourins, et à la resonnance
Des fiffres esclattans, marche en bonne ordonnance,
Cest ordre de soldats bravement se rangeants,
Qui, ou de piques vont leurs espaules chargeants,
Ou de bastons à feu, dont sans fin le bruit tonne
Et le peuple surpris subitement estonne.
  Et après à cheval marche un et un Sergent
Qui sur sa gauche manche a une nef d'argent,
Conduisants ces deux-cy toute la troupe esleüe
Des menus officiers en couleur rouge et bleüe,
Portants la verge blanche: Après lesquels pietons
Vont les harquebuziers qui pendent leurs bastons
A l'arson de la selle, avec la mesche preste.
Un panache voltige à l'entour de leur creste:
La chemise de maille au dos vestu ils ont,
Et sous deux estendars et un guidon ils sont.
  Soubz aultant de drappeaux vient la gend'armerie
Des archers de la ville ayant d'orfeverie
Leur hoquetons marquéz: Puis les arbalestriers
Pour monter à cheval ont les pieds aux estriers,
Conduis par un guidon, avecques deux bannieres
Que le souffle du vend faict ondoyer derriere.
La devise du Roy orne leur hoqueton:
Les armes de la ville au dos aperçoit on
De paillette d'argent, d'arbalestes encore
Le reste de l'habit çà et là se decore:
Tousjours marcher void on les trompettes devant,
Dont le son va le cœur des chevaux élevant,
Lesquels dressent l'oreille, et pleins de fier courage
De saulter, de bondir, et de ruer font rage.
  Mais voicy arriver l'honneur beau de Paris
Les enfants de la ville, ayants sur tous le pris,
Qui sur eux le regard du peuple convertissent:
Six trompettes devant, haultement retentissent,
Deux cornettes de soye ondoyent devant eux
Où la navire est peinte en portraict argenteux:
Passementé d'argent leur saye se façonne
D'un cramoisi velours: et se caparaçonne

Leur cheval mesme ainsi: leurs gardes leurs pommeaux,
Sont aussi argentéz, et leurs estriers jumeaux.
Puis les trois Maistres d'œuvre, et l'hostel de la ville:
Marcel va le premier de la troupe civille
Comme celluy qui est le Prevost des marchands:
Après, les Eschevins, et Conseillers marchants,
Les quarteniers aussi, et les bandes bragardes
Qui sont sur six mestiers les maistres et les gardes:
Mestiers qui de long temps jouissent de l'honneur,
De porter sur le chef de leur Prince et Seigneur
Le poisle par la ville, et ceux-cy qui precedent
Le baillent aux seconds, qui aux aultres le cedent.
  Après ces six mestiers, l'enseigne apperçoit on
Du guet de la Cité bien en conche et pieton
En morions dorés, l'estoille figurée
De velours blanchissant rand leur juppe parée,
Et Saingeorge rompant sur l'escailleuse peau
D'un dragon devorer se void en leur drappeau:
  Du chevallier du guet l'enseigne à l'autre semble,
Mais ses sergents armés à cheval il assemble
Suivants empistolés les precedans pietons
Avec l'estoille aussi contre leurs hoquetons.
Ceux-cy passez devant, le peuple son œil jette,
Sur les sergents à pieds qui trainent leur vergette,
Et sur leurs compagnons qui sont un nombre grand,
Dont l'un la harquebuze avec le flasque prand,
L'autre la pique tient près l'enseigne formée
De soye violette et de lis d'or semée.
Un nombre grand les suit de Notaires vestus
D'un habillement noir sur des mulets testus:
Les Commissaires vont en semblable monture,
Qui ont de velours noir mesmement leur veture.
Au prevost de Paris appartient l'autre lieu:
Puis aux trois Lieutenans, l'un qui tient le milieu,
Juge les criminels, qu'on ameine en la ville:
L'autre cognoissance a sur la cause civille,
Et le tiers a esgard aux faicts particuliers,
Suivis des Procureurs, Advocats, Conseilliers
Et des sergents royaux, dont l'enseigne volante

Porte d'un Saint Loys la figure branlante.
Voila les Generaux des monnoyes passez,
Ceux des aides aussi, en leur ordre poussez.
Les Comptes vont après, puis la Court primeraine
Et de tous parlements de France, souveraine:
Les Maistres de Requeste avecques deux huissiers
Que la Chancellerie appelle ses Massiers
Precedent en leur rang la belle Haquenée
A qui des seaux du Roy est la charge donnée:
La housse semptueuse et riche du cheval
Son velours violet faict trainer jusqu'à val
Avec mainte fleur d'or, qui au lis se raporte:
Son dos en un coffret couver de crespe porte
Les Seaux mentionnés que Birague suivant,
En lieu du Chancellier fait cheminer devant.
  Les archers du Prevost du duc d'Anjou devancent
Deux cornettes d'archers qui à cheval s'avancent
Soubz le sieur de Montreuil de mandilles parés
Et de morions noirs à longs filets dorés,
Suivys d'un nombre grand de porte-lances pages
Très bien empanachés et en bons equipages,
Avecques autres deux suivants l'ordre rangé
Et marchants flanc à flanc en velours orengé,
Dont l'un une cornette en sa dextre manie.
  Du Prevost de l'hostel voicy la compagnie
Aux hocquetons desquels l'orfevre diligent
Tres bien façonné a de paillettes d'argent,
La devise du Roy: chacun des archers dresse
Dedans sa dextre main un espieu de Vandresse,
Village qui depend du Conté de Retel
Et qui excellent est en un ouvrage tel.
Des deux freres du Roy voicy venir les gardes,
Les archers à cheval, en deux bandes bragardes:
Ceux là de velours gris tout à l'entour couvert
De passement d'argent, ceux-cy de velours verd,
Leurs mandilles font voir, et sont ces compagnies
D'armes ou de chevaux suffisamment fournies,
Avec leurs conducteurs habillés richement
Tant en leur propre habit qu'en l'enharnachement.

Voicy, voicy venir la Noblesse compagne,
Sur des braves coursiers, Turcs, et chevaux d'espagne
En toille d'or, d'argent, avec le corselet.
Voila les Escuyers, voila Carnavalet,
Monpesat, Villequer, et belle compagnie
D'honorables Seigneurs d'or et d'argent garnie.
Cestuy qui suit après de la rüe au milieu
Est Maulevrier le Conte, ayant ores le lieu
De son frere malade et lequel peult bien estre,
Indispos toutes-fois, dessus une fenestre,
Afin d'apercevoir ses cent Suisses conduits
Et ceux des freres deux, ensemble tous reduis
Sous une seule enseigne, où est peint comme histoire,
Le combat de l'archange avecques sa victoire,
Un soleil d'or, un bois, et un sanglier felon,
Devise de la Marck et du duc de Bouillon,
Duquel sont lieutenants Touguiner, la Corniere,
Et Freulich qui sousteint la trainnante banniere,
Parmy le bruit et son des tabourins battants.
Voicy les huit Hau-bois et cornets esclattants
Desquels l'accord remply, et musique fournie
Chatouille à tous l'oreille avec douce harmonie.
Huit trompettes et huit font tout l'air retentir:
Le lieu suivant a fait l'habit d'armes vetir
Aux Heraux devancants un grand nombre de pages
Des Princes et Seigneurs, en divers equipages
Tous bravement montés et marchants flanc à flanc
Avec les lances d'or et le taffetas blanc,
Pour bannerolle au bout, avec le grand pannache
Et le caparaçon qui leur beste enharnache.
Le manteau Royal suit avec honneur, porté
Par un noble escuyer pompeusement monté
Le chapeau par un autre, et par un autre encore
Les braves gantelets que l'or riche decore,
Et par un autre tiers le magnifique armet,
Sur lequel la couronne et mantelet on met.
Suivent aucuns Seigneurs avec pompe si grande
Qu'impossible est que plus toute l'Europe en rande,
A leur espaule ayants les armuriers du Roy,
Puis son cheval paré duquel je ne pourroy

Suffisamment priser la beauté vertueuse,
Soubz un caparaçon en la terre boueuse
Trainant son grand velours couvert de fleurs de lys
Et ses passements d'or superbement jolis.
Puis le grand escuyer: Somme, le duc de Guise:
Portant en son habit une richesse exquise
Et en main le baton de grand maistre tout droit.
Iô vive le Roy, criez en cest endroit
Peuple et enfants petis, criez d'une voix vive
Que Charles vostre Roy en prosperité vive.
Joyeux avecques vous et plein d'allegre émoy
Je vueil faire ce cry: vous donc avecques moy
Criez allegrement, et qu'il n'y ait personne
En qui comme la voix le cœur aussi ne sonne.
De moy je luy souhaite, après cent ans passés,
Que, comme entrer il va soubz ses beaux arcs dressés,
Il puisse heureusement et en paix faire entrée
En la porte des Cieux par les Saints penetrée,
Porté sur une nue aveques majesté,
Comme il est maintenant d'un cheval blanc porté,
Vestu de blans habits, comme est sa riche toille,
Soubz un ciel azurin semé de mainte estoille,
Comme on porte ce dez de velours violet
Plein de fleurs de lis d'or dessus son chef seulet.
De mesme affection devotement dehaite
A ses freres aussi qui suivent, je souhaite
Un semblable bonheur, au Prince et duc Lorain
Et aux autres aussi qui braves en ce train,
Accompagnent le Roy de leur suite bragarde,
Et qui contente fort quiconque les regarde,
Aveques leurs chevaux tres richement parés
Suivis par les Seigneurs de L'ansac et de Rés,
Lesquels sont conducteurs des deux cent gentils hommes,
Estants tous bien montées et bien ornés ces hommes.
Avec lesquels encor marcher nous regardons
Deux drapeaux et puis deux qu'enseignes que guidons,
Et quatre cent archers, que pour la garde on conte
Soubz la charge de Losse, et d'Auchy le viconte,
Bresay, et la Ferté, d'incarnat et de blanc
Ayants leur bannerolle, et sur le gauche flanc

Un des harquebuziers. Bref ce grand nombre ensemble,
De lances droitement une forest ressemble.
  Or arrivant le Roy près la porte voilà
Un bel avant portail que l'on a dressé là,
Qui se presente au front de l'ordinaire porte
Duquel l'ouvrage neuf au Tusçan se rapporte,
Avec un jour capable et spacieux assés
Pour passer maints chevaux et leurs hommes haussés.
Ses deux piliers espais faits de taille rustique
N'avancent par devant nulle colonne antique
De marbre contrefait, ains ont deux nyds en lieu,
Dont en chacun est peint un Image au milieu.
En l'un la Majesté comme Royne honorable
Tient en sa dextre main un sceptre venerable:
D'une triple couronne est son chef couronné:
Un grand manteau royal çà et là façonné
D'aurines fleurs de lis recouvre sa personne,
Et soubs ses pieds escrit un monostique sonne
Que dès qu'elle nasquit elle estoit en grandeur.
De l'autre nyd second en la creuse rondeur
Une Victoire peinte en sa dextre main dresse
Un rameau verdissant de palme porteresse:
En sa gauche elle tient d'un escu la rondeur
Où le chef de Meduse est fait avec hideur.
Sa teste couverte est d'un cabasset et presse
Soubs ses pieds rudement la Fortune traitresse
Qui ne peut se lever nonobstant son effort,
Car la victoire sus la foule et serre fort,
Le dos aiante aislé, mais ses aisles habiles
Monstrent leurs os froissés pour estre au vol debiles
Plus haut que l'architrave une frise tient lieu,
Le frontispice après est posé au milieu,
Aiant sur ses glacis deux cornes d'abondance
Et les armes du Roy en plus haute evidence,
Sur le bout de la pointe et du sommet d'amont.
A senestre, en relief, est debout Pharamond,
Qui d'un haubergeon vieil ses costés environne
Portant un glaive nu avec une couronne
Dedans sa dextre main: l'autre, pour reposer
Il semble sur sa hanche apuyer et poser.

Sur son chef descouvert nulle chose il ne porte,
Et a vers son espaule une aigle qui apporte
Dedans son bec crochu, des espics de froment.
Contre son stylobate est peinte proprement
Une vache paissante en une herbeuse plaine
Monstrante avoir de lait sa tette toute plaine
Duquel un bon logis, feconde elle entretient.
A dextre Francion le mesme geste tient
Que le Roy Pharamond avecques une espeé,
Mais en lieu de la vache au pastis occupée,
Un loup beant s'enfuit par le large des champs
Avec ses piedz isnelz à se sauver taschants.
Ce Francion sorti comme l'on dit de Troye,
Quand la fureur des Grecs la mit en flamme et proye
Changeant son fleuve Xanthe et Simois aussi
A l'onde de Dunoüe et du Rhin tout ainsi,
Appella le premier, de son nom, ceux de France
Au bout de l'Allemaigne où il fit demeurance.
Pharamond puis après institua les loix
Sur les Françoys accreus en un regne Gaulois.
Lesquelles nations ô Charles tu rands jointes
Comme Charles premier ja les avoit conjointes.
Telle est par le dehors la face au regardans,
Mais la voulte de l'arc recourbé par dedans
Ses grotesques fait voir jusques à la ceinture,
Et les deux flancs dessous ont une autre peinture.
En l'un demy couchée une Nymphe est, qui tient
De sa dextre, un cornet qui plusieurs fruits contient
De sa gauche une boite à demy entrouverte,
Et jusques au nombril icelle descouverte
Montre quatre tetins gros de lait, departis
Afin d'estre succés, à quatre enfans petits.
A ce flanc opposé l'autre flanc se rapporte
Monstrant un paysan qui des volailles porte,
Et des vignobles prest à estre vendangés
Et un taillis de saux de grands plansons chargés
Contre le tronc desquelz se montrent des congnées
Qui, pour les esbrancher, semblent embesongnées,
Et je croy que la France on note par cela
Car d'espics et raisins grande abondance ell'a.

Ses enfans qui sont maints ses mammelles cherissent
Qui eux et leurs voisins suffisamment neurrissent,
Et quoy que puisse Mars la coupper et tailler
Si la sent on renaistre et en croissance aller.
  Depuis l'avant portail jusqu'au pont de la porte,
Comme le rond de l'arc un berçeau se comporte
De lierre et de buis, desparti en quarrés,
Où pendent contre bas plusieurs muffles dorés
Avec des houppes d'or, et sont les porteries
Couvertes de festons et grandes armoiries,
Avant lesquelles voir mises en toutes parts
Est le Roy salüé sur les tonnans rampars
D'un nombre de canons, non en telle furie
Que Paris pourroit bien par son artillerie,
Car si Paris faisoit ce qu'il peult en cela
Je croy que quand Juppin jadis en Lemne alla,
Les Ciclopes poudriers tant de coups ne lascherent
De foudres et de feux, voire quoy qu'ilz tascherent
D'esclairer et tonner tempestueusement.
Le Roy dedans la ville entré pompeusement
Est œilladé de tous et par tout de voix vive
Le monde applaudissant, va criant le Roy vive,
Iô vive le Roy, si que sentant l'honneur
Que s'efforce chacun de faire à son seigneur,
Le genereux cheval ores va d'un pas grave
Ores saulte, bondit, et de travers se brave,
Et comme glorieux de la charge qu'il a
Semble jetter son œil sur chacun ça et là,
Tant ceste noble beste en son cueur est hautaine.
  A tant l'ordre Roial arrive à la fontaine
Qu'on nomme le Ponceau, petit ouvrage assis
Sur le pavé commun basti de faces six.
Douze petitz piliers qui au massif se tiennent
Six frontispices telz en leur contour soutiennent
Ensemble contigus par le bout des glacis,
Sur l'architrave, frise et la cornice, assis.
  Au haut de la fontaine une Royne eslevée
(Telle de Catherine est la face trouvée)
De ses bras estendus porte en l'air un tableau
Où peinte la Gaule est comme au milieu de l'eau

Et comme en portions d'Islettes separée,
Estante en chacune Isle une ville tirée.
La statue en relief resemble au marbre blanc,
Dessus son piedestal vers le senestre flanc
Est l'oiseau de Pallas qui monstre de sagesse
Ceste Royne prudente avoir grande largesse
Pour penetrer l'obscur des secretz plus couvers,
A la dextre est un lievre aiant les yeux ouvers,
Près une grue aussi sur un pied reposante
Et levant avec l'autre une pierre pesante.
Au costé du hibous un terme droit se tient
Qui un coffret quarré sur sa teste soutient
Où nostre œil deux livrets en peinture rencontre,
Un sceptre est droit dessus et une oreille contre
Avec un œil ouvert justement au sommet.
Sur l'autre terme encor à l'autre part on met
Deux cueurs liez, deux mains qui tiennent une couppe
Un glaive mis debout dont la pointe ne couppe
Et un luth attaché au doz de tout cela
Avecques aucuns vers qui semblent dire là
Que ce n'est cas nouveau ne chose fort estrange
Un pays soutenir qui bien reglé se range,
Qui est droit et entier, mais que tout le los git,
Le labeur, et l'honneur, en quiconque regit,
Un royaulme confus d'emotion diverse
Et qui comme en son mal aveuglé se renverse.
  Plus bas sur les glacis troys femmes mises sont
Qui leurs corps en relief de mesmes marbres ont:
La premiere qui est sus un siege d'or mise
A son urne et sa couppe et se nomme Artemise:
Qui semble par ses vers en une table enclos
De ceste grande Royne ainsi chanter le los.
Des vesves de jadis il ne fut onc (dit elle)
Vers les os d'un mari, une pieté telle
Comme la mienne fut, tesmoin l'ouvrage beau
Que de Mausole mort je fi faire au tombeau.
Mais de vesves tu es la seule à qui je cede
Et de qui l'amour grand ma pieté precede.
  La seconde statue est cest honneur Romain
La pudique Lucrece et tient la dague en main

Indice de la mort qu'elle s'est avancée
Pour avoir par Tarquin esté prise et forcée.
Et semble par ses vers en une table enclos
De ceste grande Royne ainsi chanter le los.
Entre le nombre vieil des matrones (dit elle)
Aucune ne me vainc par pudicité telle
Que je montray la mienne, alors que je purgay,
Par ma mort, le forfait que point je ne forgay.
Mais soubz toy seullement maintenant je me treuve
Avoir perdu le prix, qui donnes claire preuve,
Sans violente mort, de quelle loyauté
Vers le Roy ton espoux tu as tousjours esté.
La troisiesme est Camille homace fort adextre
Qui porte un cabasset et un dard en sa dextre,
Et semble par ses vers en une table enclos
De ceste grande Royne ainsi chanter le los.
Je pucelle jadis osay bien (entend elle)
Portant en main la lance avecques la rondelle
Essaier le travail des hommes, et couru
Par les guerres de Mars où brave je mouru.
Mais ton los est plus grand qui desja plus agée
Au milieu de maints camps pour le Roy t'es rangée.
  Cependant le pavé resonne soubs le fer
Du cheval glorieux que l'on voit triumfer
Et fait que du commun l'œil tiré suit et glice
Jusqu'au temple du Saint que revere Gallice,
  Le spectacle bati par le Parisien,
Et qui est là dressé par le payement sien,
Surpasse tous les arcs qui sont faits pour l'entrée,
Car une double face est en cestuy montrée
Avec varieté d'ouvrage contentant
Le regard de chacun pour le voir s'arrestant.
  Celle du premier front, à tout costé de porte,
A un soubassement qui deux colomnes porte
Faites à la Corinthe, estant peint de pourtraits
De fifres, tabourins, d'enseignes, d'arcs, de traits,
D'armets, lances, escus, de pistoles et d'armes,
Qui coustumieres sont aux soldats et gensdarmes.
Ce piedestal qui double en long son haut total,
Soustient dessus son plan un autre piedestal,

Où pose une statue autant bien façonnée
Qu'autre à qui jadis ait Scopas forme donnée.
  Ell'en sa dextre paume une navire tient
Avecques le cordage ainsi qu'il appartient:
Aucuns livres elle a dessoubz son bras senestre,
La hallebarde double on void en sa main estre,
Et trois foureaux d'espée: un chien, un coc veillant
Et deux urnes encor dont le flot va saillant,
Se voyent mis aux pieds de l'Image presente
Qui la noble cité de Paris represente,
Mere de bon savoir, Justice et Pieté,
Selon un carme Grec sur sa teste noté.
  A ce jambage gauche un dextre se rapporte,
Qui une autre effigie en mesme façon porte:
Ceste tient une lance en l'une de ses mains,
Et l'autre de raisins est pleine et d'espics maints.
Un chateau de son chef la chevelleure presse,
Et a l'on mise là ceste figure expresse
Pour le regne puissant de France denoter,
France qui se peut bien joyeusement porter
Mere se cognoissante en ses amples finages
De maints enfans qui sont illustres personnages.
  Ces Images de marbre ont leur place en deux nis,
Dont les colomnes ont leurs chapiteaux fournis
De bronze contrefait: la canelleure brave,
Est de la tige autour, qui soustient l'architrave,
La frise et la cornice avec compartiment
Et mouleure requise à un tel batiment.
  Sur la cime d'icelle ainsi qu'un autre estage,
Regne un soubassement qui porte d'avantage
De marbres imagés: de Henry trespassé
Le Royal simulachre au vif fait, est dressé
A l'un des bouts, ayant les colomnes marbrines
Avec les bases d'or et les testes aurines,
Colomnes que de luy son fils regnant depuis,
Du royaume sien prand pour tresfermes appuis
Car y a-il qui mieux le fonde et le batisse
Que fait la Pieté avecques la Justice?
  Un simulachre nu ainsi que furieux
Se void à l'autre bout maistre et victorieux

D'un autre renversé sur sa cuisse tres ferme,
Et semble que le poin pour l'assomer il ferme.
  Entre ce Roy Henry et cest autre du bout
Est un antique vase elabouré, debout
Entre cinq enfans nus qui à l'entour se tiennent
Et qui pour ne pancher de leurs mains le retiennent
Sur le col d'iceluy un cœur se void posé:
Dessus une couronne un nuage advisé
Semble pendu en l'air avec l'aigle hardie
Que l'antiquité sage à Juppiter dedie.
  Tel est le premier front de cest arc composé,
Le second d'un mesme ordre, à cestuy opposé,
Montre à la gauche main, de la personne entrée,
La figure en relief d'une marbrine Astrée
Qui jusques au tetin, d'un habillement blanc
D'estoilles d'or marqué, se recouvre le flanc,
Et qui trois serpents d'or en rond cercles tenante
Se dit estre des Cieux en terre retournante.
  De l'autre part se void faite d'un front humain,
Une nymphe qui tient un chariot en main,
Et se dit apporter, en gaye demontrance,
Les pompes, les esbats, et les jeux à la France.
  Sur la haute cornice est ce mien duc Henry
Qui porte un glaive nu, tellement favory
De la grace des Cieux, qu'un laurier l'environne,
Sa victoire croissante, en trois ronds de couronne,
Et soustient une fouldre en sa senestre main,
Qu'il couvre avec un crespe ainsi que Prince humain
Qui ne veut, mais peut bien, mettre en flamme et en proye,
Ceux contre qui son glaive et sa vertu guerroye.
  Son frere à l'autre bout, François duc d'Alençon,
D'un guerrier genereux montre avoir la façon:
Un astre est à ses pieds, en main un dard il porte:
Et les mœurs de François son grand-pere il rapporte:
Des deux quels au milieu Charles Roy à present
De deux nymphes recoit un chapeau pour present:
Charles dont la vertu en croissance feconde,
Tousjours pour suite aura la fortune seconde.
Peint un enigme on void contre son piedestal
D'un monstre à double chef, ayant son corps total

Jusques soubz le nombril, mais la basse partie
Comme en un pied quarré de Terme convertie:
Le chef dextre est barbu, jeune est l'autre menton:
A ceste main liés des beufs aperçoit on,
Et à l'autre costé une lente tortue
De gravir sur un mont bellement s'évertue:
Ayant ce front second ses colomnes, piliers,
Et enrichissements d'ouvrages singuliers.
  Le Roy outre passé vient au sepulchral temple
Près le portail duquel en la rue on contemple
Un haut perron Tuscan portant mesme iceluy
Un moindre Stilobate encores dessus luy,
Garni à chaque coin, d'une aigle façonée
De bronze contre fait et vers les gens tournée.
  Sur le plan du plus grand ce moindre piedestal
De pierres de mixture ayant son corps total,
Le colosse soustient d'une Junon taillée
De marbre Parien, à l'antique habillée,
Ayant un sceptre en main, sur l'espaule un croissant
Et aux pieds l'arc du Ciel en cercle arondissant.
Aux flancs du Stilobate on void en apparance
De Ronsard et d'Aurat grans poëtes de France
François, Grecs et Latins, les vers interpreteurs
De la fin et du but d'eux mesmes les auteurs.
Et sonnent que Junon, qui de bonheur emplie
Juppiter épousante allia l'Italie
Aveques les François, les joint aux Allemans
Affin que soyent liés ces trois peuples s'aimans,
En un peuple qui seul se demontre indontable
A tous ceux que soustient ceste terre habitable.
Un autre haut perron pareil à ce premier
Près de Saint-Innocent est au lieu coustumier,
D'une mesme grandeur, d'une semblable forme,
D'une mesme matiere, et de tout point conforme
A celuy du Sepulchre egalement, sinon
Que son colosse grand n'est pas une Junon
Ains un Himen de marbre avec une vesture,
Selon l'antiquité rouge jaune en teinture,
Avecques un chapeau de fleuretes garni.
A son dextre costé un enfançon muni

D'aisles, d'arc et carquois, nu jusqu'à la ceinture,
Faite d'un argent large à grosse fermeture,
Semble sur une sphere où le ciel est, marcher,
Sans (comme ailleurs) ses yeux d'aucun bandeau cacher.
Au senestre costé Hebe la jouvencelle
Du blanc marbre est debout, gisante aux piedz d'icelle
Une belle chevrette, et deux enfants petis
Hors leur matrice estans comme à demi sortis,
Au reste enveloppés près la chevre acroupie.
Le plinte plat est peint d'un pigeon, d'une pie,
D'une tourtre, et canard ayant le bas enclos
Encores en leurs œufs et le dessus esclos:
Et flamment sans cesser des torches allumées
Sur les coins à l'entour des figures nommées.
Ce bien heureux Himen ainsi meine avec luy
Les dieux aussi heureux estans près d'iceluy,
D'une part l'Amour chaste, et la Jeunesse meure
Qui de l'autre costé sa compagne demeure.
Or sont les chastes dons aux Celestes plaisants
Et la verde vigueur convient aux jeunes ans,
Et cause que des Roys renommés en puissance
D'armes et pieté, la race prand naissance.
  Devant le Chastelet lequel (selon le bruit)
Par Cesar l'empereur fut autresfois construit,
Une grande cloison de planches composée,
Est au bout de la ruë aux passans exposée,
Qui fait au train royal tourner en autre endroit
Son chemin poursuivi dès Sainladre tout droit,
Sans avoir rencontré que ce premier obstacle:
Contre lequel en toile on advise un spectacle
De plate perspective autant belle au regard
Qu'en fit onc Praxitelle ou quelque autre bragard
Dont le nom jusqu'à nous par le renom s'apporte.
  Cest ouvrage là peint si proprement rapporte
Au moyen point, son tout, que qui seroit distant
Estre fait de relief le diroit à l'instant.
Il jugeroit deceu, les personnes formées
Contre ce grand tableau toutes estre animées
Il penseroit y veoir un double rang d'hostels,
D'huis, fenestres, ouvroirs, et maints autres cas tels

Renfoncés bien avant, en une longue rue,
Avec la populace icy et là fort drue,
Les uns venir vers luy, les autres s'en aller
Et la fumée au vent par les tuyaux voler.
Ainsi d'ombres et jour ceste toile jolie,
Selon le naturel est si bien embellie:
Qu'à le voir un grand peuple est tousjours aresté,
Montrant un beau Palais, fait pour la Majesté,
De colomnes bati, dont deux, que l'on rencontre,
Grandes au premier front, ont tels vers notés contre:
Ce pendant que debout se tiendront fermement
Les colomnes d'Austriche et France ensemblement,
Tousjours droite sera, sans qu'en bas rien l'emporte
La grande Majesté qui tout le monde porte.
  Du Palais à l'entrée auprès d'un pavillon
Sise sur des coussins, ceste dame void l'on
Tenante un sceptre d'or dedans sa dextre estrainte.
Plus bas qu'elle est la Honte et la peureuse Crainte
Et s'y void la Justice avec la Pieté,
Des Princes anciens la garde et seureté
Qui les accompagnoyent contre quelconque offence
Mieux qu'autre train suivant qui serve de deffence.
  Le Roy passe plus outre, et parvient à un bout
Du pont de nostre Dame où est dressé debout
Un autre arc triumphal de fort gaye apparance,
Tournant tout à l'entour de la circonference,
De son berceau vouté, trois ordres faits d'amas
De testes de dauphins, coquilles, et limas:
Un cancre fait la clef, aux costés de laquelle,
Une riviere en femme, et un fleuve avecqu'elle,
Qui tiennent en leurs mains un marin aviron,
S'apuyent sur leur cruche, et coule à l'environ
Grande abondance d'eau vers le haut des jambages
Qui luy sont comme bords pleins de mousses, d'herbages,
De petits arbrisseaux, de limaz gravissants
Et tels cas volontiers sur les rives croissans.
  Plus haut sur la cornice, au dessus de l'entrée,
La navire d'argent de Paris calfeutrée
Semble seure voguer: estants representés
Son Charles et Henry debout aux deux costés,

Par Pollux et Castor faits de cuivre qu'on dore,
La conduite desquels veut que la nef grande, ore
Ne craigne plus les vents qui rudes pousseront
Tant qu'ensemble ces deux ses pilotes seront,
Car elle sera sauve et hors de tout naufrage,
Puis que faisants cesser la tourmente et l'orage,
Ces deux beaux et luisants dioscures esprits,
Aparoistre ont voulu en ses plus grands perils.
  A l'autre bout du pont un pareil edifice
Ressemble à cestuy-cy, d'œuvre, ordre et artifice
Sinon que pour Pollux et Castor, on peut voir
A la proue et la poupe, un Mars qui sans pouvoir
Est par le faux du corps attaché d'une chaine,
Ayant bas à ses pieds sa cuirasse prochaine
Dont il est devestu, et son armet aussi,
Avec une deesse encore mise ainsi
Dont Victoire est le nom: pour montre assez notoire,
Que Charles a liés son Mars et sa Victoire
A un Olivier l'un et l'autre à un Laurier
Se rendant doux, benin, et treshumain guerrier.
  Tu en es le motif, ô heureux Himenée
En France nous ayant la Deesse amenée,
Qui comme un beau soleil le nuage escartant,
Nous va le temps serain de bon heur, rapportant,
Affin que sur la mer de paix et d'asseurance
Revogue librement la navire de France,
Qui pour ce grand bien-fait a raison de donner
A Ysabel le los, et de la couronner
Non pas de laurier seul, ainçois de la couronne
Qui des Roynes d'icy la plus grande environne,
Car des sceptres mondains nul Royaume puissant,
De France ne s'egalle au regne fleurissant.

CHANT CINQUIESME DE LA RENOMMEE
de Ch. de Navyere, G.S.

  Quel docte Samien, ou bien quel autre antique
De renom immortel par son Arithmetique,
Pourra dire et nombrer seulement les trois pars
De tout ce peuple grand confusément espars,

Lequel voulant la voir couronner, se transporte
Par le chemin Royal qui à Saindenis porte?
  Dieu des Dieux! peut-il bien au vent du moite Su,
Tant de gouttes pleuvoir, qu'il est de monde yssu
Du gouffre de Paris qui feroit pleurer Xerxe,
Puis qu'il fault que la mort sur luy son droit exerce?
Avant vingt lustres d'ans. O immortel sçavoir!
La Parque a droit sur tout fors que sur ton pouvoir,
Et si l'homme n'a rien qui ne tombe en la tombe,
Mais sur toy qui ne meurs point la tombe ne tombe,
Ains faits ce bon party à un homme sçavant
Que mourant il ne meurt ou mort qu'il est vivant.
  Comment possible est-il que tant de populace
De coches et chevaux à Saindenis ait place?
Quel lieu peut fors Paris tant de gens contenir
Que le desir de veoir y contrainct de venir?
Mais le temple des Roys pourroit il bien comprendre
La moindre part qui cuyde y aller place prendre?
Dont les uns par dehors de grand ardeur montants
Sur le comble de plomb, et sur les arcs boutans
Ne laisseront pour veoir nulle peine en arriere
Ostans tout à l'entour ceste et ceste verriere:
Les uns dès le matin, dès les jours precedans,
Introduis par faveur aux places de dedans
Ou sur un eschaffaut ou en la galerie
Qui au tour de la nef et du cœur est nourrie,
Et les autres montés sur les royaux tombeaux:
Que de nobles, ô Dieu! en habillements beaux!
Que de dames près d'eux qui ont avecques elles
Comme un ciel estoillé de belles damoiselles
En la face de qui la grace et l'amour luit
Mieux que le grand tresor de pierres qui reluit,
Dessus leurs scoffions et robes emperlées
Robes dont veut le jour qu'elles soyent habillées,
Et mieux que leurs miroirs opposés au soleil
Pour r'envoier les rays refrappans dedans l'œil
De quel-qu'un de la troupe, affin qu'avec risée
Il ne puisse porter la lueur avisée,
Ains se cache contraint tant que le miroir clair
En autre part tourné y darde son esclair,

Passetemps amuseur des dames introduites:
Tant que voila venir les royalles conduites
Les Suisses bigarrés, les tabourins batans,
Les trompettes, clairons et cornetz esclatans,
Et des nobles du Roy les bandes honorées
Portans tous les batons de leurs haches dorées.
Les Heraux, les Seigneurs et les Princes après,
Les massiers, le grand maistre et qui les suit de près,
La Françoise Junon qui tresbelle chemine,
Soubz un riche corset, soubz un surcot d'hermine
Un scoffion au chef et un manteau tresgrand:
Dessoubs le dextre bras le duc d'Anjou la prand
Et celuy d'Alençon soubz l'autre en ceste guise:
Le prelat de Bourbon l'accompagne et de Guise:
Portans le long manteau, les Princesses Daufin,
La Roche-sur-yon, et Nemours à la fin,
Avec quelques seigneurs, icelles couronnées
Et d'une infinité de gemmes atournées:
La princesse Lorraine après au haut costé
Avec son autre sœur la perle de beauté,
Portent aussi au chef les couronnes couvertes
De diamants rubys et d'emeraudes vertes.
Et après celles là quelques dames encor
Qui sur elles ne sont que pierres, qu'argent, qu'or,
Et suyvent pour servir à la ceremonie
Tant que le sacre soit et la messe finie.
  La Royne entrante au chœur avec un arroy tel
Agenouiller se va devant le grand autel,
Où Charles Cardinal de Lorraine est avecques
Quelque nombre attendant de prelats et d'Evesques:
Elizabet de là on meine à l'eschafaut
Où soubz un dez tendu la faire soir il faut,
Et de là descendante en bas est ramenée
Devant le grand autel pour estre couronnée,
Après l'oraison faite à sa devotion.
Voila l'Empoule prise où l'on mect l'onction,
Sur la platine elle est par le prelat versée
Pour en oindre le chef de la Royne baissée,
Et son sein descouvert des dames qui sont là,
Voila dedans son doigt l'anneau sacré, voila

Le royal sceptre offert et l'autre main donnée.
De la grande couronne ore elle est couronnée,
La voila reconduite en son lieu derechef:
La petite couronne on met dessus son chef:
La grande sur le dos d'un coussin qu'on regarde
Bailler au Daufin Prince affin qu'il en soit garde,
Comme au Duc de Nemours et D'albeuf au Marquis
Ceste main de justice et sceptre plus exquis.
Ainsi se sied la Royne au lieu qu'elle merite
Soubz le dez au milieu de Claude et Marguerite,
Estants le duc d'Anjou et le duc d'Alençon
Derriere icelle sis, pour en ceste façon
La grande Messe ouyr qui va estre chantée
Avec un plaisant bruit de musique escoutée,
Et qui fera durer ceste solemnité
Tant que le ciel serain montre l'infinité
Des flambeaux allumés, dont sa voute il decore,
Lesquels trois fois et sept il fera voir encore,
Avant que le soleil quatriesme estant levé
Ait fait venir le jour de l'entrée arrivé,
Sur le temps que de Mars le mois guerrier prand cesse,
Comme la guerre fin, soubz si bonne Princesse
Pour laquelle cherir, et en joye honorer,
Paris a de rechef ses portes fait parer
De simulacres neufs qui les places remplissent
Des premiers abbatus, et les arcs rembellissent.
  De Francion oté la place est occupée,
Par un grand Roy Pepin en dextre ayant l'espée,
Une colomne à gauche, et dessus le tailloir,
Un temple soutenu par son aide et vouloir,
Laquelle piété fut une grande avance,
Au Royaume Gaulois, de gloire et de chevance.
  Au lieu de Pharamond un Charlemaigne tient
Un glaive de sa dextre et de l'autre il soutient,
Une colomne aussi, et l'aigle imperialle,
Qui montre que jadis sa prouesse Royalle,
L'Empire redressa debout le soutenant,
Comme font ses neveux encores maintenant.
  Entre le Roy Pepin et son fils Charlemaigne,
Deux Nymphes (l'une est France, et l'autre est Allemaigne)

Faictes de marbre blanc ont en deux escussons,
Des armes de la Royne, et du Roy les façons,
Sous un sode quarré peint de platte peinture
De foudres, fleches, d'arcs, et telle pourtraicture,
Estant cest escusson et cest autre, couvert
D'un grand chappeau dessus cerclé de chesne vert.
Dans la ville, au Ponceau, un Royne marbrine
Represente de trait la Royne Catherine,
Qui tient faicte de lis une couronne en main,
Qu'elle semble avancer, avec un front humain,
Affin qu'Elizabet en passant la reçoive,
Et de son amitié le grand signe apperçoive.
Plus outre, à double face, un grand arc est trouvé,
Sur lequel est Henry en figure élevé,
Henry qui commença l'alliance fidelle,
De France et d'Allemaigne, Allemaigne sœur d'elle,
Ce que son filz lié à Ysabel, parfait,
Duquel, à l'autre bout, le simulacre est fait,
Et au milieu d'iceux, (en semblance d'un homme)
Deux grans fleuves d'argent, dont l'un le Rosne on nomme,
Et l'autre le Danube ayans le corps tout nu,
Des mains desquels en l'air un monde soustenu
Monstre que (si la paix inviolable assemble,
Ainsi comme jadis, ces deux peuples ensemble
Les deux reduis en un) les Germains et Gaulois,
L'empire terrien tiendront dessous leurs lois.
Plus outre, une Junon qui semble d'or, posée,
La paix souhaite au Roy et à son espousée,
Et aux peuples d'iceux les François et Germains,
Comme un nœu Gordien qu'elle tient en ses mains.
D'un grand Saturne d'or la semblance connuë
Montre l'age doré de la paix revenuë,
Par sa nef qu'il soustient propre au marchant courreur,
Et sa faux couppeblé outil du laboureur.
Tout du long par dessus, du grand pont l'estendue,
A une couverture ainsi qu'un ciel tendue
De grands tortis de buys et de lierre verd,
De chiffres, d'escussons, et d'escriteaux, couvert,
Et à chaque maison une nymphe pendante,
De fruits en des cossins, et de fleurs abundante.

Aux deux bouts de ce pont deux beaux arcs elevés
Pour terminer ce ciel verdoyant sont trouvés.
Le premier sur le haut montre la belle Europe
Que le taureau nag'ant enleve sur sa crope:
Or ainsi que jadis on a veu emporter
Et Europe ravir par le vieil Juppiter,
Par le jeune on verra prandre et ravir l'Asie,
Ayant, pour l'emmener, Elizabeth choisie,
En faisant que leur nom ces terres laisseront
Et que France-Allemaigne elles dites seront.
Je veux taire l'autre arc, avecques la navire
Que l'ourse et que du North le vent desiré vire:
Je tay le Mars guerrier qui sa hache soustient,
Et la victoire encor qui l'autre place tient,
Les enrichissements faits aux voutes entieres,
Et les tableaux pourtraits des flancs et des costieres:
Je tay qu'il faut louer les fenestres à prix,
Et que les eschaffaux sur le pavé sont pris,
Qu'il n'est si petit coin ny endroit en la ruë
Lequel ne soit remply de multitude druë,
Estans ceux, et ceux-cy en Paris convenus
De tous païs François tant soient-ils loin tenus
Amenés par le bruit lequel leur fait entendre
Qu'un spectacle plus beau on ne sauroit attendre,
Comme celuy qui doit passer en braveté
Le triomphe royal qui ja fait à esté.
France pardonne moy si cuidant entreprandre
De parler de ce jour, vaincu je me vay randre.
Muses ne vous fachez, Hé! si ravi je croy
Que voir vous pouvez bien ce plus qu'humain arroy,
Mais que le reciter il ne vous est possible
Car comme diriez vous une chose indicible?
Vrayment quand le festin des nopces j'aperceu
Puis de Charles l'entrée à Paris, je conceu,
Qu'on ne pourroit plus voir, mais, que ceste autre entrée
Bien manifestement mon erreur m'a montrée
Car d'autant qu'un sapin surpasse un buisson bas,
D'autant y sont plus grands les biens et les ébas.
Le velours y est vil, le satin presque ordure,
Sinon en ceux ausquels l'accoustumance dure

De les porter tousjours estant en mesme point
Et lesquels de couleur changer ne doivent point:
Mais la noblesse toute est tellement parée
Qu'il semble, en la touchant que Mide l'ait dorée,
Ou l'Orient couvert avec tel bien perleux
Telles pierres de prix et de lustre orgueilleux,
Qu'on n'en auroit pas plus si la greve menue
Se trouvoit toute, perle ou gemme devenue.
Or après l'ordre donc pour le Roy recité
L'Eglise la premiere et l'Université,
Après la Ville, et Court, la Noblesse emperlée
De gemmes, d'or, d'argent, richement habillée,
Le vice-Chancelier et les Ambassadeurs
Lesquels a mis en rang ensuyvant leurs grandeurs,
Celuy qui le Maistre est de la ceremonie,
Et des Suysses aussi après la compagnie,
Laquelle bravement conduite estre void l'on
Du conte Maulevrier frere au duc de Bouillon,
Après les Instruments, les Heraux, et partie
Des nobles de la chambre en deux bandes partie,
Et les Pages d'honneur à cheval, lesquels ont
Le Manteau, puis le Coffre auquel les bagues sont,
Le premier Escuyer, et le Cheval de trousse
Avecques sa planchette et sa trainante housse,
Après la Haquenée avec la housse ainsy
Qui de toille d'argent va jusque à terre aussi,
Le prevost de Paris, et les Prelatz: au reste
Après le nombre encor des nobles lequel reste
Et quelques grands Seigneurs, voila celle, voila,
Pour laquelle est passé tout ce triomphe là,
Dont conter on ne peut la moindre part entiere:
Soubz un ciel la voila dedans ceste littiere,
Descouverte au dessus affin que du dedans
Sa majesté reluise aux yeux des regardans,
Comme celle qui d'heur et de paix les estraine.
L'argent tout à l'entour jusques au pavé traine:
Les deux muletz portans et les pages dessus
Pompeusement en ont leurs vestemens tissus:
Et en pareil arroy de littiere argentée
Est l'une et l'autre sœur ensemblement portée.

Qui force ont de tirer du peuple ravi l'œil
Ainsy que faict Phœbus l'herbette du soleil.
Selon leur ordre après en braves haquenées
Les Princesses du sang et Dames sont menées.
Celle là de Condé qui suit au rang meilleur
Ainsi que vefve porte une noire couleur:
Celle de Montpensier marche en riche chevance:
La Princesse Dauphin somptueuse devance
La Roche sur-yon, qui telle ne va pas,
Que celle de Nemours laquelle suit ses pas
En magnifique habit grandement convoitable,
Comme celle de Guise avant la Connestable,
Qui porte aussi le noir et souvenir me fait
Que jamais n'est sans dueil aucun plaisir parfait.

  Celle d'Anville suit en blanche haquenée
En chapeau blanc aussi et de blanc atournée,
Comme les Dames sont lesquelles vont après,
Et les quatre beaux chars tous argentés expres,
Où de la Roine on void les Damoiselles gentes
Qui, ce jour de passer ont esté diligentes,
Les graces de Venus, allant tout ce convoy
Jusques au temple grand, où prier je les voy,
Puis sortir et monter par l'innombrable presse
Vers le Palais royal où le festin se dresse.

APPENDIX II

Ms. fr. nouv. acq. 3243 Extraits des comptes de la Ville de Paris relatifs aux presents d'orfevrerie offerts aux Roys et Reines de France (1424–1563)

fol. 130^{r} Du compte de Me François de Vigny, receveur des aides – pour l'année commençant le ler oct. 1563

fol. 130^{v}–131^{r} Pour le don et present ordonné estre fait pour presenter au Roy à sad. entrée.

Pour un chariot de triumphe d'argent doré vermeil, du poix de 80 marcs ou environ, trainé par deux lions, au col desquels sont les armoiries de lad. ville. Dedans lequel chariot est la figure de la desse Cibelle et au cotté droit un Neptune tenant son tordent (sic pour trident). Et à l'autre cotté, un plastre (pour Pluton), aupied duquel y a un chien à trois testes, et au devant d'icelle deesse est sa fille, Juno, ayant sa main gauche posée sur un paon et l'autre sur led. chariot, lequel est enrichy de six festons, tant sur le devant que sur le derriere, la platte bande ensemble l'espesseur enrichie de guilochis et autres choses, selon le portrait de ladite, fait. Au milieu duquel chariot, de chacun cotté, sont pendues les armoiries de lad. ville et, au derriere, la devise du Roy qui sont deux colonnes entrelassées garnies de leur pied d'estal, à cotté de chacunes desquelles est pendu un feston avec un rouleau traversant lesd. colonnes, et audessus dudit rouleau sont posées les armoiries de France. Et audessus d'icelle, une petite platteforme où est posé un cheval nud (?) (mis[?]), sur lequel est une figure d'un jeune enfant armé ayant son regard sur lad. deesse Cibelle, et, au derriere dud. cheval, est un sceptre sur lequel est montée une aigle portant une couronne en son bec, qui est audessus de la teste dud. jouvenceau, le tout posé sur une platte forme, en forme de sousbasse portée par quatre dauphins à double queue, et plat forme d'icelle soubasse, enrichis de parements morisques (?), taillé et bruni et le champ frisée, la moulure d'icelle soubasse, enrichie sur le bout de devant, de laquelle sous basse et audessous desquels lions est posé une table d'attente, dedans laquelle est escrite la signification dud. chariot, le tout pesé 83 marcs 5 onces 6 gros d'argent vermeil doré, à raison de 32 livres tournois 4 marcs, suivant le marché, plus 4 petites chainettes d'or servant à prendre les tables, et un petit filet d'or servant à tenir le bride du cheval estant aud. chariot.

2718 livres tournois 14

Pour un estuy couvert de cuir doré enrichy de plusieurs armoiries et devises du Roy et de lad. ville, dans lequel a esté mis le present que mesdits sieurs feront au Roy en sad. entree en lad. Ville.

Tout ce que dessus detaillé audit compte.

APPENDIX III

The *devis* and *marchés* numbered 1 to 15 were first published by L. Douet d'Arcq in the *Revue archéologique* v² (1849), 51944, 573–89, 661–80. They had been drawn from the *Registres du Bureau de la Ville de Paris*, and when the latter were published in extenso they were reprinted there along with other minutes and the text of the entries. (See *Registres* VI, 231–315)

The *marché* numbered 16 is reprinted from F. Mazerolle, *Les Médailleurs français du* XVe *siècle au milieu du* XVIIe (Paris: Imprimerie nationale), 1902, Vol. 1, No. 96.

1. DEVIS AVEC CHARLES LE CONTE POUR LES TRAVAUX DE CHARPENTERIE

(*Registres* VI, 236–8; *Rev. arch.* v², 575–7)

C'est le devis des ouvraiges de charpenteryes qu'il convient faire pour Messieurs les Prevost des Marchans et Eschevins de la ville de Paris, pour faire et eriger quatre arcs triumphans, dont trois à deux faces et deux paremens, et l'autre à une face seulle, pour l'entrée du roy, Charles neufviesme; avecq ung pan de charpenterye pour servir de persepcetive (sic). Le tout ainsi et en la manière qui s'ensuict:

Et premierement, fault faire la charpenterye de l'arc triumphant, qui sera faict rusticque, à la porte S. Denys, de la largeur que porte ladicte porte et haulteur. Lequel arc sera mis et assis sur le devant du pont-levis. Et pour icelluy tenir à plomb, et aussi pour tenir les lierres et enrichissemens qui seront mis par les painctres, fault assembler sablieres par voye, depuis ledict arc jusques contre la porte, et faire la charpenterye des deulx jambaiges portans face ainsy que demonstre le portraict, garny de poteaulx de longueur qu'il appartiendra, revestu d'autres toises par voye, et de liaisons, le tout couvert et remply d'aiz joinctifz. Et au-dessus dudict arc, faire une cornisse ayant saillye, tel que le requiert l'arc tuscan; et au-dessus faire autre charpenterye d'admortissement. Le tout bien lyé et assemblé, et couvert par dessus d'aiz joinctifz, et contre lesquelz seront posées et attachées les figures que demonstre le portraict. Et aussi faire la charpenterye du piedestal ou stillobate dudict arc, garny de poteaulx, sablieres, saillye et moulure, telles qu'il appartiendra audict arc tuscan.

Item, dedans le petit boulvert de ladicte porte S. Denis, fault faire ung carré au dessus du portail, garny de sablieres et portant moulures, pour, sur icelluy carré, y dresser figures telles qu'il sera advisé pour le mieulx, soustenu par bas sur deux poteaulx, qui prandra depuis le rez de chaussées jusques au dessus de ladicte porte. Et illecq sera faict une saillye d'un pied ou environ, qui soustiendra ledict carré.

Item, fault faire la charpenterye de l'arc triumphans qui sera posé à l'endroict de St Jacques de l'Hospital, à deux paremens; l'ung regardant la porte S. Denis et l'autre la porte de Paris, de trente-deux piedz de large, comprins les jambaiges, de dix à unze piedz d'espoisseur et de haulteur, depuis le rez de chaussée jusques au-dessus du sode, six toises de haulteur, garny de poteaulx, sablieres, entre-toises, guettes et posteaulx. Le tout revestu et remply d'aiz joinctifz, ensemble les courbes portans le cintre de la porte dudict arc depuis l'impost en amont; et faire et placquer sur ledict arc, les moulures de corniches et arc-quitrave, ensemble les corniches du sode, et portant retour avecq la moulure, et, au pourtour de l'arc qui porte sur l'impost; le tout de l'ordre corinthe. Et faire et eriger audict arc, sur chascune des deux faces, quatre coulomnes de l'ordre corinte. Et aussi faire les stillobates ou piedestal, à l'endroict desdictes coulonnes, revestuz de leurs ordres de moullures. Et à costé desdicts coulonnes, eriger la charpenterye de huict niches, dedans lesquelles seront posées les figures.

Item, à l'endroict de la porte de Paris, fault faire ung pan de boys, depuis contre les boucheryes jusques au coing de la rue S. Germain, de six toises de largeur et cinq toises de haulteur, pour servir de persepcetifve, garny de longs poteaulx par voye, de six toises de longueur comprins six piedz dedans terre, rempliz de sablieres et poteaulx par voye; le tout revestu d'aiz joinctifz, et sur lesquelz sera posé la paincture de persepcetifve. Et sur le hault dudict pan de boys est necessité de faire une corronisse de l'ordre qui sera advisé.

Item, aux deulx boutz du pont Nostre-Dame, fault faire la charpenterye de deux arcs triumphans et à deux paremens, de six piedz d'espoisse et chascun de douze piedz de largeur. Et le reste des jambaiges, qui se continuera jusques contre les maisons, sur cinq toises de haulteur, à prandre depuis le rez de chaussée jusques au couronnement, où sera la corniche, garniz de poteaulx de longueur qu'il appartiendra, avecq sablieres, par voyes, de plusieurs longueurs, dont aulcunes de quatre toises de longueur, remplis d'antres-toises et poteaulx. Et le tout recouvrir d'aiz joinctifz, tant d'ung costé que d'autre. Et aussy assembler sablieres, entre-toises et poteaulx, par voye, à l'endroict de l'espoisseur desdicts arcs, aussy rempliz d'aix joinctifz. Et sur le hault desdictes arcs, tant de costé que d'autre, fault mectre et asseoir corniches de l'ordre doricque, mesmes les impostz des arcs.

Item, faire la charpenterye d'ung grand escharfault à S. Ladre, de cinq toises et demye de longueur et dix-neuf piedz de largeur, et de treize piedz de hault, garny de longs poteaulx de bout avecq leurs tirans, par voye, assemblez aux longs poteaulx, soustenus sur liens revestuz de potelletz; peupler tout le plancher de sollives couvertes d'aiz joinctifz et clouez sur lesdictes sollives, de dix-neuf piedz de longueur, aiz et plancher, avecq deux grands escalliers aulx deux boutz dudict escharfault, chacun de longueur qu'il appartiendra et de dix piedz de largeur, servant de monter et descendre audict escharfault; sur le pavé, garny de gros poteaulx par voye avecq sablieres, potelletz assemblez, soustenuz sur liens mis en liaison avecq les rassignaulx par voye assemblez aux gros poteaulx soustenuz sur liens et le tout porté sur platte forme de boys. Et mectre et asseoir sur lesdicts rassignaulx, quatre sablieres de longueur qu'il appartiendra, sur lesquelles seront mises chantignolles de boys, chevilles de fer; sur icelles lever les marches et contremarches.

Item, sur ledict escharfault, faire ung tribunal de sept piedz de long sur six de large, avecq trois marches pour y monter, saillant sur ledict escharfault, faict en forme de perron, garny de ce qu'il luy appartient, et faire la charpenterye d'ung ciel de boys au-dessus dudict escharfault, à unze piedz de haulteur, garny de poteaulx entre toises; le tout assemblé.

2. MARCHE AVEC CHARLES LE CONTE POUR LES TRAVAUX DE CHARPENTERIE

(*Registres* VI, 238; *Rev. arch.* V^2, 577–8)

Honnorable homme, Charles le Conte, maistre des œuvres de charpenterye de la ville de Paris, confesse avoir faict marché à nobles hommes Claude Marcel, bourgeois de Paris, Prevost des Marchans, maistres Pierre Poulin, notaire et secretaire du roy, Françoys d'Auvergne, seigneur d'Ampont, conseiller dudict seigneur en son Tresor, Symon Boucquet bourgeois de Paris, Symon de Cressé, seigneur dudict lieu de Cressé, Eschevins de la ville de Paris, à ce presens, de faire bien et deuement, ainsy qu'il appartient, tous et chascuns les ouvraiges de charpenteryes et menuyseries dessus mentionnez, ès lieulx et endroictz, selon et ainsy qu'il est contenu, speciffié et declairé au devis dessus transcript, pour l'Entrée du roy en ceste ville de Paris. Et pour ce faire, sera tenu ledict Conte, fournir tout le boys et generallement toutes choses requises et necessaires pour la perfection desdictz ouvraiges de charpenterye et menuyserie; et rendre le tout, bien et deuement faict et parfaict, selon et ainsi que dessus est dict, dedans six sepmaines prochainement venant, et plustost si besoing est. Et en ce faisant, a esté accordé que, après l'Entrée dudict seigneur et de la royne future en ceste dicte ville faictes, ledict Le Conte reprandra tout le boys desdictz ouvraiges de charpenterie et menuyserie, lesquelz il sera tenu desmollir et faire oster à ses despens, et rendre place nette le plustot que faire ce pourra. Ce marché faict moyennant et parmy la somme de trois mil sept cens livres tournois, que pour tous lesdictes ouvraiges de charpenterye et menuyserie, tant pour boys, penne d'ouvriers, que autres choses generallement quelconques, lesdicts prevost des marchans et eschevins seront tenuz, ont promis et promectent, faire bailler et payer audict Le Conte, par noble homme, maistre François de Vigny, Recepveur de la ville de Paris, au feur et ainsi que ledict Le Conte fera lesdictes ouvraiges. Lesquelz il promect faire et parfaire, lever et dresser, bien et deuement, ès lieulx et endroictz dedans le temps, selon et ainsy qu'il est cy-dessus et audict devis contenu et declairé. Et par ce que, par le devis dernier y aura davantaige audict arc triumphans de la Porte au Painctre que ce qui est contenu cy-dessus, a esté convenu et accordé que ledict Le Conte aura pour ce regard la somme de cent livres tournois, oultre et par-dessus lesdictes trois mil sept cens livres tournois. Et oultre, a esté aussy accordé que, de ce que ledict Le Conte fera davantaige et plus qu'il n'est contenu par le devis cy-dessus, tant à porte S. Denis, devant le Sepulchre, Fontaine S. Innocent, que ailleurs; par l'ordonnance et commandement de mesdicts sieurs lesdicts Prevost des Marchans et Eschevins, icelluy Le Conte en sera rescompensé et satisfaict. Promectans, etc., obligeans, etc., chascun en droict soy, renonceans, etc. Faict et passé l'an mil cinq cens soixante dix, le vingt sixiesme jour de septembre.

Signé: YMBERT et QUÉTIN.

3. DEVIS AVEC NICOLAS LABBE ET GERMAIN PILON POUR LES OUVRAGES D'ARCHITECTURE, DE SCULPTURE ET DE PEINTURE

(*Registres* VI, 238–43; *Rev. arch.* V², 579–87)

C'est le devis des ouvraiges d'architecture, sculpture et estoffe de platte paincture, qu'il convient faire pour l'Entrée du roy et royne à Paris, ès porticques et arcs triumphans que ladicte Ville entend faire faire ès lieulx et endroictz après declarez, qui sont: la porte S. Denis, la Fontaine du Ponceau, porte au Paintre, devant le Sepulchre, Fontaine S. Innocent et pont Nostre-Dame, selon et ainsi qu'il s'ensuict:

Premierement, à la porte S. Denys sera faict un portail d'unze piedz d'ouverture dedans œuvre, qui aura de haulteur, du rez de terre soubz clef, quinze piedz. Laquelle porte en sa face, sera de forme rusticque ensuivant l'ordre tuscanne, ainsi nommé en architecture. Les piedz-droictz pour la face sur le devant, auront neuf piedz de largeur pour chascun costé, qui est pour le total, vingt-neuf piedz, qui contiendra ladicte face.

A chascun costé, sur la largeur de neuf piedz, y aura ung stillobate ou piedestal, de quatre piedz et demy de haulteur, et cinq piedz trois quartz ou environ de largeur, et deux piedz de saillye. Icelluy stillobatte, orné de son basse et corniche, selon sa forme, avecq assiettes de rusticque, où y aura une table pour escripre la description des figures qui seront posées sur iceulx stillobattes, où sur leurs piedz, y aura de petitz pilliers pour servir de marchepied ausdictes figures, pozées devant les niches desdicts costez; lesquelles auront de haulteur huict piedz, et trois piedz et demy de largeur ou environ, faictes selon l'ordonnance de monsieur Ronssard, poëte. Lesquelles figures, accompaignées de leurs ornemens et de deux festons et piedestal, seront de platte paincture sur toille.

Et pour la première figure, qui sera au costé dextre, se nommera MAJESTÉ. Laquelle ne sera poinct armée; au visage grave, au front redoutable, vestue d'un fort riche manteau de coulleur d'azur, tenant ung grand septre en sa main et ung baston de justice en l'autre, et force petitz septres et petites couronnes semées tout à l'entour d'elle. Aura ung tiare en la teste, presque de telle sorte que on le faict au pape. Elle aura les piedz sur le sommet de plusieurs villes, et fera semblant de regarder l'autre statue et luy monstrer son septre. Et au dessoubz d'icelle figure, en la table ou stillobate, sera escript ...

Au costé senestre, sur l'autre stillobate, au devant de la pareille niche, sera posée l'autre statue, en forme d'une femme jeune, fort, armée à l'anticque qui tiendra FORTUNE et autre Fortune soubz ses piedz. Elle aura des æsles rompues par le millieu, et fera semblant de bailler une branche de palme à la Majesté. Et tiendra en l'autre main la teste de Gorgonne ou Meduze. Et à la table de son pied-destal sera escript en grec ...

Pour les ornemens d'architecture sur lesdictes figures, y aura une saillye, portée sur deulx consolateurs, où, soubz le plat-fondz, y aura ung gros feston pendant pour l'enrichir, qui sera de paincture. Et à icelle saillye, sur lesdictz consolateurs, y aura une table pour escripre, qui sera au dessoubz de la corniche qui resne (règne) le long de la face dudict porticque parmy le rusticque et par dessus les clefz de l'arc; dont, à la clef du millieu, sera taillié ung grand masque, et à autres endroictz, semez parmy les pierres rusticques, y sera faict et taillé comme herbes, liairre, lymatz et autres choses, faisans sembler et monstrer la chose fort ruynée pour l'ancienneté. Et au dessus de ladicte corniche se partira une composition, le long de ladicte face, dont aux deux costez serviront de pilliers ou de piedestal, qui sera de platte paincture, pour porter les figures, qui auront de sept à huict piedz de hault, qui seront de sculpture; et aux costez dextre et senextre, seront les statues de FRANCION et de PHARAMON, armées, se regardans l'une l'autre, avecq des espées nues en la main. Le hault de l'espée sera couronné d'une couronne royalle. Près la teste de Francion, fauldra mectre ung aigle vollant, et au dessoubz des piedz dudict Francion, dedans son piedestal, composé sera comme ung loup courant, de platte paincture.

Près la teste dudict PHARAMON, fauldra mectre ung corbeau qui portera en son bec des espis de bled, qui sera de relief comme les statues.

Et au dessoubz des piedz dudict Pharamon, dedans son stillobate, y aura une vache, faisant myne de paistre, qui sera de platte painture. Et sur le millieu de la porte, resnant ladicte composition, son admortissement sera d'ung fronc-d'espit partye de rustic, et au dessus seront exaltée les Armes de France, couronnées de couronne royalle et ordre. Et pour triumphe, soubz lesdictes Armes et sur le timpan, seront cornetz d'abondance donnans fruictz, qui seront de relief; qui sera faict par le sculpteur, ensemble autres ornemens et enrichissemens, ainsi qu'il est designé par le desseing et portraict qui pour ce a esté faict; et dont la menuyserie des corniches, frize et arquitrave, sera faict par le charpentier.

Pour la fontaine du Ponceau, sera mise et posée sur icelle la statue d'une femme deesse, qui haulsera ses deux mains sur sa teste; et dedans ses deux mains tiendra une carte, plaine de villes, rivieres, forestz, bourgs et villages; laquelle carte sera faicte par le painctre, de platte paincture. Et aura ladicte deesse le visaige semblant à la royne, au plus près que faire se pourra. Et dessus sera escript: GALLIA. Ladicte deesse fera semblant d'enhanner. Près de ses piedz, fault mectre une grue, un daulphin, ung liepvre qui ayt les yeux ouvertz, et à ses deux costez, deux termes, qui seront de trois piedz de haulteur. Et la statue de ladicte deesse sera de cinq à six piedz de haulteur. Et pour porter lesdictes statues, y aura quelque ornement sur ladicte fontaine. Et sur lesdicts termes, sera sur l'ung d'iceulx une pierre carrée, et autour de ladicte pierre, des libvres bien fermez à grosses boucles; du millieu de laquelle pierre sortira ung sceptre et dessus ledict septre, ung grand œil et une oreille. Et tout au bas du petit pillier, une grue et ung liepvre. De l'autre costé, sur l'autre petit pillier, fauldra paindre une grand couppe et deux mains qui la tiendront, et au dessoubz des mains, des cœurs attachez ensemble l'ung à l'autre d'ung laz d'amours qui yra tout à l'entour de la poignée de la couppe. Et au dessus des cœurs, fauldra mectre ung lut; puis sur le hault de la couppe, une espée qui aura le bout cassé. Et soubz les piedz de la deesse: ARTEMISIE et LUCRESSE, CAMILLE, habillées en habit royal. Puis, par cy par là, pour l'ornement de ladicte fontaine, des conches et gueulles de lyons couvertes, qui ferons semblant de gecter de l'eaue. Le tout de sculpture paincte, selon qu'il sera necessaire et commandé.

Pour la porte aux Painctres, son ouverture sera de douze piedz au rez de terre, soubz clef, pour haulteur, vingt-deux piedz, et douze piedz ou environ d'espoisseur, de dehors en dehors. Laquelle porte ou arc triumphant, sera faict à deux faces, qui sera de l'ordre corinthien enrichy en toutes ses particularitez.

Pour descripre chascune face, aura deux grands stillobates portans de plant en saillye, pour porter les coullonnes, toutes rondes, posées sur iceulx stillobates. Lesquelz stillobates seront ornez de leurs empietemens, basse et corniche; entre lesquelz y aura comme ung encastrement pour mectre ung tableau de paincture. Sur iceulx stillobates entiers, se poseront, pour chascun costé, deux coullonnes; leur diamectre sera de vingt deux poulces et demy, leur haulteur de dix huict piedz, en ce comprins basse et cappiteau. Lesdictes coullonnes seront toutes rondes pour leur saillye, et seront canellées ou striées depuis leur tierce partie. Seront aussy armées de leur basse et chappiteaulx, enrichiz de feullaiges, catoches et rozages, comme il appartient à tel ordre. Et, pour lesdictes deux faces, seront huict coullonnes, quatre pour chascun costé, qui seront de sculpture, frizées et canellées comme dict est. Et, entre icelles coullonnes, sur pilles enrichiz, y aura grandes figures de sept à huict piedz de haulteur, ordonnez par ledict Ronssard. Lesquelles pilles seront de platte paincture.

Se fera aussy l'arcade, partant de dessus l'impost, enrichie de platte peincture. Sur les aynes dudict arc, y aura trophée, aussi de platte paincture, pour accompaigner les armoiries du roy, tumbantes sur la clef dudict arc, ornée de couronne royalle et ordre. Le tout dedans ung grand chappeau de triumphe qui sera au millieu de ladicte porte; tenant contre l'arcquitrave et frize, soubz la corniche. Lesquelles armoyries seront de sculpture.

Sur les chappiteaulx posera l'arquitrave, frize et corniche, qui feront retour pour la saillye desdictes coullonnes. Lesdictes corniche et frize seront enrichies de platte paincture, d'ung rinceau de feullage, la doulcine de l'arquitrave sera aussy enrichie de platte paincture, et le plat-fons d'icelle arquitrave enrichie de rosac pendant.

Au dessus de ladicte corniche, partira, de plant, l'ordre composé, enrichy en toute la face comme de petites corniches, frize et encastremens de tableaux; et au millieu se fera ung grand tableau de paincture; et sur lesdictes coullonnes si en fera aussy, ou escriptz, pour denotter et escripre la representation des figures ordonnées estre en leurs lieux, tant sur lesdicts costez, que sur le millieu de ladicte ordre composée, ou sode. Et pour exalter à cedict millieu, y aura ung petit pillier où sera une table pour mectre l'inscription de ce qui sera posés sus.

Le total de ladicte œuvre, pour l'architecture, pourra avoir de haulteur, du rez de terre jusques à la sommité et sode, de six toises ou environ. Et le tout faict selon le desseing et pourtraict, et observant les simeteries et beaultez comme il appartient. Seront les fruictz et voultes, de platte paincture, selon qu'il sera adviseé; et quant aux saillye et corniches, seront faictes par le charpentier.

La haulteur des figures posées au hault de ladicte Porte aux Painctres à l'endroict de S. Jacques de l'Hospital, auront de haulteur sept piedz: celles d'entre les coullonnes, de six à sept piedz. De toutes lesdictes figures la description ensuict selon l'escript dudict poete.

Sur le millieu, au hault, pour l'une des faces, fault mectre ung urgne, au dessus ung cœur couronné, et des petitz enffans qui soustiendront l'urne, et ung aigle qui fera semblant, de sa griffe, tirer et monter vers le ciel ledict urne; et faire quelque nues à l'entour, qui feront degoutter du mestail ou de la manne. Cecy appartiendra au feu roy Henry et à messieurs ses enffans, pitoyables en son endroict.

Du costé droict de la premiere façade, sera ung Hercullin, qui, de ses mains fortes, estouffera des serpens. A l'aultre costé, sera ung grand Hercules, surnommé Alexicaren, qui d'une main fera semblant de crever Anthex. Lequel Anthecq aura une main contre la terre, et la terre fera semblant de faire naistre des hommes.

Au bas, sur les pillés des entre-coullonnes, pour celle premiere face, seront faictes deux figures de pareille haulteur, de six à sept piedz, selon le devis et portraict qui en a esté baillé.

A l'aultre façade, pour le mesme arc triumphant, sur le hault, y aura ung roy armé, et devant luy deux deesses qui se tiendront les mains; qui seront Fortune et Vertu. Et dessoubz les piedz de Fortune, une balle attachée contre terre.

Sur le piedestal, à main dextre, fault mectre une nimphe qui representera Paris: aura à ses piedz une fleuve. A l'entour, fauldra semer force livres et la corne d'Amalthée et la Ballance. De ses mains tiendra la caducée de Mercure, et fera semblant de presenter en toute obeissance une navire d'argent, où, sur le hault de la hune, aura ung toison d'or, et, à costé d'elle, ung chien, qui aura la face tournée sur le doz.

De l'aultre costé, fault mectre la figure d'une grand femme, qui aura la teste couronnée de villes et de tours, et tiendra en sa main une lance et en l'autre main des espies de bled et des grappes de raisin. Et aura ung pied d'or, et l'autre d'argent.

Au bas, sur les pillés des coullonnes, reste pour cedict costé deux figures.

Pour la place de devant le Sepulchre et contre la fontaine de S. Innocent, fault faire deux grandes collosses.

Asscavoir: deulz grandz piedestalz ou stillobattes selon l'ordre tuscanne ou doricque. Et pour donner gravité ausdicts stillobates, les premiers plainckthes seront à l'entour deux marches basses, affin d'empescher d'approcher chevaulx et hommes pour nuyre ausdictes collosses. Lesquelz stillobattes auront de haulteur, depuis le rez de chaussée, de douze piedz ou environ. Sur la corniche dudict piedestal, qui sera ung plaincte enrichy allentour des encoigneures, seront fainctes par assiettes de rusticq ou entre icelles, et pour chascune face, sera fainct une grande pierre miste. Plus, la base dudict stillobate sera d'un gros bossel ou membre rond, avecq son carré, et avecq telle cymeterie qu'il appartient selon ladicte ordre de tuscanne. Pour la haulteur que luy donnons aura sa largeur convenable, selon sa proportion. Au dessus de la corniche ou plainthe, enrichy aux quatre coings, y aura grands oyseaulx, comme aigles, qui soubzleveront festons tout à l'entour. Au dessus d'iceulx festons, sera le pillé soubz le basse, qui portera et servira de marchepied aux figures, ou audict pillé. A l'entour sera escript ou painct ce que donotent lesdictes figures. Lesquelles painctures du piedestal, seront faictes de platte paincture par le paininctre.

Et pour l'aultre collosse dextre, sera faict la statue de HYMENEE, couronnée de fleurs, environnez de marjolaine, et vestue d'ung long manteau retroussé par dessus l'espaulle, qui sera de coulleur jaulne oranger; ayant en la dextre ung flambeau, en la senextre ung voille de coulleur jaulne, en ses piedz des brodequins jaulnes comme safran, faict à l'anticque, une petite barbe follette et de grands cheveulx. A l'entour de luy, fault mectre quatre flambeaulx et non plus, avecq celluy qu'il tiendra en la main, qui seront cinq; des petitz chevreaulx, corneilles et tourterelles. Il aura une main dessus ung petit amour qui sera ceinct d'une ceincture à large boucle; aura son arc et sa trousse; une petite sphere qu'il fera rouller de ses piedz, et, tout à l'entour, force fleurs de lys et pommes d'orange; force rozes et du pavot.

De l'aultre main, il s'appuyra sur une petite statue, belle de visaige et forte, avecq grands cheveulx et forces tayes fendues en deux. De l'une sortiront de petites testes d'enffans, des autres, des oyseaulx, et des autres, des animaulx, et l'inscriptz.

De l'aultre costé de l'Ymenée, sera une deesse dessus, tirant sur l'aage, qui aura les yeulx gros comme ceulx d'ung bœuf, des patins dorez et ung septre d'or, ung oyseau de proye sur sa teste; comme ung esmouchet ou petit esprivier, qui aura les piedz jaulnes et le becq non crochu, et auprès de la teste, encores ung croissant. Ladicte deesse se nomme JUNON NOMPRIDE. A l'entour de ses piedz, aura des quenoilles et fuzeaulx. Lesdictes figures d'Ymenée et deesse cy dessus, auront de huict à neuf piedz de haulteur.

Pour le pont Nostre Dame, pour les deux portes qu'il y convient faire pour l'ordre d'architecture, seront faictes l'une comme l'aultre, approchant de l'ordre tuscan. Et auront d'ouverture douze piedz, vingt deulx piedz de haulteur soubz clef, et six piedz d'espoisseur. Et pour raison de la forme et statue qu'il y convient faire, ordonnez par monsieur Ronssard, fauldra user d'une façon estrange et rusticque, de sorte que depuis le bas jusques à la haulteur de l'arc quictrave, se fera comme des rochers, de quoy l'ornement de l'arcade pour sentir du rocher, aux pierres seront feinctes comme laissant leur mortier. Y aura coquilles de lymatz, poissons, pour l'eaue qui se fainct audict rocher. Sur la clef, y aura deux daulphins ou poissons marins, avecq ung cancre pendant, et comme si lesdicts poissons soustenoient une grande table, où sera l'inscription. Aux costez d'icelle table, seront deulx grandes statues, d'ung vieil homme chenu et d'une femme, ayant grands cheveulx et barbe, tenant advirons, s'appuyant sur grandz vases dont sortira eaue. Lesquelles figures representeront les fleuves de MARNE et SEYNE. Et au dessus de ladicte table et corniche symulée, sera ung grand vaisseau, comme d'ung navire anticque, de l'eaue à l'entour, avecq des jons et isles. Où, à chascun costé de navire, y aura grandes statues, de haulteur de sept à huict piedz. Le vaisseau sera orné de beaulx enrichissemens selon l'anticque, avecq matz et voilles. Et quant ausdictes figures, seront faictes selon la description dudict poëte, comme sensuict:

Fault. Sur la première porte dudict pont Nostre-Dame, aux costez dudict vaisseau antique ou navire, seront faictz deulx jeunes beaulx hommes, ayans chascun une estoille sur la teste, qui feront semblant de toucher le navire et la secourir. Et sera mis soubz la figure, de l'ung des costez et de l'aultre, ung mors et bride à cheval.

Sur la seconde arche dudict pont Nostre-Dame, fault mectre, au costé dextre de la navire, ung laurier, et attacher audict laurier une BELLONNE, ou FURIE, ou MARS, enchesné ayant horrible face, ou ainsy qu'il sera advisé par le poëte.

A l'aultre costé, fauldra mectre ung olivier, et attacher audict olivier une VICTOIRE, à la riante face; et laisser place pour les inscriptions. Le tout ainsy qu'il sera advisé.

Lesquelz ouvrages de sculpture et figures seront faictz par le sculpteur; et ce qui se doibt faire de platte paincture, sera faict par le painctre.

4. MARCHE AVEC NICOLAS LABBE ET GERMAIN PILON POUR LES OUVRAGES D'ARCHITECTURE, DE SCULPTURE ET DE PEINTURE

(*Registres* VI, 243–4; *Rev. arch.* V^2, 587–9)

Honnorables hommes, Me Nicolas Labbé, painctre du roy, demourant à Fontainebleau, et Me Germain Pillon, sculpteur dudict sieur, demourant à l'hostel de Nesle, à Paris, confessent, chascun en droict soy, avoir faict marché à messieurs les Prevost des Marchans et Eschevins de la ville de Paris, à ce presens, assemblez au bureau de ladicte Ville, de faire et parfaire pour ladicte Ville, bien et deuement, au dict de ouvriers et gens à ce cognoissans, tous et chascuns les ouvraiges de sculpture et paincture, à plain contenuz et declairez au devis cy-devant transcript par eulx faict et baillé, qu'il convient faire pour l'entrée du Roy en ceste ville de Paris. Asscavoir, ledict Nicolas Labbé, tous et chacuns les ouvrages de paincture contenuz et declarez audict devis, ès-lieulx et endroictz, selon et ainsi et par la forme et maniere contenue et declarée en icelluy devis, et qu'il est cocté sur les portraictz de ce faictz paraffez des nottaires soubz scriptz. Et oultre ce, sera tenu ledict Labbé, faire les plattes paincture, selon et ainsy qu'il sera advisé et ordonné par le poete ayant charge de ce. Et ledict Pillon, sculpteur, tous et chacuns les ouvraiges de sculpture qui sont aussi contenus et declairez par icelluy devis, ès lieux et endroictz, selon et ainsi et par la forme et maniere qu'il est pareillement contenu et declairé par icelluy devis, et cocté par lesdictz portraictz, qui sont demourez ès mains desdictz Labbé et Pillon, pour faire lesdictz ouvraiges. Lesquelz ouvraiges, lesdictz Labbé et Pillon seront tenuz, ont promis et promectent faire bien et deuement. Asscavoir ladicte paincture, de bonnes et vives coulleurs, et lesdictes figures et autres choses, de bonnes matières et estoffes; le tout dedans six semaines prochainement venant. Et pour ce faire, seront tenuz fournir et livrer toutes matieres et estoffes, escharfaulx, voilles, cordaiges, et toutes autres choses generallement quelconques, qui seront requises et necessaires pour la perfection desdicz ouvraiges, fors et excepté la charpenterye et menuyserie, que ladicte Ville sera tenu faire à ses despens. Ce marché faict, moyennant la somme de trois mil cinq cens livres tournois, que lesdictz Prevost des Marchans et Eschevins seront tenuz, ont promis et promectent faire bailler et payer par noble homme, Me Françoys de Vigny, Recepveur de ladicte Ville, asscavoir: audict Labbé, painctre, la somme de unze cens livres tournois pour tous et chascuns les ouvraiges de paincture qu'il fera, bien et deuement, de bonnes et vives coulleurs, suivant ledict devis et l'ordonnance dudict poete. Sur laquelle somme, luy sera baillé et payé par advance, et sur et tant moings desdicts ouvraiges, la somme de quatre cens livres tournois. Et audict Pillon, sculpteur, la somme de deux mil quatre cens livres tournois, pour tous et chascuns lesdicts ouvraiges de sculpture et autres, deppendans de son art, qu'il fera bien et deuement pour ladicte entrée, selon et ensuivant ledict deviz ès lieux et endroictz à plain declarez par icelluy deviz cy-devant transcript. Sur laquelle somme, luy sera aussy baillé et payé par advance, et sur et tant moings desdicts ouvraiges de sculpture, la somme de six cens livres tournois. Lesquelles sommes de quatre cens livres tournois d'une part, et six cens livres tournois, d'autre, qui leur seront ainsi baillées par advance, leur seront respectivement déduictes sur ledit marché. Et le reste et surplus leur sera baillé et payé par le Recepveur d'icelle Ville, au feur et ainsi qu'ils feront lesdicts ouvraiges de sculpture et paincture; lesquels ils promectent faire et parfaire bien et deuement, comme dict est, dedans ledict temps, à penne de tous despens, dommaiges et intérestz. Promectant, etc., obligeant, etc., chascun en droict soy, ledit Labbé et Pillon, corps et biens comme pour debte royal, renonçans, etc. Faict et passé l'an mil cinq cens soixante dix, le mercredi unziesme jour d'octobre.

Signé: YMBERT et QUETIN.

5. MARCHE AVEC JEHAN REGNARD POUR LA RESTAURATION D'UNE PIECE D'ORFEVRERIE

(*Registres* VI, 244–5; *Rev. arch.* V[2], 666–7)

Pardevant Françoys Ymbert et Jehan Quetin, notaires du roy nostre sire au Chastelet de Paris, fut present honnorable homme Jehan Regnard, maistre orfebvre et bourgeois de Paris, lequel recongneut et confessa avoir faict marché à Messieurs les Prevost de Marchans et Eschevins de la ville de Paris à ce presens, de reffaire le roy qui est sur le cheval du present qui a esté cy-devant faict pour ledict seigneur roy; reffaire et remectre les coullonnes qui sont à present torces, droictes, et y mectre les devises telles qu'elles sont à present; faire la soubzbasse dudict present, en laquelle seront figurées les quatre batailles dont le roy a eu victoire pendant les guerres civilles, assçavoir: l'une à Dreux, l'autre à St-Denis, l'aultre à Coignac, et l'autre à Montcontour; reffaire aussy les daulphins qui sont audict present, de la grandeur et haulteur qu'il a esté advisé, et faire quatre roys sur le plat fons, ainsy qu'il a esté arresté, et y employer jusques à la quantité de soixante et dix ou soixante et douze marcs d'argent vermeil doré ou environ, oultre le poiz que poise maintenant ledit present, qui lui sera baillé à ceste fin par poix et compte. Lesquelz ouvraiges ledict Regnard sera tenu, a promis et promect, rendre bien et deuement, faictz, parfaictz et dorez ainsy qu'il appartient, au dict de ouvriers et gens à ce cognoissans, dedans six sepmaines prochainement venant. Ce marché faict moyennant le pris et somme de quinze escuz sol à cinquante-quatre solz tournois pièce pour chacun marc, tant pour or, argent, que façon. De ce que ledict Regnard fera et employra davantage ès ouvraiges qu'il fera de nouveau audict present, suivant le contenu cy-dessus, oultre et pardessus le poix dud. present cy-devant faict, comme dict est. Et au regard de ce qu'il refera et restablira en autre forme ainsi que dessus est dict, assavoir le roy, les deux collonnes et quatre daulphins doubles qui sont audit vieil present, led. Regnard en sera paié à raison de vingt-trois livres tournois seullement pour façon de chacun marc. Lesquelz pris lesd. prevost des marchans et eschevins seront tenus, et ont promis et promectent faire bailler et payer aud. Regnard ou au porteur, par noble homme Me François de Vigny, Receveur de la Ville. Sur lequel marché luy sera baillé et avancé la somme de mil livres tournois sur et tant moings desd. ouvraiges, qui luy sera la première desduicte et rabbattue. Et le reste luy sera payé au feur et ainsi qu'il fera lesd. ouvraiges cy-devant declairez. Promettant, etc., obligeant, etc., renonçant, etc. Faict et passé l'an mil cinq cens soixante-dix, le seizième jour d'octobre.

Signé: YMBERT et QUETIN.

Honnorable homme Jehan Regnard, Me orfevre et bourgeois de Paris, confesse, que Messeurs les Prevost des Marchans et Eschevins de la ville de Paris luy ont, ce jour d'huy, baillé et delivré le present du roy, qui auroit esté cy-devant faict pour presenter en don aud. seigneur à son entrée en ceste ville de Paris, poisans quatre-vingtz-trois marcs, cinq onces, six gros d'argent vermeil doré, garny de son estuy de cuir doré, pour icelluy present reffaire et racoustrer, selon et ainsy qu'il est advisé, et qu'il est plus à plain contenu par le marché par luy faict avec Messieurs les Prevost des Marchans et Eschevins de lad. Ville, le jour d'hier, seiziesme jour de ce present mois d'octobre. Lequel present, ledit Regnard sera tenu, a promis et promect, rendre et delivrer ausd. prevost des marchans, sitost qu'il l'aura reffaict et racoustré, suivant led. marché, dedans le temps contenu par icelluy. Promectant, etc., obligeant, corps et biens, etc., renonçant, etc. Faict et passé l'an mil cinq cens soixante-dix, le dixseptiesme jour d'octobre.

Signé: YMBERT et QUETIN.

6. MARCHE AVEC PIERRE D'ANGERS POUR DIVERS TRAVAUX DE PEINTURE ET FOURNITURE DE VERDURE ET AUTRES

(*Registres* VI, 245; *Rev. arch.* V[2], 668–70)

Honnorable homme, Pierre d'Angers, Me painctre à Paris, demourant à la Vieille Tixeranderie, confesse avoir faict marché, promis et promect à Messieurs les Prevost des Marchans et Eschevins de la ville de Paris, à ce presents, de faire, fournir et livrer pour lad. Ville, la quantité de soixante-huict chassiz de bois, bons, bien et deuement faictz, en compartimens garniz de buis, lierres et or clinquant, et boucles de rozes d'or d'estaing doré et semez d'armoieries, chiffres et devises du roy, et autres choses à ce convenables; faire aussy les armoieries, chiffres et devises de la royne; pour le tout poser, asseoir et appliquer le jour qui luy sera ordonné par lesd. prevost des marchans et eschevins, au pont Notre-Dame; paindre de blanc et estofter les visaiges des nimphes, qui seront posées et mises entre chascune des maisons dud. pont Notre-Dame, de bonnes et vives coulleurs. Pour faire lesquelz ouvraiges, led. d'Angers sera tenu fournir et livrer de toutes matieres et estoffes requises et necessaires, eschaffaulx, chables, ficelles, cordes, clous, et de toutes autres choses quelzconques qu'il conviendra et sera besoin avoir pour la perfection desd. ouvraiges: et le tout faire, fournir et livrer, poser et mectre ès places, lieux et endroictz dud. pont, et sur tout le long et contenu d'icelluy, selon l'ordonnance et portraict de ce faict. Pareillement, sera tenu de peindre de blanc le derrière du bois des deux arcs de charpenterie qui seront faictz et posez sur led. pont, et faire lad. paincture en façon de pierre de taille, en rusticq, par dedans et dehors led. pont. Et le tout rendre, bien et deuement faict et parfaict, dedans six sepmaines prochainement venant, pour l'entrée du roy et royne en ceste ville de paris. Pendant lequel temps, lesd. Prevost des Marchans et Eschevins seront tenuz advertir led. d'Angers du jour au vray que se fera lad. entrée, quinze jours auparavant icelle entrée, affin qu'il puisse preparer le tout, recouvrir et fournir, pour led. jour d'icelle entrée, buys, lierre fraiz et verd, et satisfaire du tout au contenu dud. marché. Ce marché faict moyenant la somme de mil livres tournois, que, pour tous lesd. ouvraiges de paincture, chassiz et autres choses, lesd. prevost des marchans et eschevins seront tenuz, ont promis et promectent faire bailler et paier aud. d'Angers ou au porteur, et par noble homme Me François de Vigny, Receveur de la ville de Paris, au feur et ainsy qu'il fera lesd. ouvraiges, qu'il promect faire et parfaire bien et deuement, comme dict est, dedans le temps susdict. Et, advenant que lad. entrée feust recullée et retardée, tellement que la verdure par luy fournye et accoustrée aud. pont, selon qu'il est tenu suivant led. marché, feust hors de sa beaulté et verdure, à cause dud. recullement, en ce cas, lesd. Prevost des Marchans et Eschevins seront tenuz paier aud. d'Angers, oultre la somme de mil livres tournois, tous les fraiz qu'il fera pour avoir et recouvrer d'autre verdure de buys et lierre, et icelle accoustrer et mectre sur led. pont au lieu de ceulx qui auront esté mis auparavant, qu'il faudra oster à cause dud. recullement de lad. entrée. Et oultre a esté accordé, que, après lad. entrée faicte, led. d'Angers retirera et prandra à son proffict tous les chassis, chables, cordaiges et autres choses, fors et excepté les armoieries, chiffres, devises, nimphes, medalles, et autres choses de son art, lesquelles led. d'Angers sera tenu rapporter en l'Hostel de lad. ville, suivant la reservation faicte par lesd. prevost des marchans et eschevins. Promectans, etc. Obligeans, etc. Renonçant, etc. Faict et passé l'an mil cinq cens soixante-dix, le dix-septiesme jour d'octobre.

Signé: YMBERT et QUETIN.

7. MARCHE AVEC JAQUES MESSIER POUR LA FOURNITURE DE DEUX DAIS

(*Registres* VI, 245–6; *Rev. arch.* V^2, 670–1)

Honnorable homme, Jaques Messier, marchant chazublier, bourgeois de Paris, confesse avoir faict marché, promis et promect, à Messieurs les Prevost des Marchans et Eschevins de la ville de Paris, à ce presens, de faire bien et deuement pour lad. Ville, deux cielz, l'un de velours pers, doublé de satin de lad. coulleur, pour le roy, et l'autre pour la royne de. . . . . . pour servir à leurs entrées en ceste ville de Paris. Pour lesquelz deux cielz, lesd. prevost des marchans et eschevins seront tenuz fournir et livrer aud. Messier le velours et satin qu'il conviendra avoir, sur les pentes et fondz desquelz led. Messier sera tenu faire et semer de broderie, assavoir: sur le ciel du roy, cent fleurs de liz d'or faulx doré deux fois, quatre grandz escussons de tailleure et broderies d'or fin dont deux escussons dud. seigneur et les deux autres aux armes de la Ville, et ung autre grand escusson aux armes dud. seigneur roy, aiant l'ordre tout à l'entour et une couronne dessus, faict de tailleure d'or faulx, garny de frange de soye, et la crespine dessus d'or faulx doré deux fois, fillé sur soye. Et sur celluy de la royne, faire aussy et mectre quatre escussons faictz de broderie et tailleure, d'or fin, dont deux aux armes de lad. dame, et les deux autres aux armes de lad. Ville, et ung autre grand escusson aux armes de lad. dame aiant le dessus faict de tailleure d'or faulx, et garnir les penthes dud. ciel de frange de soye avec la crespine d'or ou d'argent faulx. Et pour ce faire, fournir de toutes choses requises et necessaires pour la façon desd. cielz, mesmes la toille pour doubler le fondz, faire le contrefondz, la paincture qui sera aud. contrefondz, pardessus faire les armoiries du roy et royne, le ruben, les chassis de bois desd. cielz, la ferrure d'iceulx; pour pendre les bastons, fournir lesd. bastons painctz à huille, et semer ceulx du ciel du roy de fleurs de liz, et ceulx du ciel de lad. dame semez de. . . . ., et generalement de toutes autres choses requises et necessaires, for et excepté le velours et satin, comme dict est, et le tout rendre bien et deuement faict et perfaict dedans six sepmaines prochainement venans. Ce marché faict moyenant le pris après declairé, assavoir: pour lesd. cent de fleurs de lys d'or qui seront mises aud. ciel du roy, la somme de soixante-cinq livres tournois, qui est à raison de treize solz tournois pour chascune fleur de liz, pour les huict escussons, dont quatre pour le ciel du roy et les quatre autres pour le ciel de la royne, cent quatre livres tournois, qui est au pris de treize livres tournois pour chascun escusson; pour les deux grandz escussons couronnez, dont l'un pour le ciel dud. seigneur, et l'autre pour le ciel de lad. dame, quatre-vingtz livres tournois, qui est à raison de quarante livres tournois pour chascun; pour la façon desd. deux cielz, soixante-dix livres tournois, qui est à raison de trente-cinq livres tournois pour chascun d'iceulx. Et au regard des franges et crespines desd. deux ceilz, led. Messier en sera paié selon le poix qui se trouvera esd. franges et crespines, au pris que la soye et or vallent à présent. Lesquelz pris, lesd. Prevost des Marchans et Eschevins seront tenuz, ont promis et promectant, faire bailler et paier par noble homme Me François de Vigny, Receveur de lad. Ville, aud. Messier ou au porteur, au fuer et ainsy qu'il fera lad. besogne bien et deuement faicte comme dict est, dedans le temps susdict. Promettans, etc. Faict et passé l'an mil cinq cens soixante-dix, le dix-neufviesme jour d'octobre.

Signé: YMBERT et QUETIN.

8. MARCHE AVEC LOIS MARCHANT POUR DES PEINTURES D'ARMOIRIES, CHIFFRES ET DEVISES

(*Registres* VI, 250–1; *Rev. arch.* V², 671–3)

Lois Marchant, Me painctre à Paris et clerc des archers de lad. ville, demeurant à la porte de Bussy, confesse avoir faict marché, promis et promect, à Messieurs les Prevost des Marchans et Eschevins de la ville de Paris, à ce presens, de faire et peindre, bien et deuement, pour icelle Ville, au dict des ouvriers et gens à ce cognoissans, les enseignes, tant de gens, de cheval que de pied, guidons, cornettes et bannerolles pour les trompettes, pour l'entrée du roy et de la royne en ceste ville. Et en icelles mectre et paindre les armoiries de la Ville, devises et chiffres du roy et de la royne, ainsy qui luy a esté monstré; et le tout faire et paindre de fin or, de fin argent, et coulleurs fines et vives, à huille, pour les pris après declairez et ainsy qui s'ensuict:

Premierement, sera tenu led. Marchant, peindre trois enseignes neufves de gens de pied, en chascune desquelles seront peinctes, comme dict est, les armoiries et devises de lad. Ville, les devises du roy, en colonnes droictes, et les chiffres dud. seigneur et de la royne, tant d'un costé que d'aultre. Pour la façon et paincture de chascune desquelles enseignes, sera paié aud. Marchant, la somme de 7 livres tournois.

Sera aussy tenu de raccoustrer et reprandre de neuf trois autres enseignes, lesquelles, combien qu'elles soient neufves, toutteffois on a convenu oster le taffetas jaulne, et au lieu d'icelluy y mectre du taffetas gris. Sur lequel taffetas gris, sera tenu de repaindre ce qui estoit painct sur le jaulne, d'un costé et d'aultre; et pour ce faire, luy sera paié 40 sols tournois pour chascune desd. trois enseignes refaictes.

Plus, sera tenu led. Lois Marchant, refaire et paindre trois enseignes et trois guidons, et paindre sur le taffetas gris qui a esté mis de nouveau au lieu du jaulne esd. enseignes et guidons, les devises et chiffres du roy, harquebuzes, boulletz, arcs, fleiches, trousses, arbalestres, et toutes autres choses necessaires, ainsy qu'ilz estoient sur lad. coulleur jaulne, tant d'une part que d'aultre. Pour chascune desquelles enseignes et guidons ainsy reffaictes et painctes, comme dict est, luy sera baillé et paié 6 livres tournois.

Pareillement, sera tenu led. Marchant paindre tout de neuf douze bannerolles de trompettes, faictes de neuf, et sur icelles paindre, en la forme et maniere que dessus, les armoiries de lad. Ville, avec les devises, tant du roy que de lad. Ville, et tout ainsy que sont les autres precedentes bannerolles cy-devant faictes, suivant les chiffres et devises, qui pourront estre changées. Auquel Marchant, pour ce faire luy a esté baillé l'une desd. vieilles bannerolles. Pour la façon et paincture de chascune desquelles, luy sera baillé et paié 100 sols tournois.

Semblablement sera tenu, a promis et promect, led. Marchant, paindre trois cornettes, tant d'un costé que d'autre, en la forme que dessus, aux armoiries de lad. Ville, devises d'icelle, et chiffres et devises du roy et de la royne; pour chascune desquelles luy sera aussy baillé et paié la somme de 100 sols tournois.

Aussy paindre par led. Marchant, les lances tant des guidons, enseignes, que cornettes. Toutes lesquelles enseignes, guydons, tant de gens de pied que de cheval, bannerolles de trompettes et cornettes, led. Marchant sera tenu, a promis et promect paindre bien et deuement, selon et ainsi que cy dessus est dict, et rendre le tout parfaict dedans le quinziesme jour de Febvrier prochainement venant, pour les pris et sommes devant dictes, revenans et montans ensemble à la somme de six vingtz dix huict livres tournois. Sur laquelle somme lesd. Prevost des Marchans et Eschevins promectent faire bailler et advancer audict Marchant la somme de quarante livres tournois, pour dilligenter lesd. ouvraiges, et le reste et surplus de lad. somme luy sera baillé et payé au feur et à mesure qu'il fera lesd. ouvraiges. Promectant, etc., Obligeant, etc., Renonceant, etc.

Faict et passé l'an 1571, le 23° jour de janvier.

Signé: YMBERT et QUETIN.

9. ACHAT D'UNE ARMURE POUR LE CAPITAINE DES ENFANTS DE PARIS

(*Registres* VI, 249–50; *Rev. arch.* V^2, 673)

Charles Poille, marchant armurier, demourant rue de la Heaulmerie, confesse avoir vendu à Messieurs le Prevost des Marchans et Eschevins de la Ville de Paris, à ce presens, ung harnoys d'homme d'armes, complet, garny de corps de cuirasse, tassettes, brassars, ganteletz, habillemens de teste, deux morions, l'ung commung et l'autre carré, une rondache, trois armures de selles de cheval et trois chamfrins, le tout à bandes dorées, le champ noir remply de crotesque dorée, le tout bon, loyal et marchant, bien estoffez et accoustrez ainsi qu'il appartient. Lesquelles armes et aultres choses susdictes, ledict Poille sera tenu, a promis et promect, et gaige rendre, fournir et livrer ausd. Prevost des Marchans et Eschevins, dedans le dix huictiesme jour de Febvrier prochainement venant, à peine de tous despens, dommaiges et interestz, pour servir au cappitaine des Enffans de Paris, à l'entrée du Roy en ceste Ville de Paris.

Ceste vente faicte moyennant la somme de deux cens soixante escuz soleil, sur laquelle somme lesd. Prevost des Marchans et Eschevins seront tenuz faire bailler et payer comptant audict Poille, par noble homme Me Françoys de Vigny, Recepveur de la Ville de Paris, la somme de deux cens livres tournois sur et en desduction desd. deux cens soixante escuz soleil; et le reste et surplus luy sera baillé et payé, en fournissant et livrant lesd. armes et choses susdictes. Promectant, etc. Obligeant chacun endroict soy ledict Poille corps et bien, etc. Renonceant, etc. Faict et passé l'an 1571, le 22° jour de janvier.

Signé: HEVERARD et QUETIN.

10. DEVIS ET MARCHE AVEC GERMAIN PILON POUR L'ENTREE DE LA REINE

(*Registres* VI, 251–3; *Rev. arch.* V^2, 661–4)

Premierement. Pour la porte Sainct-Denys, fault, au lieu de Pharamond et Francyon, faire et figurer ung roy Pepin et Charlemaigne, ornez de manteaulx royaulx, couronnes, ordres, espées, lesquelz tiendront de leurs mains les coulomnes qui ont servy et sont encores à la porte aux Painctres, près la figure du roy Henry. Sur l'une desquelles coulomnes fauldra figurer et representer une eglise, et sur l'aultre, ce qui sera advisé pour representer l'Empire. Et coullourer, enrichir et mectre en meilleur ordre que ce pourra, tant lesd. deux figures que collomnes. Au millieu desquelles figures, sur le sode, ou frondespic, faudra faire et eriger de nouveau deux nimphes, ornées selon l'antique, lesquelles tiendront et couronneront d'une couronne de lorrier et chesne les armes du roy et de la royne à present regnant. Dont pour ce faire, fauldra faire et eriger de nouveau les armes de lad. royne, de pareille grandeur que celle du roy, lesquelles il fauldra remectre au lieu, et les racommoder et racoustrer. Et, au lieu desd. cornetz d'abondance, fauldra figurer deux touffées des deux costez, et les cinq masques, tant ceulx de la clef que des costez, les ethuver et dorer, et racoustrer au surplus ce qui se trouverra necessaire pour l'architecture et rusticque à lad. porte, reservé touteffois les inscriptions et plattes painctures qu'il y convient faire.

Pour le Ponceau. De la figure de la royne, en fauldra faire une deesse FLORA, et pour ce faire, fauldra changer les bras d'autre contenance tenant des fleurs en ses mains, faignans les presenter à la royne à present regnant. Et luy fauldra faire son vestement d'ung drap d'or figuré de vert, avecq ung voille sur la teste d'une tocque d'argent. Et fauldra faire tout le nud de lad. figure de couleur d'incarnation representant le naturel, et l'aorner de ceincture et chappeau, fruictz et fleurs. Et pareillement, fauldra, des autres nimphes, leur reffaire d'aultres testes representant plus grand jeunesse que en la forme qu'elles sont, et coulourer leurs vestements de coulleurs de satin rouge ou vert, avecq des enrichissemens, ainsi qu'il sera advisé pour le mieulx; et ce qui apparoist de nud esd. trois figures, le coulourer au naturel, et mectre en leurs mains plusieurs fleurs de plume ou autrement, le plus près du naturel que faire se pourra, faignant faire des chappeaulx et bouquetz, entre lesquelles fleurs seront plusieurs fleurs de lys.

Pour la porte aux Painctres, fault oster l'urne avecq les petitz enfans qui sont au pourtour, la couronne, l'aigle et les ornemens d'icelle et l'Ercullles qui tue Anthée. Et, à la place de l'Herculles, fauldra mectre la figure du roy à present regnant, ainsy assiz qu'il est, et, pour ce faire, le racoustrer et racommoder en ce qui sera necessaire; aussy reblanchir et racoustrer la figure du roy Henry, et luy reffaire d'autres mains avecq ung sceptre qui tiendra de l'autre main, representant la Foy. Au millieu du sode, fauldra faire de nouveau deux grandz fleuves debout, de six à sept piedz de hault, qui tiendront ung globe terrestre de six à sept pieds de diamectre, et de leurs autres mains se tiendront. A costé desquelz fleuves fauldra faire deux grandz vazes ou cruches, et seront lesd. fleuves couronnez de jons et fleurs cressans aux eaues, et esthuvez ou dorez. Fauldra aussy racoustrer les deux figures de Monsieur et de monsieur le duc, ainsi qu'il sera advisé, et faire une frize selon l'anthicque de rinceaulx de feuillaige de relief et maillerie de papier de thoille de vingt-ung poulces de hault, selon la grandeur d'icelle, qui contient douze thoises. Lesquelz feuillages seront dorez et le fond painct de blanc, representant le marbre, et seront aussy dorez ou les chappiteaux et basses des coulomnes; au lieu de la navire, fauldra ung caducé de Mercure, et noircir les niches representant le marbre noir pour lever davantaige les figures, lesquelles figures fauldra reblanchir et regarnir de leurs ornemens accoutumez, reservé les plaictes painctures et rescriptions.

Pour le pied d'estal de devant le Sepulchre, où est representé la figure de JUNO, luy fauldra faire tenir, au lieu de septre, ung nœu gordien ou indissoluble; ethuver et dorer les aigles qui sont aux quatre coings, et racoustrer ce qui sera necessaire; changer ses habitz et les paindre de telles coulleurs representant le satin et velours, qui sera advisé.

Pour le pied d'estail de devant la fontaine, de la figure de l'YMENÉE sera faict ung SATURNE avec une grande barbe, tenant une faulx en sa main, et de l'autre main tiendra une navire que tenoyt une des figures de la porte aux Painctres, et pour ce faire fauldra achever lad. figure sur le nud, d'autant qu'elle est vestue, et fault que serve nu; et luy fauldra seullement ung linge pour cacher la partye honteuze; et oster les petitz enffans et dorer les aigles, et le tout racommoder et racoustrer le mieulx que faire se pourra.

Pour la premiere porte du pont Notre-Dame, fauldra oster la figure du roy, et Monsieur, et le navire, et au lieu du navire fauldra faire ung sode de deux piedz trois poulces qui viendra en sa diminution par les deux costez, sur lequel fauldra figurer une EUROPE, montée sur ung taureau qui faindra de nager, et pour ce faire fauldra figurer une dame, enrichiz ainsy qu'il sera advisé pour le mieulx. Et au millieu de la table et porticque sera faict ung grand coquille, qui sera argentée. Fauldra aussy reblanchir les deux fleuves et recoullourer ce qui sera necessaire, tant pour l'architecture que pour les rochers.

Pour l'aultre porte, fauldra garnir le grand navire de voilles desployez et de cordaiges, et reffaire les pavoys et armoiryes en ce qui sera necessaire. Et au MARS qui est enchesné, luy fauldra faire des autres bras en liberté, et refaire une autre teste plus gaillarde; et de la Victoire en faire une VENUS, et l'aorner ainsi qu'il sera advisé par le poete; reblanchir aussy les fleuves et figures et racoustrer l'architecture de coulleurs en ce qui sera necessaire; le tout sans y comprendre les plattes paainctures et inscriptions.

Fut présent Me Germain Pillon, sculpteur du roy, lequel recongneut et confessa avoir faict marché à Messieurs les Prevost des Marchans et Eschevins de la ville de Paris, à ce presens de faire bien et deuement au dict de ouvriers et gens à ce congnoissans, tous et chacuns les ouvraiges cy-devant déclairez, lesquelz il promect faire dedans le 24° jour de ce présent mois pour l'entrée de la Royne en ceste Ville. Et pour ce faire, sera tenu fournir de toutes choses generallement quelconques, tant painctures, escharfaulx, cordaiges que toutes aultres choses requises et necessaires pour la perfection desd. ouvraiges, et rendre le tout prest dedans led. jour. Ce marché faict moyennant la somme de cinq cens cinquante livres tournois, que lesd. Prevost des Marchans et Eschevins seront tenuz faire bailler et payer par noble homme Me Françoys de Vigny, Receveur de ladicte Ville, audict Pillon, ou au porteur, au feur et ainsy que ledict Pillon fera lesdictz ouvraiges, qu'il promect faire en toute diligence, pour ladicte entrée. Promectant, etc. Obligeant, etc. Renonceant, etc. Faict et passé l'an 1571, le 17° jour de mars.

Signé: HEVERARD et QUETIN.

11. MARCHE AVEC PIERRE D'ANGERS POUR LES OUVRAGES DE CHARPENTERIE DANS LA GRANDE SALLE DE L'EVECHE POUR LE FESTIN DONNE PAR LA VILLE A LA REINE

(*Registres* VI, 246; *Rev. arch.* V[2], 673–4)

Honnorable homme Pierre d'Angers, maistre painctre à Paris, demourant rue de la Tisserranderye, confesse avoir faict marché, promis et promect à nobles hommes Claude Marcel, bourgeois de Paris, Prevost des Marchans, Mes Pierre Poulin, Notaire et Secretaire du Roy, Françoys Dauvergne, seigneur de Dampont, Conseiller dudict seigneur en son Tresor, Simon Boucquet, bourgeois de Paris, et Symon de Cressé, seigneur dudict lieu de Cressé, Eschevins de ladicte Ville de Paris, à ce presens de faire pour lad. Ville, au dict des ouvriers et gens à ce cognoissans, tous et chascuns les ouvraiges de paincture et autres pour l'ornement de la grande salle de l'Evesché de Paris et autres lieux, pour le festin qui sera faict à la royne, à son entrée en ceste ville de Paris.

Assavoir: faire le platfons de lad. salle, de toille, la plus blanche que faire se pourra, avec cordes tendues, le plus roidde que possible sera. Lesquelles cordes seront couvertes de lierre et autres choses, dorées d'or clinquant. Ledict fondz par parquetz de compartimens, esquelz seront applicquées les chiffres, armoiries et devises du roy, de la royne et de lad. Ville, et telles autres devises qui luy seront baillées, avec rozes et muffles; le tout d'or d'estaing, azur, et painct de belles et vives coulleurs, suivant le portraict de ce faict, paraphé des notaires soubzcriptz. En faisant lequel compartiment dud. platfondz, led. Pierre d'Angers sera tenu de laisser aux quatre coings dud. platfondz lieu et place pour mectre tableaux carrez, et au millieu d'icelluy, ung autre plus grand tableau, soit carré ou en forme d'auvalle, selon les mesures qui luy seront baillées. Lesquelz tableaux, led. d'Angers sera tenu applicquer, attacher et mectre en leur lieu et place. Et pour ce faire, sera tenu fournir de toille, cordes, cordaiges, crampons de fer et pieces de bois, tant à l'entour de lad. salle, que en travers, qui seront mises de deux thoises en deux thoises, au cas qu'il en soit besoing pour tenir led. platfondz; les attacher, fournir de lierres, or clicquant, dorures, et de toutes autres choses qu'il sera besoing et conviendra avoir pour ce regard.

Item, faire et fournir huict chassis de bois, de cinq piedz et demy de hault et deux piedz et demy de large, garniz de fine toille blanche, painctz de crotesque de coulleurs, et cirez de cire blanche, qui seront mis et posez aux fenestres et croisées de lad. grande salle.

Item, faire ung berceau de lierre, depuis la porte de l'église Notre-Dame, du costé de l'evesché, jusques dedans lad. grande salle, garny d'amoiries du roy et de la royne et autres armoiries, avec autres devises et compartimens; le tout faict de bonnes et vives coulleurs et paincture. Et pour ce faire, sera tenu fournir et mectre pieces de bois et potheaux de bois, de douze piedz en douze piedz, et de la largeur qu'il sera advisé, avec traverses, mortaise et entrethoises, cercles, cordes, cordaiges et lierres.

Tous lesquelz ouvraiges, led. d'Angers promect faire et perfaire bien et deuement, comme dict est, dedans le quinziesme jour de fevrier prochainement venant, et, pour ce faire, fournir, comme dict est, de toutes les choses devant dictes, eschelles, escharfaulx, peine d'ouvriers, et de toutes autres choses pour ce requises et necessaires, tant moyenant la somme de sept cent cinquante livres tournois, que lesd. Prevost des Marchans et Eschevins promectent faire bailler et paier par noble homme, Me François de Vigny, Receveur de lad. Ville, aud. d'Angers ou au porteur, au feur et ainsy qu'il fera lesd. ouvraiges, comme à la charge que led. d'Angers reprandra à son proffict tout le bois et autres choses et estoffes qu'il y aura mis, et qu'il pourra oster et emporter après le jour dud. festin faict à la royne, passé. Car ainsy a esté convenu et accordé. Promectans, etc. Obligeans, etc. Renonçans, etc. Faict et passé, l'an mil cinq cens soixante-dix, le vingt-huictiesme jour de decembre.

Signé: YMBERT et QUETIN.

12. MARCHE AVEC NICOLAS ET CAMILLE LABBE POUR LES PEINTURES DANS LA GRANDE SALLE DE L'EVECHE POUR LE FESTIN DONNE PAR LA VILLE A LA REINE

(*Registres* VI, 247–8; *Rev. arch.* v², 675)

Honnorables hommes, Nicolas Labbé, painctre du roy, et Camille Labbé, son filz, aussy painctre, demourans à Paris, confessent avoir faict marché, promis et promectent, chacun pour le tout, sans division, à nobles hommes Claude Marcel, bourgeois de Paris, Prevost des Marchans, Mes Pierre Poulin, Notaire et Secretaire du Roy, Françoys Dauvergne, seigneur de Dampont, Conseiller dudict Seigneur en son Tresor, Simon Bouquet, bourgeois de Paris, Simon de Cressé, seigneur de Cressé, Eschevins de ladicte Ville de Paris, à ce presens, de faire pour lad. Ville bien et deuement, au dict de ouvriers et gens à ce cognoissans, en la grande salle du logis de monsieur l'evesque de Paris, les ouvraiges de paincture et autres après declairez. Assavoir, une frize de picture tout à l'entour de lad. salle, contenant seize thoises de long sur six de large, laquelle frize contiendra dix piedz de haut, ou neuf piedz et demy pour le moings, ornée de sa cornice et arquitrave. Laquelle frize, ilz seront tenuz orner de seize tableaux d'histoires et figures poëticques, telles que le devis leur sera baillé, et seize paisages, ou plus, selon que les lieux le porteront, avec armoiries, par voye, du roy et de la royne, de la royne mère, Messieurs et Madame; ensemble leurs devises et chiffres de Leurs Majestez, avec tel ornement qu'il y convient faire, soit de crotesque, trophées, que autres choses qu'il y convient faire, et le tout, de bonne et ferme paincture, et dresser et applicquer le tout ainsy qu'il appartient, et fournir de toutes choses à ce necessaires. Item, seront aussy tenuz faire cinq tableaux de toille cloué en bois, forme de chassis, dont les quatre seront d'une thoise en carré et le cinquiesme de neuf piedz en carré ou en auvalle; esquelz tableaux, seront painctz de vives coulleurs sur lad. thoille, les histoires qui seront baillées ausdits Labbé pour estre applicquez; savoir: les quatre aux quatre coings du platfondz, et le cinquiesme, au millieu du plancher et platfondz, qui sera faict en lad. salle, de lierre, par Pierre d'Angers, painctre; lequel appliquera lesd. tableaux aud. platfondz sans ce que lesd. Labbé y soient tenuz, mais seulement de livrer iceulx tableaux en la forme que dessus, dedans le quinziesme jour de fevrier prochainement venant, pour le disner de la royne, qui sera faict en lad. salle; et fournir de toutes choses à ce necessaires soit toille, bois, cordes, cordaiges, eschelles, que peine d'ouvriers. Et ce, moyenant la somme de sept cens livres tournois que lesd. Prevost des Marchans et Eschevins ont promis, et promectent faire bailler et payer par noble homme Me François de Vigny, Recepveur de ladicte Ville, ausd. Labbé, au feur et ainsy qu'ilz feront les ouvraiges. Lesquelz ilz promectent faire et parfaire bien et deuement, comme dict est, dedans ledict quinziesme jour de febvrier prochainement venant. Promectant, etc. Obligeant, etc., chacun endroict soy lesd. Labbé pere et filz, chacun pour le tout, sans division. Renonceantz mesmes iceulx Labbé au beneffice de division, ordre de droict et de discussion. Faict et passé l'an mil cinq cens soixante unze, le lundy huictiesme jour de janvier.

Signé: YMBERT et QUETIN.

13. MARCHE AVEC LIENARD HABERT POUR LA FOURNITURE DU POISSON POUR LE FESTIN DONNE A LA REINE

(*Registres* VI, 248–9; *Rev. arch.* V², 676–7)

Honnorable homme, Lienard Habert, prouvoyeur de la royne, mere du roy, demeurant à Paris, rue Quicquetonne, confesse avoir faict marché, promis et promect, à Messieurs les Prévost des Marchans et Eschevins de la ville de Paris, à ce presens, de leur fournir et livrer en cested. ville de Paris, dedans le lundy vingt-sixiesme jour de ce present mois de mars, toutes les especes et sorte de poisson de mer et d'eau doulce, cy-après specifiées et declairées en tel nombre et quantité, de la grandeur eschantillon et qualité après declarez, pour le festin que lesd. sieurs prevost des marchans et eschevins feront à la royne après son entrée en ceste ville, qui sera le mardy vingt-septiesme jour dud. mois de mars. Et le tout rendre et livrer, bon, fraiz et loyal marchant, non sizanné ne passé, pour les pris et sommes de deniers qui ensuivent; assavoir:

Quatre grandz saulmons fraiz, à raison de 20 livres tournois, chascun saulmon.

Dix grandz turbotz, à raison de 7 livres 10 sols pièce.

Vingt grandes solles.

Dix-huict barbues, dix-huict grenaulx, appelez tumbes, et dix-huict mulletz, le tout grand, à raison de 30 solz tournois pièce.

Trois maniveaux, gros esperlans, pour 60 solz tournois chascun maniveau.

Deux paniers, huictres à l'escaille, à raison de 6 solz tournois le cent.

Trois cens trippes morues, à raison de 30 solz tournois chascun cent.

Cinquante livres de ballaine, au pris de 7 solz 6 deniers tournois la livre.

Ung pannier d'huistre sans escaille, grosses, au pris de 15 solz tournois le cent.

Douze houviars (ou houmars), à raison de 40 solz tournois piece.

Demy-cent de cancres, au pris de 4 livres tournois le cent.

Neuf alozes fresches, à raison de 40 solz tournois piece.

Dix-huict truictes, de pied et demy, au pris de 4 livres 10 solz tournois piece.

Neuf grandz brochetz dictz carreaux, de deux à trois piedz et deux piedz les moindres, à raison de 15 livres tournois piece.

Douze grandes carpes, de deux à trois piedz, 12 livres 10 solz tournois piece, et de pied et demy et au-dessus jusques à deux piedz, à raison de 7 livres 10 solz tournois piece et de pied et demy et au dessus jusques à deux piedz, à raison de sept livres dix solz tournois pièce.

Dix huict brochetz de pied et demy, au pris de sept livres dix solz tournois piece. Et demy-cent de carpes d'un pied, plus huict brochetz d'un pied, lesd. brochetz et carpes d'ung pied, à raison de 10 solz tournois piece.

Dixhuict lemproyes, 40 solz tournois piece.

Deux cens de gros lemproyons, à 100 solz tournois le cent.

Deux cens de grosses escrevisses, aud. pris de 100 solz tournois le cent.

Deux cens harenc blanc, et deux cens harenc sor; à 50 solz tournois pièce le cent.

Vingt-quatre pieces de saulmon sallé, à raison de 40 solz tournois chascun grand saulmon.

Ung panier de mousles, 7 livres tournois, et ung millier grenouilles, 12 livres tournois.

Toutes lesquelles especes et sortes de poisson, tant de mer que d'eau doulce, de la grandeur, qualité et au nombre susdict, ledict Habert sera tenu fournir et livrer dedans ledict vingt sixiesme jour de cedict present moys de mars, selon et ainsi que dessus est dict, à peyne de tous despens dommaiges et interretz, moyennant et parmy les pris et sommes susdictes, que lesd. Prevost des Marchans et Eschevins promectent faire bailler et payer par noble homme Me Françoys de Vigny, Recepveur de ladicte Ville, audict Lienard Habert, ou au porteur, etc. en ceste maniere, assçavoir, comptant la somme de trois cens livres tournois, qui luy sera baillée et advancée sur lesd. pris et marché, pour faire les dilligences de recouvrer ledict poisson, qui luy seront desduictz et rabattuz sur led. marché et le reste luy sera baillé et paié incontinent après led. festin faict à lad. dame. Et, au regard de l'esturgeon, marsouyn, dorade, tortues et macquereaux fraiz, ledict Habert sera tenu, a promis et promect faire toutes les dilligences à luy possibles (pour) en recouvrer et fournir pour led. jour. Duquel poisson, ou cas qu'il en fournisse et livre led. jour, il en sera paié par lesd. prevost des marchans et eschevins, au pris que led. poisson vauldra et se vendra aux halles de ceste ville, suivant ce qui a esté accordé avec led. Habert. Et où led. Habert ne fournissoit dedans led. jour toutes les especes de poisson premiers declairez, de la grandeur, qualité et au nombre susdicts, et neantmoings s'en trouvoit aux halles de ceste dicte ville, ou ès mains d'autres pourvoieurs de la court, ou autres marchans de poisson de ceste ville ou autres, en ce cas lesd. prevost des marchans et eschevins pourront prandre et achepter ce qu'il deffauldra à fournir par led. Habert, lequel, oudit cas, sera tenu paier l'oultre plus de ce que led. poisson coustera daventaige que les pris susdicts car ainsi a esté convenu et accordé entre lesd. parties. Promectant, etc. Obligeant chacun endroict soy, led. Habert corps et biens, etc. Renonceans, etc. Faict et passé l'an 1571, le 19° jour de mars.

Signé: YMBERT et QUETIN.

14. MARCHE AVEC PAOLLET MIGNAN POUR LA FOURNITURE DES NATTES POUR TAPISSER LA GRANDE SALLE DE L'EVECHE

(*Registres* VI, 251; *Rev. arch.* V², 677–8)

Paollet Mignan, Me nattier, demeurant à Paris, rue des Mauvais Garçons, confesse avoir promis et promect à Messieurs les Prevost des Marchans et Eschevins de la ville de Paris, de fournir et livrer toute la natte neufve, bonne, loiale et marchande, qui sera necessaire pour natter le parterre de la grande salle de l'evesché de Paris; et icelle salle nater bien et deuement, ainsy qu'il appartient, de natte bien serrée et liée à quatorze au pied. Et rendra la salle nattée le samedy 24° jour de ce present mois de mars, pour l'entrée de la royne en ceste ville, qui sera le mardy 27° jour dud. mois; et pour ce faire, fournir de clous, ficelles et toutes autres choses necessaires, moyenant 10 solz tournois pour chascune thoise de lad. natte bien et deuement faicte et assize en ladicte salle. Sur lequel pris lesd. Prevost des Marchans et Eschevins seront tenuz, ont promis et promectent faire bailler et advancer par noble homme Me Françoys de Vigny, Recepveur de ladicte Ville, audict Mignan la somme de quinze livres tournois, oultre et par dessus pareille somme de quinze livres tournois par luy receue, suivant aultre marché par luy faict avecq lesd. sieurs Prevost des Marchans et Eschevins, pour mesme cause et effect que dessus, qui demeure cassé et adnullé; et le reste luy sera baillé et payé au feur et ainsi qu'il fera ladicte besongne, qu'il promect faire en toute dilligence et de beau feurre. Laquelle natte demoura et appartiendra ausdictz Prevost des Marchans et Eschevins, sans ce que après lad. entrée, ledict Maignan [sic] y puisse aulcune chose pretendre et demander. Promectant, etc. Obligeant chacun en droict soy, ledict Maignan corps et bien, etc. Renonceans, etc. Faict et passé l'an 1571, le lundy 12° jour de mars.

Signé: HEVERARD et QUETIN.

15. MARCHE AVEC RICHARD TOUTIN POUR LE BUFFET EN VERMEIL OFFERT PAR LA VILLE A LA REINE

(*Registres* VI, 235–6; *Rev. arch.* V^{2}, 667–8)

Honorable homme, Richard Toutin, marchant orfevre et bourgeois de Paris, confesse avoir faict marché à Messieurs les Prevost de Marchans et Eschevins de la ville de Paris, à ce presens, de faire et parfaire, bien et deuement, au dict de ouvriers et gens à ce cognoissans, les pieces de vaisselle d'argent vermeil dorées, ciselées et historiées, pour le buffet et present que ladicte Ville entend faire et presenter en don à la royne à son entrée en ceste ville de Paris, cy-après declairées. C'est assavoir:

Deux grandz bassins, poisans chascun dix-neuf marcs, qui est pour lesd. deux bassins, trente-huit mars.

Deux grands vazes, poisans chascun treize marcs, qui est pour lesd. deux vazes, vingtsix marcs.

Deux autres moyens vases, poisant chascun huict marcs, qui est pour lesd. deux vazes moyens seize marcs.

Une buye, poisant vingt-huict marcs.

Une navire couverte, poisant trente-deux marcs.

Deux grandes coupes couvertes, cizelées, poisant chascune sept marcs, qui est pour lesd. deux couppes, quatorze marcs.

Deux autres couppes couvertes, moyennes, poissans chascune six marcs, qui est pour lesd. deux couppes, douze marcs.

Six chandeliers à termes, dont trois à hommes, et les trois autres à femmes, poisans chascun cinq mars, qui est pour lesdictz six chandeliers, trente marcs.

Trois sallières et ung couvercle, poisant ensemble quinze marcs.

Toute laquelle vaisselle, revenant et montant ensemble à la quantité de deux cens unze marcs d'argent, led. Toutin a promis, sera tenu et promect faire et parfaire bien et deuement, cizelée, historiée et dorée dessus et dessoubz, ainsy qu'il appartient, avec les armes de la ville de Paris esmaillées de bonnes couleurs et le tout rendre et livrer bien et deuement faict, comme dict est, chacune piece du poix susdict ou environ dedans le premier jour de decembre prochainement venant.

Ce marché faict moyennant et parmy la somme de trente cinq livres tournois, que pour chacun marc de ladicte vaisselle d'argent ainsi faicte, dorée, cizelée, historiée et du poix susdict, comme dict est, tant pour or, argent que façon d'icelle vaisselle, lesdictz Prevost des Marchans et Eschevins ont promis et promectent faire bailler et payer par noble homme maistre Francoys de Vigny, Recepveur de ladicte Ville, audict Toutin ou au porteur, etc. en ceste maniere, assçavoir presentement la somme de mil livres tournois sur et tant moings de ladicte vaisselle, et le reste et le surplus au feur et ainsi que ledict Toutin fera la dicte vaisselle, qu'il promect fournir et livrer bien et deuement faicte du poix susdict, dedans ledict temps. Promectant, etc. Obligeant, etc. Renonceant, etc. Faict et passé l'an 1570, le 14º jour d'octobre.

Signé: YMBERT et QUETIN.

16. MANDEMENT DE LA COUR DES MONNAIES POUR LE PAYEMENT A FRANCOIS QUESNEL, Mᴱ PEINTRE, DES PATRONS FAITS POUR LES MEDAILLES DE L'ENTREE DU ROI A PARIS ET POUR LES JETONS DE LADITE COUR

(Mazerolle I, 73; Arch. nat., Z^{IB} 607)

Les generaulx conselliers du Roy nostre sire tenans sa Court des Monnoyes. Mᵉ Augustin Goutery, receveur general des bœstes desdictes Monnoyes, veue la requeste presentée par Françoys Quesnel, maistre paintre à Paris, nous vous mandons que des deniers de vostre recepte vous baillez et payez audict Quesnel la somme de neuf livres tournois, à luy tauxée et ordonnée par ladicte Court, pour avoir faict huit portraictz, tant pour les pièces que le Roy veult donner à son entrée à Paris que pour les getons de ladicte Court, et par rapportant ces presentes avec quictance dudict Quesnel, ladicte somme de IX livres tournois sera alouée en la despence de vos comptes et rabatue de vostre dicte recepte, partout où il apartiendra.

Donné à Paris, en la Court des Monnoyes, le XVᵉ jour de feuvrier M Vᵉ LXXI.

Signé: C. FAUCHET. T. TURQUAM.

APPENDIX IV

Extraordinary arrangements were made for secretarial assistance in connection with the entries of Charles IX and Elisabeth of Austria. Bonaventure Héverard, who was responsible for keeping the *Registres*, was charged with supervising a number of clerks who would help deal with all official correspondence, notices, and proclamations. (Cf. *Registres* VI, 315, n. 1 and Appendix IV, f. 128v.)

He or some other special assistants would also seem to have been asked to prepare a complete record of accounts for the City Treasurer, François de Vigny. This material which constitutes BN Ms. fr. 11691 is reproduced here in toto for the first time. Ms. fr. 11690 is a slightly less complete copy of Ms. fr. 11691 or, possibly, of the lost originals from which all of this material may have been dictated. (The numerous phonetic errors and variants in spelling in the text would lend support to this theory.)

In any case, many of the items are simply routine transcriptions of the original *devis* with the tenses of the verbs changed from the future to the past. Those which duplicate material already included in the *Registres* (Appendix III) may serve to caution against too literal an interpretation of new material, since they indicate that no notice was taken of *any* of the changes made in the course of execution of the projects. Moreover, the date given for the King's entry in all of them is invariably the one originally projected, i.e. 5 March rather than 6 March, when it actually took place.

To the text of Ms. fr. 11691 we have added substantive variants from Ms. fr. 11690 where noteworthy. Foliation is given only for Ms. fr. 11691.

TRANSCRIPT DE LA COPPIE collationnée à l'original des lectres patentes du Roy données à Paris le quatriesme jour d'octobre M V^{C} soixante dix, par lesquelles ledict seigneur a permis et octroyé à Messieurs les prevost des marchans et eschevins de la ville de Paris de vendre et constituer rente jusques à la somme de quatre mil livres tournois de rente par chacun an, pour le recouvrement de la somme de quarente huict mil livres tournois pour satisfaire et subvenir aux fraiz tant de l'entrée dud. sieur que de la royne, sa compaigne, faictes en cested. Ville au mois de mars, M V^{C} soixante unze, selon et ainsy qu'il est plus à plain contenu et declaré esd. lectres, desquelles la teneur ensuit.

CHARLES, par la grace de Dieu roy de France, à noz amez et feaulx les gens de noz Comptes à Paris, salut. Comme nous avons puis nagueres resolu, / [2v] par l'advis de la royne nostre très honorée dame et mere, de faire dedans brief temps nostre entrée en la ville de Paris avec nostre très chere et bien amée la Roine, nostre future espouze, et pour cest effect eussions adverty et mandé à noz très chers et bien amez les prevost des marchans et eschevins de lad. ville, de eulx preparer et donner ordre de bonne heure pour nous y recevoir, faisant les choses avec telle honnesteté et despence qu'ilz ont accoustumé faire aux entrées de noz predecesseurs. Sur quoy, ayant faict assembler les conseillers de nostred. ville qui avoient advisé nous faire dire et remonstrer que, à l'occasion des autres grandes charges et affaires que nostred. ville a cy devant euz à supporter et qu'il leur convient encores chacun jour faire pour les œuvres et reparations requises et necessaires à faire en nostred. ville, ilz ne pourroient supporter lesd. fraiz et n'auroient aucun moyen si / [3r] ce n'estoit qu'il nous pleust leur permectre de vendre et constituer rente à ceulx qui en vouldront acquerir, jusques à la somme de quatre mil livres tournois par chacun an, pour promptement recouvrer la somme de quarente huict mil livres tourn. et les assigner sur les plusvalleurs des aydes et impositions qu'ilz lievent par permission de noz predecesseurs à nostred. ville, pour le faict de la solde de cinquante mil hommes de pied après les rentes cy devant sur ce constituées, charges et fraiz sur ce payez, ainsy qu'en autre cas semblable a esté faict et leur a esté permis, mesmes pour l'entrée du feu roy nostre très honnoré seigneur et pere, et sur ce leur octroyer noz lettres à ce necessaires : scavoir faisons que nous, voullans favorablement traicter lesd. prevost des marchans et eschevins et affin que lesd. œuvres et reparations necessaires à faire en nostred. ville ne soient / [3^{v}] delaissées et discontinuées à l'advenir, après avoir eu sur ce l'advis des gens de nostre Privé Conseil, avons de nostre certaine science, plaine puissance et auctorité roial voullu, permis et octroyé, voullons, permettons et octroyons à iceulx prevost des marchans et eschevins que, pour satisfaire et subvenir aux fraiz tant de nostred. entrée que de celle de la royne, nostre très chere et bien amée future espouze, et aux dons qui nous seront respectivement faictz et mesmes pour la despence des arcz triumphans, theatres, porticques et eschaffaulx qui seront mis et apposez ès rues et carrefours de ladicte ville, robbes et habitz desd. prevost des marchans et eschevins et autres officiers d'icelle ville, ainsy qu'il a esté faict en semblable pour ladicte entrée de nostred. seigneur et pere, comme pour tous autres fraiz requis et necessaires pour le faict d'icelles / [4^{r}] entrées, ilz puissent vendre et constituer rente jusques à ladicte somme de quarente huict mil livres tournois par chacun an pour le recouvrement de lad. somme de quarente huict mil livres tournois à toutes personnes qui en vouldront acquerir, et icelles assigner sur les deniers desd. plusvalleurs de toutes lesd. impositions et aydes mis sus en nostred. ville, pour le faict de lad. solde desd. cinquante mil hommes, lesquelles rentes voullons estre payées et continuées en la mesme forme et maniere que sont les autres rentes constituées sur lesd. impositions et aydes, après toutesfoys les autres rentes cy devant sur ce constituées et fraiz payez, et eulx en ayder jusques à la concurrance de la somme à laquelle se monteront lesd. fraiz tant seullement. Si voullons et vous mandons que de noz presentes lectres de permission et octroiz de tout le contenu en ces presentes, vous faictes joyr et user lesd. prevost des marchans et eschevins, / [4^{v}] et leur souffrez et permectez vendre et constituer rente sur lesd. plusvalleurs desd. impositions et aydes jusques à la concurrance de ladicte somme de IIII^{m} livres tournois par chacun an, pour icelle convertir et employer au payment desd. fraiz desd. deux entrées, pour lesquelles ordonner et en faire les pris et marchez, lesd. prevost des marchans et eschevins avons, en tant que besoing seroit à ce faire, commis et depputez, comectons et depputons par lesd. presentes, signées de nostre main, rapportant lesquelles ou vidimus d'icelles faict soubz le seel roial avec les ordonnances, roolles et acquitz qui en seront faictz et expediez, par iceulx prevost des marchans et eschevins, et quictances des partyes ou elles escherront, vous passez et allouez toutes les parties et sommes de deniers qui vous apperra avoir esté payées pour l'effect que dessus, par le receveur de nostred. / [5^{r}] ville en la despence de ses comptes, et rabatuz de sa recepte où il appartiendra. Car tel est nostre plaisir, nonobstant que par les lectres des octroiez des dessusd. fermes et impositions, les deniers desd. plusvalleurs ne soient pour ce destinez et ordonnez, et que, par icelles lectres, il ayt esté inhibé et deffendu ausdictz prevost des marchans et eschevins en convertir et employer ailleurs, ne à autre effect, le revenu d'icelles que au payement des arreraiges des rentes constituées sur lesd. impositions, rachaptz d'icelles et fraiz necessaires. A quoy nous avons desrogé et desrogeons par cesd. presentes et à toutes autres restrinctions ou modiffications sur ce faictes, lesquelles, en tant qu'elles seroient contraires au contenu cy dessus, nous avons levées et ostées, levons et ostons, sans que l'on en puisse demander ou imputer aucune chose à l'advenir à iceulx prevost des marchans et eschevins ou aucuns d'eulx, et les avons relevé et relevons et deschargeons par cesd. presentes et / [5^{v}] et quelconques ordonnances, restrinctions, mandemens ou deffences à ce contraires. Donné à Paris, le quatriesme jour d'octobre MV^{c} soixante dix et de nostre regne le dixiesme. Signé: Charles, et par le roy en son Conseil: Dolu, et scellées en double queue de cire jaulne et à costé est escript: Registré en la chambre des Comptes, cy le procureur general du roy, le XVIe jour d'octobre MV^{c} soixante dix signé: Legrand.

Collation de la presente coppye a esté faicte à l'original par les notaries soubzsignez, le XIIe jour de juing MV^{c} soixante treize, signé: Ymbert et Ymbert.

/[6^{r}] Compte particulier à cause des frais faictz par la ville de Paris pour les entrées nouvelles des roy et royne de France faictes en lad. ville, au moys de mars mil V^{c} soixante unze.

Compte particulier de maistre Françoys de Vigny, Receveur de la ville de Paris, des recepte et despence par luy faictes pour et à cause des nouvelles entrées du Roy de France, Charles neufviesme, et de la Roine Elisabel, sa compaigne, faictes en ceste ville de Paris. Assavoir celle du roy, le cinquiesme jour de mars mil V^{c} soixante unze, et celle de la roine, le XXIIIme ensuivant, tant pour la construction des arcz triumphans faictz à la porte Sainct Denis au lieu où estoit anciennement la faulce porte d'icelle, pres Sainct Jacques de l'Hospital, et aux deux boutz du pont Nostre Dame, couverture d'iceulx de bouys liarre et autres enrichissemens de painctures, ornemens de la fontaine du Ponceau et de personnaiges eslevez en bosse et aussy devant le Sepulchre / [6^{v}] et l'eglise des Sainctz Innocens et perspective devant le Chastellet, vis à vis de la rue Sainct Denis, accoustremens et autres despences des cappitaines, lieutenantz, porteurs, d'enseignes et sergens de bande qui ont conduict les gens de cheval et de pied, enfans de ladicte ville, robbes et habillementz de messieurs les Prevost des marchans et Eschevins, Greffier, Receveur, Procureur, conseillers, quarteniers et autres officers de lad. ville que des dons faictz à cause desd. entrées et autres fraiz. Et ce, suivant les lectres patentes du roy, données à Paris le quatriesme jour d'octobre mil V^{c} soixante diz, contenant permission ausd. prevost des marchans et eschevins de recouvrer deniers à contribution de rente pour satisfaire ausd. fraiz, avec pouvoir d'ordonner d'iceulx, selon et ainsy qu'il est plus à plain contenu et declaré esd. lectres qui sont rendues et transcriptes au commencement de ce present compte, rendu à court par Maugrain, procureur dud. receveur.

/[7r] Recepte faict par ce present comptable à cause de la somme de quarante huict mil livres tournois que le Roy nostre sire par ses lectres patentes données à Paris le quatriesme jour d'octobre MVc soixante dix, registrées en la chambre des Comptes le XVIe jour dud. moys, a voullu, permis et ordonné à messieurs les prevost des marchans et eschevins d'icelle ville que, pour satisfaire et fournir aux fraiz tant de son entrée que de celle de la Roine, son espouse, en cested. ville et aux dons qui luy ont esté respectivement faictz, et mesmes pour la despence des arcz triumphans, theatres, porticques et eschaffaulx, qui ont esté mis et apposez ès rues et carrefours de lad. ville, robbes et habitz de mesd. seigneurs les prevost des marchans et eschevins et autres officers de lad. ville, ainsy qu'il a esté faict en semblable pour l'entrée du feu roy Henry, son pere, que Dieu absolve, comme pour tous autres fraiz, requis et necessaires pour le faict d'icelles entrées, ilz puissent / [7v] vendre et constituer rente jusques à la somme de quatre mil livres tournois par chacun an, pour le recouvrement de lad. somme de XLVIIIm livres tournois, à toutes personnes qui en vouldront acquerir, et icelles assigner sur les deniers des plusvalleurs de toutes les impositions et aydes mis sus en lad. ville de Paris, pour le faict de la solde des cinquante mil hommes, lesquelles rentes il veult et entend estre payées et continuées en la mesme forme et maniere que sont les autres rentes constituées sur lesd. impositions et aydes, après toutesfoys les autres rentes cy devant sur ce constituées et fraiz payez, et eulx en ayder jusques à la concurrance de la somme à laquelle se monteront sesd. fraiz tant seullement comme il est plus à plain contenu et declaré esd. lectres, dont la coppie deuement collationnée à l'original est cy rendue, suivant lesquelles lectres lesd. prevost des marchans et eschevins ont constitué rentes au denier douze sur lesd. aydes et impositions jusques / [8r] à lad. somme de IIIIm livres tournois aux personnes cy apres nommées, qui ont fourny lad. somme de XLVIIIm livres tournois dont est cy faict recepte, pour la verification de laquelle est cy rendu ung cahier en pappier, signé des notaires qui ont receu lesd. constitutions servant cy et qui servira sur le compte du payement des arreraiges desd. rentes constituées sur lesd. plusvalleurs d'icelles impositions ainsy qu'il s'ensuict.

Du vingtcinquiesme jour d'octobre
MVc soixante dix

De Monseigneur le Illustrissime et reverendissime prince Charles, cardinal de Lorraine, archevesque et duc de Reims, premier pair de France comme abbé de l'eglise et abbaye Sainct Denis en France et des relligieux prieur et couvent de lad. abbaye, venerable et discrette personne maistre Pierre Hubert, chanoine de Paris et curé duremes, comme soy disant procureur dudict sieur illustrissime, relligieuses personnes freres Pierre / [8v] Pichonnat, chantre et commandeur, et Pierre Bourgeois, comprieur de lad. abaye, tant en leurs noms comme relligieux susd. que comme eux disans depputez dud. couvent pour l'effect qui ensuict, à ce presens, stippulans et acceptans, achepteurs et acquesteurs pour icelle abbaye et couvent et leurs successeurs par les mains de maistre Claude Marcel, Receveur general du clergé de France et commis pour recevoir les deniers provenans de l'allienation des biens dud. clergé, jusques à cinquante mil escuz de rente à ce present, la somme de six mil neuf cens livres tournois, fournye comptant en six cens escuz pistolletz, à LII s. piece, et le reste en testons et douzains, le tout ayant cours, presens les notaires, du consentement desd. Hubert, Pichonnat et Bourgeoys esd. noms, et de Ymbert Bourdon, prevost general de l'artillerie, stipullant pour hault et puissant sieur, messire Anthoine d'Estrées, chevallier de l'ordre du roy, cappitaine de cinquante hommes d'armes de ses ordonnances et premier gentilhomme de la chambre de monseigneur le duc d'Allençon, frere du roy, icelle somme faisant partye de la somme de vingt mil livres tournois mise ès mains dud. Marcel par led. Sieur d'Estrées et pour laquelle, dès le unziesme jour dud. moys d'octobre, a esté vendu et / [9^{r}] adjugé par messieurs les commissaires establiz en la chambre du Trezor à Paris, pour la vendition desd. L^{m} escuz de rente, aud. Ymbert Bourdon pour et ou nom dud. sieur d'Estrées, la terre et seigneurye de La Bersine, ses appartenances et deppendances, assize au pays de Soissonnois, distant de trois lieues ou environ de la ville de Soissons, avec ung fief appellé le fief des Ruisseaulx, scitué au village de Verneul, qui est des appartenences dud. lieu de La Bersine et deppendant et appartenant à lad. abbaye Sainct Denis, par iceulx sieur illustrissime relligieux et couvent, mis et exposé en vente comme le moings dommageable à lad. abbaye pour satisfaire au payement de la somme de treize mil cent livres tournois restant à payer de la somme de trois cens escuz de rente reduictz à livres, à raison de LIII s. piece, à la somme de dix neuf mil quatre vingtz livres tournois. A quoy icelle abbaye a esté taxée pour sa cotte part desd. cinquante mil escuz de rente, ainsy que plus à plain appert par ung extraict de lad. adjudication transcript en la fin du contraict original de la presente constitution et aux charges y contenues, duquel il est apparu deuement ausd. Hubert, Pichonnat et Bourgeois, presens lesd. notaires, / [9^{v}] suivant laquelle adjudication et moiennant la presente constitution de rente ne pourra estre cy apres chose aucune demandé ausd. Sieur d'Estrées de lad. somme de six mil neuf cens livres tournois, et, où il adviendroict que mesd. seigneurs le prevost des marchans et eschevins se voulsissent descharger de lad. rente ou la rachepter ou bien que lesd. relligieux abbé et couvent de Sainct Denis la voulsissent remuer ou convertir en aultre chose, lesd. relligieux abbé et couvent seront tenuz, avant que rien innover en lad. rente, faire appeller led. sieur d'Estrées, ses hoirs et ayans cause pour en veoir faire le remply ailleurs au proffict desd. relligieux abbé et couvent, de sorte qu'il puisse apparoir à tousjours que led. sieur d'Estrées a payé les sommes susd. et que toutes ont esté employées au bien, proffict et utillité de lad. abbaye. Pour laquelle somme de VI^{m} IX^{c} livres tournois a esté constitué cinq cens soixante quinze livres tournois de rente que lesd. Hubert, Pichonnat et Bourgeois èsd. noms ont requis estre assignez sur les IIII^{m} livres tournois de rente, comme il est declaré oud. cahier. Pour ce, cy, ladicte somme de VI^{m} IX^{c} livres tournoiz / [10^{r}]

De damoiselle Liet Feu, vefve de feu maistre Jehan Lallemant, luy vivant conseiller du roy et president en sa court de parlement de Rouen, la somme de sept vingtz livres tournoys qu'elle a fourny comptant en douzains, presens les notaires, pour la constitution de XI livres

XIII sols IIII deniers tournois de rente, comme il est declaré oudict cahier. Pour ce, cy **VII^xx livres tournois**

De Saturny Grongnet, maistre guesnier à Paris, la somme de quatre cens vingt livres tournois qu'il a payé et fourny comptant en testons et douzains, presens les notaires, pour la constitution de trent cinq livres tournois de rente, comme il est contenu oudict cahier. Pour ce, cy **IIII^c XX livres tournois**

De maistre Françoys Dauvergne, sieur de Dampont, conseiller du roy en la justice du trezor à Paris, l'un des eschevins, la somme de troys / [10^v] mil livres tournoys qu'il a payée et fournye en testons et douzains, pour la constitution de deux cens cinquante livres tournois de rente, comme il est declaré oudict cahier. Pour ce, cy **III^m livres tournois**

De Alexandre de Grain, bourgeoys de Paris, la somme de deux mil quatre cens livres tournois qu'il a fournye comptant pour la consituttion de deux cens livres de rente, comme il est declaré oudict cahier. Pour ce, cy ladicte somme **II^m IIII^c livres tournois**

Du vingthuictiesme jour d'octobre
oudict an MV^c soixante dix

De Doulce Vienne, vefve de feu Jehan Anthoine Lombart, luy vivant chevaucheur ordinaire de l'escurye du roy et tenant la poste à Paris, la somme de six cens livres tournois en douzains pour la constitution de cinquante livres tournoys de / [11^r] rente, comme il est contenu et declaré oudict cahier. Pour ce, cy **VI^c livres tournois**

Des gouverneurs de l'Hostel Dieu de Paris la somme de troys cens livres tournois en douzains, pour la constitution de vingt cinq livres tournois de rente, comme il est declaré oudict cahier. Pour ce, cy **III^c livres tournois**

Des prevost et confreres de la grand confrerie aux bourgeoys de Paris, la somme de troys cens livres tournois en douzains, pour la constitution de vingt cinq livres tournois de rente, comme il est declaré oudict cahier. Pour ce, cy **III^c livres tournois**

Du XXIXme jour d'octobre
oudict an MV^c LXX

De Jehan Perrot, marchant bourgeoys de Paris, la somme de deux mil quatre cens livres tournois en IIII^c L escuz soleil à LIIIIs. piece et le reste en testons et en douzains pour la constitution / [11^v] de deux cens livres tournois de rente, comme il est contenu et declaré oudict cahier. Pour ce, cy **II^m IIII^c livres tournois**

De maistre Ambroise Lingault, huissier en la cour de Parlement, la somme de six cens livres tournois en testons et douzains pour cinquante livres de rente, comme il est declaré oudict cahier. Pour ce, cy **VI^c livres tournois**

Du trentiesme jour d'octobre
oudict an MV^c soixante dix

De Françoys Colas, marchant et bourgeoys d'Orleans, et Jehanne Durand sa femme, Michel Colas, leur filz, present et stipulant pour eulx, la somme de douze mil livres tournois qu'ilz ont fournye comptant en escuz soleil et escuz pistolletz et monnoye le tout bon et ayant de present cours suivant l'edict du roy, pour laquelle leur a esté constitué mil livres tournoys de rente, comme / [12r] il est declaré et contenu oudict cahier. Pour ce, cy **XII^{m} livres tournois**

Du quatriesme jour de novembre
oud. an MV^{c} soixante dix

De maistre Ymbert Bourdon, prevost general de l'artillerye, la somme de cinq cens dix livres tournois qu'il a fournye en testons et douzains, presens les notaires, pour la constitution à luy faicte de quarente deux livres dix solz tournois de rente, comme il est contenu et declaré oudict cahier. Pour ce, cy **V^{c}X livres tournois**

Du septiesme jour de novembre
oud. an MV^{c} soixante dix

De Maistre Robert Greaulme, docteur en la faculté de medecine à Paris, la somme de six cens livres tournois qu'il a fournye en escuz d'or soleil, testons et douzains, presens les notaires, pour la vente et constitution à luy faicte de cinquante livres tournoys, / [12v] comme il est contenu et declaré oudict cahier. Pour ce, cy **VI^{c} livres tournois**

Du neufviesme jour de novembre oud.
an MV^{c} LXX

De maistre Nicollas Fougonneau, procureur en la court de Parlement à Paris, la somme de cinq cens livres tournois qu'il a fournye contant en testons et douzains, pour la constitution de quarante ung livres treiz solz quatre deniers tournois de rente, comme il est declaré oud. cahier. Pour ce, cy **V^{c} livres tournois**

Du seiziesme novembre oudict an
MV^{c} soixante dix

De maistre Jehan Sanguin, sieur de Santeny, notaire et secretaire du roy, la somme de deux cens quarante livres tournois qu'il a fournye contant en testons, pour constitution de vingt livres tournois de rente, comme il est declaré oud. cahier. Pour ce, cy **II^{c}XL livres tournois**

[13r] Du dixhuictiesme jour de novembre
MV^{c} soixante dix

De Andrée de Goupil, vefve de feu Baltazard de l'Eglise, luy vivant escuyer du cardinal de Ferrare, demourant ès faulxbourgs Sainct Germain des Prez pres la porte de Bucy, la somme de douze cens livres tournois, IIIIᶜXL escuz soleil et le reste monnoye, pour la constitution de cent livres tournois de rente, comme il est declaré oudict cahier. Pour ce, lad. somme de **XIIᶜ livres tournois**

Du vingtiesme jour de novembre oudict an
MVᶜ soixante dix

De Pierre Besson, marchant bourgeois de Paris, la somme de troys cens livres tournois qu'il a fournye contant en LIII escuz soleil à LIIII s. piece, XXIX pistolletz à LII s. piece, et le reste testons et monnoye, pour la vente et constitution à luy faicte de vingt cinq livres tournoys de rente, comme il est declaré oudict cahier. Pour ce, cy **IIIᶜ livres tournois**

[13ᵛ] Du vingtuniesme jour de novembre
oudict an MVᶜ soixante dix

De maistre Claude Marcel, bourgeois de Paris, prevost des marchans, la somme de troys cens livres tournois en testons, pour la vente et constitution à luy faicte de vingt cinq livres tournois de rente, comme il est declaré oudict cahier. Pour ce, cy **IIIᶜ livres tournois**

Du vingt deuxiesme jour dudict
moys de novembre oud. an

De damoiselle Charlotte Charmolue, vefve de feu maistre Charles de Caulers en son vivant conseiller du roy et maistre ordinaire en sa chambre des comptes à Paris, la somme de douze cens livres tournois en testons qu'elle a fournye pour la constitution de cent livres tournois de rente, comme il est declaré oudict cahier. Pour ce, ladicte somme de **XIIᶜ livres tournois** / [14ʳ]

De maistre Claude Marcel, devant nommé, la somme de six cens livres tournois en testons et douzains, pour cinquante livres de rente, comme il est declaré oudict cahier. Pour ce, cy **VIᶜ livres tournois**

Du premier jour de decembre
oud. an MVᶜ LXX

De Jehan Macié, marchant bourgeois de Paris, la somme de deux mil quatre cens livres tournois en testons et douzains pour deux cens livres tournois de rente, comme il est declaré oudict cahier. Pour ce, cy **IIᵐ IIIIᶜ livres tournois**

De Pregent de Briante [Briotte (11690)], escuyer, sieur du Riolart, la somme de douze cens livres tournois en douzains et testons, pour cent livres de rente, comme il est declaré oudict cahier. Pour ce, cy **XII^c^ livres tournois**

Du XXIIIme jour dud. moys de decembre
oudit an MV^c^ LXX

De maistre Augustin de Thou, conseiller du roy en son privé conseil et son advocat / [14^v^] en la court de Parlement, la somme de douze cens livres tournois en douzains, pour cent livres tournois de rente, comme il est declaré oudict cahier. Pour ce, cy **XII^c^ livres tournois**

Du XIme jour de janvier
Mil V^c^ soixante unze

De Catherine Tarteron, vefve de feu Pierre Lefevre, luy vivant maistre menuisier à Paris, la somme de neuf cens livres tournois en testons et douzains, pour soixante quinze livres tournois de rente, comme il est declaré oudict cahier. Pour ce, cy **IX^c^ livres tournois**

Du treiziesme jour janvier oud. an MV^c^ LXXI

De Robert Moreau, sieur de La Bouc [Boue (11690)] en Brye, la somme de douze cens livres tournois en testons, pour cent livres tournois de rente, comme il est declaré oudict cahier. Pour ce, cy **XII^c^ livres tournois**

Du Vingthuitiesme janvier oudict an MV^c^ LXXI

De maistre Augustin de Thou, devant nommé, la somme de deux mil quatre cens livres tournois en testons et douzains, pour deux cens / [15^r^] livres de rente, comme il est dict oudict cahier. Pour ce, cy **II^m^ IIII^c^ livres tournois**

Du IXme fevrier MV^c^ LXXI

De maistre Jehan Bacquet, advocat du roy en la chambre de Trezor, la somme de deux mil quatre cens livres tournois en angelotz, testons et douzains, pour deux cens livres tournois de rente, comme il est dict oud. cahier. Pour ce, cy **II^m^ IIII^c^ livres tournois**

Du premier jour de mars MV^c^ LXXI

De maistre Françoys de Vigny, receveur de la ville de Paris, la somme de deux cens soixante quatre livres tournois en douzains pour vingt deux livres tournois de rente, ainsy qu'il est declaré oudict cahier. Pour ce, cy **II^c^ LXIIII livres tournois**

Du XVme jour de mars oud. an MV^c^ LXXI

De Eustache Varicquet ou nom et comme tuteur des enfans de feu maistre Thomas Le fevre et de Geneviefve Gedoyn, à present sa femme, la somme de six cens vingt quatre livres tournois en testons à XII s. piece, par Hector Gedoyn fournye, de laquelle / [15v] somme led. Gedoyn a dict en avoir esté receu par led. Varicquet et mis en ses mains pour employer en la presente constitution, la somme de VIcXXII livres XVIII sols IX deniers tournois de maistre Nicollas Adet, huissier en la court des Aydes, suivant certain contraict faict entre led. Adet et led. Varicquet oud. nom et autres coheritiers de feue Marie Bechet, vefve de feu Jehan de Hancourt, pour raison de la succession d'icelle deffuncte, et XV livres tournois fourniz par led. Gedoyn de ses deniers, pour la constitution faicte ausd. enfans de feu maistre Thomas Lefevre, de cinquante deux livres tournois de rente, comme il est dict oud. cahier. Cy **VIc XIIII livres tournois**

De Hector Gedoyn, bourgeoys de Paris, la somme de neuf cens deux livres tournois en testons, pour soixante quinze livres troys solz quatre deniers tournois de rente, comme il est dict oud. cahier. Cy **IXcII livres tournois**

Somme totalle de la recepte de ce compte **XLVIIIm livres**

[16v] DESPENSE DE CE PRESENT COMPTE

DENIERS PAYEZ A GENS
qui en doibvent compter

NEANT

[17r]

AUTRE DESPENSE à cause des parties et sommes de deniers paiées par led. maistre François de Vigny, present receveur et comptable de l'ordonnance de messieurs les prevost des marchans et eschevins de ladicte ville de Paris, pour et à cause des nouvelles entrées du roy Charles neufiesme nostre souverain seigneur et de la royne Elisabel, sa compaigne, faictes en lad. ville de Paris. Assavoir, celle du Roy le cinquiesme jour de mars mil vc soixante unze, et celle de la royne le vingtroisiesme jour dud. mois de mars oud. an, tant pour la construction des arcs triumphans faictz à la porte Sainct Denis et ou lieu où estoit anciennement la faulce porte d'icelle pres Sainct Jacques de l'Hospital, et aux deux boutz du pont Nostre Dame, couverture d'iceulx de bouys liarre et autres enrichissemens de paintures, ornemens de la fontaine du Ponceau et de personnaiges eslevez en bosse, et aussi devant le Sepulchre et l'eglise des Sainctz Innocens, et perspective devant le Chastellet viz à viz de la rue Sainct Denis, acoustremens et autres despences des cappitaines, lieutenans, porteurs d'enseignes et sergens de bende / [17v] qui ont conduict les gens de cheval et de pied, enfans de lad. ville, robes et habillemens de Messieurs les prevost des marchans et eschevins, greffier, receveur, procureur, conseillers, quarteniers et autres officers de ladicte ville, que des dons faictz aud. sieur et à icelle dame, leurs gens et officiers en la maniere accoustumée, comme pour festin faict par icelle ville à lad. dame au logis episcopal de l'evesché de Paris, et autres fraictz à cause desdictes entrées, ainsi qu'il est plus à plain contenu et declaré es parties cy apres et en ung cahier de parchemin contenant quarente deux feuilletz auquel sont escriptes lesdictes parties, montans ensemble à la somme de quarente neuf mil deux cens vingt trois livres, quatorze solz, cinq deniers tournois, signé et certiffié en fin de messieurs les prevost des marchans et eschevins, le huitiesme jour d'aoust mil cinq cens soixante unze, consentans icelle somme estre passée et allouée en la despance des comptes de ced. receveur en rapportant led. cahier, les marchez mentionnez esd. parties, et quictances des personnes y denommez, par vertu desquelz cahier, marchez et quictances cy apres renduz / [18r] et des lettres patentes du roy transcriptes cy devant, est cy faict despence de ladicte somme de XLIX^{m} II^{c} XXIII livres XIIII solz V deniers tournois, ainsi qu'il s'ensuit.

Et premierement
Preparatifz faictz pour les jours desd. entrées
du roy et de la royne.

OUVRAIGES DE CHARPENTERIE pour la construction desd. arcs triumphans, perspective et autres statues dressées en la rue Sainct Denis.

A Charles Le Conte, maistre des œuvres de charpenterie de lad. ville, la somme de trois mil huict cens livres tournois à luy ordonnée par messieurs les prevost des marchans et eschevins de lad. ville pour avoir par luy et ses gens, suivant le marché par / [18v] lesdictz sieurs faict avec luy, bien et deuement faict et parfaict la charpenterie de quatre arcs triumphans, l'ung à la porte Sainct Denis, ung autre près l'Hospital Sainct Jacques, et les deux autres aux deux boutz du pont Nostre Dame, aussy du carré faict au dessus du portail de lad. porte Sainct Denis, du pan de bois faict contre les boucheries de Paris et de l'eschafault dressé près et joignant Sainct Ladre ainsy qu'il s'ensuict. Assavoir, faict le premier arc à lad. porte Sainct Denis, à l'entrée du pont levis faict rustique, de la largeur et haulteur d'icelle porte, mis et assis sur le devant dud. pont levis. Pour icelluy tenir à plomb, et aussy tenir les lierres et enrichissemens qui ont esté mis par les peintres, faict assembler les sablieres par voie, depuis led. arc jusques contre lad. porte, et faict la charpenterie de deux jambaiges portant face ainsy qu'a demonstré le portraict, garni de poteaux de longueur telle qu'il appartenoit, revestu d'entretoises par voye, et liaisons, le tout couvert et remply / [19r] d'aiz jointifz. Et au dessus dud. arc, faict une cornisse ayant saillie, telle que requeroit led. arc tuscan; et auddessus faict autre charpenterie d'admortissement, le tout bien lié, assemblé et bien couvert par dessus d'aiz joingtz, et contre lesquelz ont esté posées et attachées les figures qui ont demonstré led. pourtraict. Et aussy faict la charpenterie du piedestal ou stilobatte dud. arc, garny de poteaux, sabilieres, sallices et moullures.

Item, dedans le petit boulevard de lad. porte Sainct Denis, ung carré au dessus dud. portail, garny de sablieres et portans moulures, pour, sur icelluy carré, y dresser figures telles qu'il fust advisé pour le mieulx, soustenu par bas sur deux poteaux, qui prenoient depuis le rez de chaussée jusques au dessus de lad. porte. Et illec fut faicte une saillie d'ung pied ou environ, qui soustenoit led. carré.

Item, le second arc triumphant, rue Sainct Denis, près Sainct Jacques de l'Hospital, à deux paremens, regardant la porte Sainct Denis et l'autre porte de Paris, de trente deux pieds de large, comprins les jambaiges, / [19v] et dix à unze piedz d'espoisseur, et de haulteur, depuis le rez de chaussée jusques au dessus du sode, six toises de haulteur, garny de poteaux, sablieres, entretoises, guettes et poteaux. Le tout revestu et remply d'aiz jointifz, ensemble les courbes portant le ceintre de la porte dud. arc depuis l'impost en admont; et faire plaquer sur led. arc les moullures des corniches et arquitraves, ensemble les corniches du sode, et portant retour avec la moulure, et, au pourtour de l'arc que porte sur l'impost; le tout de l'ordre de Corinthe. Et faict eriger aud. arc, sur chacune des deux faces, quatre coulonnes de l'ordre de Corinthe. Et aussy faict les stillobattes ou piedestal, à l'endroict desd. colonnes, revestuz de leurs ordres de moulures. Et à costé desd. colonnes, eriger la charpenterie de huict niches, dedans lesquelles estoient posées les figures.

Item, ung grand pan de bois à la porte de Paris, depuis contre les boucheries jusques au coing de la rue Sainct Germain, de six toises de largeur et de cinq de haulteur, pour servir de perspective, garny de longs poteaux par voie, de six toises de longueur / [20r] comprins six piedz dedans terre, rempliz de sablieres, poteaux par voie; le tout revestu d'aiz jointifz, et sur lesquelz fut posé la peinture de perspective. Et sur le hault dudict pan de bois, une cornisse de l'ordre que fut advisé.

Item, faict la charpenterie de deux arcs triumphans aux deux boutz du pont Nostre Dame, à deux paremens, de six piedz d'espoisse et chacun de douze piedz de largeur. Et reste de jambaiges jusques contre les maisons, sur cinq toises de haulteur, à prendre depuis le retz de chaussée jusques au couronnement, où estoit la corniche, garny de poteaux avec sabliere par voie, de plusieurs longueurs, dont aucunes de quatre toises de longueur, et remply d'entretoises et poteaux. Et le tout recouvert d'aiz jointifz, tant d'ung costé que d'autre. Et aussy assemblé sablieres, entretoises et poteaux par voie, à l'endroict de l'espoisseur desd. arcs, aussy remply d'aiz jointifz. Sur le hault desd. arcs, tant de costé que d'autre, avoir mis et assis corniches de l'ordre dorique, / [20v] mesmes les impostz des arcs.

Item, faict la charpenterie d'ung grant eschaffault à Sainct Ladre, de cinq toises et demye longueur et dix neuf piedz de large, et de treize piedz de haulteur, garny de longs poteaux de bout avec leurs tirans, par voie, assemblez aux poteaux, soustenuz sur liens revestuz de poteletz; peuplé le plancher de solives couvertes d'aiz jointifz et clouez sur lesd. solives, de dix neuf piedz de longueur, aiz et plancher, avec deux grans escalliers aux deux boutz dud. eschasfault, chacun de bonne longueur et de dix pieds de largeur, servant de monster et descendre aux eschasfaulx; sur le pavé garny de gros poteaulx, par voie, avec sablieres, potelez assemblez, soustenuz sur liens mis en liaison avec les rassignaulx par voie assemblez aux gros poteaulx soustenuz sur liens, et le tout porté sur platteformes de bois. Mis et assis sur lesd. rassignaulx, quatre sablieres de longueur suffisante, sur lesquelles estoient mises chantignolles de bois, chevilles de fer; sur icelles leurs marches et contremarches.

Item, / [21r] sur led. eschasfault, faict ung tribunal de sept piedz de long sur six de large, avec trois marches pour y monter, saillans sur led. eschasfault, faict en forme de perron, garny de ce qui luy appartenoit, et faict la charpenterie d'ung ciel de bois au dessus dud. eschasfault, à unze piedz de haulteur, garny de poteaux entre toises; le tout assemblé.

Pour tous lesquelz ouvraiges faire tant de lad. charpenterie que de menuiserie pour ce necessaires, fourny de bois de merrien, peine d'ouvriers, chariage dud. bois, reparé les maisons pour ce domollies, a esté faict, pris, et marché avec ledict Le Conte à lad. somme de III^{m} VIII^{c} livres tournois à la charge de prendre par icelluy Le Conte, tout le bois desd. ouvraiges à son proffict, apres icelles entrées faictes, ainsi qu'il est contenu et declaré oud. marché faict et passé pardevant Ymbert et Quetin, notaires au Chastellet de Paris, le vingt sixiesme jour de septembre mil v^{c} soixante dix, et rendu, de laquelle somme de III^{m} VIII^{c} livres a esté faict payement audict Le Conte, comme il appert par deux ses quictances dactées / [21v] des vingt neufiesme novembre mil v^{c} soixante dix et quinziesme jour de juing, mil v^{c} soixante unze aussy cy rendues. Pour ce **III^{m} VIII^{c} livres tournois**

Audict Charles Le Conte, cy devant nommé, la somme de huict cens soixante deux livres, seize solz tournois, à luy ordonné par mesd. sieurs les prevost des marchans et eschevins d'icelle ville, pour avoir de l'ordonnance et commendement, et oultre et pardessus les autres ouvraiges contenuz en la partie precedente, bien et deuement faict la charpenterie et menuiserie d'ung arc rusticque à la porte Sainct Denis, contenant en largeur trente piedz sur pareille haulteur, comprins le chevron brisé, garny de quatre longs poteaux, quatre grandes sablieres des longueurs qu'il a convenu avoir pour lad. largeur et haulteur, avec sablieres pardevant et derriere que pour l'espoisseur dudict arc revestu sur le devant et sur l'espoisseur dud. arc d'aiz jointifz clouez et dressez, et faict les moulures de deux corniches architravées, chevron brisé, avec tableaux / [22r] et marques de piedestailz. Pour ce, pour bois, chariage, peine d'ouvriers et cloud, en reprenant led. bois, comprins le plancher de dessus piedestatz levez au dessus dud. plancher, avec ung rehaulsement de charpenterie sur le meilleu dud. arc, avec ung plancher dessus led. rehaulsement, pour ce **VIII^{xx} x livres tournois**

Item, joignant led. arc, faict ung ediffice pour servir à dresser pour les peintres ung enrichissement de berceau de liarre, de cinq toises de longueur, garny de quatre poteaux chacun de dix neuf à vingt piedz de longueur, quatre sablieres et deux fustes, chacun de quinze pieds de longueur avec deux sablieres par hault, chacun de douze piedz servans d'entretenir lesd. poteaux, et tout assemblé à tenon et à mortoise. Pour ce, pour bois, chariage, peine d'ouvriers et cloud, en reprenant led. bois, cy **III livres tournois**

Item, faict sur la fonteine du Ponceau, ung piedestal à six pans de cinq piedz de diametre, servant de porte une grande figure portant une carte gallicane, garnie de platteforme par bas, sur laquelle estoit posé led. piedestal de six poteaulx, chacun de / [22v] cinq piedz, taillez et delardez apres leurs pans, avec sablieres par voie, le tout assemblé et lesd. pans revestuz d'aiz joinctz, avec ung plancher de grosses planches servant à soustenir lad. grand figure. Et avoir tout revestu led. piedestal de moulures, de corniches, basses, architraves. Pour ce, pour bois, peine d'ouvriers et cloud **XXV livres tournois**

Item, au grand arc de la porte aux painctes, relevé apres estre faict, quatre sodes ou piedestatz sur lesquelz estoient posées les figures et statues avec tableaux. Pour iceulx porter, faict huict pelestres, planchers, et aussy avoir faict faire le derriere des quatre niches la charpenterie, quatre petitz piedestalz servans de porter les grandes figures et statues qui estoient sur lesd. niches. Pour ce pour bois, chariage, peine d'ouvriers et cloud, en reprenant le bois **XXX livres tournois**

Item, avoir faict la charpenterie et menuiserie des deux piedestatz rue Sainct Denis, servans à porter figures, dont l'ung devant le Sepulchre et l'autre devant les Fonteines des Innocens: l'un de six piedz et demy de largeur et / [23r] l'autre de six piedz de corps et de treize piedz de haulteur, comprins les sodes de dessus, garniz chacun de quatre poteaux cornuz sablieres par voie, en tous sens platesformes par bas, le tout assemblé, remply de gros aiz tout ou pourtour desd. piedestatz, taillez, dressez et clouez avec leurs moulures et planches au dessus. Pour ce, pour bois, chariage, peine d'ouvriers, cloud, en reprenant led. bois **VI^{xx} livres tournois**

Item, au pont Nostre Dame, faict sur chacun arc ung plancher de la largeur de quatre toises en ung bout, et de six piedz d'espoisseur, garniz chacun de huict solives, chacun de six piedz, garny par le dessus d'aiz à plancher, et sur icelluy faict quatre autres planchers servans de piedestatz, sur lesquelz estoient posées les figures. Faict aussy des sablieres ausd. arcs servans à porter les figures portans le nom des fleuves de Seine et Marne, garniz de solives et aiz. Aussy livré deux grandz tableaux, ayans à chacun de six à sept piedz et estans en saillie de pied et demy, dans lesquelz estoient inserez les vers et carmes / [23v] qu'il a convenu escrire. Pour ce, pour bois, chariage, peine d'ouvriers, cloud, tant en charpenterie que menuiserie, en reprenant le bois **XXXV livres tournois**

Item, faict unze barrieres ouvrans et fermans, chacune de huit piedz de longueur, assemblées à ung poteau de trois piedz de long, soustenu sur ung lien de quatre à cinq piedz de longeur. Le tout assemblé, garny chacun de deux gros poteaux de huict poulces de fourniture, dont l'ung est resveillé, et chacun de six piedz de longueur et trente trois autres poteaux de remplage; et une barriere de douze piedz de portées sur deux poteaux estans au bout du pont au Change, dont lesd. barrieres estoient assizes au bout du petit pont, la deuxiesme au marché Pallu, la troisiesme planche au bout du pont Nostre Dame, une rue des Arcis, une au bout du pont aux Changeurs, une rue Sainct Germain, une rue Ferronnerie, une rue des Lombartz, une rue aux Ours, une Contesse d'Artois, une fonteine la Royne. Vallant, toutes lesd. barrieres tant pour bois, / [24r] chariage et peine d'ouvriers **IIIIxx x livres tournois**

Item, eschafaude peintre au grant arc de la porte aux peintres de six haulteurs d'eschasfault. Assavoir, de chacun costé garny de sablieres, estans saillans, soustenuz sur liens. Sur lesquelles sablieres estoient posez aiz à plancher pour soustenir lesd. eschasfaulx. Pour ce, pour bois, chariage, peine d'ouvriers et cloud **XV livres tournois**

Item, pour avoir mis vingt quatre bornes chacune de cinq piedz et demy de longueur, de sept à huict poulces de fourniture. Assavoir, à l'arc de la porte Sainct Denis, porte aux Peintres, piedestal devant la Sepulchre et Sainctz Innocens, pont Nostre Dame. Pour ce, pour bois, chariage et peine d'ouvriers, **XV livres tournois**

Item, abbatu et desmoly par le commandement desd. prevost des marchans et eschevins, les deux escalliers servans à monter sur l'eschafault de devant Sainct Ladre, mis le bois en bonne garde et depuis relevé iceulx. A quoy faire a convenu avoir plusieurs chantignolles et cloud. / [24v] Pour ce **XV livres tournois**

Item, faict ung plancher sur le grand arc de la porte aux Peintres servant aux joueurs d'instrumens. Pour ce, pour diminution du bois, peine d'ouvriers et cloud, **LV livres tournois**

Item, à Nostre Dame de Paris, en la grand salle de l'evesché, faict ung hault daiz de six toises quatre piedz, de longueur de la salle, sur dixhuit piedz, comprins les marches, et pour ce faire, faict plattes formes au dessoubz du plancher où y a la vallour en tout bois debité, cinq solives que sablieres, mis pardessus aiz joinctz, taillez, dressez et clouez. Pour ce, pour diminution de bois, chariage, peine d'ouvriers et cloud **IIc livres tournois**

Item, faict ung eschasfault à lad. salle, de lad. largeur de six toises quatre piedz, garny de poteaux, faict de bois de cinq et sept sablieres appuiées par voies avec poteletz et de cinq entretoises, le tout assemblé et soustenu sur liens à l'endroict de la sommelliere. Faict un petit escallier, servant à monster aux eschasfaulx. Pour ce, pour diminution de bois, chariage, peine d'ouvriers et cloud, **LXX livres tournois**

/ [25r] Item, livré dix huict membrures plattes, chacune de treize piedz de longueur servant à tendre la tapisserie. Pour ce, **IX livres XVI sols tournois**

Item, faict le pallier de la montée droicte, pour monter à lad. grand salle, garny d'une sabliere par bas et ung relevement sur la sabliere de devant, sur lesquelz est posé le plancher, garny de sept gros aiz de deux poulces d'espoisseur, et chacun de sept piedz de longueur taillez, dressez et clouez. Et mis sur le devant une appuie de six piedz de longueur, mise aux deux vielz poteaulx avec les aiz au pourtout dudict escallier et une partie au rampan d'icelluy. Pour ce, pour bois, chariage, peine d'ouvriers et cloud **XXV livres tournois**

Item, au jardin joignant la vis, pres la cuisine, mis deux gros poteaux de bois, chacun de douze piedz de longueur et sept poulces de fourniture pour faire closture servans aux offices. Pour ce, pour bois, chariage et peine d'ouvriers, **C sols tournois**

Item, faict ung chassis de unze piedz en tous sens, servant au bout de la grand salle de l'evesché, garny de six membrures, / [25v] chacune de unze piedz de longueur. Pour ce pour bois, peine d'ouvriers et cloud, **C sols tournois**

Tous lesquelz ouvraiges apres lesd. entrées, led. Le Conte a reprins le bois montent ensemble à lad. somme de VIII^{c} LXII livres XVI sols tournois comme il est contenu et declaré aud. cahier et parties dud. Le Conte, cy rendues, par vertu desquelz payement a esté faict d'icelle somme aud. Le Conte, ainsy qu'il appert par sa quictance dactée du quinziesme jour de juing, V^{c} soixante unze cy rendue. Pour ce, cy **VIII^{c} LXII livres XVI sols tournois**

PEINTRERIES ET FIGURES FAICTZ ESD. ARCS TRIUMPHANS, PIRAMIDE, PERSPECTIVE ET AUTRES LIEUX

A Nicolas Labbé, peintre du roy, demourant à Fontainebleau et Germain Pilon, sculpteur, demourant en l'hostel de Nesle, la somme de trois mil cinq cens livres tourn. à eulx aussy ordonnée par messieurs le prevost des marchans et eschevins, / [26r] pour avoir, par eulx et leurs gens, bien et deuement faict et parfaict, selon le pourtraict, devis et marché par mesd. sieurs faict avec eulx, les ouvraiges de peintreries, figures et autres choses cy apres declarées es lieux qui ensuivent. C'est assavoir, à la porte Sainct Denis, faict ung portail de unze piedz d'ouverture dedans œuvre, ayant la haulteur, de retz de terre soubz clef, quinze piedz. Laquelle porte, en sa face, estoit de forme rustique suivant l'ordre tuscane, ainsy nommée en architecture; les piedz droictz sur la face au devant avoient neuf piedz de largeur pour chacun costé, qui est pour le total, vingt neuf piedz que contenoit lad. face.

A chacun costé, sur la largeur de neuf piedz, y avoit ung stilobate ou piedestal, de quatre piedz et demy de haulteur, et cinq piedz trois quartz ou environ de largeur, et deux piedz de saillie; icelluy stilobatte, orné de son basse et corniche, selon sa forme, avec assiettes de rusticques, où y avoit une table pour escripre la description des / [26v] figures qui estoient posées sur iceulx stilobattes, soubz les piedz desquelz y avoit des petitz pilliers pour servir de marchepied ausd. figures, posées devant les niches desd. costez. Lesquelles avoient de haulteur huict piedz, et trois piedz et demy de large ou environ, faictes selon l'ordonnance de Monsieur de Ronsart, poete. Lesquelles figures, accompaignées de leurs ornemens et de douze festons et piedestal, estoient de platte peinture sur toille.

La premiere figure, qui estoit au costé dextre, se nommoit Majesté, laquelle estoit armée, au visage grave, au front redoutable, vestu d'ung fort riche manteau de couleur d'azur, tenant ung grant sceptre en sa main et ung baston de justice en l'autre, et autres petitz septres et petites couronnes semées tout à l'antour d'elle, avoit ung tiaire en la teste, presque de telle sorte que on le faict au pape. Elle avoit les piedz sur le sommet de plusieurs cilles, et faisoit semblant de regarder l'autre statue et luy monstrer son septre. / [27r] Et audessoubz d'icelle figure, en la table ou stilobate, estoit escript ... [blanc]

Au costé senestre, sur l'autre stilobate, au devant de la pareille niche, estoit posé l'autre statue en forme d'une femme jeune, fort armée à l'antique qui tenoit Fortune et autres

Fortunes sur ses piedz. Elle avoit des esles rompues par le meilleu, et faisoit semblant de bailler une branche de palme à la Majesté, et tenoit en l'autre main la teste de Gorgonne ou Meduze. Et à la table de son piedestal estoit escript en grec ... [blanc]

Pour les ornemens de l'architecture sur lesd. figures, y avoit une saillie, portée sur deux consolateurs, et soubz le plat fons, y avoit ung gros feston pendant pour l'enrichir, qui estoit de peinture. Et à leurs saillies, sur lesd. consolateurs, y avoit une table pour escripre, qui estoit au dessoubz de la corniche qui regne le long de la face dudict porticque, parmy le rusticque et pardessus les clefz de l'arc, dont, à la clef du meilleu, estoit taillé ung grand masque, et à autres endroictz semez parmy les pierres rusticques, y estoit feint et taillé comme herbes, liarres, lymas et autres choses, faisans semblant / [27ᵛ] de montrer la chose fort ruinée pour l'ancienneté. Et au dessus de lad. corniche se partoit une composition, du long de lad. face, dont aux deux costez servoient de pilliers ou piedestatz, qui estoit de platte peinture, pour porter les figures qui avoient de sept à huict piedz de hault, qui estoient de sculpture. Et aux costés dextres et senestres estoient les statues de Francion et Pharamon, armées, regardans l'une l'autre, avec des espoisses [*sic*, pour espées] nues en la main, le hault de l'espée estoit couronnée d'une couronne royalle. Pres la teste de Francion estoit mis ung aigle volant, et au dessus des piedz dud. Francion, dedans son piedestal, composé estoit ung loup courant de platte peinture. Près la teste dud. Pharamon estoit mis ung corbeau qui portoit en son bec ung espic de blé, qui estoit de relief comme les statues. Et au dessoubz des piedz dud. Pharamon, dedans son stilobate, y avoit une vache faisant mine de paistre, qui estoit de platte peinture. Et sur / [28ʳ] le meilleu de la porte lad. composition, son admortissement estoit d'ung front d'espic partie de rusticque, où au dessus estoient exaltées les armes de France, couronnées de couronnes royalles et ordre. Et pour triumphe, soubz lesd. armes et sur le timpan, estoient cornetz d'abondance donnans fruictz, qui estoient de reliefz faicts par le sculpteur, ensemble autres ornemens et enrichissemens, ainsy qu'il fut designé par le desseing et pourtraict pour ce faict, et dont la menuiserie des corniches, frizes et arquitrave, fut faict par le charpentier.

Pour la fontaine du Ponceau, estoit mise et posée sur icelle la statue d'une femme deesse qui haulsoit ses deux mains sur sa teste, et dedans ses deux mains tenoit une carte plainne de villes, rivieres, forestz, bourgs et villaiges; laquelle carte fut faicte par le peintre, de platte peintures. Et avoit lad. deesse le visaige semblant à la Roine, au plus pres que faire ce peust. Et auddessus estoit escript: Gallia; lad. / [28ᵛ] deesse faisoit semblant de hanier [d'enhanner, suivant le devis]. Pres de ses piedz y avoit une grue, ung daulphin, ung lieuvre qui avoit les yeux ouvertz, et à ses deux costez, deux termes, qui estoient de trois piedz de haulteur. Et la statue de lad. deesse estoit de cinq à six piedz de haulteur. Et pour porter lesd. statues, y avoit quelques ornemens sur lad. figure. Et sur lesd. termes, estoit sur l'ung d'iceulx une pierre carrée, et autour de lad. pierre des livres bien fermez à grosses boucles; du meilleu de laquelle pierre sortoit ung septre et dessus led. septre, ung grand œil et une oreille. Et tout au bas du petit pillier, une grue et ung lieuvre. De l'autre costé, sur l'autre petit pillier, estoit peinct une grande couppe et deux mains qui la tenoient, et au dessoubz des mains, des cœurs attachez ensemble l'ung à l'autre d'ung las d'amours qui alloit tout à l'entour de la pongnée de la couppe. Et au dessus des cueurs estoit mis ung lut, puis sur le hault de la couppe, une espée qui avoit le bout cassé. Et soubz les / [29r] piedz de la deesse Arthemisye et Lucrece, Camille habillée en habit royal. Puis, par cy par là, pour l'ornement de ladicte figure, des conches et gueulles de lyons ouvertes, qui faisoient semblant de geter de l'eaue. Le tout de sculpture peinte, selon qu'il fut necessaire.

Pour la porte aux Peintres, son ouverture estoit de douze piedz au retz de terre, soubz clef, pour haulteur vingt deux piedz et douze piedz environ d'espoisseur, de dehors en dehors; laquelle porte ou arc triumphant estoit faict à deux faces, qui estoit de l'ordre Corinthien enrichy en toutes ses particules. Pour descrire chacune face, y avoit deux grandz stilobattes portans de plain en saillie, pour porter les coulonnes, toutes rondes, posées sur iceulx stilobates. Lesquelz stilobates estoient ornez de leur empietement, basse et corniche, entre lesquelz y avoit comme ung encastrement pour mectre ung tableau de peinture. Sur iceulx stilobates entiers estoient posez, par chacun costé, deux coulonnes; leur diametres estoient de vingt deux poulces et demy, leur haulteur de dixhuict / [29v] piedz et comprins basse et chappiteau. Lesd. coulonnes estoient toutes rondes pour leurs saillies, et estoient cannellées ou striées depuis leurs tierces parties. Estoient aussy ornées de leurs bassiz et chappiteaux, enrichiz de feuillaiges, catachée [catoches, selon le devis] et rosages comme il appartenoit à tel ordre. Et pour lesd. deux faces, estoient huict coulonnes, quatre pour chaque costé, qui estoient de sculpture, frisez et canelez, comme dict est. Et entre icelles coulonnes, sur pilliers enrichiz, y avoit grandes figures de sept à huict piedz de haulteur, ordonnez par ledict Ronsard. Lesquelles pilles estoient de plattes peintures.

Estoit aussy l'arcade, partant de dessus l'impost, enrichie de platte peinture. Sur les aynes dud. arc y avoit trophées aussy de platte peinture, pour accompaigner les armoiries du roy, tombantes sur la clef dud. arc, orné de couronne royalle et ordre. Le tout dedans ung grand chappeau de triumphe qui estoit au meilleu de lad. porte, tenant contre l'arquitrave et frize, soubz la corniche. / [30r] Lesquelles armoiries estoient de sculpture.

Sur les chappiteaux estoit posé arquitrave, frize et corniche, qui faisoient retour pour la saillie desd. coulonnes. Lesd. corniches et frizes estoient enrichyes de plattes peintures d'ung rameau de feuillaige [rinceau, suivant le devis], la doulsine de l'arquitrave enrichy de platte peinture et le platfons d'icelle arquitrave enrichy de rozage pendant.

Au dessus de lad. corniche partoit, de plain, l'ordre composé, enrichy en toute la face comme de petites corniches, frizes et encastremens de tableaux. Et au meilleu estoit ung grand tableau de peinture; et sur lesd. coulonnes y en avoit aussy escriptz pour denoter et escripre la representation des figures ordonnées estre en leurs lieux, tant sur les costez que sur le meilleu de lad. ordre composé ou sode. Et exalté aud. meilleu, y avoit ung petit pillier, et estoit une table pour mectre l'inscription de ce qui estoit posé sur [sus ?]

Le total dud. œuvre, pour l'architecture, pouvoit avoir de haulteur, de retz de chaussée jusques à la sommité et sode, six toises ou environ. Le tout faict selon / [30v] le desseing et pourtriact, et observé les simetres et beautez comme il appartenoit. Estoient les fruictz et voultes de plattes peintures, et quant aux saillies et corniches, estoient faictes par charpentier.

La haulteur des figures posées au hault de lad. porte aux Peintres, à l'endroict Sainct Jacques de l'Hospital, avoient de haulteur sept piedz, celles d'entre les coulonnes de six à sept piedz; desquelles figures ensuict la description selon l'escript du poete.

Sur le meilleu, au hault, pour l'une des faces, y avoit une urne, au dessus ung cueur couronné, et des petitz enfans qui soustenoient l'urne, et ung aigle qui faisoit semblant de s'agriffer, tirer et monter vers le ciel lad. urne, et faire quelques nuées à l'entour, qui faisoient degouter du metal (meteil) ou de la manne. Cela appartenoit au feu roy Henry et à messieurs ses enfans pitoiables en son endroict.

Au costé droict de la premiere façade, y avoit ung Herculin qui, de ses mains fortes, estouffoit des serpens. De l'autre costé estoit un grand Hercule, / [31r] surnommé Alexicaron, qui d'une main faisoit semblant de crever Anthée; lequel Anthée avoit une main contre la terre et la terre faisoit semblant de faire naistre des hommes.

Au bas, sur les pilles des entrecoulonnes, pour celle premiere face furent faictes deulx figures de pareille haulteur, de six à sept piedz, selon le devis et pourtraict qui en fut baillé.

A l'autre fassade, pour le mesme arc triumphant, sur le hault y avoit ung roy armé, et devant luy deux deesses qui se tenoit les mains, qui estoient Fortune et Vertu, et dessoubz les piedz de Fortune, une balle attachée contre terre.

Sur le piedestal à main dextre, y avoit une nimphe qui representoit Paris, ayant à ses piedz ung fleuve. A l'entour y avoit semé force livres et la corne d'Almathée et la Balance. De ses mains tenoit le caducé de Mercure, et faisoit semblant de presenter en toute obeissance une navire d'argent, où, sur le hault de la hunne, y avoit une toison d'or, / [31v] et, à costé d'elle, ung chien qui avoit la face tournée sur le doz.

De l'autre costé estoit la figure d'une grande femme qui avoit la teste couronnée de villes et de tours, et tenoit en sa main une lance et en l'autre main des espicz de blé et des grappes de raisin. Et avoit ung pied d'or et l'autre d'argent. Au bas, sur les pillés des coulonnes, deux figures.

Pour la place de devant le Sepulchre et contre la fontaine Sainctz Innocens, y avoit deux grandes collosses, assavoir deux grand piedestatz ou stilobattes selon l'ordre tuscan ou dorique. Et pour donner gravité ausd. stilobates, les premieres pleinthes estoient à l'enthour deux marches basses, affin d'empescher chevaulx d'approcher et hommes pour nuire ausd. collosses. Lesquelz stilobates avoient de haulteur, depuis le retz de chaussée, douze piedz ou environ. Sur la corniche dud. piedestal, qui estoit ung plinthe enrichy entour les encoigneures, estoient feintes par assiettes de rustiq et, / [32r] entre icelles, et pour chacune face, estoit fainct une grande pierre mixte. Plus, la basse dud. stilobate estoit d'ung grand bossel ou nombre rond, avec son carré, et avec telle semetrie qu'il appartenoit selon led. ordre Tusquane, pour la haulteur qu'on luy a donné et a eu sa largeur convenable selon sa portion [proportion, suivant le devis]. Au dessus de la corniche ou plinthe, enrichy aux quatre coings, y avoit grans oiseaux, comme aigles, qui soulevoient festons tout a l'entour. Au dessus d'iceulx festons estoit le pillier soubz la basse qui portoit et servoit de marchepied aux figures, et aud. pillier. A l'entour estoit escript paint ce que denottoit lesd. figures. Lesquelles peintures du piedestal furent faictes de plattes peintures par le peintre.

Et pour l'autre colosse dextre, fut faict la statue de Humée [pour Hymenée] couronnée de fleurs, environnée de marjolaine, et vestue d'ung long manteau retroussé par dessus l'espaule, qui estoit de couleur jaulne orenge, ayant en dextre / [32v] ung flambeau, en la senestre ung voille de couleur jaulne, en ses piedz des brodequins jaulnes comme saffran, faictz à l'anticque, une petite barbe follette et de grands cheveulx. A l'entour de luy y avoit quatre flambeaux et non plus, avec celluy qui tenoit en sa main, qui estoient cinq, des petitz chevreaux, corneilles et tourterelles. Il y avoit une main dessus ung petit amour qui estoit ceinct d'une ceinture à large boucle, ayant son arc et sa trousse; une petitte sphere qu'il faisoit rouller de ses piedz, et, tout à l'entour, force fleurs de lys et pommes d'orenges, force rozes et du pavot. De l'autre main il s'appuioit sur une petite statue, belle de visaige et forte, avec grandz cheveulx et force taies fendues en deux; de l'une sortoit de petites testes d'enfans, des autres des oiseaulx, et des autres des animaulx et l'inscription.

De l'autre costé de l'Ymenée estoit une deesse dessous, tirant sur l'aage, qui avoit / [33r] les yeulx gros comme ceulx d'ung beuf, des patins dorez et ung septre d'or, ung oyseau de proie sur la teste, comme ung esmouchert ou ung petit esprevier, qui avoit les piedz jaulnes et le bec non crochu, et aupres de la teste encores ung croissant. Lad. deesse se nomme Lymon nom pride [pour Junon Nompride]. A l'entour de ses piedz avoit des quenouilles et fuzeaulx. Lesdictes figures d'Hymenées et deesses cy dessus ayans de huict à neuf piedz de haulteur.

Pour le pont Nostre Dame, pour les deux portes pour l'ordre d'architecte ont esté faictes l'une comme l'autre, aprochans de l'ordre tusquan. Et avoient d'ouverture douze piedz, vingt deux piedz de haulteur soubz clef, et six piedz d'espoisseur. Et pour raison de la forme et statue qu'il y convient faire, ordonnée par led. Ronsard, a esté usé d'une façon estrange et rusticque, de sorte que depuis le bas jusques à la haulteur de l'arquitrave, ont esté faictz comme des rochers, de quoy l'ornement de l'arcade pour sentir du rocher aux pierres furent feinctes comme laissans leur mortier. Y avoit coquilles de lymas, / [33v] poissons, par l'eau faicte aud. rocher. Sur la clef y avoit deux dauphins ou poissons marins, avec ung cancre pendant et comme sy lesd. poissons soustenoient une grande table où estoit l'inscription. Aux costés d'icelle table estoient deux grandes statues, d'ung vieil homme chesnu et d'une femme, ayant grans cheveulx et barbe, tenans avyrons, s'appuians sur grandz vases dont yssoit eaue. Lesquelles figures representoient les fleuves de Marne et de Seine. Et au dessus de lad. table et corniche simulée, estoit ung vaisseau comme d'ung navire anticque, de l'eaue à l'entour, avec des jons et ysles, où à chacun costé de navire, y avoit des grandes statues, de haulteur de sept à huict piedz. Le vaisseau estoit orné de beaulx enrichissemens selon l'anticque, avec matz et voilles. Et quant ausd. figures ont esté faictes selon la description dud. poete comme s'ensuict:

Sur la premiere porte dud. pont Nostre Dame, aux costez dud. vaisseau / [34r] anticque ou navire, estoient faictz deux beaux jeunes hommes ayans chacun une estoille sur la teste, faisant semblant de toucher le navire et de le secourir. Et estoit mis soubz la figure, de l'ung et de l'autre costez, ung mors et bride de cheval.

Sur la seconde arche du pont Nostre Dame estoit mis au costé dextre de la navire, ung laurier, et attaché à icelluy une Bellonne ou Furye ou Mars enchesné, ayant horrible face. A l'autre costé estoit mis ung olivier, et attaché aud. olivier une Victoire, à la riante face; et place pour les inscriptions, selon qu'il fut advisé que lesd. ouvraiges de sculptures et figures ont esté faictz par le sculpteur, et ce qui estoit de platte peinture par le peintre. Pour tous lesquels ouvraiges faire tant de peintreries, figures, sculptures que achapt de toilles, cordaige, liarre a esté par mesd. sieurs prevost des marchans et eschevins faict pris et marché ausd. peintres et sculpteurs à lad. somme de III^{m}V^{c} livres tournois / [34^{v}] suivant le marché faict et passé pardevant Ymbert et Quetin, notaires, le XIe jour d'octobre mil V^{c} soixante dix cy rendu par vertu duquel et dud. cahier devant rendu le present receveur a faict payement ausd. Labbé et Pilon, de lad. somme de III^{m}V^{c} livres tournois comme il appert par neuf leurs quittances, dont quatre dud. Labbé, montans ensemble XI^{c} livres tournois, dactées. Assavoir, les trois premieres de XI octobre, XIIIIe novembre et VIIe decembre mil V^{c} soixante dix, et la IIIIe du IIIe mars V^{c} LXXI. Et les cinq autres dud. Pilon montans lesd. II^{m}IIII^{c} livres tournois, dactées. Assavoir, les trois premieres des XI octobre, IX^{c} novembre et XVIIIe decembre, mil V^{c} soixante dix et les deux autres des XXIe fevrier et XVIIe mars V^{c} LXXI, lesd. neuf quictances cy rendues. Pour ce, cy **III^{m}V^{c} livres tournois**

Audict Germain Pilon la somme de cinq cens cinquante livres tournois à luy ordonnée par mesd. sieurs pour avoir declaré, ordonnancée et, commandement oultre et pardessus les ouvraiges / [35^{r}] contenuz en la partie precedente, bien et deuement faict et parfaict les ouvraiges de sculpture cy apres declarez. C'est assavoir, à la porte Sainct Denis faict au lieu de Pharamon et Francion, deux figures des roys Pepin et Charlemaigne, ornez de manteaulx royaulx, couronne, ordre, espées, lesquelz tenoient de leurs mains les coulonnes qui avoient servy à la porte aux Peintres pres la figure du roy Henry. Sur l'une desquelles couronnes estoit figuré et representé une eglise, et sur l'autre une colonne. Enrichy et mis en meilleur ordre lesd. deux figures et couronnes, au meilleu desquelles figures, sur le sode ou frontispice, erigé de nouveau deux nimphes ornées selon l'anticque, lesquelles tenoient ou couronnoient d'une couronne de laurier et chesne, les armes du roy et de la royne à present regnans. Et pour ce faire, erigé de nouveau les armes de lad. royne de pareille grandeur que celle du roy, remises au lieu recommandées et racoustrées. Et au lieu de deux cornetz / [35^{v}] d'abondance, figurer deux trophées des deux costez, les etamer et dorer et racoustrer ce qui se trouva necessaire pour l'architecture et rusticque de lad. porte, excepté toutesfois les inscriptions et plattes peintures.

Pour le Ponceau, faict de la figure de la royne une deesse Flora, et pour ce faire, changé les bras d'autre contenance, tenant des fleurs en ses mains, feignant les presenter à la royne regnant. Faict aussy son vestement d'ung drap d'or figuré de vert, avec ung voile sur la teste, d'une toque d'argent. Faict tout le nus de lad. figure de couleur d'incarnation representant le naturel, icelle ornée de ceinture et chappeau, fruictz et fleurs. Pareillement, refaict d'autres testes aux autres nimphes, representant plus grande jeunesse qu'elles n'avoient, coleré leurs vestemens de couleur de satin rouge ou verd, avec des enrichissemens, et ce apparoist de nud esd. trois figures, / [36r] l'avoir coloré au naturel, et mis en leurs mains plusieurs fleurs de plumes ou autrement, le plus pres du naturel qu'il a esté possible, feignant faire des chappeaux et boucquetz entre lesquelles fleurs estoient plusieurs fleurs de lys.

Pour la porte aux Peintres, osté [blanc] avec les petitz enfans qui sont au pourtour, la couronne, l'aigle et les ornemens d'icelle et l'Hercule qui tue Anthée. Et, à la place d'Hercule, mis la figure du roy à present regnant, ainsy assis qu'il estoit, pour ce faire le racoustrer et racommoder en ce qui estoit necessaire; aussy reblanchy et racoustré la figure du roy Henry, et luy refaire d'autres mains avec ung septre qu'il tenoit d'une main et ung baton qu'il tenoit de l'autre representant la Foy. Au meilleu du sode, faict de nouveau deux grans fleuves debout, de six à sept piedz de hault, qui tenoient ung globe terrestre de six à sept piedz de diametre, et de leurs autres mains se tenoient. A costé desquelz fleuves y avoit deux grans vases ou cruches, estans lesd. fleuves couronnez / [36v] de jons et fleurs croissans aux eaues, et etamez ou dorez. Racoustré aussy les deux figures de Monsieur et de monsieur le Duc, et faict une frize selon l'anticque, de rameaux de feuillammendes de relief en moullures de papier, de tailles de vingt ung poulces de hault, selon la grandeur d'icelle, qui contenoient douze toises, lesquelles feuilleures estoient dorez et le fond peint de blanc representans le marbre. Estoient aussy dorez les chappiteaux et basses des coullonnes. Au lieu de la navire, y avoit ung caducé de Mercure. Et noircy les niches representans le marbre noir pour lever davantaige lesd. figures, lesquelles avoient esté reblanchies et regarnies de leurs ornemens acoustumez, reservé les plattes peintures et inscriptions.

Pour le piedestal de devant le Sepulchre, où estoit representé la figure de Juno, luy avoir faict tenir au lieu d'ung septre, ung nœud gordian ou indissoluble, etamer et dorer les aigles qui estoient aux quatre coings, et racoustré ce qui estoit / [37r] necessaire, changé ses habitz et iceulx peinctz en couleurs representans satin et velours.

Pour le piedestal de devant la fontaine, de la figure de Hiemenée faict ung Saturne avec une grand barbe, tenant ung foz en sa main, et de l'autre ung navire que tenoit une figure de la porte aux Peintres, et pour ce faire, achevé lad. figure sur le nud, d'aultant qu'elle estoit vestue, et, failloit qu'elle fut nue, faict seullement ung linge pour cacher la partie honteuse, et osté les petitz enfans, doré les aigles, et le tout racommoder et racoustrer.

Pour la premiere porte du pont Nostre dame, avoir costé la figure du roy et de Monsieur et le navire, et au lieu dud. navire, faict ung sode de deux pieds trois poulces qui venoit en diminution par les deux costez, sur lequel fut figuré une Europe montée sur ung taureau qui feignoit naiger, et pour ce faire, figuré une dame enrichie ainsy qu'il fut advisé pour le / [37v] mieulx. Au meilleu de la table et porticque, faire une grande coquille argentée et reblanchy les deux fleuves et recoloré ce qui estoit necessaire, tant pour l'architecture que pour les rochers.

Pour l'autre porte, il garnit le grand navire de voiles desploiez et de cordaiges, et refaict les pavois armoiries en ce qui estoit necessaire. Et au Mars, qui estoit enchesné, faict des autres pas en liberté, refaict une autre teste plus gaillarde; et de la Victoire faict une Venus, et l'a orné ainsy qu'il fut advisé par le poete; reblanchy aussy les fleuves et figures, et racoustré l'architecture de couleurs en ce qui fut necessaire, le tout sans y comprendre les plattes peintures et inscriptions.

De tous lesquelz ouvraiges de sculpture les parties montent à lad. somme de v^{c} livres tournois suivant le marché faict avec led. Pillon, passé pardevant Heverard et Quetin, notaires au Chastellet de Paris, le XVIIe jour de mars mil v^{c} soixante unze cy rendu, / [38^{r}] par vertu duquel et dud. cahier devant rendu, ce present receveur a faict payement aud. Pillon de la somme de v^{c} livres tournois, ainsy qu'il appert par deux de ses quictances dactées la premiere du vingtquatriesme jour de mars, mil cinq cens soixante unze, et l'autre du vingt huitiesme jour de may oud. v^{c} soixante unze, cy rendues pour ce. Cy ladicte somme de, pour ce **v^{c} livres tournois**

A icelluy Pillon, la somme de cent cinq livres dixhuict solz tournois à luy aussy ordonnée par messieurs, oultre et pardessus les ouvraiges contenues ès parties precedentes, pour plusieurs autres ouvraiges de sculpture, peintures qu'il a par leur ordonnances faictz ès lieux et endroictz qui ensuivent. C'est assavoir, sur le pont Nostre Dame, estaminé et argenté les deux navires, doré et estamé et revestu selon l'anticquité, les figures du roy et de Monsieur. Pour ce **XL livres tournois**

Item, avoir orné les deulx / [38^{v}] piedestatz estans en la rue Sainct Denis, l'ung devant les fontaines et l'autre devant le Sepulchre, avec les masques gectans l'eaue par assiettes de pierre rusticque, faict et taillé le paustre et pour ce faire, fourny de matiere, peine d'ouvriers et autres choses à ce necessaires. Pour ce, **XX livres tournois**

Item, faict à la porte aux Peintres, au grand arc triumphant, la figure du roy Henry, revestu en habit royal et couvert de fleurs de lys et couronné, au lieu de celle du roy qui ne debvoit estre que nue. Pour ce, **VII livres tournois**

Item, avoir faict faire deux coulonnes de bois avec les chappiteaulx, basses, et piedestatz, suivant le commendement faict par lesd. sieur eschevins. Pour ce, **XXXII livres VIII sols tournois**

Item, pour avoir peint et enrichy l'architecture du Ponceau, et armoiries, et feindre quelques pierres mixtes. Pour ce, **VI livres tournois**

Les quelles parties montent ensemble à lad. somme de CV livres XVIII sols tournois, comme il est contenu et declaré aud. cahier et parties dud. Pillon cy rendues, par vertu desquelz paiement / [39^{r}] luy a esté faict d'icelle somme de CV livres VIII sols tournois, ainsi qu'il appert par sa quictance dactée du vingthuitiesme jour de may, mil cinq cens soixante unze, cy rendue. Pour ce, **CV livres VIII sols tournois**

A Nicolas Labbé, peintre du Roy, demourant à Paris, la somme de deux cens quatre vingtz livres, quatorze solz tournois, à luy aussy ordonnée par mesd. sieurs, oultre et pardessus les ouvraiges de peintreries cy devant declarez, pour plusieurs autres ouvraiges de peintrerie qu'il a faictz de leur ordonnace et commendement ès lieux et endroictz cy apres declarez, c'est assavoir faict ung Cadmus rehaulcé de couleurs. Pour ce, **XVII livres X sols tournois**

Item, pour avoir faict deux tableaulx d'escriptures en grec pour mectre à la porte aux Peintres, **LX sols tournois**

Item, pour la façon de deux coulonnes avec leurs piedestatz pour le feste de lad. porte aux Peintres. Pour ce **VII livres X sols tournois**

Item, avoir faict deux pieces de compartimens faictes de pierre mixte, et quatre pieces / [39v] de trophées pour servir aux costez desd. compartimens de lad. porte aux Peintres. Pour ce, **XXIIII livres tournois**

Item, quatre compartimens avec les vers latins et grecs qui estoient posez au dessoubz des niches de lad. porte aux Peintres. Pour ce **XVIII livres tournois**

Item, quatre tableaux d'escripture latine mis au piedestal de la rue Sainct Denis. Pour ce, **C sols tournois**

Item, deux grandz tableaux d'escripture françoise, pour servir aud. piedestal. Pour ce, **XVIII livres tournois**

Item, quatre pourtraictz de chevaulx rehaulsez de couleurs. Pour ce, **XV livres tournois**

Item, pour avoir donné la couleur de gris à une corniche qui a servy pour attacher à la perspective de la porte de Paris. Pour ce **L sols tournois**

Item, pour une perspective à laquelle a esté faict deux colonnes entieres, avec ses escriptures et ses ornemens à l'entour. Pour ce, **XXX livres tournois**

Item, quatre tableaux avec les lectres d'or en champ d'azur pour servir à la fontaine du Ponceau. Pour ce, **XV livres tournois**

Item, une table d'attente avec ses lectres pour servir / [40r] à la perspective de la porte de Paris. Pour ce **L sols tournois**

Item, une grande toille faite en paisage, laquelle n'a point servy parce qu'elle estoit trop grande. Pour ce, **XXX livres tournois**

Item, baillé à plusieurs compagnons paintres ung escu soleil pour leur vin. Pour ce, **LIIII sols tournois**

Item, payé ung grand nombre de sculpteaulx qui ont esté mis à quatre portes. Assavoir, porte Sainct Denis, porte aux Peintres et aux portes du pont Nostre Dame. Et pour deux grandes pieces de trophées qui auroient esté desrobées à la porte aux Peintres. Pour ce, **IIII^{xx} livres tournois**

Toutes lesquelles parties font et montent ensemble a lad. somme de II^{c} IIII^{xx} livres XIIII sols tournois, comme il est contenu et declaré aud. cahier et parties dud. Labbé, cy rendues. Par vertu desquelz paiement luy a esté faict ainsy qu'il appert par sa quictance dactée du unziesme avril, mil cinq cens soixante unz cy rendue. Pour ce cy **II^{c}IIII^{xx} livres XIIII sols tournois**

/ [40v] A Pierre Dangers, maistre painctre à Paris, la somme de mil livres tourn. à luy ordonnée par mesd. seigneurs, pour avoir bien et deuement faict soixante huict chassis de bois, en compartimens garnyz de buys, liarre et or clinquant, et bouclez de rozes d'or d'estain doré, semé d'armoiries, chiffres et devises du roy, et autres choses à ce convenables; faict aussy les armoiries, chiffres et devises de la royne; tout posé, assis et aplicqué au pont Nostre Dame. Avoir painct de blanc et estoffé les visaiges des nimphes, qui furent posées et mises entre chacune des maisons dud. pont Nostre Dame, de bonnes et vives couleurs. Pour faire lesquelz ouvraiges, led. Dangers auroit fourny et livré toutes matieres et estoffes requises et necessaires, eschafault, sables, fisselle, cordes et autres choses qu'il fut besoing pour la perfection desd. ouvraiges, le tout fourny, livré, posé et mis en place, lieux et endroictz dud. pont, sur tout le long et contenu d'icelluy, selon l'ordonnance et portraict de ce faict. / [41r] Pareillement, avoir painct de blanc le derriere du bois des deux arcs de charpenterie posez sur led. pont, et faict lad. peinture en pierre de taille, rusticq, pardevant et hors led. pont, le tout rendu bien et deuement faict et parfaict. Pour tous lesquelz ouvraiges a esté faict pris et marché avec led. Dangers à lad. somme de mil livres tournois, ainsy qu'il est contenu oud. marché faict et passé pardevant Ymbert et Quetin, notaires au Chastellet de Paris, le XVIIe jour d'octobre, mil v^c LXX, cy rendu, de laquelle somme de M livres tournois a esté faict payement aud. Dangers comme il appert par quatre ses quictances dactées. Assavoir, la premiere du XXVIIIe octobre mil v^c soixante dix et les trois autres des IIIe janvier, XVe fevrier et XVe mars mil v^c soixante unze, cy rendues. Pour ce **M livres tournois**

Aud. Dangers, cy devant nommeé, la somme de sept cens cinquante livres tournois, oultre et pardessus les ouvraiges declarez en la partie precedente, pour avoir aussy bien et deuement faict toutes les / [41v] ouvraiges de peintreries et autres cy apres declarez, pour l'ornement de la grand salle de l'evesché de Paris et autres lieux, pour le festin faict à la royne à son entrée en ceste ville de Paris. Assavoir, le platfons de lad. salle, de toille plus blanche que faire c'est peü, avec cordes tendues, la plus royde qu'il a esté possible, lesd. cordes couvertes de liairre et autres choses, dorées d'or clinquant, led. fontz faict par pacquetz de compartimens esquelz estoient applicquez les chiffres, armoirie, et devise du roy, de la royne et de la ville, et telles autres devises qui luy furent baillées, avec rozes et mufles, le tout doré d'or d'estaing, asuré, et painct de belles et vives couleurs, suivant le pourtraict de ce faict par led. Dangers. En faisant lequel compartiment dud. platfons, auroit esté laissé aux quatre coings d'icelluy, lieu et place pour mectre tableaux carrez, et au meilleu dud. platfons ung autre plus grand / [42r] tableau, selon les mesures qui luy furent baillées. Lesquelz tableaux auroient esté applicquez par led. Dangers et attachez à leurs places. Ayant pour ce fourny de toille, cordes, cordaiges, crampons de fer et pieces de bois, tant à l'entour de lad. salle, que en travers, mises de deux toises en deux toises, selon qu'il fut besoing pour tenir led. platfons, les avoir attachées, fourny de liarre, or clinquant, dorrures et autres choses dont il fut besoing.

Item, fourny huict chassis de bois, de cinq piedz et demy de hault et deux piedz de large, garny de fine toille blanche, painctz de crotesques de couleurs, et cirez de cire blanche, posez aux fenestres et croisées delad. grand salle du costé de l'evesché jusques dedans lad. grand salle, garnies d'armoiries du roy et de la royne et autres, avec devises et compartimens, le tout faict de bonnes et vives coulleurs et peintures. Et pour ce, fourny et mis pieces de bois et poteaux debout / [42v] de douze piedz en douze piedz de largeur, qui fut advisé, avec trois traverses, mortoises et entretoises, cercles, cordes, cordaiges et lierres. Pour tous lesquelz ouvraiges a esté faict pris et marché avec led. Dangers, à lad. somme de VIIc livres tournois ainsy qu'il est contenu oud. marché faict et passé pardevant Ymbert et Quetin, notaires au Chastellet de Paris, le XXVIIe jour de decembre mil Vc soixante dix, cy rendu, de laquelle somme de VIIc livres tournois payement luy a esté faict par ced. receveur ainsy qu'il appert par quatre ses quictances, dactées des IIIe janvier, XIXe mars, X avril et XIIIe aoust mil Vc soixante unze, cy rendues. Pour ce, cy **VIIc livres tournois**

A icelluy Dangers, la somme de sept vingtz seize livres, douze solz tournois, à luy semblablement ordonnée par mesd. seigneurs, oultre et pardessus les ouvraiges declarez en la partie precedente, pour plusieurs autres ouvraiges de son estat qu'il a faictz de leur ordonnance / [43r] et commendement es lieux et endroictz cy apres declarez. C'est assavoir, avoir livré trente six aulnes de toille pour tendre au derriere de l'arc de la porte Sainct Denis. Pour ce **XII livres XII sols tournois**

Item, avoir tendu lad. toille, fourny de cloud, braguette et eschafault et peine d'ouvriers pour tendre lad. toille en forme de pierre de taille. Pour ce, **XVI livres tournois**

Item, avoir faict ung berceau de lierre, fourny de cercles, cloud, ficelle, peine d'ouvriers, sommet de rozes et armoiries du roy et garny le feste du pontlevis de lierre et verdure. Pour ce, **XX livres tournois**

Item, avoir orné de verdure deux [blanc], l'une de la ville, l'autre de dessus le pontlevis, et avoir applicqueé à chacune deux grandes armoiries du roy et une de la ville, et aux deux costez lesd. coulonnes et devises du roy. Pour ce, **XII livres tournois**

Item, avoir faict une frize tout au pourtour d'entre les deux portes, garnies de quatre douzaines de grandes armoiries du roy et royne, et messieurs ses freres, avec ceulx de la ville. / [43v]. Pour ce, **XVI livres tournois**

Item, painct à l'huille d'or fin, aussy à huille les ymaiges Nostre Dame, Sainct Denis et Saincte Geneviefve, et blanchy la plombiere qu'il a convenu faire pour peindre lesd. ymaiges. Pour ce, **XL livres tournois**

Item, avoir faict cinq cens armoiries de la ville, marché faict à XVIII sols la douzaine. Pour ce, **XXXVII livres X sols tournois**

Item, avoir faict levé les toilles de la porte Sainct Denis. Pour ce, **L sols tournois**

Lesquelles parties montent ensemble à lad. somme de VIIxx XVI livres XII sols tournois, comme il est contenu et declaré oud. cahier et parties dud. Dangers, cy rendues, par vertu desquelz payement luy a esté faict, ainsy qu'il appert par sa quictance dactée du neufviesme jour de may, mil Vc soixante unze, cy rendue. Pour ce, cy **VIIxx XVI livres, XII sols tournois**

Aud. Pierre Dangers, la somme trois cens quatorze livres seize solz tournois, à luy ordonnée par mesd. seigneurs oultre et pardessus les sommes cy devant declarées, pour avoir faict les ouvraiges de peintrerie / [44r] cy apres declarez. Assavoir, ung berceau de lierre fourny de cercles, cloud, ficelle, peine d'ouvriers, et semé led. berceau des armoiries du roy et de la royne, et garny le reste du pont levis de la porte Sainct Denis le jour de l'entrée de la royne. Pour ce, **XVI livres tournois**

Item, avoir orné de verdure les deux portes, l'une de la ville de dessus le pont levis, et avoir applicqueé à chacune deux grandes armoiries du roy, de la royne et de la ville, et aux deux costez, les colonnes des devises du roy. Pour ce, **X livres tournois**

Item, avoir faict une frize au pourtoir d'entre les deux portes garnies des armoiries du roy et de la royne et de la ville, fourny et aplicqué les verdures et or clinquant pour **XV livres tournois.**

Item, faict ung cent d'armoiries aux armes de la roine, pour porter par les maisons. Pour ce, **XV livres tournois**

Item, avoir faict cinq cens grandes armoiries pour remettre dessus le pont Nostre Dame, au lieu de celles qui estoient pendues, les ungs de trois piedz de long / [44ᵛ] et deux piedz de large, les autres de deux piedz de long et pied et demy de large, avec vingt cinq coulonnes taillées aux devises du Roy. Pour ce, **VI^{xx} V livres tournois**

Item, pour la peine des dix huict hommes qui ont vacqué l'espace de quatre jours et une nuict, pour applicquer et redresser lesd. armoiries, et pour remettre les nimphes, et pour poser les chariots, et fourny de cloud, ficelle avec trente livres d'or clinquant et six flambeaulx de cire pour leur esclairer de nuict. Pour ce, **LXX livres tournois**

Item, faict deux granz chariotz de quatre toises de hault fourny de bois, peine d'ouvriers, cloud, et ferrure. Pour ce, **L livres tournois**

Item, pour avoir faict apporté deux paires de grandes eschelles doubles dessus led. pont Nostre Dame. Pour ce **XX sols tournois**

Item, avoir fourny de deux grandz liens de fer, mis aux deux grandes eschelles doubles du Louvre. Pour ce **XL sols tournois**

Item, avoir faict rapporter les quatre grandes eschelles dedans le Louvre. Pour ce **XXXVI sols tournois**

Toutes lesquelles parties font et montent ensemble à ladicte / [45ʳ] somme de III^{c} XIIII livres XVI sols tournoiz comme il est contenu et declaré oud. cahier et parties dud. Dangers, cy rendues, par vertu desquels payement luy a esté faict par ced. receveur, comme appert par sa quictance, dactée du neufiesme may, mil v^{c} soixante unze cy rendue. Pour ce cy **III^{c} XIIII livres XVI sols tournois**

OUVRAIGES DE MACONNERIE
CHARPENTERIE SERRURERIE ET PAVEMENS TANT POUR LES BARRIERS
AUX COINGS DES RUES QUE AUTRES LIEUX

A Guillaume Guillain, maistre des œuvres et maçonnerie de la ville de Paris, la somme de deux cens cinquante six livres, trois solz, six deniers tournois, à luy ordonnée par mesd. seigneurs. Pour avoir de leur commendement bien et deuement faict et parfaict les ouvraiges de maçonnerie cy apres declarez: c'est assavoir, avoir faict quatre grandz trous de quatre à cinq piedz de profond et trois / [45v] piedz en quarré, dans le pavé devant le Grand Chastellet, sellé et maçonné quatre grandes pieces de bois de cinq toises de hault, pour servir à tendre une perspective faicte de toille et platte peinture, devant led. Chastellet, pour les entrées du roy et de la royne. Avoir fourny de moillon, plastre et tout peine d'ouvriers. Pour ce, **XLI livres tournois**

Item, faict les trous dans le pavé, assis et maçonné huict bornes de bois pour garder les deux grands porticques faictz aux deux boutz du pont Nostre dame; fourny de pierre, plastre et peine d'ouvriers. Pour ce **IX livres tournois**

Item, faict des trous, assis et maçonné quatre bornes de bois aux quatre coings du grand arc pres Sainct Jacques de l'Hospital. Avoir fourny de moillon, plastre et toute peine d'ouvriers. Pour ce, **IIII livres X sols tournois**

Item, percé le mur et faict une huisserie dans le mur sur led. eschasfault qui estoit contre led. bastiment Sainct Ladre, pour entrer dud. eschasfault dans les chambres dud. lieu; y avoir pendu ung huis de bois. Depuis, avoir / [46r] remaçonné et estouppé led. huis de maçonnerie de plastre; fourny de matiere et peine d'ouvriers pour ce **C sols tournois**

Item, faict acommoder une cheminée en la grand salle de Monsieur de Paris, couppé et demoly ung pan de mur qui servoit de languette entre deux cheminées, faict de neuf le dessus de manteau, avec la tremye qui porte l'atre qui a neuf piedz de long et trois piedz de large; faict toute la maçonnerie; avoir faict ung grand contrecueur de pierre de graiz, de neuf piedz de long sur six piedz de hault, avec la moulure du manteau, et fourny de pierre, plastre, graiz et toute peine d'ouvriers. Pour ce, **XXX livres tournois**

Item, avoir percé une grande huisserie de lad. ville dans le mur de pierre de taille, faict une jambe de pierre de taille pour soustenir le dessus de lad. huisserie, pendu et sellé ung huis de bois pour fermer lad. huisserie, laquelle servoit à faire le service pour le bancquet faict à la royne par lad. ville. Et depuis restably et estouppé / [46v] lad. huisserie, fourny de pierre de taille de maçonnerie et plastre. Pour ce, **XII livres tournois**

Item, percé autre huisserie dans le mur, pour aller à la cuisine de bouche de la royne pour faire le service en lad. salle, et y avoir pendu ung huis. Et apres le festin, bouché la maçonnerie, lesd. huis, et refaict de maçonnerie, partie du manteau de lad. cuisine, ayant fourny de matiere et peine d'ouvriers. Pour ce, **IIII livres X sols tournois**

Item, faict les trous dans les murs de pierre de taille au pourtour de lad. salle, pour mectre, asseoir et maçonner tous les crampons de fer. Et iceulx assis et maçonnez, pour porter et soustenir les pieces de bois pour tendre les tapisseries au pourtout de lad. salle, ayant livré matieres, chaffauldaiges et peine d'ouvriers. Pour ce, **XV livres tournois**

Item, avoir taillé et repicqué toutes les marches de pierre de liaiz de l'escallier servant à monter à lad. salle. Et en avoir mis et assis deux neufz, au lieu de ceulx qui estoient rompuz, remaçonné les autres vieilles marches; fourny de pierre de / [47r] liaiz, plastre et peine d'ouvriers. Pour ce, **XXIIII livres tournois**

Item, faict la maçonnerie soubz les grandes pieces de bois qui soustenoient le perron de bois à l'entrée de lad. salle, avec plusieurs reparations à faire en autres lieux de lad. salle. Et avoir restably la cloison qui avoit esté abbatue en la chambre de la royne, fourny de matiere et peine d'ouvriers. Pour ce, **IIII livres tournois**

Item, avoir percé le gros mur de pierre de taille du pignon de lad. salle, faict une grande ouverture de six piedz de hault et de quatre à cinq piedz de large, pour poser et asseoir ung poile pour eschauffer lad. salle. Pour faire le bancquet de lad. dame, faict ung mur et une voulte de bricque du costé de la grand chambre pour rendre la challeur dans led. poile. Avoir fourny bricque, pierre, plastre et peines d'ouvriers. Pour ce **XVI livres tournois**

Item, faict ung mur qui avoit esté abbatu dans la grand salle du Couvent de Sainct Magloire, refaict les jambes des portes qui avoient esté rompues et desmolies pour passer les harnois / [47^{v}] dans lad. salle avec autres plusieurs reparations aud. lieu. Et fourny de matiere. Pour ce **XIIII livres tournois**

Item, pour avoir vuidé treize tombereaulx de gravois, ostez de lad. salle à raison de IIII sols tournois le tombereau. Pour ce, **LII sols tournois**

Item, faict trois huisseries, une pour entre des jardins de Sainct Magloire en la maison de monsieur Mirault avec les marches pour monter à la court, ung autre au mur moitoien, antre la court du voisin, ung autre au mur moitoien entre la salle dud. Mirault et la chambre du voisin, pour aller d'une maison en l'autre, avec les marches pour monter. Et apres l'entrée du roy, retouppé lesd. huisseries, à l'espoisseur du mur qui avoit esté demoly, ayant fourny de matieres et peine d'ouvriers. Pour ce **XXI livres tournois**

Item, pour l'entrée de la royne, repercé lesd. trois huisseries, faict les marches et apres lad. entrée rebouché ce qui avoit esté demoly. Pour ce, **XXI livres tournois**

Item, faict ung grand chassis de bois de menuiserie de / [48^{r}] quinze à seize piedz de long, garny de crochetz de fer pour l'attacher au dessus des fenestre de la chambre du roy et de la royne, pour servir d'ung auvent pour donner umbre, à cause du soleil qui donnoit dans les fenestres de lad. chambre. Pour ce, **CX sols tournois**

Item, fourny huict aulnes de toille, pour couvrir led. auvent. Pour ce, **IIII livres tournois**

Item, faict vuider sept tombereaux de gravois et immundices provenans des desmolitions des porticques du pont Nostre Dame, du grand arc de la rue Sainct Denis, et autres lieux, à raison de IIII sols VI deniers le tombereau. Pour ce, **XXXI sols VI deniers tournois**

Item, payé à Jehan le Conte, marchant de bois, la somme de soixante dix solz tournois pour le bois qu'il a livré au charpentier, pour faire ung harnois à amener les figures en la grange de la ville. Pour ce, **LXX sols tournois**

Item, paié à Charles Lottin, maistre charpentier, la somme de quarente huict livres tournois, pour avoir descendu les figures des porticques du pont Nostre Dame, au grand arc pres Sainct Jacques, / [48^{v}] à la porte Sainct Denis, au Ponceau devant le Sepulchre, et devant la fontaine des Innocens. Et pour ce faire, fourny et livré les chables, engins et autres choses à ce necessaires. Pour ce, **XLVIII livres tournois**

Lesquelles parties montent ensemble à lad. somme de II^{c} LVI livres III sols VI deniers tournois, comme il est convenu et declaré oud. cahier et parties dud. Guillain, cy rendues, par vertu desquelz payement luy a esté faict, ainsy qu'il appert par sa quictance, dactée du x[e] septembre mil v[c] soixante unze, cy rendue. Pour ce **II[c]LVI livres III sols VI deniers tournois**

Aud. Guillain la somme de cent livres tournois, à luy pareillement ordonnée par mesd. seigneurs, pour s'estre emploié à diligenter et faire dresser les preparatifz et triumphes faictz pour les entrées du roy et de la royne. Et avec luy, son filz, avoir faict dresser le chemin hors à la ville, restably les pavez et chaussée tant des faulxbourgs que de lad. ville, dressé et assis les barrieres aux coings des rues pour eviter la foulle du peuple, faict / [49[r]] semer et respandre du sable en plusieurs endroictz, et autres choses qu'ilz ont trouvé necessaires, comme il est contenu et declaré oud. cahier et requeste presentée à mesd. seigneurs, decretée le XIIII[e] aoust v[c] LXXI, cy rendue, par vertu desquelz payement luy a esté faict, ainsy qu'il appert par sa quictance dactée du dixiesme septembre mil v[c] soixante unze, cy rendue. Pour ce **C livres tournois**

A Josse Gueldrop, maistre menuisier à Paris, la somme de quarente six livres, six huict solz tournois, à luy ordonnée par mesd. seigneurs pour plusieurs ouvraiges de son mestier qu'il a par leur commendement, faictz ès lieux et endroictz qui ensuivent: C'est assavoir, faict ung grand tableau dessus la porte Sainct [Denis?] qui fut refaict plus grand que celuy qui avoit esté faict; c'est assavoir, de six piedz de long dedans œuvre, et trois piedz et demy de hault et quatre poulces de saillies, garny de son chassis qui se mect apres coup pour applicquer l'escripture dedans lequel tableau le plus prochain jour de / [49[v]] l'entrée. Cy **C sols tournois**

Item, faict deux autres tableaux de cinq piedz de long dedans œuvre et de deux piedz de hault, garny chacun de leur chassis, qui se mectent apres coup dedans les autres et sont attachez sur autres tableaux qui estoient maçonnez quand ilz luy furent commandez. Cy **C sols tournois**

Item, avoir detaché l'esmoulure de dessoubz les niches et la retacher où il luy fut commandé. Cy **X solz**

Item, faict cinq tableaux à l'entour de la fontaine du Ponceau. Pour ce, **XV livres tournois**

Item, faict devant le Sepulchre ung tableau sur le devant de piedestail, de quatre piedz et demy de long sur quatre piedz de hault dedans œuvre. Pour ce, **L solz tournois**

Item, faict sur le pont Nostre Dame, quatre tableaux de cinq piedz de long dedans œuvre. Pour ce **VIII livres tournois**

Item, avoir faict quatre tableaux pour iceulx mectre dedans chacune arche de six piedz et demy de long sur ung pied de large. Pour ce, **IIII livres tournois**

Item, faict à la fontaine du Ponceau qui tient la figure de la royne, / [50[r]] qui estoit fort penible et malaisé à seoir. Pour ce **L solz**

Item, faict apporter de l'Hostel de ville lesd. tableaux du Ponceau et une pierre de ruban pour les pendre. Pour ce **VI solz**

Item, avoir rapetissé les tableaux de devant le Sepulchre et des Sainctz Innocens, et les rataché en leur place. Pour ce, **X solz**

Item, faict attacher en leurs places les quatre tableaux dessoubz les figures. Pour ce **X solz**

Item, faict deux petitz tableaux dedans l'arc de la porte Sainct Denis, de deux pieds de large chacun, de cinq piedz de long. Pour ce, **XII solz tournois**

Lesquelles parties font et montent ensemble à lad. somme de XLVI livres XLVIII sols tournois, comme il est contenu et declaré oud. cahier et parties dud. Gueldrop, cy rendues; par vertu desquelz payement luy a esté faict ainsy qu'il appert par deux ses quictances, dactées des cinq et seiziesmes jours de mars mil v^{c} soixante unze, cy rendues. Pour ce, cy **XLVI livres XVIII solz tournois**

A Marcial Petit, maistre charpentier à Paris, la somme de trente quatre livres tournois / [50^{v}] à luy aussy ordonnée par mesd. seigneurs, pour avoir faict, bien et deuement, ung eschasfault à la porte de Paris, par le commandement que lesd. prevost et eschevins eurent du roy et de la royne, sa mere, pour y recevoir et retirer plusieurs seigneurs estrangers et autres seigneurs de leur suitte; comme il est contenu et declaré oud. cahier, par vertu duquel payement luy a esté faict ainsy qu'il appert par deux ses quictances dactées des cinq et douziesmes jour de mars, mil cinq cens soixante unze, cy rendues. Pour ce, cy **XXXIIII livres tournois**

Aud. Marcial Petit, la somme de trente livres tournois à luy aussy ordonnée par mesd. seigneurs, oultre la somme cy dessus, pour avoir faict ung autre eschasfault à lad. porte de Paris le jour de l'entrée de la Royne, suivant le commendement du roy, pour y loger et recevoir plusieurs seigneurs estrangers et autres de leur suicte, comme il est contenu et declaré oud. cahier, par vertu duquel payement a esté faict / [51^{r}] aud. Marcial de lad. somme de trente livres tournois, ainsy qu'il appert par sa quictance dactée du IIIe avril mil v^{c}, soixante unze, cy rendue. Pour ce, cy **XXX livres tournois**

A Josse Gueldrop, maistre menuisier à Paris, la somme de huict livres tournois à luy semblablement ordonnée, oultre et par dessus la somme cy devant declarée, par mesd. seigneurs, tant pour huict journées qu'il a vacquées du temps de l'entrée de la reine à dresser plusieurs escripteaux à la porte aux Peintres, Ponceau, et porte Sainct Denis, que avoir faict ung roulleau pour mectre la devise de la ville, lequel fut aplicqué sur l'ung des porticques du pont Nostre Dame, comme il est contenu et declaré oud. cahier, par vertu duquel payement luy a esté faict ainsy qu'il appert par sa quictance, cy rendue. Pour ce, cy lad. somme de **VIII livres tournois**

A Martin Leger, maistre tapissier demourant à Paris, la somme de quarente livres / [51^{v}] à luy semblablement ordonnée par mesd. seigneurs les prevost et eschevins, pour avoir à l'entrée de la royne attaché et detaché les affiches et devises. Assavoir, pour la porte Sainct Denis, **C sols tournois**

Item, attaché et detaché les devises et tableaux de la porte aux Peintres, cy **XV livres tournois**

Item, pour avoir attaché et detaché les histoires et devises des deux portes de dessus le pont Nostre Dame. Pour ce **XV livres tournois**

Item, pour avoir attaché et detaché cinq grandes histoires, avec les chesnes et escripteaux estans dedans l'evesché Nostre Dame de Paris. Pour ce, **C solz**

Ayant pour tout ce que dessus led. Leger fourny de cloud et peine d'ouvriers. Lesquelles parties montent ensemble à lad. somme de XL livres tournois, comme il est contenu et declaré oud. cahier et parties dud. Leger, cy rendues, par vertu desquelz payement luy a esté faict, ainsy qu'il appert par sa quictance dactée du dixiesme avril, mil cinq cens soixante unze, cy rendues. Pour ce, cy **XL livres tournois**

/ [52r] A Jehan Pol, maistre patissier à Paris, la somme de vingt cinq livres tournois à luy semblablement ordonnée par mesd. seigneurs, pour le recompenser de la perte qu'il a eue en l'empeschement de sa maison pendant que les ouvriers ont besongné à la porte aux Peintres pour les entrées du roy et de la royne. Et pour avoir logé les joueurs d'instrumens qui l'ont occupé durant les jours des dessusd. entrées, comme il est contenu et declaré oud. cahier, par vertu duquel payement luy a esté faict ainsy qu'il appert par sa quictance dactée du vingt troisiesme avril mil v^c soixante unze, cy rendue. Pour ce, cy **XXV livres tournois**

A Symon de Vabes, maistre paintre à Paris, la somme de dix livres tournois, à luy semblablement ordonnée par mesd. seigneurs, pour avoir tendu et detendu les toilles et peintures mises pour les entrées du roy et de la royne. Assavoir, pour avoir tendu les toilles des colonnes, pilastres et frize de la porte aux Peintres; / [52v] avoir aussy detendu devant le Sepulchre et les Sainctz Innocens apres l'entrée du roy.

Item, avoir detendu lesd. colonnes esd. lieux pour l'entrée de la royne, pour lesquelles parties lesd. seigneurs luy ont ordonné lad. somme de X livres tournois comme il est contenu et declaré oud. cahier et parties cy rendues, par vertu desquelz payement luy a esté faict, ainsy qu'il appert par sa quictance dactée du IIe jour de may, mil cinq cens soixante unze, cy rendue. Pour ce, cy **X livres tournois**

A Thomas Binet, menuisier, la somme de trente solz tournois à luy ordonnée par mesd. seigneurs, pour avoir faict ung chassis à tendre une toille où estoient escriptz plusieurs carmes, et relargy deux autres chassis qui fut la veille de l'entrée du roy, comme il est contenu et declaré oud. cahier, par vertu duquel payement a esté faict audict Biné de lad. somme de XXX sols tournois, ainsy qu'il / [53r] appert par sa quictance dactée du trentiesme et dernier jour d'avril mil cinq cens soixante unze cy rendue. Pour ce, cy **XXX sols tournois**

ACOUSTREMENS ET VESTEMENS DES CAPPITAINES, LIEUTENANTS, ENSEIGNES, SERGENS DE BANDES DES GENS DE PIED

A René Dolu et Jehan Dugué, marchans fournisseurs l'argenterie du roy, la somme de dix neuf cens douze livres, douze solz, six deniers tournois, à eulx semblablement ordonnée par mesd. seigneurs, pour plusieurs marchandises de draps de soie par eus fournies, par commandement de mesd. seigneurs, aux personnes qui ensuivent: c'est assavoir, au cappitaine Lefevre qui a conduict l'une des bandes de gens de pied de lad. ville es entrées du roy et de la royne, sep[t] aulnes de veloux cramoisy, pour luy faire collet guerguesque, au feur de XVI tournois l'aune, vallent **CV livres tournois**

/ [53v] Item, trois aulnes satin rouge cramoisy, pour luy faire pourpoinct au pris de VI livres X solz tournois l'aune, vallant **XIX livres X sols tournois**

Item, trois aulnes de tasfetas blanc à six filz, pour luy faire une escharpe à LV solz tournois l'aune, vallant **VIII livres V solz tournois**

Item, au lieutenant et enseigne dud. Lefevre, à chacun quatre aulnes et demye de velours cramoisy, à XV livres tournois l'aulne. Pour ce, **VI^xx XV livres tournois**

Item, à chacun d'eulx, trois aulnes de tasfetas blanc à six filz, pour leur faire escharpe à LV solz l'aulne. Pour ce **XVI livres tournois X solz**

Item, au cappitaine Goumier, sept aulnes de velours rouge cramoisy, pour luy faire guerguesque, collet et chappeau, à XV livres tournois l'aulne. Pour ce **CV livres tournois**

Item, trois aulnes de satin rouge cramoisy pour luy faire ung pourpoinct, à VI livres X solz tournois l'aulne. Pour ce, **XIX livres X solz tournois**

Item, trois aulnes de tasfetas blanc à six filz, pour luy faire escharpes, à LV sols l'aulne. Pour ce, **VII livres V solz**

Item, au lieutenant et enseigne dud. Goumier, neuf aulnes velours cramoisy rouge pour guerguesque / [54r] à XV livres tournoiz l'aulne cy **VI^xx XV livres tournois**

Item, six aulnes de tasfetas blanc à six filz, pour leur faire escharpe à LV solz l'aulne. Pour ce **XVI livres X solz tournois**

Au cappitaine Dumoustier, sept aulnes de velours rouge cramoisy, pour luy faire guerguesque, collet et chappeau, au pris de XV livres tournois l'aulne. Cy **CV livres tournois**

Item, trois aulnes de satin rouge cramoisy, pour luy faire ung pourpoinct, à VI livres X solz tournois l'aulne. Pour ce, **XIX livres X solz tournois**

Item, trois aulnes de tasfetas blanc à six filz, pour luy faire une escharpe, à LV solz l'aulne. Pour ce, **VIII livres V solz**

Aux lieutenant et enseigne dud. Dumoustier neuf aulnes de velours rouge cramoisy pour leur faire guerguesque, à XV livres tournois l'aulne. Pour ce, **VI^xx XV livres tournois**

Item, six aulnes de tasfetas blanc à six filz, pour leur faire escharpes à LV solz l'aulne. Cy **XVI livres X solz tournois**

Item, au cappitaine Aubery, l'ung des cappitaines des gens de pied de lad. entrée, sept aulnes de velours rouge et cramoisy pour luy faire collet, guerguesque et chappeau, / [54v] a XV livres l'aulne, cy **CV livres**

Item, trois aulnes de satin rouge cramoisy, pour luy faire pourpoinct à VI livres X sols tournois l'aulne. Cy **XIX livres X solz**

Item, trois aulnes de tasfetas blanc à six filz, pour luy faire escharpe à LV solz l'aulne. Cy **VIII livres V solz**

Item, à son lieutenant et enseigne, neuf aulnes de veloux rouge cramoisy pour leur faire guerguesque, au pris de XV livres l'aulne. Cy **VI^xx livres tournois**

Item, six aulnes de tasfetas blanc à six filz, pour leur faire escharpes, à LV solz l'aulne, cy **XVI livres X solz tournois**

Item, au cappitaine Garnier, l'ung des cappitaines desd. bandes de gens de pied, sept aulnes de velours rouge cramoisy, pour luy faire collet, guerguesque et chappeau, à XV livres l'aulne. Cy **CV livres tournois**

Item, trois aulnes de satin rouge cramoisy, pour luy faire pourpoint, à VI livres V solz tournois l'aulne. Pour ce, **XIX livres X solz tournois**

Item, trois aulnes de taffetas blanc à six filz, pour luy faire escharpe à LV solz l'aulne. Pour ce, **VIII livres V solz tournois**

Item, à son lieutenant et enseigne, neuf aulnes / [55r] de velours cramoisy rouge, pour leur faire guerguesque, à XV livres l'aulne, cy **VI^XX XV livres tournois**

Item, six aulnes de taffetas blanc à six filz, pour leur faire escharpes, à LV solz l'aulne **XVI livres X solz tournois**

Item, au cappitaine Marchant qui a conduict une compaignie desd. gens de pied, sept aulnes de veloux rouge cramoisy pour luy faire guerguesques, collet et chappeau, à XV livres tournois l'aulne. Cy **CV livres tournois**

Item, trois aulnes de satin rouge cramoisy pour luy faire ung pourpoinct, à **VI livres V solz tournois.**

Item, trois aulnes de tasfetas blanc à six fils pour luy faire une escharpe, à LV solz l'aulne. Cy **VIII livres V solz tournois**

Item, pour son lieutenant et enseigne, neuf aulnes de veloux rouge cramoisy, pour leur faire guerguesque, à XV livres l'aulne. Cy **VI^XX XV livres tournois**

Item, six aulnes de tasfetas blanc à six filz, pour leur faire escharpes à LV solz l'aulne, cy **XVI livres X solz**

Item, trente aulnes de tasfetas blanc à six filz, pour faire escharpes à douze sergens de bende qui sont deulx aulnes et demye pour chacun, à LV solz l'aulne. / [55v] Cy **IIII^XX II livres X solz tournois**

Item, à Jehan Lalemant, quatre aulnes de satin noir, pour luy faire casacque servant à cheval pour avancer les compaignies, à C sols tournois l'aulne. Cy **XX livres tournois**

Item, à Estienne Barrier, quatre aulnes de satin, pour luy faire casacque pour pareille cause que dessus, aud. pris. Cy **XX livres tournois**

Item, à Pierre Guillain, quatre aulnes de satin noir, pour luy faire casacque pour avancer lesd. compaignies, aud. pris.

Item, à François Poncet, quatre aulnes de satin noir, pour luy faire casacque comme dessus, aud. pris. Cy **XX livres tournois**

Item, à Pierre l'Hospitallier, quatre aulnes de satin noir pour luy faire casacque cy **XX livres tournois**

Item, à la Baume, quatre aulnes de satin noir, pour luy faire casacque comme dessus, aud. pris. Cy **XX livres tournois**

Item, à Camille Peintre, une aulne et demye de tasfetas noir dont mesd. seigneurs luy ont faict don, à raison de LV solz tournois l'aulne. Cy **IIII livres II solz VI deniers**

Toutes lesquelles parties montent et reviennent ensemble à lad. somme de XIX^{c} XII livres XII solz VI deniers tournois, comme il est contenu et declaré oud. cahier et les parties desd. Dolu et Dugué, cy / [56^{r}] rendu, par vertu desquelz payement leur a esté faict, ainsy qu'il appert par leur quictance dactée du unziesme jour d'aoust mil cinq cens soixante unze, cy rendue. Pour ce **XIX^{c} XII livres XII solz VI deniers**

A François Hubert, maistre chappellier demourant à Paris, la somme de cent treize livres huict solz tournois, à luy ordonnée par mesd. seigneurs pour douze chappeaux de veloux noir, garniz de leurs cordons d'argent faulx, qu'il a fourny à Girard Gondin, Bertrand Baudichon, Jehan Bedeau, Nicolas le Ballafré, Jehan Gourgouson, Anthoine Beausault, Pierre de la Mothe, Hubert Choppin, Robert Garnier, Jacques Fresneau, Jehan Phlot et Jacques Boue, tous sergens de bande des compaignies des gens de pied de mestiers dud. Paris, qui est à raison de III escuz et demy sol à LIIII sols tournois piece pour chappeau comme il est contenu et declaré oud. cahier, par vertu duquel payement luy a esté faict ainsy qu'il appert par sa quitance / [56^{v}] dactée du troisiesme jour de mars mil cinq cens soixante unze, cy rendue avec six autres quictances faisant mention de la reception desd. chappeaux, cordons d'argent faulx, et escharpes. Pour ce **CXIII livres VIII sols tournois**

Aud. Hubert la somme de quatorze livres huict solz tournois à luy ordonnée par mesd. seigneurs oultre et pardessus la somme contenue en la partie precedente, pour six chappeaux de taffetas incarnat dedans et dehors garniz de leurs cordons de soye aux couleurs du Roy, à raison de XLVIII solz tournois pour chacun chappeau delivrez à six trompettes qui ont sonné devant les enfans de Paris, à lad. entrée, comme il est contenu et declaré oud. cahier, par vertu duquel payement luy a esté faict, ainsy qu'il appert par sa quictance dactée du neufviesme avril cinq cens soixante et unze, cy rendue avec ung certifficat desd. trompettes de la reception desd. chappeaulx. Pour ce, cy **XIIII livres VIII solz tournois**

A François Desprez, paintre, la somme de trente sept livres dix solz tournois, pour trois cens pourtraictz par luy faictz, iceulx peintz, lavez et mis en couleur, tant en forme de picquier que harquebuziers pour bailler aux mestiers de lad. ville de Paris, pour s'equiper et habiller selon le pourtraict qui leur fut baillé, en toutes sortes de rouge, blanc et gris qui sont les couleurs du roy, comme il est contenu et declaré oud. cahier, par vertu duquel payement luy a esté faict ainsy qu'il appert par sa quictance dactée du dixiesme jour de mars, mil v^{c} soixante unze, cy rendue. Pour ce **XXXVII livres X solz tournois** [57^{r}]

ACOUSTREMENS ET VESTEMENS
DU CAPPITAINE DES ENFANS DE PARIS À CHEVAL ET DE SES GENS

A René Dolu et Jehan Dugué, marchans fournissans l'argenterie du Roy, la somme de seize cens quarente cinq livres, dix sept solz, deux deniers tournois, à eulx ordonnée / [57^{v}] par lesd. seigneurs, pour plusieurs marchandises de drap de soye par luy fournies au cappitaine Desprez, cappitaine des enfans de Paris, pour luy servir ès entrées du Roy et de la Royne, assavoir demye aulne de veloux rouge cramoisy pour faire essay, au pris de XVI livres tournois l'aulne. Cy **VIII livres**

Item, demy tiers veloux incarnat pour faire autre essay, au pris de VIII livres tournois l'aulne. Cy **XXVI solz VIII deniers**

Item, deux aulnes ung tiers de taffetas gris de six filz, au pris de LV solz l'aulne, pour faire enseigne. Cy **VI livres VIII solz IIII deniers**

Item, deux aulnes ung tiers taffetas blanc à six filz pour faire enseignes, au pris de LV solz l'aulne. Cy **VI livres, VIII solz IIII deniers tournois**

Item, deux aulnes ung tiers taffetas incarnat à six filz, au pris de LV solz l'aulne, pour faire enseigne. Cy **VI livres VIII solz IIII deniers tournois**

Item, sept aulnes veloux rouge cramoisy de haulte couleur, pour faire une enseigne et une paire de chausses aud. cappitaine, au pris de XVI livres tournois l'aulne. Cy **CV livres tournois**

Item, trois / [58r] aulnes trois quartz de toille d'argent sur champ gris, pour servir à doubler lad. casacque, au pris de XXIIII livres tournois l'aulne. Cy **IIII**$^{\mathbf{XX}}$ **X livres tournois**

Item, trois aulnes bougran blanc pour doubler encores une fois la casacque, au pris de dix solz l'aulne. Cy **XXX solz**

Item, deux aulnes et ung quart de toille d'argent damassée sur soye, incarnat blanc et gris, pour doubler lesd. chausses, au pris de XXIIII livres tournois l'aulne. Cy **LIIII livres tournois**

Item, deux aulnes de taffetas gris à six filz, pour doubler les bandes desd. chausses au pris de LV solz l'aulne. Cy **CX solz tournois**

Item, deux aulnes de bougran, pour doubler encores une fois lesd. bandes au pris de X solz l'aulne. Cy **XXX solz**

Item, trois quartiers de toille blanche de lin, pour doubler par dedans lesdictes chausses, au pris de XX solz l'aulne. Cy **XV solz**

Item, trois aulnes et demye de frize, pour boullonner lesdictes / [58v] chausses, au pris de XV solz l'aulne. Cy **LII sols VI deniers**

Item, une aulne et demye demy quart de veloux rouge cramoisy, pour faire fourreaux d'espées et coustelatz pour luy et pour ses paiges, au pris de XV livres l'aulne. Cy **XXIIII livres VII solz VI deniers**

Item, ung quartier de veloux rouge cramoisy, pour faire une ceinture aud. Desprez, aud. pris de XV livres tournois l'aulne. Cy **LXXV solz tournois**

Item, ung bas de chausse de soye cramoisie, pour servir à icelluy Desprez. Cy **XXVII livres tournois**

Item, demye aulne de veloux rouge cramoisy, pour doubler une paire de bottes audict cappitaine, au pris de XV livres l'aulne. Cy **VII livres X solz tournois**

Item, une aulne satin rouge cramoisy, pour faire manches de pourpoinct aud. Desprez. Cy **VI livres X solz tournois**

Item, quartier et demye de taffetas blanc gros grain, pour faire appolitaines à deux chausses à botter, au pris de CX solz l'aulne. Cy **XLI solz IIII deniers**

Item, sept aulnes et demye veloux noir, pour faire trois paires de chausses à ses trois pages, au pris de VII livres X solz l'aulne. Cy **LXIII livres XV solz tournois**

Item, six aulnes trois / [59r] quartiers satin rouge cramoisy, pour doubler lesd. trois paires de chausses, au pris de LXX solz l'aulne. Cy **XIII livres XI solz VI deniers tournois**

Item, dix aulnes et demye satin de Bruges rouge, pour doubler les bandes desd. trois paires de chausses, au pris de XXVI solz tournois l'aulne. Cy **XIII livres XIII solz**

Item, une aulne et demye de blanchet fort, pour faire les corps desd. trois paires de chausses, au pris de L solz l'aulne. Cy **LXXV solz tournois**

Item, deux aulnes et ung quartier de toille blanche, pour doubler les corps desd. chausses, au pris de XIIII solz l'aulne. Cy **XXXI solz VI deniers**

Item, sept aulnes et demye de fuze pour faire boullonner lesd. chausses, au pris de XV solz l'aulne. Cy **CXII solz VI deniers**

Item, six aulnes cavenatz, pour doubler encores les chausses desd. pages, au pris de VIII solz l'aulne. Cy **XLVIII solz**

Item, une aulne et demye serge raze de Beauvais, pour faire les bas desd. chausses, au pris de IIII livres X solz l'aulne. Cy **VI livres XV solz tournois**

Item, unze aulnes ung quart de veloux noir, pour faire trois casacques ausd. trois pages, au pris / [59v] de VIII livres X solz l'aulne. Cy **IIII^{XX}XV livres XII solz VI deniers tournois**

Item, unze aulnes et ung quart satin cramoisy, pour doubler lesd. casacques, au pris de VI livres X solz tournois. Cy **LXXIII livres II solz VI deniers**

Item, neuf aulnes treilliz neuf, pour doubler lesd. trois casacques, au pris de XVI solz l'aulne. Cy **VII livres IIII solz tournois**

Item, deux aulnes et ung quart treillis rouge, pour servir à faire corps de pourpoinct ausd. pages, au pris de XX solz l'aulne. Cy **XLV solz**

Item, trois aulnes satin cramoisy, pour faire manche aud. pourpoinct, au pris de VI livres X solz tournois l'aulne. Cy **XIX livres X solz**

Item, deux aulnes ung quart de cavenatz, pour doubler le corps desd. pourpoinctz, au pris de VIII solz l'aulne. Cy **XVIII solz tournois**

Item, six aulnes trois quartz fustaine blanche, pour doubler encores lesd. trois pourpointcz, au pris de X solz l'aulne. Cy **LXVII solz VI deniers**

Item, une aulne de veloux noir pour faire ceinture ausd. trois pages, au pris de VIII livres X solz tournois l'aulne. Cy **VIII livres X solz tournois**

Item, seize aulnes de taffetas velouté changeant cramoisy et noir, pour faire quatre paires querquesques à quatre / [60r] lacquais, au pris de VI livres X solz tournois l'aulne. Cy **CIIII livres tournois**

Item, seize aulnes doublure d'Amyens, pour doubler lesd. querquesques, au pris de XV solz l'aulne. Cy **XII livres tournois**

Item, douze aulnes cavenatz, pour doubler encores une fois lesd. querquesques, au pris de VIII solz l'aulne. Cy **IIII livres XVI solz tournois**

Item, dux aulnes toille, au pris de XIIII solz l'aulne. Cy **VII livres tournois**

Item, une aulne et demye serge rouge de Beauvais, pour faire bas ausd. querquesques, au pris de IIII livres X solz l'aulne. Cy **VI livres XV solz tournois**

Item, neuf aulnes satin cramoisy rouge, pour faire quatre pourpoinctz à cesd. quatre lacquais, au pris de VI livres X solz l'aulne. Cy **LVIII livres X solz tournois**

Item, neuf aulnes fustaine blanche, pour doubler lesd. quatre pourpoinctz, au pris de X solz l'aulne. Cy **IIII livres tournois**

Item, trois aulnes cavenatz pour doubler le corps des pourpoinctz desd. quatre lacquais, au pris de VIII solz l'aulne. Cy **XXIIII solz tournois**

Item, cinq aulnes veloux rouge cramoisy, pour faire une selle, harnois et saquerolle pour servir au cheval dud. Desprez, / [60v] au pris de XV livres tournois l'aulne. Cy **LXXV livres tournois**

Item, quinze aulnes et demye veloux incarnat, pour faire trois aultres selles, harnois et saquerolle, au pris de VIII livres tournois. Cy **VI^{xx} IIII livres tournois**

Item, six aulnes et demye veloux rouge cramoisy à font d'argent, pour faire caparasons aux chevaulx dudict Desprez, au pris de XXV livres tournois l'aulne. Cy **VIII^{xx} II livres tournois**

Item, demye aulne de toille d'argent sur champ gris, pour doubler le giret du cheval dud. Desprez, au pris de XXIIII livres tournois l'aulne. Cy **XII livres tournois**

Item, demy tiers de veloux gris, pour faire trois courroies, au pris de huict livres l'aulne. Cy **XXVI solz VIII deniers**

Item, trois aulnes veloux gris, pour couvrir trois paires de fourreaux de pistolles et faire les bources, au pris de VIII livres tournois l'aulne. Cy **XXIIII livres tournois**

Item, cinq quartz [11690: quartiers] de veloux rouge cramoisy, pour doubler trois bourses des fourreaux des pistolles dud. Desprez, au pris de XV livres tournois l'aulne. Cy **XX livres tournois**

Item, une aulne et demye veloux rouge cramoisy, / [61r] pour border le harnois dud. Desprez, aud. pris de XV livres tournois l'aulne. Cy **XXII livres X solz tournois**

Item, une aulne et demye veloux incarnat, pour doubler une rotelle et couvrir les courraies dud. harnois dud. Desprez, au pris de VIII livres tournois l'aulne. Cy **XII livres tournois**

Item, quatre aulnes satin rouge cramoisy, pour doubler les espaullettes, habillement de teste, les cuisolz et haulsecol, au pris de VI livres tournois l'aulne. Cy **XXVI livres tournois**

Item, sept aulnes et ung quart veloux blanc, pour faire casacque, une paire de chausses, ceinture et fourreau d'espée, pour servir aud. Desprez le jour de l'entrée, au pris de VIII livres tournois l'aulne. Cy **LVIII livres tournois**

Item, deux aulnes de taffetas blanc à six filz, pour doubler les bandes desd. chausses, au pris de LV solz l'aulne. Cy **CX solz tournois**

Item, deux aulnes de bougran, pour doubler encores les bandes desd. chausses, au pris de X solz l'aulne. Cy **XX solz tournois**

Item, deulx aulnes et demye de toille d'or gosseré [11690: grossere] pour mectre dedans une paire de chausses, au pris de XXIIII livres tournois / [61v] l'aulne. Cy **LX livres tournois**

Item, demy aulne de drap blanc, pour faire le corps desd. chausses, à L solz l'aulne, Cy **XXV solz**

Item, trois aulnes et demye de frize blanche, pour boullonner dessoubz la toille d'or desd. chausses, au pris de XV solz l'aulne. Cy **LII solz VI deniers**

Item, cinq aulnes et ung quart toque d'or faulx large, pour doubler lad. casacque, au pris de XXXV solz l'aulne. Cy **IX livres III solz LX deniers tournois**

Item, deux aulnes trois quartz taffetas jaulne à huict filz, pour doubler encores une fois lad. casacque, au pris de LXX solz l'aulne. Cy **IX livres XII solz VI deniers tournois**

Item, demye aulne veloux blanc, pour luy faire ung chappeau au pris de VIII livres l'aulne. Cy **IIII livres**

Item, deux aulnes et ung quart toille d'argent raiée d'or, pour faire ung pourpoinct aud. Desprez, au pris XXIIII livres l'aulne. Cy **LIIII livres tournois**

Item, une aulne trois quartz boucassin blanc, pour doubler led. pourpoinct, au pris de XII solz VI deniers l'aulne. Cy **XXI solz X deniers**

Item, demye aulne veloux blanc, pour doubler les bottes qu'il portoit le jour de lad. / [62r] entrée, au pris de VII livres l'aulne. Cy **IIII livres tournois**

Item, ung bas de chausse de soye blanche d'Espagne. Cy **XXVII livres tournois**

Item, quatre aulnes et demye veloux blanc, pour faire une selle à ung harnois pour servir au cheval dud. Desprez le jour de l'entrée de lad. dame, au pris de VIII livres l'aulne. Cy **XXXVI livres tournois**

Item, demye aulne satin blanc, pour couvrir les estrinieres, au pris de LX solz l'aulne. Cy **XXX solz**

Toutes lesquelles parties font et montent ensemble à lad. somme de XVI^{c} XLV livres, XVIII solz, II deniers tournois, comme il est contenu et declaré oud. cahier et parties desd. Dolu et Dugué, cy rendues, par vertu desquelz payement leur a esté faict, ainsy qu'il appert par leur quictance dactée du unziesme jour d'aoust mil cinq cens soixante unze, cy rendue. Pour ce, cy **XVI^{c} XLV livres XVII solz II deniers tournois**

A Thomas Hericourt, maistre plumassier demourant à Paris, la somme de cinquante huict livres tournois à luy ordonnée par mesd. seigneurs pour / [62v] avoir fourny et livré quatre pannaches aud. cappitains des enfans de Paris, assavoir ung pour ung champfrin, ung autre pour ung habillement de teste et deux pour deux morions. Item, ung petit pour le chappeau et quatre pour bonnetz de lacquais comme il est contenu et declaré oud. cahier, par vertu duquel payement luy a esté faict de lad. somme de LVIII livres tournois, ainsy qu'il appert par deux ses quictances dactées des xve mars et XIXe septembre, mil cinq cens soixante unze, cy rendues. Pour ce, cy, lad. somme de **LVIII livres tournois**

A Nicolas Le Pain, maistre saincturier demourant à Paris, la somme de vingt livres tournois à luy ordonnée par mesd. seigneurs sur et tantmoins d'une ceinture de veloux cramoisy brodée et passementée d'argent et soie noire, quatre ceinctures de veloux noir passementez d'argent / [63r] et de soie noire, trois garnitures de trois paires d'esperons de veloux noir, une garniture d'esperons de veloux cramoisy, brodée et passementée d'argent, huict corroiées passementées d'argent pour servir à pistolles, et deux corroies pour servir aux coustelatz passementez d'argent qu'il a fourniz aud. cappitaine Desprez, comme il est contenu et declaré oud. cahier et parties dud. Le Pin cy rendues, par vertu desquelz payement luy a esté faict ainsy qu'il appert par sa quictance dactée du xve mars, mil cinq cens soixante unze, cy rendue. Cy **xx livres tournois**

A Guillaume Mineur, maistre cordonnier demourant à Paris, la somme de soixante livres, dix solz tournois, à luy ordonnée par mesd. seigneurs pour avoir fourny aud. cappitaine des enfans de Paris une paire de bottes, tant pour le cuir façon que brodure. Item, quatre colletz passementez tant / [63v] pour le cuir que pour les faire passementer. Item, trois paires de bottes de vache, comme il est contenu et declaré oud. cahier et parties dud. Mineur cy rendues, par vertu desquelz payement luy a esté faict, ainsy qu'il appert par deux ses quictances, dactées des xve mars et xixe septembre mil cinq cens soixante unze, cy rendues. Pour ce, cy **lx livres x solz tournois**

A Jacques Le Rouge, maistre esperonnier demourant à Paris, la somme de vingt livres tournois à luy ordonnée par mesd. seigneurs, sur et tantmoings de ce qui luy peult estre deu pour avoir argenté quatre mors, quatre paires d'estriez, et quatre paires d'esperons, comme il est contenu et declaré oud. cahier et parties dud. Le Rouge, par vertu desquelz payement luy a esté faict, ainsi qu'il appert par sa quictance dactée du xve mars mil cinq cens soixante unze, cy rendue. Pour ce, cy **xx livres tournois** / [64r]

A Ezechias Dehou, maistre fourbisseur d'espées, la somme de soixante livres tournois à luy aussy ordonnée par mesd. seigneurs, sur et tantmoings de la vente par luy faicte au cappitaine desd. enfans de Paris d'une espée et dague argentée, la ferrure de lad. ceinture de mesmes et les poignées d'argent. Plus, avoir argenté une paire d'estriez, ung mors et une paire d'esperons. Item, trois espées argentées, au fourreau de veloux noir. Item, trois grosses lances à fer doré. Item, ung espieu à fer doré. Item, une coreesque à fer doré. Plus, avoir garny ung corsellet, assavoir l'une les gardes à mufles de lyon et à [11690: de] goderons dorez et argentez la poignée d'or et d'argent, faict le bout et l'ambouchure comme il est contenu et declaré oud. cahier et parties dud. Dehou cy rendues, par vertu desquels payement luy a esté faict, ainsy qu'il appert par sa quictance dactée du xve mars mil cinq cens soixante unze, cy rendue. Pour ce, cy **lx livres tournois** / [64v]

A Loys Sanson, marchant passementier, bourgeois de Paris, la somme de huict cens livres tournois à luy ordonnée par mesd. seigneurs, sur et tantmoins des passemens, franges, cordons d'argent, d'or et de soye qu'il a fourny et livré, ainsy qu'il s'ensuict. Assavoir, au cappitaine des enfans de Paris, cinq^{xx} v aulnes petites canelles d'argent fin, poisant dix huict onces et demye, pour applicquer sur une paire de chausses de veloux cramoisy pour led. Desprez.

Item, trois onces soye blanche pour couldre lad. bisette.

Item, trois onces soye cramoisie pour couldre les bors desd. chausses.

Item, deux onces six gros soye grise pour remplir la doublure des bandes desd. chausses.

Item, soixante une aulnes de passement d'argent à jour, large d'ung poulce, poisant XXXVI onces cinq gros, pour aplicquer sur la casacque d'icelluy Desprez.

Item, une douzaine et demye de bouttons d'argent fin à las d'amours pour servir à lad. casaque, poisant sept onces demye. / [65r]

Item, cinq onces soye blanche pour couldre lesd. passement et boutons de ladicte casacque.

Item, demye once soye cramoisie pour remplir lad. casacque.

Item, pour le gillet, neuf aulnes et demye passement d'argent, large d'ung poulce, faict à jour, poisant cinq onces six gros.

Item, trois aulnes frange et cinq houppes, le tout d'argent et soie grise et cramoisie, pour servir aud. gillet, poisant ensemble huict onces et ung gros.

Item, une once six gros soie blanche pour couldre lad. frange et passement dud. gillet.

Item, cinq aulnes dud. passement à jour d'argent pour servir au fourreau des pistolles dud. cappitaine, poisant trois onces deux gros.

Item, une once six gros petit cordon d'argent pour cordonner led. fourreau de pistolles.

Item, six aulnes et demye passement d'argent dentelé pour servir aux deux fourreaulx pistolles des deux pages dud. Desprez, poisant deux onces.

Item, deux onces soie blanche pour couldre le passement des trois fourreaulx de pistolles.

Item, / [65v] une once deux gros soie cramoisie pour faire les boutons ausd. fourreaux de pistolles.

Item, les cordons garniz de houppes d'argent, soie cramoisie et grise, pour servir ausd. fourreaux, poisant quatorze onces demy gros.

Item, douze aulnes de franges et treize de passementz, le tout d'argent, pour servir au caparasson, poisant neuf onces demy gros.

Item, une once et demye soie blanche pour couldre led. passement et frange et doublé led. caparasson.

Item, demye once soye cramoisie pour remplir la doublure dud. caparasson.

Item, trente une houppes d'argent fin, soie cramoisie et gris, pour servir aud. caparasson, poisans vingt une once et demye.

Item, cent sept aulnes de passement d'argent fin dentelle pour servir aux casacques des trois pages dud. Desprez, poisans trente six onces six gros et demy.

Item, trois douzains boutons d'argent en las d'amours pour servir aux casacques desd. pages, / [66r] poisans neuf onces, sept onces, [sic] six gros soie blanche, pour couldre led. passement et boutons desd. casacques.

Item, dix onces petit cordon d'argent fin pour applicquer sur les chausses desd. pages.

Item, quatre onces et demye soie blanche pour couldre led. cordon.

Item, cinq onces soie cramoisie pour remplir les bandes desd. chausses et pour picquer les coings des bas desd. chausses.

Item, quarente aulnes chesnettes d'argent, poisans trois onces et demye, pour servir aux trois paires de manches des pourpoinctz desd. pages et pour les pourpoinctz des quatre lacquais.

Item, douze douzaines petitz boutons d'argent pour servir aux manches des pourpoinctz desd. pages et ausd. lacquais.

Item, six douzaines bouttons blans et rouges qui ont servy aux corps des pourpoinctz desd. pages.

Item, trois onces soie blanche pour couldre lad. chesnette et faire les boutonnieres desd. pourpoinctz.

Item, soixante unze aulnes passement / [66v] d'argent et cramoisy pour servir sur les querquesques desd. lacquais, poisans quinze onces ung gros et demy.

Item, quatre onces soie cramoisie pour couldre led. passement.

Item, quatre aulnes et demye passement d'argent fin à jour, poisant deux onces ung gros, pour servir sur les triquehouses dud. cappitaine.

Item, une once deux gros frange d'argent fin pour servir ausd. triquehouses.

Item, deux cordons et treize aulnes grandes franges d'argent et soie cramoisie et grise pour servir aux enseignes, poisans douze onces sept gros.

Item, deux onces et demye soie grise et cramoisie pour couldre lesdictes enseignes.

Item, trois aulnes frange d'argent pour servir à la banderolle, poisant une once sept gros.

Item, cinq grosses chesnettes d'argent pour servir sur une paire de manches pour led. cappitaine.

Item, une douzaine petitz bouttons à carreaux d'argent pour servir ausd. manches.

Item, deux / [67r] gros soie blanche pour faire les boutonnieres ausd. manches.

Item, cinquante quatre aulnes passement d'argent pour servir aux selles des trois pages, et vingt cinq aulnes passement large d'ung poulce, pour la selle dud. cappitaine, et quatre vingtz quatorze aulnes petite frange d'argent pour chamarrer les harnois avec deux cens aulnes petit cordon d'argent, le tout pesant ensemble quatre vintz trois onces.

Item, quatorze aulnes grandes franges et vingt aulnes de petites d'ung doigt, LXI houppes tant grandes que petittes, seize boutons de resnes estrinieres et quatre cordons pour les socquareilles, le tout d'argent fin, soie cramoisie et grise, poisans ensemble VIII^{xx}V onces et demye gros.

Item, quatre onces deux gros soie blanche pour servir à couldre lesd. harnois.

Item, cent cinq aulnes passement d'argent fin et soie cramoisie pour servir aux quatre colletz des lacquais, poisans XXIII onces, deux gros.

Item, deux douzaines petits / [67v] boutons d'argent et soie cramoisie pour servir ausd. coletz.

Item, huict aulnes passement d'argent à jour et XV aulnes petit cordon d'argent pour servir au dedans des bottes dud. cappitaine, poisant cinq onces, deux gros et demy.

Item, pour ung espieu, demy quartier grande frange d'argent, soie cramoisie et grise, et pour ung javelot, demy quartier frange à deux moletz avec ung cordon pour led. javelot, le tout d'argent, soie cramoisie et grise, poisans ensemble trois onces, trois gros.

Item, vingt sept aulnes et demye passement d'argent fin, poisant huict onces baillez à l'ouvrier.

Item, deux aulnes grande frange d'argent, soie cramoisie et grise, pour servir à la rudache dud. cappitaine, poisant neuf onces, six gros.

Item, trois cordons garniz de houppes d'argent, soie cramoisie et grise, pour servir à trois pulverins poisant six onces.

Item, trois cordons d'argent pour servir à trois quartouches poisant deux onces / [68r] cinq gros.

Item, deux cordons garniz de houppes d'argent pour servir aux deux morions des pages, poisant deux onces trois gros.

Item, ung pendant de clef de deux aulnes et demye passement d'argent soie cramoisie et grise, fourniz à Monsieur Marcel, poisant ensemble une once.

Item, la façon d'un bouton à pendre lesd. clefz.

Et pour le veloux, le tout fourny et livré par led. Sanson, ainsi qu'il est contenu en ses parties certiffiées dud. cappitaine Desprez, comme il est declaré oud. cahier et parties dud. Sanson, cy rendues, par vertu desquelz payement luy a esté faict ainsy qu'il appert par deux ses quictances dactées la premiere du quinziesme jour de mars mil cinq cens soixante unze et la deuxiesme du neufiesme jour de janvier mil cinq cens soixante douze, cy rendues. Pour ce, cy **VIII^c livres tournois**

A Charles Poille, maistre armurier demourant à Paris, la somme de quatre cens / [68v] soixante dix livres tournois à luy aussy ordonnée par mesd. seigneurs, sur et tantmoins d'ung harnois complet, qui a esté delivré aud. cappitaine Desprez, et autres armes et selles de chevaulx pour le jour de l'entrée du Roy, comme il est contenu et declaré oud. cahier, par vertu duquel payement luy a esté faict, ainsy qu'il appert par deux ses quictances dactées des vingt deux et vingt sixiesme jour de fevrier mil cinq cens soixante unze, cy rendues. Pour ce, cy **IIII^c LXX livres tournois**

A Nicolas Bourle, maistre sellier à Paris, la somme de cinquante livres tournois à luy aussy ordonnée par mesd. seigneurs, sur et tantmoins de la somme de CXV livres tournois, à quoy a esté marchandé pour quatre selles d'armes pour servir au cappitaine Desprez aux entrées du Roy et de la Royne, comme il est contenu oud. cahier, par vertu duquel payement luy a esté faict, ainsy qu'il appert par sa quictance dactée du VIIIe fevrier mil v^c soixante unze cy rendue. Pour ce, cy **L livres tournois** / [69r]

PAIEMENS FAICTZ AUX TABOURINS ET FIFRES tant pour leurs sallaires d'avoir servy ès bandes des gens de pied pour jouer de leurs tabourins et fifres les jours des entrées du Roy et de la Royne et autres jours extraordinaires, faisans les reveues d'iceulx, que depuis et pour leur faire sçavoir les jours d'icelles entrées et aussy pour leur subvenir et aider à l'achapt de leurs habitz.

A Jehan Gasse, Jehan Bourienne, fifres de vieilles compagnie françoise, Gilles Ayran aussy fifre, Jehan Langlois, Charles Boutillier et Denis Devaulx, sonneurs de tabourins et Philippes

Bouqueton aussy tabourin, la somme de sept vingtz livres tournois à eulx ordonnée par mesd. seigneurs, qui est à chacun d'eulx vingt livres tournois. Pour avoir sonné de leurs fifres et tabourins ès entrées du Roy et de la Royne et autres jours necessaires, comme il est contenu et declaré oud. cahier, par vertu duquel payement a esté faict / [69v] par led. Receveur de lad. somme à Jehan Lefevre et Charles Marchant, cappitaines des deux bandes de gens de pied des mestiers de Paris, pour distribuer aux dessusd., ainsy qu'il appert par leur quictance dactée du IIe mars VcLXXI, cy rendue avec autres quictances de desus nommez. Pour ce, cy **VIIxx livres tournois**

A Aignan Cyrat, Noel de Neufvy, Toussainctz de Halloy, Jehan Blotin, François de Neufvy, Loys de Loutre et Joignet de la Roche, tabourins et fifres, pareille somme de sept vingtz livres tournois, qui est à chacun d'eulx XX livres tournois, à eulx ordonnée par mesd. seigneurs, pour avoir sonné de leurs tabourins et fifres ès entrées du Roy et de la Royne et autres journées extraordinaires, comme il est contenu et declaré oud. cahier, par vertu duquel payement leur a esté faict, ainsy qu'il appert par leur quictance dactée du seiziesme jour de fevrier mil cinq cens soixante unze, cy rendue. Pour ce cy **VIIxx livres tournois** / [70r]

A Jehan Daneu, Jacques Richard, Denis Grangier, Loys Grangier, Pierre Brenot, tabourins, Jacques Linot et Nicolas Bezançon, fifres, semblable somme sept vingtz livres tournois à eulx aussy ordonnée par mesd. seigneurs, pour avoir sonné de leurs tabourins et fifres esd. entrées du Roy et de la Royne et autres journées extraordinaires, comme il est contenu et declaré oud. cahier, par vertu duquel paiement leur a esté faict, ainsy qu'il appert par leur quictance dactée du seiziesme jour de fevrier MVc soixante unze, cy rendue. Cy **VIIxx livres tournois**

A François Poncet, clerc des capitaines de la ville de Paris, la somme de quarante deux livres huict solz tournois à luy ordonnée par mesd. seigneurs, pour seize pourtraictz qu'il a faictz de la forme que debvoient estre les enfans de Paris, comme il est contenu et declaré oud. cahier, par vertu duquel payement / [70v] luy a esté faict, ainsy qu'il appert par sa quictance dactée de septiesme jour de fevrier mil cinq cens soixante unze, cy rendue. Pour ce, cy **XL livres VIII solz tournois**

TROMPETTES qui ont esté avec les arches, arbalestriers d'icelle ville de Paris, aussy à la compaignie des enfans de Paris à cheval.

A Claude de la Vallée, Remon de la Mothe, Michel Noiriet, Pierre Doulcet, Jehan de la Vallée et Francisque de Modene, trompettes de Monseigneur le duc de Lorraine et autres seigneurs, la somme de quarente huict livres douze solz tournois à eulx ordonnée par mesd. seigneurs, pour leurs peines, sallaires et vaccations d'avoir sonné de leurs trompettes à l'entrée du Roy devant la trouppe des enfans de Paris, et ce, oultre et pardessus le casacquin, chappeau, panache et / [71r] escharpe dont lesd. seigneurs leur ont faict don, comme il est contenu oud. cahier, par vertu duquel payement leur a esté faict, ainsy qu'il appert par leur quictance dactée du neufviesme jour de mars mil cinq cens soixante unze, cy rendue. Pour ce, cy **XLVIII livres XII solz tournois**

A René Regnart, trompette de monsieur de Guise, et Michel Noiret, trompette du Roy à Paris, la somme de seize livres quatre solz tournois à eulx ordonnée par mesd. seigneurs, pour a avoir sonné de leurs trompettes devant les enfans de Paris, à l'entrée du Roy, comme il est contenu et declaré oud. cahier, par vertu duquel payement leur a esté faict, ainsy qu'il appert par leur quictance dactée du deuxiesme avril mil cinq cens soixante unze, cy rendue. Pour ce **XVI livres IIII solz tournois**

A François Fromain, Jehan de la Chaize, Jehan de Septans, Jehan Lefevre, Bastien Doulcet, Pierre Leclere, Benoist Paul, Loys Couart et Nicolas le Chappellier, / [71v] la somme de deux cens vingt cinq livres tournois, qui est à chacun d'eulx vingt cinq livres, à eulx ordonnée par mesd. seigneurs, pour leurs peines sallaires et vaccations d'avoir sonné de leurs trompettes ès entrées du Roy et de la Royne, devant les compaignies des archers, arbalestriers et harquebuziers de lad. ville, comme il est declaré et contenu oud. cahier, par vertu duquel payement leur a esté faict, ainsy qu'il appert par leur quictance dactée du septiesme jour de mars mil cinq cens soixante unze, cy rendue, Pour ce cy **IIc XXV livres tournois**

A Michel Noiret, trompette du Roy, la somme de soixante douze livres dix huict solz tournois à luy ordonnée par mesd. seigneurs, pour avoir fourny de neuf trompettes à l'entrée de la Royne, pour servir devant les compaignies des archers, arbalestriers et harquebuziers de lad. ville, comme il est contenu et declaré oud. cahier, par vertu duquel payement luy a esté / [72r] faict, ainsy qu'il appert par sa quictance dactée du deuxiesme jour d'avril mil cinq cens soixante unze, cy rendue. Pour ce, cy **LXXII livres XVIII solz tournois**

ACHAPT ET FAÇON DES ENSEIGNES, GUIDONS ET BANEROLLES, tant pour les compaignies des archers, arbalestriers et harquebuziers, que des enfans de Paris et trompettes d'iceulx.

A René Dolu et Jehan Dugué, marchans fournissans l'argenterie du Roy, la somme de quatre cens quatre vingtz treize livres huict solz neuf deniers tournois à eulx ordonnée par mesd. seigneurs, pour avoir par leur commandement fourny et livré, c'est assavoir unze aulnes de taffetas blanc à quatre filz, pour emploier aux enseignes des gens de pied au feur de XXVIII solz l'aulne. Cy **XV livres VIII solz tournois**

Item, unze aulnes taffetas incarnat à quatre filz pour emploier ausd. enseignes, aud. pris. Cy **XV livres VIII solz**

Item, / [72v] unze aulnes taffetas gris six filz pour emploier ausd. enseignes, à icelluy pris. Cy **XV livres VIII solz tournois**

Item, cinq aulnes taffetas blanc six filz pour faire banderolles, à LV solz l'aulne, vallant **XIII livres XV solz tournois**

Item, cinq aulnes taffetas gris aussy à six filz pour faire banderolles, aud. pris de LV solz l'aulne. Cy **XIII livres XV solz tournois**

Item, cinq aulnes taffetas incarnat six filz pour faire banderolles, aud. pris. Cy **XIII livres XV solz tournois**

Item, douze aulnes taffetas gris quatre filz pour faire des enseignes à XXVIII solz l'aulne. Cy **XVI livres XVI solz tournois**

Item, quatorze aulnes taffetas gris six filz pour faire trois enseignes et trois guidons des archers, arbalestriers et harquebuziers, à LV solz l'aulne. Cy **XXXIII livres X solz tournois.**

Item, vingt quatre aulnes veloux incarnat pour faire six casacques à six trompettes, qui est à chacun quatre aulnes, pour servir devant les enfans de Paris esd. entrées, à VIII livres tournois l'aulne. Cy **IX^{xx} XII livres tournois**

Item, quinze aulnes taffetas blanc six filz pour servir à faire escharpes ausd. trompettes, / [73^{r}] qui est à chacun deux aulnes et demye, à LV solz **XLI livres V solz tournois**

Item, cinq quartiers dud. veloux incarnat pour servir à faire six poignées de six enseignes de gens de pied, à VIII livres tournois l'aulne. Cy **X livres tournois**

Item, deux aulnes taffetas banderolles pour les bandes des enfans de Paris, à LV solz l'aulne. Cy **CX solz tournois**

Item, deux aulnes taffetas gris six filz pour lesd. banderolles, aud. pris. Cy **CX solz tournois**

Item, deux aulnes taffetas blanc six filz pour lesd. banderolles, à icelluy pris. Cy **CX solz tournois**

Item, quatre aulnes taffetas blanc six filz pour faire banderolles aux trompettes desd. enfans de Paris et trois cornettes pour les archers, arbalestriers et harquebuziers, aud. pris de LV solz l'aulne. Cy **XI livres tournois**

Item, quatre aulnes et ung quart de taffetas incarnac six filz, à icelluy pris. Cy **XI livres XIII solz IX deniers tournois**

Item, trois aulnes de taffetas gris six filz, aud. pris. Cy **VIII livres V solz tournois**

Item, six aulnes veloux verd de Gennes pour doubler ung estuy auquel a esté mis / [73^{v}] le present qui a esté faict au Roy, au feur de X livres l'aulne. Cy **LX livres tournois**

Toutes lesquelles parties montent et reviennent ensemble à la somme de IIII^{c} IIII^{xx} XIII livres, VIII solz, IX deniers tournois, comme il est contenu et declaré oud. cahier et parties desd. Dolu et Dugué, cy rendues, par vertu desquelz payement leur a esté faict, ainsy qu'il appert par leur quictance dactée du unziesme jour d'aoust mil cinq cens soixante unze, cy rendue. Pour ce, cy **IIII^{c} IIII^{xx} XIII livres VIII solz IX deniers tournois**

A Loys Marchant, maistre painctre à Paris, la somme de six vingtz dix huict livres tournois à luy ordonnée par mesd. seigneurs, pour avoir par leur commandement bien et deuement faict et parfaict les peintures qui ensuivent. Assavoir, peint enseignes neufves de gens de pied, en chacune desquelles estoit peinct les armoiries et devises de lad. ville, les devises du Roy en coulonnes droictes et les chifres dud. seigneur et de la Roine, tant d'ung costé que d'autre, / [74^{r}] à raïson de VII livres tournois chacune enseigne. Pour ce **XXI livres tournois**

Item, avoir racoustré et peint de neuf trois autres enseignes, lesquelles, combien qu'elles fussent neufves, en a osté le taffetas jaulne pour y en mectre de gris, sur lequel taffetas gris auroit esté peinct le semblable de ce qui estoit sur le jaulne d'ung costé et d'autre, à raison de XL solz chacune enseigne. Pour ce **VI livres tournois**

Plus, refaict et peinct trois enseignes et trois guidons, et apposé sur le taffetas gris ce qui fut mis de nouveau au lieu de jaulne esd. enseignes et guidons, et y avoir peint les devises et chiffres du Roy, harquebuzes, bouletz, arcs, flesches, trousses, arbalestes et autres choses necessaires, ainsy qu'ils estoient sur lesd. jaulnes d'une part d'autre, à raison de VI livres tournois piece. Pour ce **XXXVI livres tournois**

Item, peint tout de neuf neuf banderolles de trompettes faictes de neuf et sur icelles peint les armoiries de lad. ville avec les / [74v] devises tant du Roy que d'icelle ville, à raison de C solz chacune, vallant **XLV livres tournois**

Item, avoir peinct trois cornettes, en la façon et au pris que dessus. Pour ce **XV livres tournois**

Item, peinct les lances tant des guidons, enseignes que cornettes. Pour ce **XIIII livres tournois**

Toutes lesquelles choses reviennent à la premiere somme de VIxx XVIII livres tournois, suivant le marché faict et passé avec led. Marchant pardevant Ymbert et Quetin, notaires au Chastellet de Paris, le XXIIIe jour de janvier, mil cinq cens soixante unze, cy rendu, par vertu duquel et dud. cahier devant rendu, ce present Receveur a faict payement aud. Marchant de lad. somme de VIxx XVIII livres tournois, comme il appert par quatre ses quictances dont la premiere sert cy pour XLVIII livres, et pour le reste sur la partie ensuivante dactée des XXVIe janvier, XVe fevrier, IIe mars et XIXe mars, mil cinq cens soixante unze, cy rendues. Pour ce cy **VIxx XVIII livres tournois** / [75r]

Aud. Marchant la somme de soixante quatre livres tournois à luy aussy ordonné par mesd. seigneurs, assavoir pour avoir peinct à neuf l'enseigne, guidon et cornette du cappitaine des enfans de Paris et quatre banderolles pour les trompettes avec les armoiries de la ville, devises et chiffres du Roy, avec les devises particulieres dudict cappitaine et iceulx guidon, enseigne, cornette et banderolles painctz à l'entour d'ung feuillage d'argent, suivant le marché faict verballement avec luy.

Item, deux banderolles oultre les quatre autres qui luy ont esté commandées après lesd. marchez faictz par ce qu'il est trouvé qu'il fault six trompettes pour sonner devant lesd. enfans de Paris.

Pour toutes lesquelles painctures desd. enseignes, guidons, cornette et banderolles luy a esté ordonnée lad. somme de LXIIII livres tournois comme il est contenu et declairé oud. cahier, per vertu duquel payement luy a esté faict, ainsy qu'il appert par sa quictance rendue sur la partie precedente. Pour ce cy **LXIIII livres tournois** / [75v]

A Nicolas Machere, maistre fourbisseur à Paris, la somme de quarante trois livres tournois à luy ordonnée par mesd. seigneurs. Assavoir, **XXIIII livres tournois** pour six grosses lances neufves de bois de sapin, garnies chacune d'ung fer doré, pour les trois enseignes et trois guidons des compaignies des archers, arbalestriers et harquebuziers dud. Paris, à raison de IIII livres tournois chacune lance.

Item, trois aultres lances moindres, aussy neufves, dud. bois de sapin garnies de leur fer doré, pour les trois cornettes desdictes compaignies. Pour ce **V livres tournois**

Item, pour six bastons aussy garniz de leur fer doré et plomb à la poignée pour les six enseignes des gens de pied, et avoir fourny de ruban et tresse pour clouer toutes lesd. enseignes. Pour ce **XIII livres tournois**. Revenans toutes lesd. sommes à lad. premier de XLIII livres comme il est declaré et contenu oud. cahier, par vertu duquel payement luy a esté faict, ainsy qu'il appert par sa quictance dactée du dixneufviesme jour / [76r] de mars, mil cinq cens soixante unze, cy rendue. Pour ce, cy **XLIII livres tournois**

A Jehan Plantin, maistre tissutier, rubannier et passementier, demourant à Paris, la somme de sept vingtz seize livres dix huict solz six deniers tournois, à luy ordonnée par mesd. seigneurs pour avoir par luy fourny quinze gros cordons de fin fleur et garny de leurs houppes et crespines de soie, poisans ensemble six livres et demye cinq onces, cinq gros, à raison de XII livres tournois la livre vallant **IIIIxx II livres X solz tournois**, pour servir à quinze banderolles de trompettes desd. entrées.

Item, trois livres dix onces deux gros et demye de frange de soie de trois couleurs, tant pour border tout à l'endroict desd. banderolles que les guidons, enseignes et cornettes des archers, arbalestriers et harquebuziers, à raison de XXII solz VI deniers l'once, vallant **LXV livres XVIII solz VI deniers tournois**

Item, dix douzaines de boutons de soie de trois couleurs, au feur de XVIII solz la douzaine, vallant / [76v] **IX livres tournois** pour les casacques des trompettes des enfans de Paris, le tout pour servir esd. entrées.

Toutes lesquelles parties montent à lad. somme de VIxx XVI livres tournois XIII solz, comme il est contenu et declaré oud. cahier, par vertu duquel payement luy a esté faict, ainsy qu'il appert par sa quictance dactée du septiesme jour d'apvril mil cinq cens soixante unze, cy rendue. Pour ce, cy **VIIxx XVI livres XVIII solz VI deniers tournois**

A Nicolas Redoubté, maistre tailleur d'habitz demourant à Paris, la somme de soixante huict livres ung solz tournois à luy ordonnée par mesd. seigneurs pour avoir par luy faict les ouvrages de son mestier qui ensuivent. Assavoir, pour trois grandes enseignes à ondes toutes neufves de couleur d'incarnat, blanc et gris, et cousues à doubles cousture de filz de soie desd. couleurs, pour trois compagnies de gens de pied, à raison de C solz piece. Pour ce **XV livres tournois**

Item, refaict trois autres enseignes aussy neufves à ondes, / [77r] pour trois autres compaignies desd. gens de pied, et mis du taffetas gris au lieu de jaulne, à raison de L solz chacune. Pour ce **VII livres X solz tournois**

Item, refaict trois enseignes de trois guidons des compagnies des archers, arbalestriers et harquebuziers, et mis le taffetas gris au lieu de jaulne et cousu tout à l'entour les franges de soie des couleurs du Roy, au feur de XXV solz chacune. Pour ce **VII solz tournois**

Item, faict quinze banderolles neufves de taffetas desd. couleurs pour les trompettes, assavoir six des enfans de Paris et neuf des archers, arbalestriers et harquebuziers, et icelles cousues à deux endroictz, et les franges de soie desd. couleurs, à raison de XXV solz chacune. Pour ce **XV livres tournois**

Item, faict trois cornettes neufves de taffetas desd. couleurs pour les archers, arbalestriers et harquebuziers ayans la croix blanche au meilleu, aussy bordée de frange de soie à deux endroictz, au feur de XII solz piece. Pour ce **XXXVI solz tournois**

Item, fourny deux onces de / [77v] soie de couleur pour couldre lesdictes enseignes, guidons et cornettes et banderolles, à raison de XVI solz l'once. Pour ce **XXXII solz tournois**

Item, pour la façon de six saies de veloux rouge pour les six trompettes des enfans de Paris, lesd. saies doublez de toille rouge et arrierepoinctz de fil de soie avec des boutons pardevant et aux manches, au feur de XL solz piece. Pour ce **XII livres tournois**

Item, fourny treize aulnes et demye de toille rouge pour doubler lesd. saies, qui est à chacun deux aulnes et ung quart, à raison de VIII solz l'aulne. Pour ce **LVIII solz**

Item, deux onces et demye de soie rouge pour faire lesd. arrierepoinctz et arrachées boutons, à XVI solz l'once. Pour ce **XL solz**

Item, pour les agraffes desd. saies **V solz**

Revenans toutes lesdictes parties à ladicte premiere somme de LXVIII livres I sol tournois, comme il est contenu et declaré oud. cahier, par vertu duquel payement luy a esté faict, ainsy qu'il appert par sa quictance dactée du sixiesme jour d'apvril, / [78r] mil cinq cens soixante unze, cy rendue. Pour ce cy **LXVIII livres I sol tournois**

A CAUSE DES CIELZ PORTEZ SUR LE ROY ET SUR LA ROYNE LES JOURS DE LEURS ENTRÉES

A René Dolu et Jehan Dugué, marchans fournissans l'argenterie du Roy, la somme de quatre cens vingt une livres tournois, à eulx ordonnée par mesd. seigneurs pour avoir fourny la marchandise qui ensuict. C'est assavoir, treize aulnes et demye de veloux violet de Gennes dont a esté faict le Ciel le jour de l'entrée du Roy, au feur de X livres tournois l'aulne. Pour ce **VI^{xx} XV livres tournois**

Item, quatre aulnes satin violet pour doubler led. ciel, à LX solz l'aulne. Cy **XII livres tournois**

Item, neuf aulnes, trois quartz et demye toille d'or damassée pour le ciel de la Royne, à XXIIII livres tournois l'aulne. Pour ce **II^{c} XXXVIII livres tournois**

Item, quatre aulnes ung tiers satin jaulne / [78v] pour doubler led. ciel à LX solz l'aulne. Cy **XIII livres tournois**

Item, deux tiers drap d'or sans frizure pour faire la croisure de la chasuble pour dire et celebrer la messe en l'hostel de lad. ville, à XXX livres l'aulne. Pour ce **XX livres tournois**

Item, demye aulne veloux bleu de Gennes pour couvrir les poignées de quatre bastons pour porter le ciel de la Royne, à dix livres l'aulne.

Pour ce, cy revenans lesd. parties à la premiere somme de IIII^{c}XXI livres tournois, comme il est contenu et declaré oudict cahier, par vertu duquel payement leur a esté faict, ainsy qu'il appert par leur quictance dactée du unziesme jour aoust, mil cinq cens soixante unze, cy rendue. Pour ce, cy **IIII^{c} XXI livres tournois**

A Jacques Messier, marchant chazublier, bourgeois de Paris, la somme de trois cens vingt six livres trois solz trois deniers tournois, à luy ordonnée par mesd. seigneurs pour les ouvraiges qui ensuivent. Assavoir, pour deux / [79r] cens quarante huict fleurs de lys faictes d'or de Boulogne doré deux fois mises, assavoir IIIIxx VIII sur le fond du ciel du Roy, LXVIII sur les deux petites panthes et IIIIxx XII sur les longues pantes, et avoir icelles assizes et pourfillées, au feur de XIII solz la piece. Pour ce **VIIIxx I livres IIII solz tournois**

Item, quatre armoiries, assavoir deux du Roy mises sur les deux petites pantes et deux de la ville mises sur les grandes panthes, au feur de XIII livres tournois chacune. Pour ce **LII livres tournois**

Item, ung grand escusson aux armes du Roy avec la couronne dessus et l'ordre. Pour ce, **XL livres tournois**

Item, dix huict onces, cinq gros, franges de soie violette à franger les pantes dud. ciel, à XVIII solz l'once. Cy **XVI livres XV solz III deniers tournois**

Item, pour crespine de Boulongne doré deux fois, poisant ung marc sept onces quatre gros, à XXVIII solz l'once, mis pardessus celle de soie. Pour ce **XXI livres XIII solz tournois**

Item, pour la façon dud. ciel tant pour les doublures de toille, peinture des bastons et dessus du ciel, semez de fleurs de lis, et au dessus ung / [79v] escusson des armes du Roy, dorez d'or fin. Avoir aussy fourny de chassis bastons et ferraille. Pour ce **XXXV livres tournois**

Toutes lesquelles parties montent et reviennent ensemble à lad. somme de IIIc XXVI livres III solz IIII deniers tournois, suivant le marché faict avec led. Messier, passé pardevant Ymbert et Quetin, notaires au Chastellet de Paris, le XXe jour d'octobre mil cinq cens soixante dix, cy rendu comme il est contenu et declaré oud. cahier et parties dud. Messier, cy rendues, par vertu desquelz payement luy a esté faict par ced. Receveur, ainsy qu'il appert par sa quictance dactée du douziesme jour de mars, mil cinq cens soixante unze, cy rendue. Pour ce, cy **IIIc XXVI livres III solz III deniers tournois**

Aud. Messier la somme de huict vingtz seize livres quinze solz huict deniers tournois, à luy ordonnée par mesd. seigneurs pour les ouvraiges cy après declarez / [80r] qu'il a faictz ainsy qu'il s'ensuict. Assavoir, pour quatre armoiries, deux aux armes de la Royne avec la couronne et deux aux armes de lad. ville, pour mectre aux quatre pantes du ciel de lad. dame, au feur de XIII livres tournois piece. Pour ce **LII livres tournois**

Item, pour ung grand escusson aux armes de lad. dame, mis au fons du ciel, faict de toille d'or damassée. Pour ce **XL livres tournois**

Item, pour la façon du ciel tant pour les doublures que pour avoir faict peindre le dessus aux armes de lad. ville et avoir fourny de quatre bastons painctz et dorez avec les chassis et ferraille. Pour ce **XXXXV livres tournois**

Item, pour une livre trois onces ung gros et demy, frange de soie rouge à franger les pantes dud. ciel, à dix huict solz la livre. Pour ce **XVII livres V solz V deniers**

Item, pour deux marcs trois onces ung gros, crespine d'or faulx de Boulogne, doré deux fois, à mettre par dessus lad. frange de soie rouge, à XXVIII solz l'once. Pour ce / [80v] **XXVI livres XVII solz III deniers**

Item, pour avoir rubanné l'orfroix de la chasuble de la chappelle de lad. ville, faict de toille d'or rubanné de passement de soie rouge. Pour ce **XVIII solz tournois**

Item, pour la doublure de toille rouge à doubler lad. chazuble et l'orfroix avec l'estolle et façon. Pour ce **XXV solz tournois**

Item, la façon de lad. chasuble, estolle et façon **LXX solz tournois**

Toutes lesquelles parties montent et reviennent ensemble à lad. somme de VIII^{XX} XVI livres XV solz VIII deniers tournois, comme il est contenu et declaré oud. cahier et parties dud. Messier cy rendues, par vertu desquelz payement luy a esté faict, ainsy qu'il appert par sa quictance dactée du septiesme de juillet, mil cinq cens soixante unze, cy rendue. Pour ce, cy **VIII^{XX} XVI livres XV solz VIII deniers tournois**

A CAUSE DES TAPISSERIES TENDUES TANT EN L'ESCHASFAULT DE SAINCT LADRE ET ES CHAMBRES LES JOURS DESD. ENTRÉES, QUE AU LOGIS EPISCOPAL LE JOUR DU FESTIN DE LA ROYNE / [81r]

A Claude Passavant, marchant tapissier demourant à Paris, la somme de neuf vingtz dix huict livres deux solz six deniers tournois, à luy ordonnée par mesd. seigneurs pour avoir de leur commandement, le XXVe jour de novembre mil cinq cens soixante dix, tendu la tapisserie de lad. ville en la grand salle pour le festin faict le dimanche XXVIe jour dud. mois et an, à cause du jour du mariage du Roy, et depuis destendue, nettoiée et reserré. Pour ce **XLV solz**

Item, le XVIIe fevrier ensuivant mil v^{c} LXXI, avoir cousu et assemblé plusieurs petites tentes de toille, appellées canonnieres, dont ont esté couvertz les deux portaux du pont Nostre Dame pour cacher les figures qui se faisoient sur lesd. portaux. Pour ce **IIII livres tournois**

Item, pour douze livres de grosse corde mises sur lesd. portaulx pour tenir lesd. toilles, à raison de IIII solz la livre. Pour ce **XL solz tournois**

Item, huict grandz crochetz de fer où estoient attachées lesd. cordes, ensemble plusieurs autres crochetz pour faire tenir / [81v] lesd. toilles avec de la ficelle. Pour ce, cy **L solz.**

Item, pour huict aulnes grosse toille mises devant les figures de la fontaine du Ponceau. Cy **XL solz**

Item, avoir tendu lesd. huict aulnes de toille devant lesd. figures et livré le cloud. Cy **XII solz VI deniers**

Item, le IIIe jour de mars oud. an v^{c} LXXI avoir retendu les toilles paintes estans aux pourtraictz de dessus le pont Nostre Dame. Pour ce **XL solz tournois**

Item, pour avoir tendu, detendu et cousu les escripteaux, faire porter et rapporter la perspective de toille mise devant le Grand Chastellet pour l'entrée du Roy. Cy **IIII livres tournois**

Item, pour six livres de corde mises devant la perspective. Cy **XX solz tournois**

Item, le lundy cinquiesme jour dud. mois de mars oud. an, avoir tendu et livré de fine tapisserie en trois chambres au logis de monsieur Mirault, rue Sainct Denis, pour l'entrée du Roy où estoit la Royne, Madame Marguerite et autres dames. Pour ce **XL livres tournois**

Item, avoir tendu et livré plusieurs pieces de tapisserie en une chambre joignant / [82r] led. sieur Merault, où estoient les dames de la Royne. Pour ce **L solz tournois**

Item, led. jour tendu la tapisserie de ladicte ville en la grant salle pour lad. entrée. Cy **XLV solz**

Item, pour l'achat d'une grande eschelle pour tendre ladicte tapisserie. Cy **CX solz tournois**

Item, pour le cloud qu'il a convenu avoir à tendre tant lad. tapisserie que perspective fournie chez monsieur Merault. Cy **LX solz tournois**

Item, avoir tendu et livré plusieurs pieces de tapisserie sur l'eschasfault devant le Grand Chastellet. Cy **XXV solz tournois**

Item, pour l'entrée de la Royne avoir garny de cordes la perspective devant le Chastellet, avoir racoustré plusieurs troux qui y estoient. Cy **XXV solz**

Item, avoir tendu, faict porter, destendre et rapporter lad. perspective pour l'entrée de lad. dame. Cy **IIII livres tournois**

Item, avoir destaché les tableaux estans sur les pourtraictz du pont Nostre Dame. Cy **X solz tournois**

Item, avoir tendu la tapisserie de lad. ville en la grant salle. Cy **XLV solz tournois.**

Item, avoir tendu et fourny plusieurs pieces de tapisserie / [82v] sur l'eschasfault du Grand Chastellet. Cy **XXV solz tournois**

Item, avoir tendu et livré la tapisserie chez monsieur Merault, pour l'entrée de lad. dame où estoit le Roy et la Royne mere en trois chambres. Cy **XV livres tournois**

Item, avoir tendu et livré plusieurs pieces de tapisserie en une chambre joignant led. Merault, pour lad. entrée. Cy **L solz**

Item, avoir fourny et tendu de fine tapisserie au logis de l'evesché pour le festin faict à lad. dame, XXXe jour desd. mois et an, deux salles et une chambre au viel logis, laquelle tapisserie y a esté trois jours entiers. Pour ce **XLV livres tournois**

Item, pour porter la tapisserie de ladicte ville et icelle tendue en une grande salle en l'evesché, et depuis detendue, nettoiée et faict porter en l'hostel d'icelle ville. Cy **C solz tournois**

Item, pour avoir livré et tendu de fine tapisserie aud. evesché, du costé de la chappelle, en quatre places, assavoir en la grille, en la chappelle et deux chambres joignant, laquelle tappisserie y a esté / [83r] l'espace de trois jours. Pour ce **LX livres tournois**

Item, livré et tendu de fine tappisserie au long des eschasfaulx estans en la grande salle dud. evesché. Pour ce **IIII livres tournois**

Item, avoir detendu les toilles estans en la grant salle dud. evesché servant de frize. Pour ce **L solz tournois**

Item, pour le cloud qu'il a convenu avoir à tendre tant aud. evesché que autres lieux, pour la tappisserie fournie tant pour lad. entrée que pour le festin faicte à lad. dame. Cy **C solz**

Toutes lesquelles parties font et montent ensemble a lad. somme de IX^xx XVIII livres II solz VII deniers tournois, comme il est contenu et declaré oud. cahier et parties dud. Passavant, cy rendues, par vertu desquelz payement luy a esté faict, ainsy qu'il appert par sa quictance dactée du vingtiesme novembre, mil cinq cens soixante unze, cy rendue. Pour ce cy **IX^xx XVIII livres II solz VII deniers tournois**

A Philippes Le Gendre, garde des meubles du Roy, la somme de cinquante livres tournois à luy ordonnée par mesd. seigneurs pour avoir preparé pour lesd. entrées et festins tant en l'hostel de ville, Nostre Dame de Paris [83v] que Sainct Ladre, les tapisseries necessaires pour revestir les eschasfaulx de satin violetz semez de fleurs de lis, et tapis veloux par terre mesmes en la grande salle de l'evesché, et avoir tendu de riches tappisseries en or, tendu les grans dentz du vol de heron, garny les parterres de tapis veloux, et avoir faict porter et remmener lesd. meubles du galletas du Bourbon ausd. lieux, et les faire rapporter, secouer et nettoier comme il est contenu et declaré oud. cahier, par vertu duquel payement luy a esté faict ainsy qu'il appert par sa quictance dactée du xe jour d'octobre, mil cinq cens soixante unze, cy rendue. Pour ce **L livres tournois**

JOUEURS D'INSTRUMENS SUR L'ARC TRIUMPHANT PRES L'EGLISE SAINCT JACQUES DE L'OSPITAL LES JOURS DESD. ENTRÉES

A Jehan Gentilz, haultbois du Roy, tant pour luy que pour ses compaignons, / [84r] la somme de quinze livres tournois, à eulx ordonnée par mesd. seigneurs pour avoir par eulx joué de leurs instruments de haultbois le jour de l'entrée du Roy sur l'arc triumphant estant en la rue Sainct Denis, pres Sainct Jacques de l'Hospital, pendant que le Roy passoit par cest endroict et autres seigneurs qui alloient au devant de luy, comme il est contenu et declaré oud. cahier, par vertu duquel payement luy a esté faict, ainsy qu'il appert par sa quictance dactée du XIXe jour de mars, mil cinq cens soixante unze, cy rendue. Pour ce, cy **XV livres tournois**

FRAIZ FAICTZ A CAUSE DE L'ARTILLERIE QUI A ESTÉ TIRÉE LES JOURS DESD. ENTRÉES

A Jehan Durand, maistre de l'artillerie de la ville, la somme de quatre vingtz huict livres seize solz six deniers tournois, à luy ordonnée par mesd. seigneurs / [84v] pour son remboursement de pareille somme qu'il a mise et fraiée de leur ordonnance comme il s'ensuict. Assavoir, à quatre chartiers qui ont fourny quatre chevaulx, qui ont vacqué deux journées à tirer cinq canons de l'arcenac du Roy et iceulx menez sur les rempartz et ramenez aud. arcenac, à raison de XXV solz pour chacun cheval par jour. Pour ce **XL livres tournois**

A trois autres chartiers qui ont fourny chacun trois chevaulx durant deux journées, pour avoir prins quarente pieces d'artillerie en l'arcenac de lad. ville, icelles menées sur les rempartz et ramenez aud. arcenac à lad. raison de xxv solz par jour pour cheval. Cy **xx livres x solz tournois**

A quatre hommes qui ont gardé lad. artillerie sur lesd. rampartz durant quatre jours et trois [11690: quatre] nuictz, à chacun xii solz tournois par jour. Pour ce **ix livres xii solz tournois**

Item, à ung homme demourant sur les rampartz pour avoir gardé les bouettes et autres munitions servans à lad. artillerie. Pour ce **xiiii solz tournois**

A ung tourneur qui a faict ung cent et demy de tampons, / [85^{r}] à trois deniers pieces, **xxxvii solz vi deniers**

Item, en huict boteaux de foin pour charger lesd. pieces, **xii solz**

Item, à ung chartier qui a mené et ramené les bouettes à l'hostel de la ville. Pour ce **xii solz**

Item, à six crocheteurs qui ont porté la pouldre sur les rampartz, chacun deux solz. Pour ce **xii solz**

Item, pour le disner et soupper de plusieurs canonniers du Roy qui ont aydé à charger et tirer l'artillerie et bouettes. Pour ce **xlii solz**

Au cappitaine Benoist par le commandement de monsieur le Prevost des Marchans paié **lv solz tournois**

Item, pour deux livres de cordes à feu, **x solz**

Item, à Jehan Durant, filz dud. Durant, pour ses peines, sallaires et vaccations d'avoir vacqué à lad. artillerie. Pour ce **xl livres tournois**

Lesquelles parties montent et reviennent ensemble à lad. somme de iiii^{xx} xviii livres, xvi solz, vi deniers tournois, comme il est contenu et declaré oud. cahier et parties dud. Durand, cy rendues, par vertu desquelz luy a esté faict payement ainsy qu'il appert par sa quictance dactée du quatriesme jour d'octobre / [85^{v}] mil cinq cens soixante unze, cy rendue. Pour ce, cy **iiii^{xx} xviii livres xvi solz vi deniers tournois**

Aud. Durant la somme de quatre vingtz dix huict livres seize solz six deniers tournois, oultre et pardessus pareille somme contenue en la partie precedente, pour son remboursement de semblable somme qu'il a mise et desboursée comme il s'ensuict. A quatre chartiers qui ont fourny chacun quatre chevaulx durant deux journées, pour avoir tiré cinq canons de l'arcenac du Roy, iceulx menez sur les rampars et remenez aud. arcenac, à raison de xxv solz tournois pour cheval par jour. Pour ce **xl livres tournois**

A trois autres chartiers qui ont fourny chacun trois chevaulx durant deux journées, pour tirer quarente pieces d'artillerie de l'arcenac de lad. ville et les mettre sur les rampars, iceulx remenez aud. arcenac, à raison de xxv solz par jour. Sur les rampars quatre jours et trois nuictz, à raison de douze solz par jour. / [86^{r}] Pour ce **ix livres xii solz**

A ung homme demourant sur les rampars, pour avoir gardé les bouettes et autres munitions servans à lad. artillerie. Pour ce **xxiii solz**

A ung tourneur qui a faict ung cent et demy de tampons. Pour ce **XXXVII solz VI deniers tournois**

Item, huict boteaux de foing pour charger lad. artillerie. Pour ce **XII solz**

A ung chartier qui a mené et ramené les bouettes en l'hostel de lad. ville. Cy **XII solz**

A six crocheteurs qui ont porté la pouldre sur lesd. rampars, **XII solz**

Pour le disner et soupper de plusieurs canonniers du Roy qui ont aydé à charger lad. artillerie et bouettes. Pour ce **X livres XII solz**

Item, deux livres de corde à feu, **X solz**

Au cappitaine Benoist par commandement de mesd. seigneurs, **LX solz**

A Jehan Durand, filz dud. Durant, pour ses peines, sallaires et vaccations d'avoir vacqué à lad. artillerie. Pour ce **X livres tournois**

Lesquelles parties montent et reviennent ensemble à lad. somme de IIII^{xx} XVIII livres XVI solz VI deniers tournois, comme il est contenu et declaré oud. cahier et parties dudict / [86^{v}] Durant, cy rendues, par vertu desquelz payement luy a esté faict, ainsy qu'il appert par sa quictance dactée du quatriesme jour d'octobre mil cinq cens soixante unze, cy rendue. Pour ce, cy **IIII^{xx} XVIII livres XVI solz VI deniers tournois**

AUTRES FRAIZ TANT POUR LA DESPENCE DE BOUCHE FAICTE PAR LES CAPPITAINES ET ENFANS DE PARIS

A Jehan Sarrazin, escuier de cuisine du Roy, la somme de huict vingtz trois livres treize solz tournois, à luy ordonnée par mesd. seigneurs pour plusieurs viandes par luy fournies de quatre banquetz faictz par led. cappitaine ausd. enfans de Paris, les premier, VII et XVe jours de janvier et XXe fevrier mil cinq cens soixante unze, pour assembler lesd. enfans de Paris pour se tenir prestz à aller à l'entrée du Roy, et ce, suivant les parties arrestées par lesd. seigneurs comme il est / [87^{r}] contenu et declaré oud. cahier et parties dud. Sarrazin, cy rendues, par vertu desquelz payement luy a esté faict, ainsy qu'il appert par sa quictance dactée du vingt huictiesme de fevrier mil cinq cens soixante unze, cy rendue. Pour ce, cy **VIII^{xx} III livres XIII solz tournois**

A François Poncet, demourant à Paris, la somme de trente quatre livres quatorze solz tournois, à luy ordonnée par mesd. seigneurs pour son remboursement de semblable somme par luy mise et fraiée, pour plusieurs goustez et desjeunes faictz en divers lieux, suivant les parties de ce arrestées par mesd. seigneurs comme il est contenu et declaré oud. cahier et parties dud. Poncet, cy rendues, par vertu desquelz payement luy a esté faict, ainsy qu'il appert par sa quictance dactée du septiesme avril mil v^{c} soixante unze, cy rendue. Pour ce, cy **XXXIIII livres XIIII solz tournois** / [87^{v}]

A Ponthus de La Porte, maistre patissier demourant à Paris, la somme de quinze livres, seize solz tournois, pour plusieurs pieces de patisseries par luy fournies pour ung disner faict, le premier jour de janvier mil cinq cens soixante unze, aux enfans de Paris lorsqu'ilz procederent à l'election de leur cappitaine, lieutenant, enseigne et guidon, comme il est contenu et declaré oud. cahier et parties dud. de La Porte, cy rendues, par vertu desquelz payement luy a esté faict ainsy qu'il appert par sa quictance dactée du vingt deuxiesme novembre mil cinq cens soixante unze, cy rendue. Pour ce, cy **XV livres XVI solz tournois**

TAXATIONS DE CEULX QUI ONT INVENTÉ, CONDUICT ET DRESSÉ LES FIGURES ET DICTONS DES ARCS TRIUMPHANS ET AUTRES CHOSES DU FAICT DESD. ENTRÉES / [88r]

A maistre Pierre de Ronsard, aulmosnier du Roy, la somme de deux cens soixante dix livres tournois, à luy ordonnée par mesd. seigneurs sur les inventions, devises et inscriptions qu'il a faictes pour lesd. entrées, à quoy il auroit vacqué par plusieurs et divers jours, comme il est contenu et declaré oud. cahier, par vertu duquel payement luy a esté faict, ainsy qu'il appert par sa quictance dactée du premier decembre mil v^{c} soixante dix, cy rendue. Pour ce, cy **II^{c} LXX livres tournois**

A Amadis Jamyn, poete, la somme de vingt sept livres tournois, à luy ordonnée par mesd. seigneurs pour ses peines, sallaires et vaccations de ce qu'il a faict par ordonnance dud. sieur Ronssard pour servir ausd. entrées, comme il est contenu et declaré oud. cahier, par vertu duquel payement luy a esté faict, ainsi qu'il appert par sa quictance. Pour ce cy **XXVII livres tournois** / [88v]

Aud. Ronssard la somme de cinquante quatre livres tournois, à luy ordonnée par mesd. seigneurs, oultre et pardessus les II^{c} LXX livres tournois declarez en la partie precedente, pour son parfaict payement de ce qu'il a faict pour l'entrée du Roy comme il est declaré et contenu oud. cahier, par vertu duquel payement luy a esté faict, ainsy qu'il appert par sa quictance, cy rendue. Pour ce, cy **LIIII livres tournois**

A maistre Jehan de Dorat, poete du Roy, la somme de neuf vingtz neuf livres tournois, à luy ordonnée par mesd. seigneurs pour ses peines, sallaires et vaccations, d'avoir faict tous les carmes grecs et latins mis tant ès porticques, theatres, arcs triumphans que collosses qui ont esté dressez pour lesd. entrées, et avoir faict partie des inventions, mesmes l'ordonnance de six figures de sucre qui furent presentées à la collation de la Royne, du present faict au Roy en carmes latins, en quoy faisant il auroit vacqué continuellement par / [89r] plusieurs jours comme il est contenu et declaré oud. cahier, par vertu duquel payement luy a esté faict, ainsy qu'il appert par quatre ses quictances, cy rendues. Pour ce, cy **IX^{XX} IX livres tournois**

ROBES ET ACOUSTREMENS DESD. PREVOST DES MARCHANS ET ESCHEVINS, PROCUREUR, RECEVEUR, GREFFIER, CONSEILLER, QUARTENIERS ET AUTRES OFFICIERS DE LAD. VILLE

A maistre Claude Marcel, prevost des marchans, Pierre Poulin, François Dauvergne, Symon Bouquet et Symon Cressé, eschevins, Claude Perrot, procureur du Roy et de lad.

ville, et François de Vigny, receveur, et Claude Bachelier, greffier d'icelle ville, la somme de quatre mil livres tournois, qui est à chacun v^{c} livres tournois que le Roy leur a ordonné et permis prendre par ses lettres patentes données à Paris le IIIIe jour de novembre mil cinq cens soixante dix, pour convertir et emploier tant en / [89^{v}] l'achapt et façon de deux robes de veloux, myparties doublées de martres ou penne de soie, pour eulx habiller indifferemment ès jours desd. entrées, que pour les acoustremens de leurs monstures, comme il est contenue et declaré oud. cahier et lettres de mandement. Sur ce, de mesd. seigneurs, les prevost des marchans et eschevins de ladicte ville données soubz leurs signetz le huictiesme jour de novembre mil cinq cens soixante dix, adressantes à ce present receveur, montant lesd. IIII^{m} livres tournois en retenant par ses mains cinq cens livres, par vertu desquelz payement leur a esté faict par ced. receveur, ainsy qu'il appert par leur quictance dactée du dixiesme novembre, mil cinq cens soixante dix, cy rendue, montant III^{m} v^{c} livres tournois, et le surplus montant v^{c} livres tournois, ced. receveur les a prins et retenuz par ses mains suivant lesd. lettres. Pour ce, cy **IIII^{m} livres tournois**

A maistre Adrian du Drac, conseiller du Roy en sa court de Parlement, messire / [90^{r}] Christofle de Thou, chevalier, conseiller dud. seigneur en son Privé Conseil et premier president en lad. Court; Jehan Prevost, conseiller dud. seigneur en sa court des Aides; Guillaume Larcher, bourgeois de Paris; maistre Claude Guiot, conseiller du Roy et maistre ordinaire en sa chambre des Comptes; Philippes Lelievre, advocat au Parlement; Pierre Croquet, bourgeois de Paris; Jehan de Paluau, secretaire du roy; Pierre Viole, conseiller dud. seigneur en ladicte court et es requestes du Palais; Jehan Sanguin, secretaire du Roy; Pierre Hennequin, conseiller du Roy en son Privé Conseil et president en lad. Court; Nicolas Luillier, conseiller dud. seigneur et president en sa chambre des Comptes; Nicolas Perrot, conseiller en lad. Court; Claude Marcel; Jherosme Chomedoy; Symon Cressé, sieur dud. lieu; Jacques Pallant [11690: Paillard], sieur de Jumeauville; Nicolas Le Sueur, greffier de la court des Aydes; Loys Huault, sieur de Montmagne [11690: Montaigue]; Jherosme de Bragelongne, secretaire du Roy; messire Nicolas Le Gendre, chevalier, sieur de Villeroy; Nicolas Dugué, / [90^{v}] conseiller et advocat dud. seigneur en sa court des Aydes; Guillaume de Courlay, contrerolleur de l'audience; et Claude Aubery, la somme de deux mil quatre cens livres tournois à eulx ordonnée par mesd. seigneurs suivant les susd. lettres patentes, pour subvenir à la despence et fraiz qu'il leur a convenu faire leur habiller les jours desd. entrées, qui est à raison de C livres tournois à chacun, comme il est contenu et declaré oud. cahier, par vertu duquel payement leur a esté faict ainsy qu'il appert par vingt quatre leurs quictances, cy rendues. Pour ce, cy **II^{m} IIII^{c} livres tournois**

A sire Jacques Kerver, Nicolas Paulmier, Guillaume Parfaict, Pierre Perlan, Macé Bourlon, Guillaume Guerrier, Mathurin de Beausse, Ambroise Baudichon, Robert Danes, Jehan Le Conte, Nicolas Bourgeois, Thomas du Ru, Jehan Perrot, Anthoine Huot, Jehan Belier, Charles Maheut, estans en nombre seize quarteniers d'icelle ville, la somme de unze cens vingt livres tournois, à eulx aussy / [91^{r}] ordonnée par mesd. seigneurs, ordonnée par les susd. lettres patentes, qui est à chacun d'eulx soixante dix livres tournois pour subvenir à la despense et fraiz qu'il leur a convenu avoir pour eulx habiller ès jours d'icelles entrées, comme il est contenu et declaré oud. cahier, par vertu duquel payement leur a esté faict, ainsy qu'il appert par seize leurs quictances, cy rendues. Pour ce cy **XI^c^ XX livres tournois**

A François de Vigny, secretaire de la chambre du Roy, la somme de cent livres tournois, à luy aussy ordonnée par mesd. seigneurs, pour luy ayder et subvenir à l'achapt de ses habillemens pour lesd. entrées, comme il est contenu et declaré oud. cahier, par vertu duquel payement luy a esté faict ainsy qu'il appert per sa quictance dactée du dernier fevrier, mil cinq cens soixante unze, cy rendue. Pour ce, cy **C livres tournois**

A Francois Beaugendre, Georges Lasnier, Gabriel Vasse, Estienne Symon, Nicolas / [91^v^] Ysembert, Anthoine Poiet, Charles Lespicier, Jehan Popineau, Jehan Barbre et Mathieu Feucher, sergens de l'hostel de ville, la somme de trois cens cinquante livres, qui est à chacun d'eulx XXXV livres tournois, à eulx ordonnée par mesd. seigneurs pour eulx vestir et habiller en robes my parties, et autres habits honnestes pour accompaigner lesd. seigneurs ès jours desd. entrées, comme il est contenu et declaré oud. cahier, par vertu duquel payement leur a esté faict, ainsy qu'il appert par leurs quictances dactées du XIXe jour de fevrier, mil cinq cens soixante unze, cy rendue. Pour ce, cy **III^c^ L livres tournois**

A Guillaume Guillain, maistre de œuvres de maçonnerie de la ville de Paris, la somme de cinquante livres tournois, à luy aussy ordonnée par mesd. seigneurs, pour subvenir en la despence qu'il luy a convenu faire en l'achapt de ses habitz pour lesd. entrées, comme il est contenu et declaré oud. cahier, par vertu duquel payement luy a / [92^r^] esté faict, ainsy qu'il appert par sa quictance dactée du XIIIIe jour de mars, mil cinq cens soixante unze, cy rendue. Pour ce, cy **L livres tournois**

A Pierre Guillain, filz dud. Guillaume Guillain, pareille somme de cinquante livres tournois, à luy pareillement ordonnée par mesd. seigneurs pour les causes que dessus, comme il est contenu et declaré oud. cahier, par vertu duquel payement luy a esté faict, ainsy qu'il appert par sa quictance dactée du XIIIIe mars V^c^ soixante unze, cy rendue. Pour ce, cy **L livres tournois**

A Charles Le Conte, maistre des œuvres de charpenterie de lad. ville, pareille somme de cinquante livres tournois, à luy aussy ordonnée par mesd. seigneurs pour pareille cause que dessus, comme il est contenu et declaré oud. cahier, par vertu duquel payement luy a esté faict, ainsy qu'il appert par sa quictance dactée du / [92^v^] quatriesme jour de may mil cinq cens soixante unze, cy rendue. Pour ce cy **L livres tournois**

A maistre Bonaventure Everard, commis au greffe de lad. ville, la somme de trente cinq livres tournois, à luy aussy ordonnée par mesd. seigneurs pour pareille cause que dessus, comme il est contenu et declaré oud. cahier, par vertu duquel payement luy a esté faict ainsy qu'il appert par sa quictance dactée du xxe fevrier mil cinq cens soixante unze, cy rendue. Pour ce, cy **XXXV livres tournois**

A Jehan Durant, maistre de l'artillerie de lad. ville, la somme de cinquante livres tournois, à luy aussy ordonnée par mesd. seigneurs pour les causes que dessus, comme il est contenu et declaré oud. cahier, par vertu duquel payement luy a esté faict, ainsy qu'il appert par sa quictance dactée XXIIe jour de fevrier, v^c LXXI, cy rendue. Pour ce, cy **L livres tournois** / [93^r]

A Jehan Durant le jeune, commissaire en l'artillerie, la somme de trente livres tournois, à luy pareillement ordonnée par mesd. seigneurs pour semblable cause que dessus, comme il est contenu et declaré oud. cahier, par vertu duquel payement luy a esté faict, ainsy qu'il appert par sa quictance dactée du XXIIIe jour de fevrier mil cinq cens soixante unze, cy rendue. Pour ce, cy **XXX livres tournois**

A Robert Laborne, Jehan Lalemant, Estienne Barrie, Pierre Guillain, Pierre L'Hospitalier et François Poncet, demourans à Paris, la somme de soixante livres tournois qui est à chacun dix livres tournois, à eulx aussy ordonnée par mesd. seigneurs pour aider à faire leurs habits desd. entrées, comme il est contenu et declaré oud. cahier, par vertu duquel payement leur a esté faict, ainsy qu'il appert par leur quictance dactée du IIIe jour de mars, mil v^c LXXI, cy rendue. Pour ce, cy **LX livres tournois** / [93^v]

A Jehan Ragueneau, capitaine des cent arbalestriers, Pierre du Ru, cappitaine du cent archers, et Guichart Grantremy, cappitaine des harquebuziers de lad. ville, la somme de sept vingtz dix livres tournois, qui est à chacun d'eux L livres tournois, à eulx aussy ordonnée par mesd. seigneurs pour subvenir aux fraiz des habitz qu'il a convenu avoir pour lesd. entrées, comme il est contenu et declaré oud. cahier, par vertu duquel payement a esté faict, ainsy qu'il appert par leur quittance dactée du XXVIe fevrier mil cinq cens soixante unze, cy rendue. Pour ce, cy **VII^xx X livres tournois**

A maistre Michel Tamponnet, clerc du receveur de la ville de Paris, la somme de quarante livres tournois, à luy ordonnée par mesd. seigneurs pour ayder à faire des habitz qu'il a convenu avoir pour lesd. entrées comme il est contenu et declaré oud. cahier, par vertu duquel payement luy a esté faict, ainsy qu'il appert par sa quictance / [94^r] dactée du cinquiesme jour d'avril mil cinq cens soixante unze, cy rendue. Pour ce, cy **XL livres tournois**

A maistre Hector Gedoyn, commis à la recepte des fortiffications de la ville de Paris, la somme de quarante livres tournois, à luy aussy ordonnée par mesd. seigneurs pour luy aider à luy faire habitz pour lesd. entrées, comme il est contenu et declaré oud. cahier, par vertu duquel payement luy a esté faict, ainsy qu'il appert par sa quictance dactée du XXIIIe jour de fevrier mil cinq cens soixante unze, cy rendue. Pour ce, cy **XL livres tournois**

A maistre Henry Symon, bourgeois de Paris, la somme de trente livres tournois à luy ordonnée par mesd. seigneurs pour les causes que dessus, comme il est contenu et declaré oud. cahier, par vertu duquel payement luy a esté faict, ainsy qu'il appert par sa quictance dactée du / [94^v] septiesme jour d'aoust mil cinq cens soixante unze, cy rendue. Pour ce, cy **XXX livres tournois**

A Jehan Jacquet, bunetier de lad. ville, la somme de vingt cinq livres tournois à luy ordonnée par mesd. seigneurs pour luy aider à faire des habitz pour lesd. entrées, comme il est convenu et declaré oud. cahier, par vertu duquel payement luy a esté faict, ainsy qu'il appert par sa quictance dactée du vingt troisiesme jour de fevrier mil cinq cens soixante unze, cy rendue. Pour ce cy **XXV livres tournois**

A Anselme Ripault, Claude [blanc], Charles Gervais, Yves Gonnelay, Hugues Alain, Francoys Loing, Jacques Savigne, Pierre Blondeau, Jehan Goulard, Symon Greneux, Nicolas Heritier, et Jehan Aulneau, la somme de deux cens quarente livres tournois, qui est à chacun d'eux XX livres tournois, à eulx ordonnée par mesd. seigneurs pour leur aider à faire des habitz tant pourpoinctz, chausses, bonnetz que / [95r] escarpins, pour estre plus honnestement acoustrez à la suicte desd. seigneurs èsd. entrées, comme il est convenu et declaré oud. cahier, par vertu duquel payement leur a esté faict, ainsy qu'il appert par neuf leurs quictances, cy rendues. Pour ce, cy **IIc XL livres tournois**

DON FAICT AU ROY ET A SES OFFICIERS

A Jehan Regnart, maistre orfevre demourant à Paris, la somme de trois mil, trois cens trente quatre livres, douze solz tournois, à luy ordonnée par mesd. seigneurs, pour avoir refaict le don qui fut presenté au Roy par lad. ville et icelluy augmenté, oultre ce qui en avoit esté faict auparavant, c'est assavoir, avoir reffaict la figure du Roy qui est sur le cheval du present, refaict et remis les coulonnes qui estoient torses et autres droictes, y avoir mis les devises dud. seigneur telles qu'elles sont à present, faict la / [95v] soubzbasse en laquelle estoient figurez les quatre batailles dont le Roy a eu victoire pendant les guerres civilles, assavoir l'une à Dreux, l'autre à Sainct Denis, l'autre à Coignac et l'autre à Moncontour, refaict aussy les daulphins de la grandeur et haulteur qu'il a esté advisé, et faict quatre Rois sus les platfons au quoy il auroit emploié soixante unze marcs, trois onces trois gros d'argent vermeil doré, à raison de quinze escuz le marc à LIIII solz piece. Pour ce **IIm VIIIc IIIIxx XII livres X solz VI deniers tournois**

Plus, avoit mis la bride au cheval dud. seigneur poisant quatre estelins et maille d'or. Pour ce **CV solz**

Plus, pour la façon de treize marcs, demye once fonduz du viel present. Pour ce **IIIc livres VIII solz VI deniers**

Item, baillé à maistre Baptiste, par commandement de mesd. seigneurs, la somme de douze escuz sol pour avoir faict en pappier le pourtraict dud. present. Pour ce **XXXII livres VIII solz tournois**

Item, avoir redoré le reste du vieil present, en quoy a esté emploié quatre onces d'or fin, à raison de XXVI livres tournois l'once. / [96r] Pour ce cinq livres. Lequel present estant dedans son estuy fut porté au logis du Roy en son palais le [blanc] jour de mars mil cinq cens soixante unze. Auquel lieu, en sa chambre, en la presence de maistre François Ymbert et Jehan Quetin, notaires ou Chastellet de Paris, led. sieur Prevost des marchans, accompaigné desd. eschevins et dudict procureur du Roy et plusieurs autres grandz seigneurs et gentilzhommes, le presenta aud. seigneur Roy, luy disant: 'Sire, voicy ung petit present que voz bons cytoiens de vostre bonne ville de Paris vous presentent par moy. Nous sçavons bien qu'il n'est tel qu'il vous appartient, mais nous vous suplions en recompense de recevoir noz bonnes voluntez et affection que nous vous portons et porterons, nous et nostre posterité, avec l'obeissance qui vous est deue.' Auquel Prevost des marchans led. seigneur feit responce qu'il remercioit sa bonne ville et les cytoiens d'icelle du present qu'il recevoit d'aussy bonne volunté / [96v] qu'il sçavoit que l'on luy portoit en sadicte ville, et qu'il le trouvoit tres beau et qu'il les prioit de continuer tousjours l'affection et obeissance comme l'on avoit faict jusques à ce jour. Ce faict, il commanda à Monsieur Le Conte de luy serrer.

Toutes lesquelles parties montent et reviennent ensemble à lad. premiere somme de IIIm IIIc XXXIIII livres, XII solz tournois suivant le marché par mesd. seigneurs avec led. Regnart, passé pardevant Ymbert et Quetin, notaires ou Chastellet de Paris, le XVIe jour d'octobre, mil cinq cens soixante dix, rendu comme il est contenu et declaré oud. cahier, par vertu duquel payement luy a esté faict, ainsy qu'il appert par cinq ses quictances dactée la premiere du seiziesme jour d'octobre mil cinq cens soixante dix, et les quatre autres des XIXe fevrier, XIIe mars, XXIIe mars et IIIe juillet mil cinq cens soixante unze, cy rendues. Pour ce, cy **IIIm IIIc XXIIII livres XII solz tournois** / [97r]

Au capitaine Austrude, estant de la garde escossoise du Roy, la somme de soixante sept livres dix solz tournois, a luy ordonnée par mesd. seigneurs pour leur avoir rendu et rapporté les clefz de la porte de Sainct Denis qui avoient esté presentées au Roy par mesd. seigneurs, comme il est contenu et declaré oud. cahier, par vertu duquel payement luy a esté faict, ainsy qu'il appert par sa quictance dactée du quinziesme jour de mars mil cinq cens soixante unze, cy rendue. Pour ce, cy **LXVII livres X solz tournois**

A Martin de Plaisance, René Blanchart et Anthoine Boutillier, tous fouriers ordinaires du Roy, tant pour eulx que pour leurs compaignons et mareschaulx des logis, la somme de cent livres tournois, à eulx ordonnée par mesd. seigneurs pour avoir pris la peine de faire les logis durant lesd. entrées et, en ce faisant, soulagé les bourgeois de lad. ville, comme il est contenu / [97v] declaré oud. cahier par vertu duquel payement leur a esté faict, ainsy qu'il appert par leur quictance dactée du septiesme jour de fevrier mil cinq cens soixante unze, cy rendue. Pour ce, cy **C livres tournois**

A Guillaume de Portau et Jehan de Rome, varletz de pied du Roy, tant pour eulx que pour dix autres, leurs compaignons, la somme de quinze livres tournois, à eulx ordonné par mesd. seigneurs pour plusieurs services par eulx faictz à lad. ville esd. entrées, suivant l'ancienne coustume, comme il est contenu et declaré oud. cahier, par vertu duquel payement leur a esté faict, ainsy qu'il appert par leur quictance dactée du septiesme jour de mars mil cinq cens sixante unze, cy rendue. Pour ce, cy **XV livres tournois**

A Gaspard le Chasteau, tant pour luy que ses compaignons, tabourins / [98r] et fifres du Roy, la somme de quinze livres tournois, à eulx ordonnée par mesd. seigneurs suivant l'ancienne coustume, pour plusieurs services par eulx faictz à lad. ville, comme il est contenu et declaré oud. cahier, par vertu duquel payement leur a esté faict, ainsy il appert par leur quictance dactée du septiesme jour de mars, mil cinq cens soixante unze, cy rendue. Pour ce, cy **XL livres tournois**

A Jehan le Roy et Jehan Roux, archers de la porte du Roy, tant pour eulx que pour leurs compaignons, portiers dud. seigneur, pareille somme de quinze livres tournois qui leur a esté aussy ordonnée pour pareilles causes que dessus, comme il est contenu et declaré oud. cahier, par vertu duquel payement leur a esté faict, ainsy qu'il appert par sa quictance dactée du neufviesme jour de / [98v] mars mil cinq cens soixante unze, cy rendu. Pour ce, cy **XV livres tournois**

A Robert de La Garde et Laurent Dupuis, huissiers de la salle du Roy, tant pour eulx que pour leurs compaignons, la somme de vingt livres tournois, à eulx semblablement ordonnée par mesd. seigneurs pour les causes que dessus, comme il est contenu et declaré oud. cahier, par vertu duquel payement leur a esté faict, ainsy qu'il appert par leur quictance dactée du neufviesme jour de mars mil cinq cens soixante unze, cy rendue. Pour ce cy **XX livres tournois**

A Jehan de Granger et Jacques Nimbault, fourriers de compaignies des gardes du corps du Roy, tant pour eulx que pour leurs compaignons, la somme de quarente livres tournois, à eulx ordonnée pour les causes que dessus, comme il est contenu / [99r] et declaré oud. cahier, par vertu duquel payement leur a esté faict, ainsy qu'il appert par leur quictance dactée du neufviesme jour de mars mil cinq cens soixante unze, cy rendue. Pour ce, cy **XL livres tournois**

A Charles Camus, roy d'armes des François, et Pierre Le Caron, herault d'armes de France, du nom et tiltre de Champaigne, Anthoine Carlier, aussy herault d'armes du nom et tiltre de Bourgongne, tant pour eulx que pour leurs compaignons heraultz, la somme de trente sept livres dix solz tournois, à eulx semblablement ordonnée pour les causes que dessus, comme il est contenu et declaré oud. cahier, par vertu duquel payement leur a esté faict ainsy qu'il appert par leur quictance dactée du septiesme fevrier mil cinq cens soixante unze, cy rendue. Pour ce, cy **XXXVII livres X solz tournois** / [99v]

A Barthelemy de Caussac et Girard Aimedieu, trompettes du Roy, tant pour eulx que pour leurs compaignons, la somme de vingt livres tournois, à eulx aussy ordonnée pour les causes que dessus, comme il est contenu et declaré oud. cahier, par vertu duquel payement leur a esté faict, ainsy qu'il appert par leur quictance dactée du septiesme jour de fevrier mil cinq cens soixante unze, cy rendue. Pour ce, cy **XX livres tournois**

A André Coulombe, François de Celfault, Pierre Vienne et François Godebillon, trompettes du Roy, la somme de trente deux livres huict solz tournois, à eulx ordonnée par mesd. seigneurs en don, pour avoir sonné avec autres trompettes le jour de l'entrée de la Royne, comme il est contenu et declaré oud. cahier, par vertu duquel payement leur a esté fainct, ainsy qu'il appert par leur quictance dactée du IIe avril, mil vc soixante unze, cy rendue. Pour ce, cy **XXXII livres VIII solz tournois** / [100r]

A Girard Aymedieu, cy devant nommé, tant pour luy que pour ses compaignons, trompettes du Roy, la somme de vingt cinq livres tournois, à eulx ordonnée par mesd. seigneurs, oultre et pardessus lad. somme de vingt livres devant declarée, pour avoir sonné de leurs trompettes au disner et banquet faict à la Royne en la salle de l'evesché, comme il est contenu et declaré oud. cahier, par vertu duquel payement leur a esté faict par ced. Receveur, ainsy qu'il appert par leur quictance dactée du troisiesme jour de mars mil cinq cens soixante unze, cy rendue. Pour ce, cy **XXV livres tournois**

A Michel Jehan, dict Lange, mareschal des logis des cens gentilzhommes de la maison du Roy soubz la charge de Monsieur de Lanssac, la somme de dix livres tournois, à luy ordonnée par mesd. seigneurs pour avoir marquée les / [100^{v}] logis des bourgeois de lad. ville esd. entrées, comme il est contenu et declaré oud. cahier, par vertu duquel payement leur a esté faict, ainsy qu'il appert par sa quictance dactée du quatorziesme jour d'avril, mil cinq cens soixante unze, cy rendue. Pour ce, cy **X livres tournois.**

DON FAICT A LA ROYNE ET A SES OFFICIERS

A Richard Toutin, marchant orfevre demourant à Paris, la somme de sept mil quatre cens livres douze solz tournois, à luy ordonnée par mesd. seigneurs, pour avoir bien et deuement faict le buffet de vaisselle d'argent vermeil doré et cyzelé, cy apres declaré. C'est assavoir, deux grans bassins d'argent vermeil doré du poix de XXVIII marcs; deux grandz vases du poix de XXVI marcs trois onces; deux autres moyens vases, du poix de seize marcs une once et / [101^{r}] demye; une grande buie, du poix de XXXVII marcs; ung grand navire avec son couvercle, du poix de XXXI marcs six onces; deux grandes couppes couvertes, du poix de treize marcs six onces cinq gros; deux autres couppes couvertes moiennes, du poix de douze marcs six onces sept gros; six chandeliers à termes, assavoir trois à hommes et trois à femmes, du poix de XXX marcs moins ung gros; et trois salieres avec couvercles, du poix de quinze marcs trois onces six gros, poisant ensemble toute lad. vaisselle d'argent deux cens unze marcs trois onces cinq gros, qui à raison de XXXV livres tournois le marc, monte et revient à lad. somme de VII^{m} IIII^{c} livres XII solz tournois. Le tout suivant le marché faict et passé pardevant deux notaires ou Chastellet de Paris, le XIIIIe jour d'octobre mil V^{c} soixante dix.

Toutes lesquelles pieces de vaisselle d'argent cy dessus declarées ont esté pesées en la presences de maistres François Ymbert et / [101^{v}] Jehan Quetin, notaires aud. Chastellet, et depuis auroit esté icelle vaisselle d'argent presentée à lad. dame de par icelle ville, de l'hostel episcopal de Paris, apres luy avoir faict le festin ainsy qu'il est acoustumé, par messieurs les Prevost des marchans et eschevins et autres officiers de lad. ville, en la presence dud. maistre Jehan Quetin et Bonaventure Everard, notaires aud. Chastellet, ainsy qu'il appert par leur certiffication expediée soubz leurs seigns le XXXe jour de mars mil cinq cens soixante unze, comme il est contenu et declaré oud. cahier et parties dud. Toutin cy rendues, par vertu desquelz payement luy a esté faict, ainsy qu'il appert par cinq ses quictances dactées, assavoir, les deux premieres des XIIIIe octobre et XIIIIe novembre, mil V^{c} soixante dix, et les trois autres des XIIe fevrier, XXVIIe mars et unziesme jours d'avril mil / [102^{r}] cinq cens soixante unze, cy rendues. Pour ce, cy **VII^{m} IIII^{c} livres XII solz tournois**

A Pierre Lescot, maistre Eguesnier à Paris, la somme de neuf vingtz livres tournois, à luy ordonnée par mesd. seigneurs pour avoir faict les estuys esquelz ont esté mis les presens du

Roy et de la Royne. Assavoir, ung grand estuy auquel a esté mis le present faict au Roy. Pour ce **VI^{xx} livres tournois**

Item, autre estuy pour le present de la Royne. Assavoir, deux estuis de grands bassins. Pour ce **X livres tournois**

Ung autre d'une grand buie. Pour ce **VI livres tournois**

Ung autre d'ung navire. Pour ce **VII livres tournois**

Ung de six chandelliers. Pour ce **XII livres tournois**

Quatre autres de quatre vases. Pour ce **IX livres tournois**

Quatre autres de couppes couvertes. Pour ce **X livres tournois**

Et trois estuis de sallieres. Pour ce **IIII livres X solz tournois**

Revenans lesd. parties à lad. somme de IX^{xx} livres tournois, comme il / [102^{v}] est contenu et declaré oud. cahier, par vertu desquelz payement luy a esté faict ainsy qu'il appert par sa quictance dactée du vingt sixiesme jour d'avril mil cinq cens soixante unze, cy rendue. Pour ce, cy **IX^{xx} livres tournois**

A Jehan Benard et Nicolas Minereau, chefz d'office de panneterie de bouche de la Royne, Jehan Goubeau, escuier de cuisine de bouche de lad. dame, et Simon Baudry, sommelier d'eschançonnerie de bouche d'icelle dame, tant pour eulx que pour leurs compaignons, la somme de cinquante livres tournois à eulx ordonnée par mesd. seigneurs pour le service qu'ilz ont faict à lad. ville le jour du festin faict à lad. dame, comme il est contenu et declaré aud. cahier, par vertu duquel payement leur a esté faict ainsy qu'il appert par leur quictance dactée du sixiesme jour d'avril mil / [103^{r}] cinq cens soixante unze, cy rendue. Pour ce cy **L livres tournois**

A Barthelemy de Breda et Adrian Philot, huissiers de la salle de lad. dame, et Anthoine Hauger, huissier de chambre, la somme de vingt deux livres diz solz tournois, à eulx ordonnée par mesd. seigneurs en don à cause de lad. entrée, comme il est contenu et declaré oud. cahier, par vertu duquel payement leur a esté faict ainsy qu'il appert par leur quictance dactée du IIe jour d'avril mil cinq cens soixante unze, cy rendue. Pour ce, cy **XXII livres X solz tournois**

A Jherosme Le Gras, Didier Mareschal et Jehan Massotin, varletz de pied du corps d'icelle dame, la somme de treize livres diz solz tournois, à eulx aussy ordonnée par mesd. seigneurs en don à cause de lad. entrée, comme il est contenu et declaré oud. chair, par vertu duquel / [103^{v}] payement leur a esté faict, ainsy qu'il appert par leur quictance dactée du deuxiesme jour d'avril mil cinq cens soixante unze, cy rendue. Pour ce, cy **XIII livres X solz tournois**

A CAUSE DU FESTIN DISNER FAICT A LA ROYNE EN LA SALLE DE L'EVESCHE: ŒUVRES ET REPARATIONS

A Symon Mouquet, maistre menuisier à Paris, la somme de quarente dix livres tournois à luy ordonnée par mesd. seigneurs pour avoir bien et deuement faict les ouvraiges de son mestier qui ensuivent. C'est assavoir, faict ung gros huis fort de six piedz trois poulces de haulteur et de trois piedz de largeur, enrazé et emboutté celle à clefz, pour servir à Sainct Ladre / [104^r^] à une bée à l'entrée de la chambre dessus celle du Roy. Pour ce **VIII livres X solz tournois**

Item, trois autres huis de diverses haulteurs et largeurs, de six et six piedz et demy de haulteur et trois piedz et demy de largeur, barrez par derriere chacun de trois barres pour servir à l'evesché en la salle preparée pour le festin. Pour ce **X livres tournois**

Item, dessemblé et rassemblé les lambris et quelques couches qui estoient nuisibles, faict ung ratelier de cinq piedz de long garny de chevilles à testes. Pour ce **L solz**

Item, LXXII grands aiz, estans chacun de leur longueur, assavoir de XII piedz de longueur iceulx faict charrier en la grange de lad. ville où il les auroit couppez à dix et unze piedz de longueur pour les accomoder suivant les travées de galleries de lad. grange et les avoir cloué de clouz à talon, lymé led. cloud et rivé les poinctes afin que les chevaulx / [104^v^] ne se piquassent. Pour ce **XXV livres tournois**

Toutes lesquelles parties reviennent ensemble à lad. somme de XLVI livres tournois, comme il est contenu et declaré oud. cahier et parties dud. Mouquet cy rendues, par vertu duquel payement luy a esté faict, ainsy qu'il appert par sa quictance dactée du trentiesme jour de juillet mil cinq cens soixante unze, cy rendue. Pour ce, cy **XLVI livres tournois**

A Pierre Dugué, maistre potier de terre demourant à Paris, la somme de quarante une livres six solz six deniers tournois, à luy ordonnée par mesd. seigneurs pour avoir fourny les matieres d'ung poille faict pres la salle dud. evesché pour eschausfer lad. salle si besoing estoit. Assavoir, demy cent de grand carreau pour paver l'atre dud. poille. Pour ce **XXX solz tournois**

Item, deux cens quatre potz desquelz a esté faict led. poille. Pour ce **XXX livres XII solz tournois**

Item, les tuyaulx à passer la fumée. / [105^r^] Pour ce **XII solz VI deniers tournois**

Item, le poille servant à la couverture dud. poille. Pour ce **XII solz VI deniers tournois**

Item, la terre pour accoustrer et asseoir les potz. Pour ce **XL solz tournois**

Item, pour la peine des ouvriers qui ont faict led. poille. Pour ce **VI livres tournois**

Toutes lesquelles parties font et montent ensemble à lad. somme de XLI livres, VI solz VI deniers tournois, comme il est contenu et declaré oud. cahier, par vertu duquel payement luy a esté faict, ainsy qu'il appert par sa quictance dactée du septiesme jour d'avril mil cinq cens soixante unze, cy rendue. Pour ce, cy **XLI livres VI solz VI deniers tournois**

A Raoulet Meignan, maistre natier à Paris, la somme de trente livres tournois, à luy ordonnée par mesd. seigneurs sur et tantmoings de la natte qu'il a fournye, icelle cousue, clouée et assize dessus le plancher de la grand salle de l'evesché, à la charge de fournir à ses despens toutes matieres, à la charge de reprendre ladicte natte après le festin faict à lad. / [105^v^] dame, comme il est contenu et declaré oud. cahier, par vertu duquel payement luy a esté faict ainsy qu'il appert par deux ses quictances dactées de douziesme mars et vingtiesme janvier mil cinq cens soixante unze, cy rendues. Pour ce, cy **XXX livres tournois**

Aud. Meignan, la somme de quatorze livres douze solz six deniers tournois, à luy ordonnée par mesd. seigneurs, faisant le reste de parpaie de la somme de XLIIII livres XI solz VII deniers tournois pour IIII^{xx} IX thoises de ung quartier de natte, fournie, livrée et dressée et attachée en la grand salle de l'evesché de Paris pour le festin faict à lad. dame, à raison de X solz tournois la thoise, pour avoir denatté lad. salle, fourny de crocheteurs pour descendre et charger lad. natte sur charrettes, comme il est contenu et declaré oud. cahier, par vertu duquel payement luy a esté faict, ainsy qu'il appert par sa quictance dactée du IIe jour d'avril mil cinq cens soixante unze, cy rendue. Pour ce, cy **XIIII livres XII solz VI deniers tournois** / [106^{r}]

A icelluy Meignan la somme de quatre livres six solz tournois, à luy ordonnée par mesd. seigneurs, oultre les sommes cy dessus declarées, pour plusieurs menuz fraiz par luy faictz en lad. salle, comme il est contenu et declaré oud. cahier, par vertu duquel payement luy a esté faict, ainsy qu'il appert par sa quictance dactée du deuxiesme jour d'avril mil cinq cens soixante unze, cy rendue. Pour ce, cy **IIII livres VI solz tournois**

OUVRAIGES DE PEINTRERIES FAICTZ EN LA GRAND SALLE POUR L'ORNEMENT D'ICELLE LE JOUR DUD. FESTIN

A Nicolas Labbé, peintre du Roy, et Camille Labbé, son filz aussy peintre, la somme de sept cens livres tournois, à eulx aussy ordonnée par mesd. seigneurs pour avoir par eulx faict les ouvraiges de peintreries cy apres declarez en la grand salle du logis episcopal de l'evesque de Paris. Assavoir, une / [106^{v}] frize de peinture tout à l'entour de lad. salle contenant seize toises de long sur six de large, laquelle frize contenoit dix piedz de hault ou neuf piedz et demy pour le moins, ornée de sa corniche et arquitrave. Avoir orné lad. frize de seize tableaux d'histoire et figures poeticques telles que le devis luy en fut baillé et seize paisages avec armoiries par voie du Roy, de la Royne et de la Royne mere, Messieurs et Madame, ensemble les devises et chiffres de leurs Majestez, de crottesques, trophées et autres choses, le tout sur toille de bonne et ferme peinture, le tout dressé et applicquée et fourny de toutes choses à ce necessaires.

Item, faict cinq tableaux sur toille clouée en bois en forme de chassis, dont les quatre estoient d'une toise en quarré et le cinquiesme de neuf piedz en quarré, esquelz tableaux estoient peintz de vives couleurs sur lad. toille les histoires baillées aud. Labbé pour estre iceulx tableaux applicquez. / [107^{r}] Assavoir, quatre sur les quatre coings du platfons et le cinquiesme au meilleu du plancher et platfons faict à lad. salle de lierre par quatre coings par Pierre d'Angers, peintre, lequel auroit applicqué led. tableau comme il est contenu et declaré oud. marché, faict et passé pardevant Ymbert et Quetin notaires ou Chastellet de Paris le huictiesme jour de janvier mil cinq cens soixante unze, cy rendu comme il est contenu et declaré oud. cahier, par vertu duquel payement leur a esté faict par ced. Receveur ainsy qu'il appert par cinq leurs quictances dont deux dud. Nicolas Labbé montans VI^{c} livres tournois, dactées des huitiesme janvier et troisieme fevrier mil cinq cens soixante unze, et les deux autres dud. Camille Labbé montans C livres tournois dactées des XIII et XXe jours de mars mil cinq cens soixante unze, cy rendues. Pour ce, cy **VII^{c} livres tournois** / [107^{v}]

A maistre Jehan de Dorat, poete du Roy, la somme de cinquante quatre livres tournois, à luy ordonnée par mesd. seigneurs, oultre les sommes qu'il a par cy devant receues, et ce pour les inventions, carmes latins et fictions poeticques par luy faictes pour l'entrée de la Royne, aussy pour la traduction et allegorie qu'il a faict de l'histoire de Tifre par luy inventée en XXIIII tableaux pour la frize de la salle de l'evesché, comme il est contenu et declaré oud. cahier, par vertu duquel payement luy a esté faict ainsy qu'il appert par sa quictance dactée du cinquiesme avril mil cinq cens soixante unze, cy rendue. Pour ce, cy **LIIII livres tournois**

ACHAPT DE VINS, VIANDES, PATISSERIES ET AUTRES FRAIZ POUR LED. FESTIN

A Nicolas Le Turc, demourant à Paris, la somme de sept vingtz quinze livres / [108^{r}] tournois, à luy ordonnée par mesd. seigneurs pour avoir fourny cinq muids de vin prins en son logis. Assavoir, trois muids de clairet, a raison de XXXV livres tournois le muy, et deux de vin blanc, a XXV livres tournois. Aussy le muy pour le festin faict a la Royne comme il est contenu et declare oud. cahier, par vertu duquel payement luy a este faict, ainsy qu'il appert par sa quictance dactee du dernier jour de juing mil cinq cens soixante unze, cy rendue. Pour ce, cy **VII^{xx} XV livres tournois**

A Pierre Le Goix, marchant de vins, la somme de quatre vingtz cinq livres tournois, à luy ordonnée par mesd. seigneurs pour ung muy et une demuy queue de vin qu'il a fourny pour le festin faict à lad. dame, à raison de L livres tournois le muy et XXXV livres tournois lad. demye queue, comme il est contenu et declaré oud. cahier, par vertu duquel payement luy a esté faict, ainsy qu'il appert par sa quictance dactée du XXX et penultiesme jour de may, V^{c} LXXI, cy rendue. Pour ce, cy **IIII^{xx} V livres tournois** / [108^{v}]

A Estienne Barrier, juré vendeur de vins, la somme de quarente six livres, six solz tournois, à luy ordonnée par mesd. seigneurs, pour deux muys de vin qui ont esté par luy acheptez du commandement de mesd. seigneurs pour led. festin, comme il est contenu et declaré oud. cahier, par vertu duquel payement luy a esté faict, ainsy qu'il appert par sa quictance dactée du neufviesme jour d'avril, mil cinq cens soixante unze, cy rendue. Pour ce, cy **XLVI livres XVI solz tournois**

A Alexandre Guibert, la somme de deux cens soixante dix livres tournois à luy ordonée par Mesd. seigneurs pour avoir vendu six demies queues de grande geaulge de vin vieil clairet d'Orleans pour l'entrée du Roy, au pris de IIII^{xx} X livres tournois la queue, comme il est contenu et declaré oud. cahier, par vertu duquel payement luy a esté faict, ainsy qu'il appert par sa quictance dactée du vingt deuxiesme jour de janvier V^{c} soixante unze, cy rendue. Pour ce, cy **II^{c} LXX livres tournois** / [109^{r}]

A Jehan Lefevre, bourgeois de Paris, la somme de quatre vingtz seize livres tournois, à luy ordonnée par mesd. seigneurs pour avoir fourny le nombre et quantité des poissons qui ensuivent. Assavoir, trois carreaulx brochetz, à XL solz tournois piece. Pour ce **XXX livres tournois**

Item, sept grands brochetz, à C solz piece. Pour ce **XXXV livres tournois**

Quatre autres brochetz moyens, à L solz piece. Pour ce **X livres tournois**

Item, huict grandes carpes, à XL solz piece. Pour ce **XVI livres tournois**

Item, quatre autres moyennes carpes, à XXV solz piece. Pour ce **C solz.** pour le jour dud. festin.

Lesquelles parties montent et reviennent ensemble à lad. somme de IIII^XX^ XVI livres tournois, comme il est contenu et declaré oud. cahier et parties dud. Lefevre, cy rendues, par vertu desquelz payement leur a esté faict, ainsy qu'il appert par sa quictance dactée du seiziesme jour de juing mil cinq cens soixante unze, cy rendue. Pour ce, cy **IIII^XX^ XVI livres tournois**

A Leonard Habert, poissonnier de la Royne demourant à Paris, la somme de dix huict cens cinquante sept livres / [109^v^] dix huict solz tournois à luy aussy ordonnée par mesd. seigneurs pour avoir fourny et livré pour led. festin le nombre et quantité de poisson de mer sallé, fraiz et d'eaue doulce, cy apres declarée. C'est assavoir quinze brochetz de deux piedz et au dessus, à VII livres X solz piece vallant **II^c^ XLII livres X solz tournois**

Vingt neuf brochetz de pied et demy et au dessus, à VII livres X solz piece, vallant **II^c^ XLII livres X solz tournois**

Cinq carpes de deux piedz à XII livres X solz piece, vallant **LXII livres X solz.**

Vingt huict carpes de pied et demy et au dessus, à VII livres X solz piece, vallant **II^c^ X livres tournois**

Quatre vingtz treize carpes de pied et demy quatre doigtz, à X solz piece, vallant **XLVI livres X solz tournois**

Item, treize brochetz d'ung pied à X solz piece, vallant **XLVI livres X solz tournois**

Item, ung brochet d'ung pied quatre doigts **XL solz**

Item, cinq grands saulmons fraiz, à XX livres piece, vallant **C livres tournois**

Item, dix huict truittes à IIII livres, X solz piece, vallant **IIII^XX^ livres tournois**

Dix huict grans turbotz, à VII livres X solz piece, vallant **VI^XX^ XV livres tournois**

Trente trois lamproies, à XL solz piece **LXVI livres tournois**

Item, neuf alozes fresches, à XL solz piece, / [110^r^] vallant **XLIII livres tournois**

Item, trente trois solles, à XXX solz piece, vallant **XLVI livres tournois**

Item, dix huict barbues, à XXX solz piece, vallant **XXVII livres tournois**

Item, vingt cinq grenolz, à XXX solz piece, vallant **XXXVII livres X solz tournois**

Item, trente trois macquereaux fraiz à XX solz piece vallant **XXXIII livres tournois**

Item, soixante six balenes, à VII solz VI deniers la livre vallant **XXIIII livres XV solz tournois**

Item, six cens huistres à l'ecaille, à VI livres le cent, vallant **XXXVI livres tournois**

Item, ung panier de moules **VII livres tournois**

Item, deux milliers cinq cens huistres escaille, à XV solz le cent, vallant **XVIII livres XV solz tournois**

Item, quatre panneaux de plean, à LX solz chacun, vallant **XII livres tournois**

Ung cent de cancre **IIII livres tournois**

Item, deux cens de grosses escrevisses, à C solz le cent, vallant **X livres tournois**

Item, quatre cens et demy tripes de morues, à XXX solz le cent **VI livres XV solz**

Item, deux hommards, à XL solz piece, vallant **IIII livres tournois**

Item, six tortues, à IIII livres piece, vallant **XXIIII livres tournois**

Item, deux cens trois quarterins de lamproions, à C solz le cent, vallant **XIII livres XV solz tournois**

Item, deux milliers de grenoilles, / [110^{v}] à XII solz le millier, vallant **XXIIII livres tournois**

Item, VIII^{XX} X livres tournois de beurre fraiz et sallé de Flandre, à IIII solz la libvre **XXXIII livres tournois**

Item, XVII livres de beurre fraize de Vannes, à IX solz la libvre, vallant **VII livres XIII solz tournois**

Item, ung marsouin **XLV livres tournois**

Item, quatre saulmons sallez, à XL solz **VIII livres tournois**

Item, une grosse anguille **XX solz tournois**

Item, cinq cens et demy haren sallé blanc et soret, à L solz le cent, vallant **XIII livres XV solz**

Item, IIII^{XX} XVI livres d'esturgeon a esté accordé à la somme de **II^{C} livres tournois**

Plus, a esté ordonné par mesd. seigneurs aud. Habert la somme de cinquante livres tournois, pour recompense de la perte qu'il a peu avoir sur le poisson qu'il avoit faict apporter le XXVIIe jour de mars mil cinq cens soixante unze, comme il estoit tenu par le marché faict avec luy, lequel poisson n'auroit servy aud. festin ains auroict esté contraict le vendre à cause que l'entrée de la Royne fut remise.

Toutes lesquelles sommes montent et reviennent à lad. / [111^{r}] premiere somme de XVIII^{C} LVII livres, VIII solz tournois, comme il est contenu et declaré oud. cahier et parties dud. Habert, cy rendues, par vertu desquels payment luy a esté faict, ainsy qu'il appert par trois ses quictances dactées des dix huictiesme may, dix neufviesme mars et neufviesme avril mil cinq cens soixante unze, cy rendues. Pour ce, cy **XVIII^{C} LVII livres XVIII solz tournois**

A Jacquette Musnier, vefve de feu Remy Le Conte, poissonniere demourant à Paris, la somme de deux cens dix livres tournois, à elle ordonnée par mesd. seigneurs pour le poisson de mer qu'elle a delivré ainsy qu'il s'ensuict. Assavoir, huict turbotz, trois quartiers, deux saulmons fraiz, vingt deux solles, une aloze et demye, deux pannyers d'huistres, douze livres de balene, deux mulotz ou gournotz, une heur et dalle de saulmon, ung demy marsouin, trois barbues, six truites, ung pannier d'esperlan / [111^{v}] et dix autres dales de saulmon fraiz, led. poisson fourny par lad. Musnier les V, VI, VII, VIII, et XXIIIe jour de mars mil cinq cens soixante unze, pour disner des enfans de Paris, ung autre disner le jour que fut faict le present au Roy, ung autre à Messieurs de la ville le jour que le Roy fut à Sainct Denis lever les corps sainctz, et ung autre, le jour que le Roy feit la procession de la Saincte Chappelle à Nostre Dame.

Pour toutes lesquelles parties a esté faict pris et acord avec lad. Musnier par mesd. seigneurs à la somme de IIc x livres tournois, comme il est contenu et declaré oud. cahier et parties de lad. Musnier, cy rendues, par vertu desquelz payement luy a esté faict, ainsy qu'il appert par sa quictance dactée du XXIIIIe jour de mars mil cinq cens soixante unze, cy rendues. Pour ce, cy **IIc x livres tournois** / [112r]

A Nicolas Dangoise, marchant boullenger, bourgeois de Paris, la somme de quarante sept livres huict solz tournois, à luy ordonnée par mesd. seigneurs pour avoir fourny sept vingts six huict douzaines de pain blanc pour led. festin, à raison de VI solz chacune douzaine comme il est declaré et contenu oud. cahier, par vertu duquel payement luy a esté faict, ainsy qu'il appert par sa quictance dactée du huictiesme jour d'aoust, mil cinq cens soixante unze, cy rendue. Pour ce, cy **XLVII livres VIII solz tournois**

A Guillaume Pilleu, maistre paticier à Paris, la somme de quatre vingtz une livres, neuf solz tournois, à luy ordonnée par mesd. seigneurs pour avoir fourny de leur commandement, les pieces de patisseries cy apres declarées. C'est assavoir, unze platz etricq à raison de IIII solz le plat, vallant **XLIIII solz**

Ung plat de bracoletz aud. pris, vallant **XLIIII solz**
Unze platz de fleurons, / [112v] aud. pris, vallant **XLIIII solz**
Unze platz de lezardeaux, aud. pris, vallant **XLIIII solz**
Une platz de biscuit fillé, aud. pris, vallant **XLIIII solz**
Unze platz de tortillons, aud. pris, vallant **XLIIII solz**
Vingt sept platz de brochets façon de veau, à raison de IIII solz piece **CVIII solz tournois**
Cinq pattez de carps, aud. pris, vallant **X livres tournois**
Seize grands patez de gournoz, à VI solz le pasté, vallant **IIII livres XVI solz**
Seize platz de marsouin, à IIII solz piece, vallant **LXIIII solz**
Dix huict pattez de barbues, à VI solz piece, vallant **CVIII solz tournois**
Dix huict pastez de saulmon, à IIII solz piece, vallant **LXXII solz tournois**
Unze platz de rissolles feuilletées, à IIII solz piece, vallant **XLII solz tournois**
Ung grand pasté de venaison faict à couppe par tranches **XV solz tournois**
Dix huict pastez d'abricotz, à IIII solz piece, vallant **LXXII solz tournois**
Dix huict tortes de pesches feuilletées, à IIII solz piece, vallant **LXII solz**
Dix huict platz de gauffres, à VIII solz piece, vallant **LXXII solz**
Dix huict tartes blanches, à IIII solz piece, vallant **LXXII solz tournois**
Dix huict platz petit mestier, / [113r] aud. pris, vallant **LXXII solz tournois**
Dix huict escussons de navires, aud. pris, vallant **LXXII solz**
Deux navires de patte royalle dorez et enrichiz, vallant **III livres X solz**
Le devise du Roy de patté royalle dorée et enrichie, vallant **X livres V solz**

Toutes lesquelles parties montent ensemble lad. somme de IIII^{XX} I livres IX solz tournois, comme il est contenu et declaré oud. cahier et parties dud. Pelle, par vertu desquelz payement luy a esté faict, ainsy qu'il appert par sa quictance dactée du XXe jour de juillet mil cinq cens soixante unze, cy rendue. Pour ce, cy **IIII^{XX} I livres IX solz tournois**

A Guillaume Pelle, cy devant nommé, la somme de cent treize livres, six solz tournois, à luy ordonnée par mesd. seigneurs, pour avoir fourny les pieces de paticeries qui ensuivent. Assavoir, le jeudy XXVIIIe jour de mars, mil cinq cens soixante unze, pour le disné faict en la maison de ville, sept platz de chemineaulx, sept platz d'estriers, sept tourtres italiennes, sept platz de taillandans, sept patez de brochetz façon de veau, sept pattez de marsouin, / [113^{v}] sept patez dubles, sept gasteaux feuilletez, sept tourtres seiches, sept tourtes de pignons, sept platz de gauffres, sept tartes feuilletées et sept tourtres d'amendes.

Toutes lesquelles pieces, à raison de IIII solz chacune, vallant **XXI livres tournois**

Item, sept grands patez de gourneaux, à six solz piece **XLII solz**

Item, led. jour six pieces de four qui furent presentées sur led. eschafault de la ville, vallant **XXIII solz tournois**

Item, pour la bancquet faict le mercredy XXe jour de fevrier oud. an, au logis du cappitaine des enfans de Paris, ung paté de jambon de Magence vallant XV solz, six pattez de veau vallant XXIIII solz, six tourtres italiennes, six platz de gimbry, six pattez de pigeonneaux à la moille, six tourtres de moille, six patez de cardes, six picques lardées, six ratton billetez, six patez de moiaulx [11690: moyeulx] d'œufz à la saulce d'Ipocras, six tourtres daury, six tartres leschées, six tartres feuilletées, six tartres seiches, six platz de biscuit, six platz de gauffre et six tourtes blanches. / [114^{r}]

Toutes lesd. pieces, à raison de IIII solz pieces, vallant **XIX livres IIII solz**

Item, pour le bancquet faict à Sainct Martin des Champs ausd. enfans de Paris, le XXVIIIe jour de mars, six patez de brochet façon de veau, six gasteaux fueilletez, six tourtres de pommes, six tartres seiches, six platz de gauffre, six roses de biscuit, six lozanges d'amendes, six tartres blanches et six tartres fueillée doré, à raison de IIII solz piece, vallant **XL livres XVI solz**

Item, pour ung disner faict le cinquiesme jour dud. mois de mars, ung grand patté de gournault vallant VI solz. Plus huict pieces de four, à IIII solz piece vallant **XXXII solz**

Item, le mardy sixiesme jour dud. mois, jour de l'entrée du Roy, pour le disner faict aud. hostel de ville, six pattez de brochet façon de veau, six platz de gobetz fueilletez, six pattez d'huistre à la saulce chaulde, six tartres italiennes, six patez de saulmon, six coqueluches de Champaigne, six gateaux fueilletez, six patez de pesches, six tartres d'abricotz, six tartres seiches, six roses de biscuit, six platz de gauffres, six tourtres d'amendes, / [114^{v}] six tartres blanches, lesd. pieces, à raison de IIII solz piece, vallant **VI livres tournois**

Plus six patez de gournotz à VI solz piece, vallant **XXXVI solz**

Plus, ung grand paté de hure de saulmon et ung mulet, à VI solz piece, vallant XII solz, six cocluches de Champaigne, six gateaux fueilletez, six patez de pesches confictes, six tourtres d'abricotz, six tartres seiches en escusson, six roses de biscuit, six platz de gauffres, six tourtres d'amende fueilletées, six tartres blanches, à IIII solz piece, vallant **X livres XVI solz**

Item, pour ung disner des enfans de Paris, le premier jour de janvier mil v^c soixante unze, quatre platz d'estriez, quatre platz de sommeaux, quatre platz de bouceletz, quatre platz d'assiette, quatre platz d'herbes, quatre patez de lievres chaulx, quatre patez de pigeons, quatre tourtes de moille, quatre patez de cardes, quatre patez de courge, quatre tourtres de pignolles, quatre tourtres d'orenge, quatre tourtes de massepain, quatre tourtres damy, quatre plats de coulisses, ung paté d'assiette, ung paté de palais de beuf, deux patez de cardes / [115^r] et huict autres pieces de four pour l'yssue, toutes, à raison de IIII solz piece vallant **XIIII livres VIII solz**

Item, pour le disner des enfans de Paris, le jour de l'entrée, six patez de brochets façon de veau, six patez d'huistre à la saulce chaulde, six tourtres italiennes, six patez de saulmon, six gasteaux fueilletez, six tourtres d'abricotz, six patez de pesches, six tourtres seiches, six roses de biscuit, six tourtres d'amende, six platz de gauffres coulissée et six tartres blanches, lesd. pieces, à raison de IIII solz piece, chacune, vallant **XIIII livres VIII solz**

Item, led. VIe mars, quatre platz portez au logis du capitaine desd. enfans de Paris pour leur soupper. Assavoir, quatre platz de gobetz, quatre platz d'huistres, quatre platz de pluyes, quatre gasteaux fueilletez, quatre patez de pesches, quatre tourtres de pommes, quatre tartres leschées, quatre tartres seiches, quatre platz de gauffre, quatre tartres blanches, quatre tartres feuillardes, lesquelles pieces, à raison de IIII solz chacune, vallant / [115^v] **VIII livres XVI solz**

Toutes lesquelles parties montent ensemble lad. somme de CXIII livres, VI solz tournois, comme il est contenu et declaré oud. cahier et parties dud. Pelle, cy rendues, par vertu desquelz payement luy a esté faict, ainsy qu'il appert par sa quictance dactée du neufviesme jour d'aoust, mil cinq cens soixante unze, cy rendue. Pour ce, cy **CXIII livres XVI solz tournois**

A Jehan Quiquebeuf, porte chappe demourant à Paris, la somme de trois cens sept livres, seize solz tournois, à luy ordonnée par mesd. seigneurs pour avoir fourny les herbaiges faict et autres choses deppendans de son estat, cy apres declarez, les XXe fevrier, VI, VIII et XIXe mars. C'est assavoir, bois, charbon, artichaulz, poix vers, esparges, cardes, œufz, beurre, fromage, jonchée, cresme, orenges, citrons, grenades, poires de Certeau, pommes de Capendu, pour confire et servir creues, pommes de Chastignier, poires, pommes de Bon chrestien, marons, sel blanc, sel gros, verjus, vinaigre, / [116^r] cuilleiers, potz de terre, paille, baletz, poilles, choux, poireaux, persel, marjolaine, chicorées, letues, oseille, ciboulles, sallade, fleurs, tables carrées, formes et treteaux, grand verres, couppes, bouccolz, cousteaux, portaige et rapportaige desd. ustencilles, pour raison de quoy luy auroit esté ordonné VI livres tournois pour plat, qui est pour cinq platz fourniz pour le banquet faict aux enfans de Paris, au logis de monsieur le Prevost des marchans **XXX livres tournois**

Item, pour six autres platz pour ung banquet faict, le XXe fevrier, au logis du capitaine des enfans de Paris, à icelluy pris **XXXVI livres tournois**

Item, six autres platz pour le disner faict, led. jour, à Sainct Martin des Champs pour les enfans de Paris, à lad. raison de VI livres tournois.

Item, autres cinq platz pour ung disner faict en l'hostel de lad. ville, le VIe jour de mars, **XXX livres tournois**

Item, pour le disner faict à Sainct Denis, trois autres platz à raison de VI livres tournois le plat, attendu qu'il falloit aller à Sainct Denis. Cy **XXI livres tournois** / [116^{v}]

Item, six platz pour le disner et soupper desd. enfans de Paris, le jour de l'entrée de la Royne, à VI livres le plat. Cy **XXXVI livres tournois**

Item, led. jour pour le disner faict en l'hostel de lad. ville, sept platz à VI livres. Cy **XLII livres tournois**

Item, le premier jour de may, pour ung disner faict aud. hostel, deux platz. Cy **XII livres tournois**

Pour seize douzaines de bouteilles perdues **XXVIII livres XVI solz**

Lesquelles parties montent et reviennent ensemble à lad. premiere somme de III^{c} VII livres, XVI solz tournois, comme il est contenu et declaré oud. cahier et parties dud. Quiquebeuf, cy rendues, par vertu desquelz payement luy a esté faict ainsy qu'il appert par sa quictance dactée du neufviesme jour de septembre, mil cinq cens soixante unze, cy rendue. Pour ce cy **III^{c} VII livres XVI solz tournois**

Aud. Quiquebeuf la somme de trois cens dix livres quinze solz tournois, à luy ordonnée par mesd. seigneurs. Assavoir, II^{c} LX livres pour vingt plats de toutes choses de son estat par luy fournies / [117^{r}] pour le festin faict à la Royne, à raison de XIII livres chacun plat, et L livres XV solz pour la perte de XXIX douzaines de bouteilles neufves, à raison de XXXV solz la douzaine, revenans lesd. deux parties à lad. somme de III^{c} X livres XV solz, comme il est contenu et declaré oud. cahier et parties dud. Quiquebeuf, cy rendues, par vertu desquelz payement luy a esté faict ainsy qu'il appert par sa quictance dactée du douziesme jour d'aoust mil cinq cens soixante unze, cy rendue. Pour ce, cy **III^{c} X livres XV solz tournois**

A Pierre Duhamel la somme de six vingtz douze livres tournois, à luy ordonnée par mesd. seigneurs pour avoir par luy fourny et livré tout le linge tant de bouche que du commun, toutes sortes de vaisselles et assiettes croyées, ensemble des gens pour servir, porter et reporter lesd. linges et vaisselles à plusieurs disners faict par icelle ville, tant à l'entrée du Roy et celle de la Royne que autres disners faictz aud. hostel de ville et maison du capitaine desd. / [117^{v}] enfans de Paris, comme il est contenu et declaré oud. cahier, par vertu duquel payement luy a esté faict, ainsy qu'il appert par sa quictance dactée du quinziesme jour de septembre, mil cinq cens soixante unze, cy rendue. Pour ce, cy **VI^{xx} XII livres tournois**

Aud. Duhamel, la somme de six vingtz dix livres tournois, à luy ordonnée par mesd. seigneurs pour avoir semblablement fourny tout linge de lit, de table, et, pour le commun et cuisine, la vaillselle, ustancilles de cuisine, grans brotz et quartes d'estaing, avec toutes autres choses de son estat, pour servir au festin faict à lad. dame, comme il est contenu et declaré oud. cahier et parties dud. Duhamel, cy rendues, par vertu desquelz payement luy a esté faict ainsy qu'il appert par sa quictance dactée du unziesme jour de julliet mil v^c^ soixante unze, y rendue. Pour ce, cy **VI^XX^ X livres tournois** / [118^r^]

A Rolland Lefevre, orfevre de la ville de Paris, la somme de quarante trois livres tournois, pour avoir par luy fourny de la vaisselle d'argent comme bassins, esguieres, sallieres et cuilliers. Assavoir, au banquet faict à la Royne en la salle de l'evesché, le jour de l'entrée de mad. dame à disner et à soupper pour les enfans de Paris, autre à Sainct Denis le jour que l'on remonta les corps sainctz, autre en l'hostel de la ville, le jour de l'entrée du Roy, et autre au logis du cappitaine des enfans de Paris, comme il est contenu et declaré oud. cahier, par vertu duquel payement luy a esté faict, ainsy qu'il appert par sa quictance dactée du vingt sixiesme jour de septembre mil cinq cens soixante unze, cy rendue. Pour ce, cy **XLIII livres tournois**

A Pierre Normant, maistre ymager demourant à Paris, la somme de sept livres, / [118^v^] dix solz tournois, à luy ordonnée par mesd. seigneurs pour la façon de trois figures de plastre des armoiries du Roy et de la Royne et de lad. ville qui ont servy à faire les gellées, et une autre figure de Diane pour le semblable de beurre de Vannes, comme il est contenu et declaré oud. cahier, par vertu duquel payement luy a esté faict, ainsy qu'il appert par sa quictance dactée du douziesme jour de may, mil cinq cens soixante unze, cy rendue. Pour ce, cy **VII livres X solz tournois**

A François Jacob, maistre d'hostel de ladicte ville, la somme de cinquante quatre livres, quinze solz tournois, à luy ordonnée par mesd. seigneurs pour plusieurs mesmes parties par luy mises et desbourcées, à plusieurs et diverses fois, tant auparavant lesd. entrées, festin faict à lad. dame, que autres lieux, comme il est plus à plain contenu et declaré esd. parties veriffiées à l'expedition dud. cahier, revenant à lad. somme, / [119^r^] comme il est contenu et declaré oud. cahier, par vertu duquel payement luy a esté faict, ainsy qu'il appert par sa quictance dactée du premier jour de may mil cinq cens soixant unze, cy rendue. Pour ce, cy **LIIII livres XV solz tournois**

A Jehan Jacquet, boucher dud. hostel de ville, la somme de sept vingtz neuf livres deux solz tournois à luy ordonnée par mesd. seigneurs pour plusieurs fraiz et parties de despence par luy faictz, miz et fraiez par le commandement et ordonnance desd. seigneurs, durant et à cause desd. entrées et festin faict à lad. salle de l'evesché, comme il est contenu et declaré oud. cahier, par vertu duquel payement luy a esté faict, ainsy qu'il appert par sa quictance dactée du quatorziesme jour d'aoust, mil cinq cens soixante unze, cy rendue. Pour ce, cy **VII^XX^ IX livres II solz tournois**

A Jehan Quiquebeuf, porte chappe devant nommé, la somme de soixante / [119^v^] quatre livres tournois, à luy aussy ordonnée par mesd. seigneurs pour avoir par luy fourny trente deux falotz qui ont servy en plusieurs lieux et rues pour esclairer la nuict des jours desd. entrées, comme il est contenu et declaré oud. cahier, par vertu duquel payement luy a esté faict, ainsy qu'il appert par sa quictance dactée du XXIXe jour de septembre mil cinq cens soixante unze, cy rendue. Pour ce, cy **LXIIII livres tournois**

A Pierre Beaudieu, cuisinier demourant à Paris, la somme de cinq cens quarente deux livres, six solz tournois, à luy ordonnée par mesd. seigneurs tant pour ses peines sallaires et vaccations, et de ses gens, d'avoir vacqué aux festins faictz à cause desd. entrées en la salle de l'evesché Sainct Martin des Champs, aud. l'hostel de ville, que au logis du cappitaine des enfans de Paris, que avoir fourny de sucres, / [120r] cannelles, vin blanc et clairet, bois, toilles, cavenatz, estamines pour faire gelées, verjus, vinaigre et toutes autres choses de son estat, dont il a esté besoing pour lesd. banquetz, ainsy qu'il est convenu en ses parties veriffiées en expedition dud. cahier, et revenans à lad. somme de v^c XLII livres VI solz comme il est contenu et declaré oud. cahier et parties dud. Beaudieu, cy rendues, par vertu desquelz payement luy a esté faict, ainsy qu'il appert par sa quictance dactée du XVIIe jour de decembre mil cinq cens soixante unze, cy rendue. Pour ce, cy **v^c XLII livres VI solz tournois**

ESPICERIES, DRAGEES, YPOCRAS, SUCRE, CIRE ET AUTRES DROGUES FOURNIE POUR ICELLUY FESTIN ET POUR BATONS DE TORCHE LIVREZ AUX OFFICIERS DE LAD. VILLE, LES JOURS DESD. ENTRÉES / [120v]

A Jehan de La Bruyere, marchant appoticaire et espicier, bourgeois de Paris, la somme de dix huict cens trente livres tournois, à luy aussy ordonnée par mesd. seigneurs pour avoir, de leur commandement, fourny et livré les parties qui ensuivent. C'est assavoir, le IIIIe jour de mars mil cinq cens soixante unze, avoir baillé quatre flambeaux de cire jaulne, d'une livre piece.

Item, led. jour, des espices de cuisine, sucre et fruictz de Caresme au disner de mesd. seigneurs.

Item, le cinquiesme jour dud. mois de mars, aud. Camille, quatre flambeaulx.

Led. jour, les espiceries de cuisine pour le disner desd. seigneurs.

Le VIe jour dud. mois que se feit l'entrée du Roy, les espiceries de cuisine, sucre et fruictz de Caresme pour le disner desd. seigneurs et autres bourgeois.

Led. jour, au filz du paintre, quatre flambeaulx.

Le VIIe jour desd. mois et an, les espices de cuisine, fruictz de Caresme et autres choses que dessus.

Item, cinq flambeaux blancs façon de Venize du poix de unze livres / [121r] et demye, mis à la figure devant le Sepulchre rue Sainct Denis.

Item, cinq gros bastons blancs pour poser lesd. flambeaulx.

Item, aux quarteniers, pour bailler aux dixmiers et cinquanteniers pour faire serrer le peuple par les rues par tous les officiers de lad. ville, le jour de l'entrée du Roy, cinquante six bottes battons blancs, faisant en nombre quatorze cens.

Item, les espices qui ont esté livrés au logis de monsieur le Prevost des marchans pour les enfans de Paris.

Item, le XXIe jour de mars oud. an, porté fruictz de Caresme pour faire gouster les cappitaines desd. enfans de Paris.

Item, le XIXe jour desd. mois et an, pour le jour de l'entrée de la Royne, fourny les espices de cuisine, sucre, fruictz de Caresme et autres choses necessaires pour le disner de mesd. seigneurs et leur compaignie.

Item, led. jour de l'entrée, fourny les espices de cuisine, sucre, fruictz de Caresme et autres choses necessaires pour le disner des enfans de Paris / [121v] faict à Sainct Martin des Champs.

Item, led. jour, baillé à Camille, peintre, six flambeaux.

Item, delivré aux quarteniers pour bailler aux dizimiers, cinquenteniers pour les distribuer aux officiers de lad. ville et autres personnes pour faire serrer le peuple par les rues, trente six bottes de battons blancs faisant en nombre IXc.

Item, avoir baillé à maistre Germain Pillon une torche de deux livres avec ung flambeau blanc d'une livre.

Item, le dernier jour de mars oud. an, pour le festin faict à la Royne en la salle de l'evesché, a esté fourny XXX livres sucre fin de Madere, douze onces de cannelle, six onces cloud, huict onces muscade, huict onces pouldre blanche, quatre onces cannelle battue, quatre treizeaux saffran battu, quatre onces poivre concassé, demye livre ficelle deliée, six aulnes estamine plus grosse, quatre livres / [122r] huille d'olif, une quarte vinaigre royal, une peinte eaue roze, une peinte eaue de Damas musquée, trois libvres amydon, deux livres crestremarine, deux livres capres de Gennes menues, quatre paintes grosses olives, une quarte saulce vert, une livre dragée musquée, une livre cannelac et orengeac, quatre livres amendes nouvelles, trois livres avolencs [11690: avelenes], six livres pruneaux, six livres dattes nouvelles, deux livres raisins de Corinthe, deux livres pincratz nouveaulx, vingt trois pintes ypocras blanc, plus quatre livres amendes, quatre livres de ris, quatre livres quatre onces formaige de Milan, trois livres enchois.

Item, dix huict flambeaux d'une livre piece, baillez à maistre Guillaume Guillain, Camille, peintre, et Pierre d'Angers, aussy peintre, pour servir à nuict à serrer les peintures et autres choses qui estoient en la salle, une bouteille contenant trois peintes / [122v] d'ypocras, pour donner au compte Reingrast, une livre confiture de Madere, deux livres dragées assorties donnez à Richard Toutin qui a faict le present à la Royne.

Item, le lendemain de lad. entrée pour led. festin faict à lad. dame a esté fourny pour le desert seize grandes tartres de massepin faict avec pineratz et amendes avec eaue roze.

Item, aud. desert, seize platz, chacun plat de six sortes de dragées. Assavoir, cannelac, orengeat, amendes, maderans de chacun des quatre sortes.

Item, vingt livres fanoil de Fleurance, coriande, eaue roze musquée.

Item, led. jour, pour la collation dressée apres disner, quatre granz platz de quatorze livres cannelac, orengeat, giroflat et citronnat de Milan.

Item, trois livres cannelle de sucre, soixante quatre livres de dragées musquées, pinerotz lissiz, coriande de Verdun, pinerotz perlez, dragées d'Avignon, dragées de rozes, fanoil de Florence, avelenes et grosses amendes / [123r] polies en eaue roze, huict livres anys perle, et dragée musquée perlée, seize livres gros canelat, orengeat, madreac, et amendes perlées, deux livres de biscuit de Madere, quatre livres dragées musquées perlées, douze livres canichons musquez pressés, et pignollat en roche, quatre grandes tartres massepin, soixante deux livres fruictz de sucre de toutes sortes faictz sur le naturel, jambons, espaulles, harens, soretz, avec plusieurs sortes d'animmaulx, douze bouettes cottingnanc en roche, et douze bouettes cotignac en gelée, vingtz potz de verre plains d'abricotz, prunes de perdrigonnes, coings entiers fleurs d'orenge, et griottes de Lyon, le tout confict, huict livres escorse chair de citarne liquides, cinquante bouquetz de fenoil de Florence confitz et couvers de sucres, quatre vingtz seize armoiries de sucre royal dorées de fin or, sept livres abricotz et prunes de Gennes, six vingtz / [123v] quatre livres et demye confiture seiches de Gennes et de Madere de plusieurs sortes: assavoir, marmelades de coings, georgée d'Angers escossée taillée, escorse d'orenge verte, chair de citrons clairs, boru de Beaulne, petis limons vers, escorse de ponteilles, ramazes de Gennes, grosses poires de Gennes, figures d'animaulx de Gennes, grosses poires naturelles, petites orenges vertes, concombres vers, amendes vertes, letues de Gennes, paté royal, marmelades de pesches, quatre grandz pains de Gennes, vingt pieces vaisselle de sucre aux armoiries du Roy et de la Royne painctz et dorez, le louaige de trois cens pieces de vaisselle de Venize, qui font vingt cinq douzaines vingt une pieces desd. vaisselles de Venize, qui font vingt cinq douzaines vingt une pieces desd. vaisselles perdues et cassées.

Au paintre pour avoir faict les armoiries du Roy et de la Royne de dragées de couleur / [124r] de dessus lesd. grans pains de pesches [Gennes?] et pour avoir doré lesd. quatre vingtz seize armoiries de fin or.

Item, a esté servy sur lesd. tables sur six dragois l'historie de Minerve contenant sept piedz. Assavoir, la premiere la naissance de Minerve, une jeune vierge, de l'aage de huict ans, armée, sortant du cerveau de Juppiter couché pres d'une montaigne, appuyé sur ung aigle; lad. Minerve receue par deux nimphes, l'une la tenant de la main dextre et l'autre de la senestre, au dessus de sa teste ung chathuan tenant des deux piedz une branche de palme, le tout enveloppé d'ung nuage pleuvant de l'or, tout le mont planté de lys. Le tout de sucre doré et enrichiz.

La seconde piece estoit de la nourriture de Minerve, estant assize en ung verger, au costé d'elle deux vases dont de l'ung sortoit une vigne spatieuse entrelassée / [124v] d'ung rozier et de l'autre vase sortoit ung olivier. Au devant d'elle estoient trois nimphes representans trois estatz, la servans et tenans chacune une tasse dont l'une plaine de fruictz, l'autre de raisins, et en l'autre trois espictz de blé; aupres d'elle sa hache et son chahuan, le tout environné de plusieurs sortes d'animaulx. Le tout de sucre doré et estoffée comme dessus.

La troisiesme piece estoit la paroissance d'icelle Minerve estant en ung autre grand verger où estoit ung lac duquel elle yssoit armée, tenant sa hache et sa targue, aupres d'elle son chathuan, deux vases aux deux costez, sortant une vigne et ung olivier comme dessus; au devant d'elle, trois nimphes en rond luy representant: assavoir, l'une ung globe, l'autre trois espictz de blé, l'autre ung compas et une reigle. Le tout planté d'arbres et semé de bestes sauvaiges / [125r] defermé d'ung bocage. Le tout de sucre doré et enrichy.

La quatriesme piece estoit l'effect de lad. Minerve armée, tenant sa hache pres d'ung grand rocher, aupres d'elle son chevalier Percée auquel elle avoit baillé sa targue en forme d'ung miroir, regardans dedans lad. targue et tenant de la main dextra ung coustelas, couppoit la teste au monstre nommé Meduze, couché le long d'ung rocher; aupres d'elle, ses deux seurs n'ayant toutes trois qu'un œil, du sang ruisselent de lad. Meduze; contre led. rocher sortoit le cheval nommé Pegasus ayant deux æsles, et led. cheval, deux autres æsles aux tallons; les cheveulx de lad. Meduze et de ses deux seurs estoient serpens, led. rocher et le vallon estoit couvert d'arbres de ciprès et autres arbres sauvaiges, avec bestes sauvages veneneuses. Le tout de sucre doré et enrichy comme dessus.

La cinquiesme estoit Minerve devant / [125v] une grand ville figurée pour Athenes, representant Paris, tenant sa hache et sa targue avec son chathuan et, aupres d'elle, led. chevalier sur led. cheval Pegasus, tenant par les cheveulx la teste de Meduze; aupres de luy plusieurs ennemys, lesquelz luy voulans courir sus furent transformez en statues de pierre regardans lad. teste. Aupres de la porte de lad. ville estoit le corps de lad. Meduze, renversé et couché par terre, sans teste. Au meilleu de lad. ville ung grand dosme et plusieurs grans bastimens et tous en forme de piramides; lad. ville environnée de toutes sortes d'arbres en forme de bocage. Le tout de sucre doré et enrichy comme dessus.

La sixiesme contenoit deux pieces sur ung seul drager. L'une estoit lad. ville dessus ung hault rocher semé de toutes sortes de petitz animaulx differens, avec petits arbres et buissons pendans de plusieurs façons. Aupres estoit lad. Minerve armée, tenant sa targue / [126r] et sa hache, frappant contre led. rocher duquel elle faisoit sortir ung grant olivier et de l'autre costé estoit Neptune, dieu de la mer, dessus une grande coquille de mer en forme d'ung coche dedans lad. mer, lequel estoit mené par deux tritons, et frappant de son tridan sur led. rocher feit sortir ung cheval, estans lesd. Mynerve et Neptune en debat, qui donneroit le nom à lad. ville, fut dict par led. Percée qu'estant l'olivier plus propre et necessaire à la nourriture des hommes, pays pour luy lad. ville abondante en toutes sciences que n'estoit le cheval, seul soulagement de l'homme et signifiance de guerre, que lad. Minerve nommeroit lad. ville.

L'autre estoit ung grand navire dedans lad. mer, armé, au port pres lad. ville, lequel venoit d'Affricque plain de salemendes, lyons, leopars, onces et autres bestes sauvages, et, sur les cordages et hunes, plusieurs seinges, perroquetz, / [126v] oyseaulx venans dud. pays, led. navire presenté à Minerve par ung ambassadeur d'Affricque monté dessus ung dromadere. Dedans lad. mer estoient plusieurs sortes de poissons et monstres marins. Le tout de sucre doré et estoffé comme dessus.

Item, a esté paié par led. de La Bruyere à maistre Germain Pillon, pour avoir veu lesd. ouvraiges, les creux et rondebosses des personnaiges par luy prisez, estimez la somme de dix livres huict solz tournois.

Toutes lesquelles parties cy dessus ont esté arrestées par mesd. seigneurs et icelles moderées à lad. premiere somme de XVIII^{c} XXX livres tournois, comme il est contenu et declaré oud. cahier et parties dud. de La Bruyere, cy rendues, par vertu desquelz payement luy a esté faict ainsy qu'il appert par sa quictance dactée du vingthuictiesme jour d'aoust mil cinq cens soixante unze, cy rendue. Pour ce, cy **XVIII^c XXX livres tournois** / [127^r]

JOUEURS D'INSTRUMENS POUR LE JOUR DUD. FESTIN

A Noel Durant et Jacques Hemon, maistres joueurs d'instrumens à Paris, tant pour eulx que pour leurs compaignons, la somme de soixante cinq livres tournois à eulx ordonnée par mesd. seigneurs, pour avoir de leur commandement joué de leursd. instruments, tant à l'entrée de la Royne que au festin faict à lad. dame, comme il est contenu et declaré oud. cahier, par vertu duquel payement leur a esté faict, ainsy qu'il appert par leur quictance dactée du unziesme jour de may mil v^c soixante unze, cy rendue. Pour ce, cy **LXV livres tournois**

TAXATIONS FAICTES A CEULX QUI ONT VACQUE POUR LE FAICT DUD. FESTIN ET AUSSY À CAUSE DESD. ENTRÉES / [127^v]

A Hector Duchemin, l'ung des cent arbalestriers et pistolliers de lad. ville, la somme de six livres tournois, à luy ordonnée par mesd. seigneurs pour ses parties et vaccations, d'avoir eu la charge et ayde à distribuer le pain et le vin, le jour dud. festin, comme il est contenu et declaré oud. cahier, par vertu duquel payement luy a esté faict, ainsy qu'il appert par sa quictance dactée du vingtseptiesme jour de julliet mil cinq cens soixante unze, cy rendue. Pour ce, cy **VI livres tournois**

A Maistre François Jacob, l'ung des maistres d'hostel de lad. ville, la somme de cinquante livres tournois, à luy aussy ordonnée par mesd. seigneurs pour plusieurs journées et vaccations faictes par led. Jacob, pour le faict desd. entrées et du service qu'il feit au festin faict à lad. dame en l'hostel episcopal, et d'avoir aussy esté par plusieurs fois avec les / [128^r] mareschaulx du logis du Roy, pour l'exemption des logis des conseillers de ville, quarteniers et des enfans de Paris qui furent au devant du Roy, et avoir aussy marqué toutes les maisons du Pont Nostre Dame pour telles personnes que mesd. seigneurs luy nommerent, comme il est contenu et declaré oud. cahier, par vertu duquel payement luy a esté faict ainsy qu'il appert par sa quictance dactée du troisiesme jour de mars mil cinq cens soixante unze, cy rendue. Pour ce, cy **L livres tournois**

Aud. maistre François Jacob, cy dessus nommé, pareille somme de cinquante livres tournois, à luy aussy ordonnée par mesd. seigneurs, oultre et pardessus les L livres tournois declarez en la partie precedente, tant pour avoir servy durant les festins et bancquetz qui ont esté faictz par mesd. seigneurs esd. entrées que pour luy ayder et subvenier aux habitz / [128^v] qu'il luy a convenu achepter pour se tenir honnestement, comme il est contenu et declaré oud. cahier, ainsy qu'il appert par sa quictance dactée du huictiesme jour d'aoust mil cinq cens soixante unze, cy rendue. Pour ce, cy **L livres tournois**

A Marc Anthoine Margonne, demourant à Paris, la somme de trente livres tournois à luy aussy ordonnée par mesd. seigneurs pour avoir escript durant huict mois soubz maistre Symon Boucquet, eschevin de lad. ville, les devises, dictums et poesies tant en grec, latin que françois, pour les porticques et arcs de triumphes desd. entrées, et, soubz led. Boucquet, transcript plusieurs fois l'ordre desd. entrées, comme il est contenu et declaré oud. cahier, par vertu duquel payement luy a esté faict, ainsy qu'il appert par sa quictance dactée du quatriesme jour de julliet / [129r] mil cinq cens soixante unze, cy rendue. Pour ce, cy **XXX livres tournois**

Aud. Marc Anthoine Margonne, pareille somme de trente livres tournois, à luy aussy ordonné par mesd. seigneurs, oultre pareille somme qu'il a cy devant receue pour plusieurs coppies par luy faictes de l'ordre et discours desd. entrées et remis au net nouvellement pour mectre ès mains de l'imprimeur, comme il est contenu et declaré oud. cahier, par vertu duquel payement luy a esté faict ainsy qu'il appert par sa quictance dactée du cinquiesme jour de septembre mil cinq cens soixante unze, cy rendue. Pour ce, cy **XXX livres tournois**

A icelluy Marc Anthoine Margonne, la somme de quarante livres tournois à luy ordonnée par mesd. seigneurs, oultre la somme de LX livres tournois contenue ès deux parties precedentes, pour avoir vacqué durant ung an à escripre, soubz led. Boucquet, les devises et inscriptions et dictons / [129v] en grec, latin et françois pour lesd. entrées, et avoir faict plusieurs coppies selon les corrections de ce qui a esté faict par led. Boucquet, comme il est contenu et declaré oud. cahier, par vertu duquel payement luy a esté faict ainsy qu'il appert par sa quictance dactée du huictiesme jour de janvier, mil cinq cens soixante douze, cy rendue. Pour ce, cy **XL livres tournois**

A Fleurent Le Pelletier, paintre en histoires en pappier, la somme de vingt livres tournois, à luy aussy ordonnée par mesd. seigneurs pour avoir enluminé les histoires de six livres de l'entrée du Roy pour led. seigneur, la Royne mere, Monseigneur, Monseigneur le duc, et Madame, comme il est contenu et declaré oud. cahier, par vertu duquel payement luy a esté faict, ainsy qu'il appert par deux ses quictances dactées des vingttroisiesme jour de janvier et vingtcinquiesme jour / [130r] de fevrier mil cinq cens soixante douze, cy rendues. Pour ce, cy **XX livres tournois**

A Nicolas Le Turc, praticien en court laic, la somme de trente livres tournois, à luy ordonnée par mesd. seigneurs pour ses peines et vaccations d'avoir, de leur ordonnance et commandement, vacqué à faire plusieurs mandemens concernans le faict desd. entrées, et plusieurs voyages par luy faictz du commandement desd. seigneurs comme il est contenu et declaré oudict cahier, par vertu duquel payement luy a esté faict, ainsy qu'il appert par sa quictance dactée du vingtiesme jour de mars mil cinq cens soixante unze, cy rendue. Pour ce, cy **XXX livres tournois**

A David Estrude, capitaine de la garde escossoise soubz la charge de monsieur de Losses, la somme de vingt sept livres / [130v] dix solz tournois, à luy ordonnée par mesd. seigneurs pour plusieurs corvées et vaccations par luy faictes, tant le jour du festin faict à lad. dame que autres lieux par lad. ville, comme il est contenu et declaré oud. cahier, par vertu duquel payement luy a esté faict ainsy qu'il appert par sa quictance dactée du deuxiesme jour d'avril mil cinq cens soixante unze, cy rendue. Pour ce, cy **XXVII livres X solz tournois**

A François Le Broc et Martin de La Martinieres, archers en la prevosté de l'hostel, tant pour eulx que pour leurs compaignons, la somme de dix livres seize solz tournois, à eulx ordonnée par mesd. seigneurs en consideration des peines qu'ilz ont eues pour lad. ville durant lesd. entrées comme il est contenu et declaré oud. cahier, par vertu duquel / [131ʳ] payement leur a esté faict par led. receveur, ainsy qu'il appert par leur quictance dactée du vingt troisiesme jour d'avril mil cinq cens soixante unze, cy rendue. Pour ce, cy **X livres XVI solz tournois**

A François Le Roy, clerc du procureur du Roy et de ladict ville, la somme de trente livres tournois, à luy ordonnée par mesd. seigneurs pour ses peines, sallaires et vaccations d'avoir esté plusieurs fois employé, par le commandemend desd. seigneurs, à la sollicitation et poursuicte de l'expedition de plusieurs lettres patentes, et pour autres affaires concernans lesd. entrées, comme il est contenu et declaré oud. cahier, par vertu duquel payement a esté faict par ced. Receveur audict Le Roy de lad. somme de XXX livres, comme appert par sa quictance dactée du / [131ᵛ] trenteiesme et penultieme jour de may mil cinq cens soixante unze, cy rendue. Pour ce, cy **XXX livres tournois**

A Gabriel Vasse, sergent de lad. ville, la somme de dix livres tournois, à luy ordonnée par mesd. seigneurs pour avoir vacqueé, de leur commandement, par plusieurs et diverses journées, à faire les commandemens aux enfans de Paris, de comparoir pardevant mesd. seigneurs pour le faict desd. entrées, comme il est contenu et declaré oud. cahier, par vertu duquel et d'ung mandement de mesd. seigneurs de la ville du quatorzeiesme jour d'aoust mil cinq cens soixante unze, cy rendue, ce present Receveur a faict payement aud. Vasse de ladicte somme de X livres tournois, comme il appert par sa quictance du vingtiesme / [132ʳ] jour dudict mois d'aoust oud. an, escript au bas dud. mandement. Pour ce, cy **X livres tournois**

A Clement Mareschal, geolier des prisons de l'evesché de Paris, la somme de huict livres tournoys, à luy ordonnée par mesd. seigneurs pour douze [11690: deux] nappes par luy fournies au gobelet de la Royne et cuisine de cuisine de bouche qui se faisoit esd. prisons, lesquelles auroient esté perdues avec quelques pieces de vaisselle et une grande forme rompue, comme il est contenu et declaré oud. cahier, par vertu duquel payement luy a esté faict par ced. receveur de lad. somme de VIII livres tournois, ainsy qu'il appert par sa quictance dactée du quinzeiesme jour / [132ᵛ] de janvier mil cinq cens soixante unze, cy rendue. Pour ce, cy **VIII livres tournois**

A Olivier Coderé, graveur en pierre demourant à Paris, la somme de quarante cinq livres tournois, à luy ordonnée par mesd. seigneurs. Assavoir, XV livres tournois pour avoir faict l'impression de trois fueilletz de livres de l'entrée du Roy, chacune fueille portant treize cens, lesquelles il falloit refaire, pour avoir trouvé que l'ordre d'aucuns seigneurs et dames n'avoit esté bien observé; mesmes pour mys la Royne devant la Royne mere, messieurs les Ambassadeurs en autre rang qu'ilz ne devoient, et adjousté aucuns seigneurs qui avoient esté obmis, et aussy avoir fourny quarante huict desd. / [133r] libvres desquelz il y en avoit quarante en blanc, à douze solz piece, qui furent baillez à reigler, laver, dorer et relier pour donner tant au Roy, à la Royne, à Messieurs ses freres que autres princes et seigneurs, et huict reliez en parchemin commun, à xv solz tournois piece, aussy donnez à autres personnaiges, dont deux demeurerent au greffe de lad. ville, comme il est contenu et declaré oud. cahier, par vertu duquel ce present Receveur a faict payement aud. Coderé ladicte somme de XLV livres tournois comme il appert par sa quictance dactée du quatriesme jour de julliet mil v^c soixante unze, cy rendue. Pour ce, cy **XLV livres tournois**

A Claude de Picques, relier de livres du Roy, la somme de quinze livres tournoys, / [133v] à luy ordonnée par mesd. seigneurs sur et tantmoings de ce que luy estoit deu pour la reliure des livres de ladicte entrée, comme il est contenu et declaré oud. cahier, par vertu duquel ce present Receveur a faict payement aud. de Picques de lad. somme de XV livres tournois, ainsy qu'il appert par sa quictance dactée du dernier jour de decembre mil cinq cens soixante unze, cy rendue. Pour ce, cy **XV livres tournois**

Aud. de Picques, la somme de vingt cinq livres tournois, à luy ordonnée par mesd. seigneurs, oultre les XV livres tournois declarez en la partie precedente, pour avoir par led. de Picques relié en velin et doré vingt livres de l'entrée du Roy, iceulx lavez et reiglez, fourny de cordon et soye, tant pour donner au Roy, à la Royne mere, la Royne, Monseigneur, Monseigneur le duc, Madame, Monsieur le cardinal de Bourbon, Monsieur de / [134r] Montmorency et autres seigneurs, comme il est contenu et declaré oud. cahier, par vertu duquel payement luy a esté faict de lad. somme, ainsy qu'il appert par sa quictance dactée du XXVIIIe jour de fevrier, mil cinq cens soixante douze, cy rendue. Pour ce, cy **XXV livres tournois**

A icelluy de Picques la somme de dix livres tournois à luy aussy ordonnée par mesd. seigneurs pour avoir relié en velin, reiglé, lavé et doré dix autres livres de l'entrée dud. seigneur, pour donner tant à messieurs les six premiers presidens de la cour de parlement que autres personnes, comme il est contenu et declaré oud. cahier, par vertu duquel payement luy a esté faict de lad. somme, ainsy qu'il appert par sa quictance dactée du IIe avril v^c LXXII, cy rendue. Pour ce, cy **X livres tournois**

A Guillaume Martin, marchant libraire juré en l'Université de Paris, la somme / [134v] seize livres dix solz tournois, à luy aussy ordonnée par mesd. seigneurs, pour avoir, de leur ordonnance et commandement fourny six rames de papier pour emploier à refaire aucuns fueilletz du livre de l'entrée du Roy au feur de LV solz tournois la rame, vallant lad. somme de XVI livres X solz tournois, comme il est contenu et declaré oud. cahier, par vertu duquel payement luy a esté faict de lad. somme, ainsy qu'il appert par sa quictance dactée du xxe jour d'aoust mil cinq cens soixante douze, cy rendue. Pour ce cy **XVI livres X solz tournois**

Somme de la despence faict ès entrées du Roy et de la Royne en la ville de Paris contenue oud. cahier **XLIX^m II^c XXIII livres XIII solz V deniers tournois**

/ [135r] Salaire et taxacion de ce present comptable **neant**

[136r] DESPENCE COMMUNE

Pour la façon, parchemin et escripture de ce present compte et deux doubles d'icelluy, l'un pour demourer en l'hostel de ladicte ville en la possession des messieurs les Prevost des marchans et eschevins de ladicte ville, et l'aultre pour ce present comptable, contenans ensemble la quantité de quatre cens quatorze feilletz de parchemin qui est à raison de trois solz six deniers tournois pour chascun d'iceulx, vallant la somme de **LXXII livres IX solz tournois**

A Maistre Simon de La Vergne, commis au paiement des espices et droitz de messieurs des Comptes, la somme de six vintz treize livres, six solz, huict deniers tournois à luy ordonnée par mesd. seigneurs des Comptes, pour les espices et droictz de l'audition, examen et closture de ce compte qui paiée luy a esté ainsy qu'il appert par sa quictance, cy rendue. Pour ce cy, lad. somme de **VI^{xx} XIII livres VI solz VIII deniers tournois**

A maistre Jehan Maugrin, procureur de ced. comptable, la / [136v] somme de douze livres dix solz tournois qu'il requiert luy estre taxée pour ses peines et sallaires d'avoir vacqué à la presentation, examen et closture de ce present compte, et avoir mis les arrestz et appostilles sur les doubles d'icelluy. Pour ce **X livres tournois**

Somme de despence commune **II^{c} XV livres XV solz VIII deniers tournois**

Somme totalle de la despence de ce compte **quarante neuf mil, quatre cens trente neuf livres dix solz ung denier tournois**
XLVIIII^{m} IIII^{c} XXXIX livres X solz I denier tournois

Et la recepte monte **XLVIII^{m} livres tournois**
Est deu à ce Receveur **XIIII^{c} XXXVI livres X solz I denier tournois**
Porté sur le compte des aydes, dons et octroys faicts par le Roy à lad. ville de Paris, finye le dixiesme jour de septembre MV^{c} LXXII

Cloz avec cestuy partant quicte cy lad. ville

Il est ainsy à l'estat final du compte original refaict en la chambre des Comptes.
Danes.

PART IV

Illustrations

1 *Charles* IX, drawing

2 *Elisabeth d'Autriche*, drawing

3 *Catherine de' Medici*, drawing

4 Seal of Charles IX

5 *a & b* Alexandre Olivier after François Quesnel, medal for Entry of 1571

6 *a & b* Jeton for Entry of 1571

7 Plan of Paris

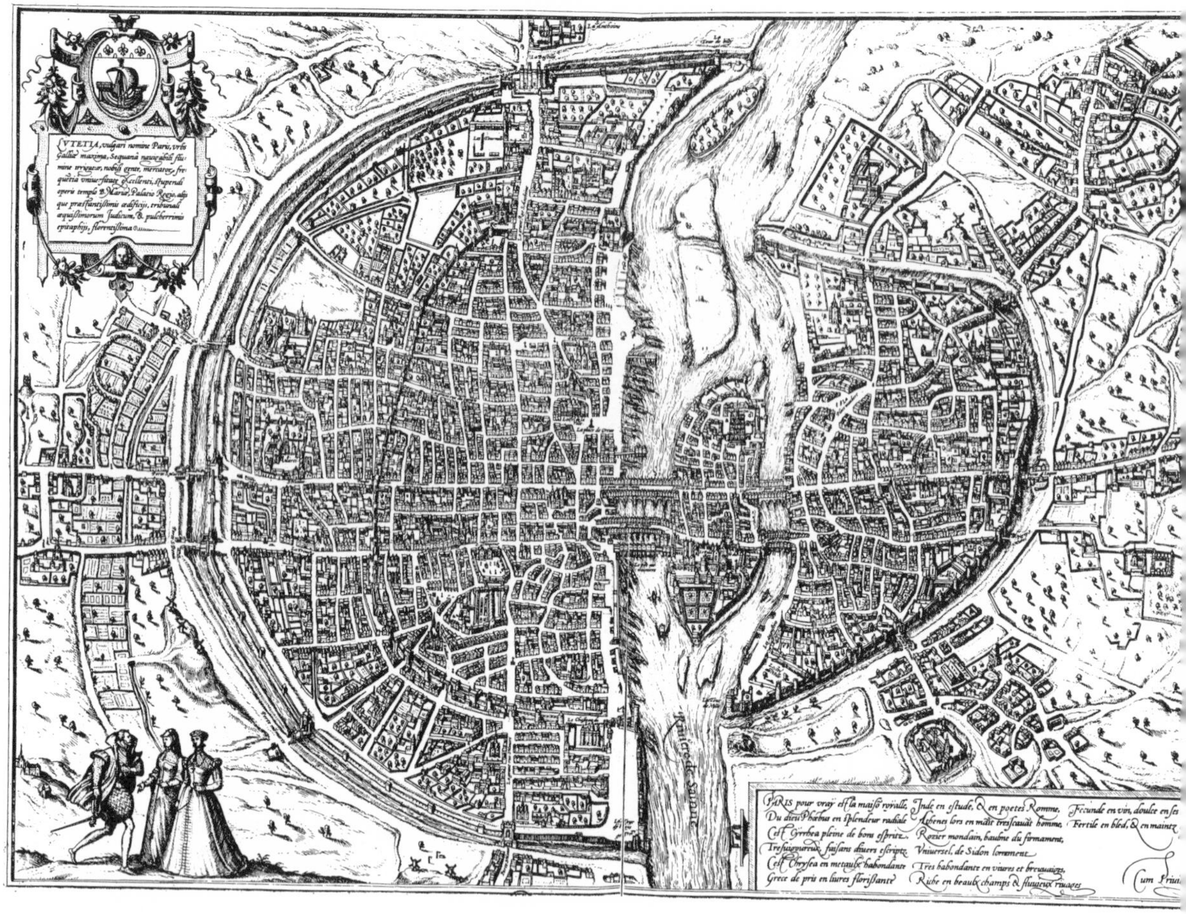

8 Olivier Truschet & Germain Hoyau, Icy est le vray pourtraict naturel de la ville, cité, université et faubourgz de Paris...

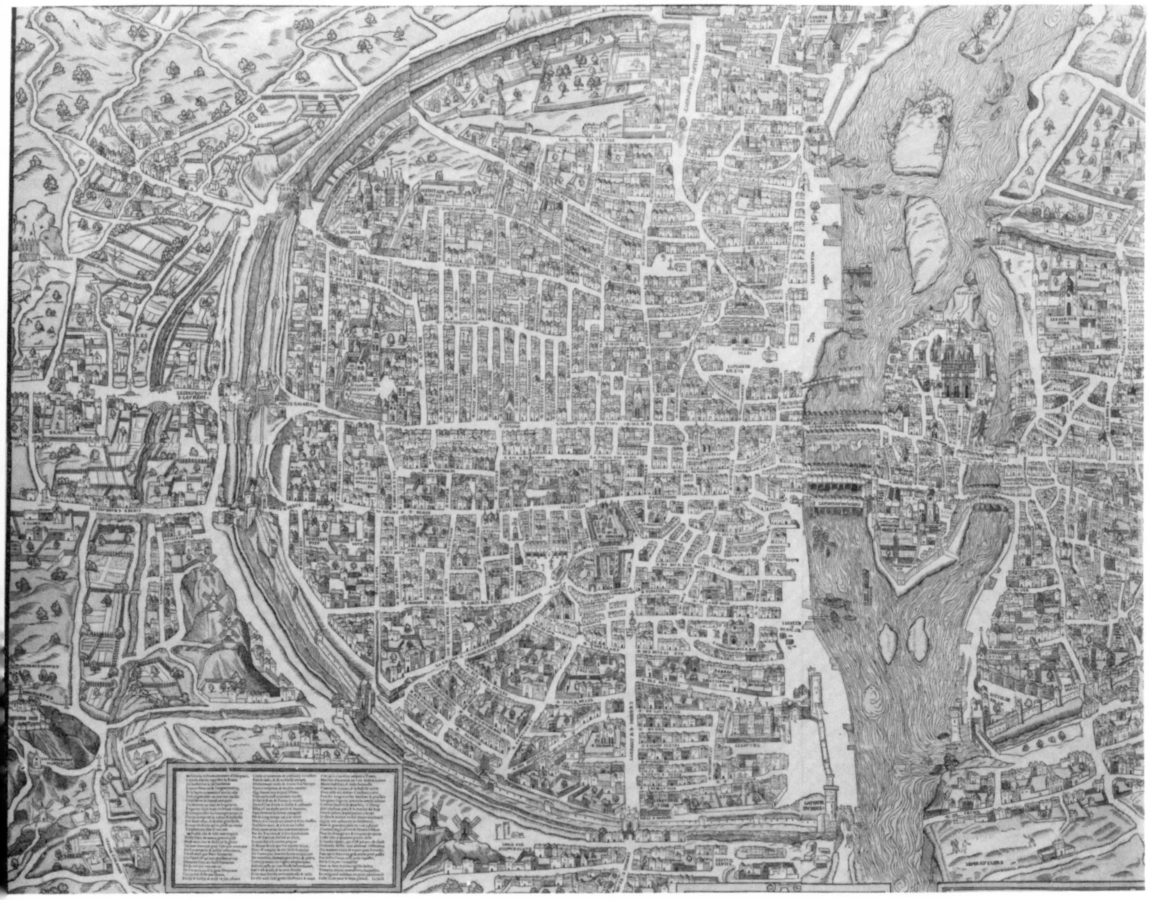

9 Porte Saint Denis, with Francion and Pharamond

10 Porte Saint Denis, with Pepin and Charlemagne

11 Fontaine du Ponceau, with Gallia

12 Fontaine du Ponceau, with 'Flora'

13 Porte aux Peintres, with Henry II and Hercules with Antæus

14 Porte aux Peintres, with Henry II and Charles IX

15 *Juno*, near the Eglise du Sepulchre

16 *Juno*, near the Eglise du Sepulchre

17 *Hymen*, near the Fontaine des Innocents

18 *Saturn*, near the Fontaine des Innocents

19 Pont Nostre Dame, with Charles IX and the Duc d'Anjou as Castor and Pollux

20 Pont Nostre Dame, with 'The Rape of Asia'

21 Interior of the Pont Nostre Dame

22 Perspective, near l'Apport de Paris or Châtelet

24 *Surtout de table*, gift of the City of Paris to Charles IX

25 Typographical ‘bouquet’ of Simon Bouquet, type 1

SIMON BOVQVET
ciuis Pariſienſis, populi ſuffragio nominatus, & ab omnibus vrbis ordinibus deſigna-
tus, Regiæq́ue Maieſtatis autoritate confirmatus, ad
rerum vrbanarum adminiſtrationem. & Ædilitiam pote-
ſtatem gerendam anno Domini mileſſ. quingenteſſ. ſeptuage-
ſimo CAROLO Nono inuictiſsimo regnante. Eo ipſo anno cum
Rex ciuilium bellorum tumultibus toto regno compoſitis, & fœli-
ciſſimo ſuo matrimonio cum ſereniſſima Principe ELISABETA Maximiliani Auguſti filia perfecto, ingreſſum ſibi parari in eandem vrbem
Pariſienſem iuſſiſſet, & Præfecto vrbis, quatuórq; Ædilibus curationem e-
ius apparatus rité commiſiſſet, diſtributione facta ſuarum cuique partium,
dictus BOVQVET prouinciam triumphalium arcuum, ſtatuarum, tabularum pictarum, inſcriptionum, & omnium quæ ad ornamentum tanti
ſpectaculi erant neceſſaria ſortitus eſt. In quibus ille obeundis operam dedit vt omnia (ſicuti veteri conſuetudine in huiuſmodi apparatibus receptum eſt) temporum conditioni reſponderent: iiſque à Maieſtate Regia probatis, & in lucem emitti iuſſis, idem ea collecta atque digeſta in
commentarium redegit ad perpetuam rei memoriam. In quibus omnibus diſponendis, & explicandis ſiquid erroris obrepſerit, aut ſi
ſtylus impolitior viſus fuerit, norit candidus Lector, hoc eſſe ipſius velut præludium, in quo nihil operæ ei ponere
vacauerit, niſi raptim & horis ſucciſiuis propter
maximas & aſsiduas occupationes, qui-
bus per id omne tẽpus publicé
priuatímque deti-
nebatur.

GRÆCI,
& Latini ver-
ſus præter eos qui
ex antiquis ſunt excerpti,
ſunt AVRATI Poëtæ Regij:
Gallici verò qui R. literâ ſubnotan-
tur, RONSARDI: quibus B. litera ſup-
ponitur, dicto BOVQVET aſcribendi.

26 Typographical ‘bouquet’ of Simon Bouquet, type 2

SIMON BOVQVET
ciuis Parisiensis, populi suffra-
gio nominatus, & ab om-
nibus vrbis ordinibus
designatus, Regiæque Maiestatis
autoritate confirmatus, ad rerum vr-
banarum administrationem & Ædilitiam
potestatem gerendam anno Domini mileß. quingenteß.
septuagesimo CAROLO *Nono inuictißimo regnante.*
Eo ipso anno cùm Rex ciuilium bellorum tumultibus toto regno
compositis, & fælicißimo suo matrimonio cum serenißima Principe
ELISABETA *Maximiliani Augusti filia perfecto, ingressum sibi*
parari in eandem vrbem Parisiensem iußisset, & Præfecto vrbis, quatuór-
que Ædilibus curationem eius apparatus ritè commisisset, distributione
facta suarum cuique partium, dictus BOVQVET *prouinciam tri-*
umphalium arcuum, statuarum, tabularum pictarum, inscriptionum,
& omnium quæ ad ornamentum tanti spectaculi erant necessaria
sortitus est. In quibus ille obeundis operam dedit vt omnia (si-
cuti veteri consuetudene in huiusmodi apparatibus receptum
est) temporum conditioni responderent: iisque à Maie-
state Regia probatis, & in lucem emitti iußis, idem ea
collecta atque digesta in commentarium redegit ad per-
petuam rei memoriam. In quibus omnibus disponendis,
& explicandis siquid erroris obrepserit, aut si stylus
impolitior visus fuerit, norit candidus Lector, hoc
esse ipsius velut præludiũ, in quo nihil operæ ei
ponere vacauerit, nisi raptim & horis suc-
cisiuis propter maximas & aßiduas
occupationes, quibus per id om-
ne tempus publicè priua-
tímque distinebatur.

GRAECI, ET
LATINI VERSVS
PRAETER EOS QVI EX
ANTIQVIS SVNT EXCER
PTI, SVNT AVRATI POETAE REGII:
GALLICI VERO QVI R. LITERA SVBNO-
TANTVR, RONSARDI: QVIBVS B. LITERA
SVPPONITVR, DICTO BOVQVET ASCRIBENDI.
G iii

27 Back cover of Charles IX's copy of the *Bref et sommaire recueil*

28 *Epitaph of Henry* II, Notre-Dame de Paris

AFFIX. VALVIS TEMPLI
D. MARIAE VIRG. XIª AVG. M. D. LIX.
qua lugubri pompa eôdem
funus efferebatur.

HER-
RICO II.
GALLIARVM
REGI FOELICISS.
PRINCIPI OPTIMO
LIBERALISS. LENISS.
PIETATIS IVSTITIAE
LIBERTATI'SQVE PVB.
ASSERTORI FORTISS. DVM
PACE PER ORBEM CHRI-
STIANVM PARTA FILIAE
CHARISS. SORORI'SQVE
SAPIENTISS. NVPTIAS CE-
LEBRAT, INTER POPV-
LI PLAVSVS IN LVDI-
CRO CERTAMINE
VVLNERE CAESO
SVI FLENTES
AC MOESTISS.
POSVE-
RE.

C.ij.

29 Etienne Delaune, *Allegory of Charles* IX, drawing

30 Etienne Delaune, *Allegory of Charles* IX, drawing

31 Porte Saint Denis, with Hercule Gaulois

32 Fontaine du Ponceau, with Jove and Three Fortunes

33 Perspective, near l'Apport de Paris or Châtelet

34 Pont Nostre Dame, with Henry II as Typhis, with Castor and Pollux

35 Project of 11 October 1570 for the Porte aux Peintres

36 *La Grotte des Tuileries*, drawing

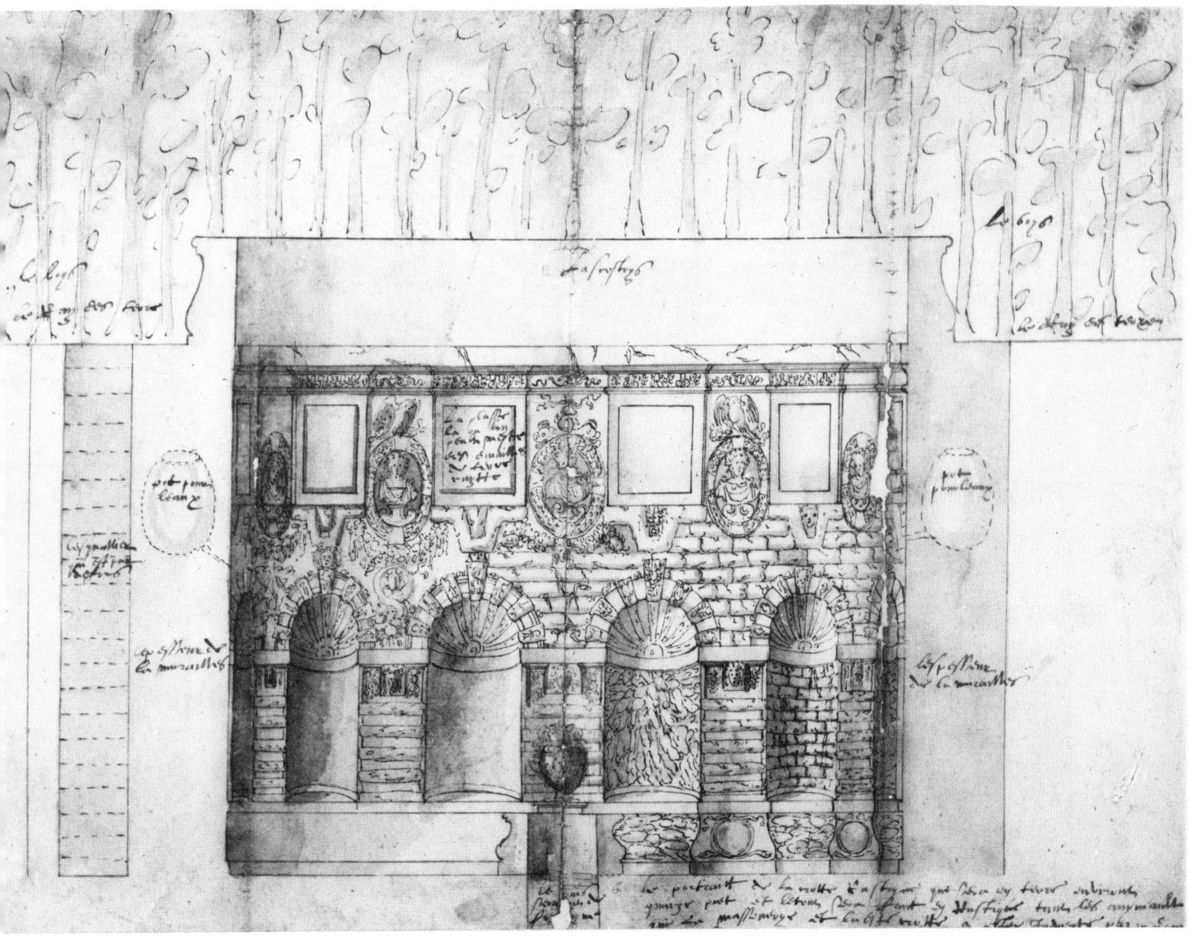

37 Francesco Primaticcio, *The Education of Mercury*, drawing

38 Antoine Caron, *The Funeral Games of Mausolus*, drawing

39 'La Lettre Occist, l'Esprit Vivifie,' woodcut

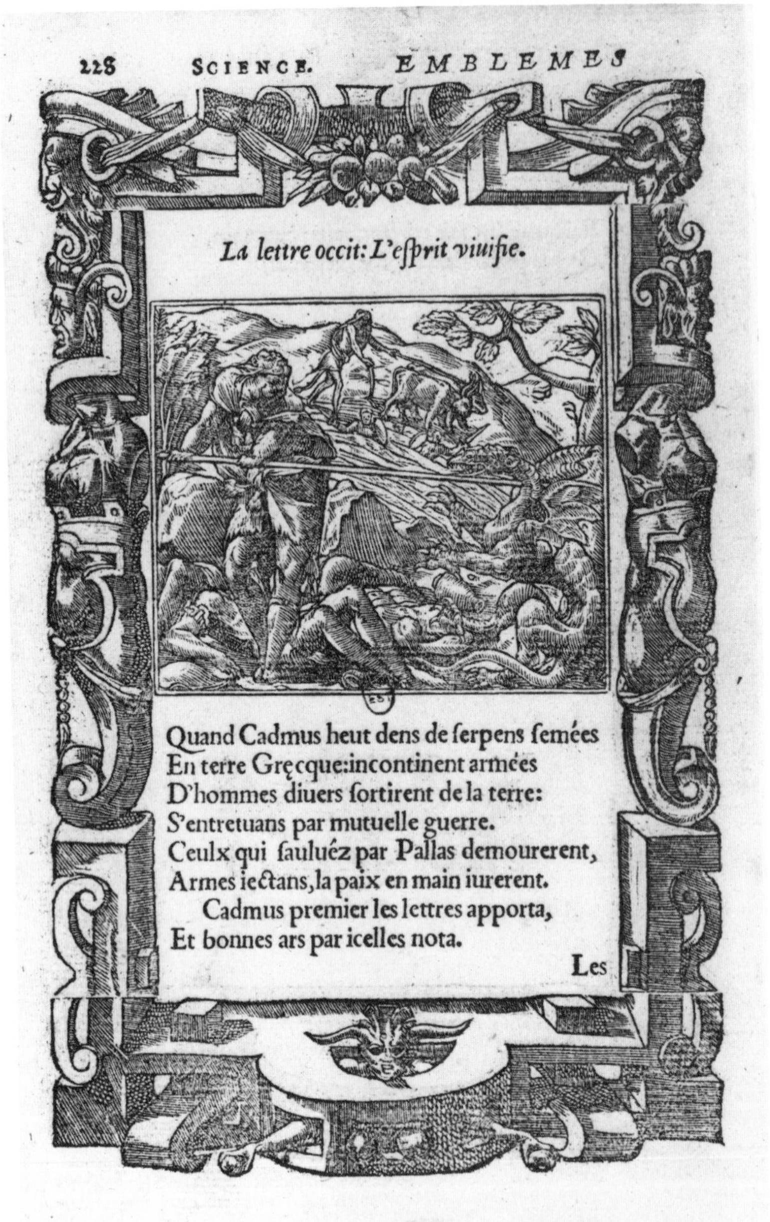
228 SCIENCE. EMBLEMES

La lettre occit: L'eſprit viuifie.

Quand Cadmus heut dens de ſerpens ſemées
En terre Grecque: incontinent armées
D'hommes diuers ſortirent de la terre:
S'entretuans par mutuelle guerre.
Ceulx qui ſauluéz par Pallas demourerent,
Armes iectans, la paix en main iurerent.
Cadmus premier les lettres apporta,
Et bonnes ars par icelles nota.

Les

39 'La Lettre Occist, l'Esprit Vivifie,' woodcut

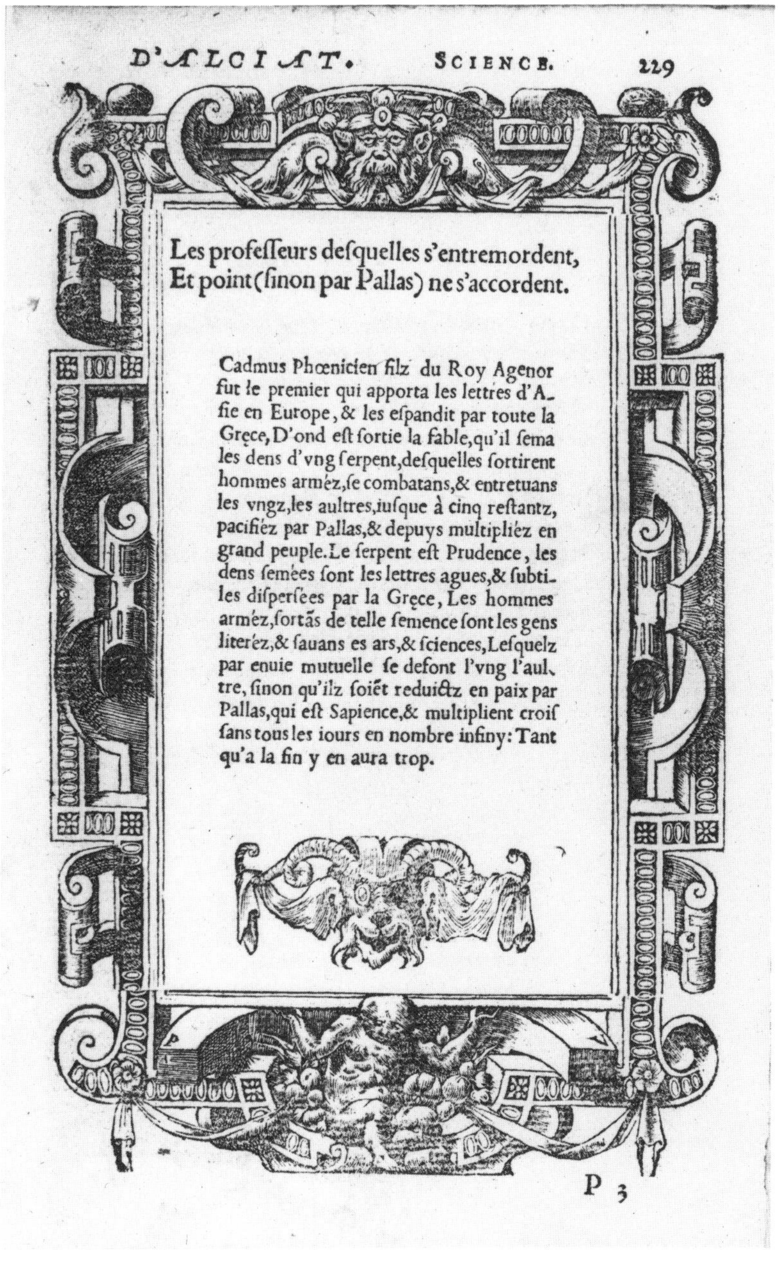

D'ALCIAT. SCIENCE. 229

Les professeurs desquelles s'entremordent,
Et point (sinon par Pallas) ne s'accordent.

Cadmus Phœnicien filz du Roy Agenor fut le premier qui apporta les lettres d'Asie en Europe, & les espandit par toute la Grece, D'ond est sortie la fable, qu'il sema les dens d'vng serpent, desquelles sortirent hommes armez, se combatans, & entretuans les vngz, les aultres, iusque à cinq restantz, pacifiez par Pallas, & depuys multipliez en grand peuple. Le serpent est Prudence, les dens semees sont les lettres agues, & subtiles dispersees par la Grece, Les hommes armez, sortãs de telle semence sont les gens literez, & sauans es ars, & sciences, Lesquelz par enuie mutuelle se defont l'vng l'aultre, sinon qu'ilz soiẽt reduictz en paix par Pallas, qui est Sapience, & multiplient croissans tous les iours en nombre infiny: Tant qu'a la fin y en aura trop.

P 3

140 PAX.

P A X.

Turrigeris humeris, dentis quoque barrus eburni,
Qui ſuperare ferox Martia bella ſolet,
Suppoſuit nunc colla iugo: ſtimuliſque ſubactus,
Cæſareos currus ad pia templa uehit.
Vel fera cognoſcit concordes undique gentes.
Proiectiſque armis munia pacis obit.

40 'Ex Bello Pax,' woodcut

40 'Ex Bello Pax,' woodcut

Ex bello pax.

En galea intrepidus quam miles gesserat: & quæ
Sæpius hostili sparsa cruore fuit.
Parta pace apibus tenuis concessit in usum
Alueoli: atque fauos gratáque mella gerit.
Arma procul iaceant. fas sit tunc sumere bellū:
Quando aliter pacis non potes arte frui.

41 ‘Stupor Admirationis, ex Armorum, et Literarum Præstantia,’ woodcut

104 PICTA

STVPOR ADMIRATIONIS, EX ARMORVM, & LITERARVM PRAESTANTIA.

INDITA BELLONAE Sapientia,& arma Mineruæ
Gorgonis os clypeo quæ gerit anguicomum
Vertit,& hoc monſtro homines in ſaxa rigentes
Cernere tale oculis qui voluêre caput.
SCIRE cupis quid ſignificet Panoplia talis
Pallados armatæ, monſtriferæqúe Deæ?
LITTERAE & ARMA (quibus Sapiẽtia, palmaq; victrix
Quæritur) hæc duo ſunt inclyta præcipuè:
Quorum homines rapit admiratio tanta: ſtupore
Defixos, vt eos ſaxa quis eſſe putet.

42 'Facta Ivvenum, Consilia Senum,' woodcut

POESIS. 35

FACTA IVVENVM, CONSILIA SENVM

O fœlix PRINCEPS! *quem circumsistit vtrinque*
Viuida vis Iuuenum, consiliúmque Senum.
O contrà, infœlix Princeps! cui armata iuuentus
Plus placet: extruso cum sene consilio.
Exemplum est Roboam, regno priuatus auito,
Qui senibus pulsis consuluit iuuenes.

C 3

43 *Juno*, engraving

44 *Hymenæus*, engraving

45 *Charles* IX, woodcut after official portrait, fig. 1

CHARLES PAR LA GRACE DE DIEV ROY DE FRANCE VIIII · 1571.

Vnze ans m'ont veu tenant, le sceptre
des Françoys:
L'vnziéme m'a veu pris, ſoubz vn
ſainct Mariage.
Es filetz de l'Amour, à vingt ans de
mon aage,
Ioignant l'Aigle d'Auſtriche au beau
Lys de nos Roys.

46 *Elisabeth d'Autriche*, woodcut after official portait, fig. 2

ELISABEL PAR LA GRACE DE DIEV ROYNE DE FRANCE · 1571 ·

C'eſt ore que l'on voit par moy le
ſang Troyen
Soubz le ſaint Hymené d'vne eſtroi-
ɛ̃te alliance.
Se ioindre heureuſement au ſang
Sicambrien,
Pour n'eſtre qu'vn du tout d'Alle-
magne & de France.

47 'La Perspective du Change,' woodcut

ILLUSTRATIONS

29 Etienne Delaune, *Allegory of Charles* IX, drawing. Chantilly, Musée Condé
30 Etienne Delaune, *Allegory of Charles* IX, drawing. Venice, Accademia, Inv. 772
31 Porte Saint Denis, with Hercule Gaulois. *Entrée de 1549*, Paris: J. Dallier, 1549, f. 4r Paris, BN (Rés) Lb31 20 C
32 Fontaine du Ponceau, with Jove and Three Fortunes. *Entrée de 1549*, Paris: J. Dallier, 1549, f. 5v Paris, BN (Rés) Lb31 20 C
33 Perspective, near l'Apport de Paris or Châtelet. *Entrée de 1549*, Paris: J. Dallier, 1549, f. 13r Paris, BN (Rés) Lb31 20 C
34 Pont Nostre Dame, with Henry II as Typhis, with Castor and Pollux. *Entrée de 1549*, Paris: J. Dallier, 1549, f. 15r Paris, BN (Rés) Lb31 20 C
35 Project of 11 October 1570 for the Porte aux Peintres. Stockholm, Nationalmuseum, Coll. Cronstedt 190
36 *La Grotte des Tuileries*, drawing. Berlin, Kunstbibliothek, Staatliche Museen, Inv. 1086
37 Francesco Primaticcio, *The Education of Mercury*, drawing. Chatsworth, The Duke of Devonshire
38 Antoine Caron, *The Funeral Games of Mausolus*, drawing. Paris, BN Est (Rés), Ad 105 f. 35r
39 LA LETTRE OCCIST, L'ESPRIT VIVIFIE, woodcut. Emb. 185 from *Emblemes d'Alciat* ... Lyon: G. Rouillé, 1549, pp. 228–9. Paris, BN Est Te 28
40 EX BELLO PAX, woodcut. Emb. from *Emblemata Andræ Alciati* ... Lyon: G. Rouillé, 1548, p. 141. Paris, BN Est Te 27
41 STVPOR ADMIRATIONIS, EX ARMORVM, ET LITERARVM PRÆSTANTIA, woodcut. B. Aneau, *Picta Poesis*, Lyon: M. Bonhomme, 1552, p. 104. Paris, BN (Rés) Z 2505 (2)
42 FACTA IVVENVM, CONSILIA SENVM, woodcut. B. Aneau, *Picta Poesis*, Lyon: M. Bonhomme, 1552, p. 35, Paris, BN (Rés) Z 2505 (2)
43 *Juno*, engraving. V. Cartari, *Le imagini de i dei de gli antichi*, Venice: G. Ziletti, 1571, p. 180. Paris, BN Z 7824
44 *Hymenæus*, engraving. V. Cartari, *Le imagini de i dei de gli antichi*, Venice: G. Ziletti, 1571, p. 199. Paris, BN Z 7824
45 *Charles* IX, woodcut after official portrait, fig. 1. *Le Magnifique Triomphe et esjouissance des Parisiens* ... Paris: G. Nyverd, 1571. Paris, BN (Res.) Ye 4351 (2)
46 *Elisabeth d'Autriche*, woodcut after official portrait fig. 2. *Le Magnifique Triomphe et esjouissance des Parisiens* ... Paris: G. Nyverd, 1571. Paris, BN (Rés) Ye 4351 (2)
47 LA PERSPECTIVE DU CHANGE, woodcut. *La Magnificence de la superbe entrée* ... Lyon: G. Rouillé, 1549, f. G4r Paris, BN (Rés) Lb31 14

SOURCES OF PHOTOGRAPHS*

Bibliothèque Nationale, Paris, figs. 1 (neg. C 15227), 2 (neg. B 10424), 3 (neg. C 38738), 5 (neg. Z 22079/80), 6 (neg. Z 22254/55), 9 (neg. A 71/179), 10 (neg. A 71/173), 11 (neg. A 71/180), 12 (neg. A 71/174), 13 (neg. A 71/181), 14 (neg. A 71/175), 15 (neg. A 71/183), 16 (neg. A 71/176), 17 (neg. A 71/184), 18 (neg. A 71/177), 19 (neg. A 71/186), 20 (neg. A 71/178), 21 (neg. C 46917), 22 (neg. A 71/185), 23 (neg. A 71/187), 24 (neg. A 71/188), 25 (neg. A 71/182), 28 (neg. C 46575), 31 (neg. B 899), 32 (neg. B 900), 33 (neg. C 52946), 34 (neg. C 46576), 38 (neg. B 13458), 39 (neg. B 55501/02), 40 (neg. C 51471), 41 (neg. B 55747), 42 (neg. B 55751), 43 (neg. ZC 10847), 44 (neg. ZC 18048), 45 (neg. B 55740), 46 (neg. B 55741), 47 (neg. C 20231).

British Museum, London, fig. 4. Reproduced by permission of the Trustees of the British Museum

Courtauld Institute of Art, London, fig. 37 (neg. 309/21/34). Reproduced by permission of the Trustees of the Chatsworth Settlement

Giraudon, Paris, fig. 29

Hautefeuille, Paris, figs. 7, 26

Lalance, Paris, fig. 27

Nationalmuseum, Stockholm, fig. 35

Universitäts-Bibliothek, Basel, fig. 8

Walter Steinkopf, Berlin, fig. 36

Accademia, Venice, fig. 30

* Figs. 4, 5, and 6 are enlarged twice. For the Bibliothèque Nationale, lettering corresponds to negative sizes, hence for all departments save Manuscripts, A is 9 × 12 cm, B is 13 × 18, and C is 18 × 24. For Manuscripts the order is the reverse and the letter indicating the size of the negative is immediately followed by the last two digits of the year of photographing e.g. A 71/179.

INDEX OF BIOGRAPHIES

This index includes only historical personages involved in the entries and the coronation. It does not include poets who contributed to the album or officials of one kind and another who are identified only by the title that goes with their office. Where the names of the latter are known, they have been included in the footnotes.

The following abbreviations have been used:

Anselme – Le Père Anselme, *Histoire généalogique et chronologique de la maison royale de France, des pairs, grands officiers*, etc. Paris: Compagnie des librairies, 1726–33. 9 vols

Brantôme – Pierre de Bourdeille, Seigneur de Brantôme, *Œuvres complètes*, ed. L. Lalanne. Paris: Renouard, 1864–82. 11 vols

Dict. de biog. fr. – *Dictionnaire de biographie française*. Paris: Letouzey et Ané, 1933– (in progress)

DNB – *Dictionary of National Biography*, ed. Leslie Stephen. London: Smith, Elder and Co., 1885–1900

Gallia christiana – Le Père Denis Sainte-Marthe, *Gallia christiana in provincias ecclesiasticas distributa*, etc. Paris: Coignard, 1715–25. 16 vols

Fleury Vindry – Fleury Vindry, *Dictionnaire de l'Etat-major français au XVI*[e] *siècle*. Paris: Cabinet de l'historiographe, 1901. 2 vols

Alençon, Duc d' – Hercule-François (1554–84), fourth son of Henry II and Catherine de' Medici became Duc d'Alençon 8 February 1566 and Duc d'Anjou in 1576 after the accession of Henri III, (Anselme I, 135)

Anjou, Duc d' – Edouard (later Henri)-Alexandre (1551–89), third son of Henry II and Catherine de' Medici became Duc d'Anjou 8 February 1566 and Lieutenant General of France 12 November 1567. He was made King of Poland 9 June 1573 and succeeded to the throne of France as Henri III, on the death of his brother, Charles IX, 30 May 1574. (Anselme I, 139–40; Fleury Vindry I, 484)

Auchy, Vicomte de – Eustache de Conflans, Vicomte d'Auchy (or Ouchy) (1526–74), maréchal général des camps et armées du roi at the battle of Saint-Denis (1567) and captain of the guards (1570) (Anselme VI, 148; Fleury Vindry I, 99–100; *Dict. de biog. fr.* IV, 324–5)

Aumale (Aumalle), Duc d' – Claude II de Lorraine, Duc d'Aumale (1526–73), Grand Veneur de France (1563) (Anselme III, 491; Fleury Vindry I, 284; *Dict. de biog. fr.* IV, 606–10)

Auvergne, François d' – Echevin (16 August 1569), lawyer in the Parlement de Paris and 'Défenseur de la Ville de Paris auprès de cette cour' (1570)

Auxerre, Evêque d' – Jacques Amyot (1513–93), the translator of Plutarch, who had been tutor to Charles IX and the Duc d'Anjou (Henri III). As a reward for his services he was named Grand Aumônier by Charles 6 December 1560, the day after his accession to the throne. (*Gallia christiana* VII, 237; XII, 338–42; *Dict. de biog. fr.* II, 751–62)

Avranches, Evêque d' – Antoine Le Cirier, named Bishop of Avranches in 1561, is specifically mentioned as being present at the coronation of Elizabeth, 'subdiaconusque ministravit Cardinali a Lotharingia Sandionysiano abbati in ecclesia sancti Dionysii cæremoniam peragenti.' (*Gallia christiana* XI, 499)

Bayeux (Baieux), Evêque de – Charles d'Humières, named Bishop of Bayeux in 1548, had also assisted at the coronation of Catherine de' Medici. (*Gallia christiana* XI, 388)

Beauvau, Seigneur de – Possibly Gabriel de Beauvau, made a member of the Ordre de St Michel in 1566

Birague(s), René de – René de Birague (1506–83) was born in Milan but naturalized in 1565. He served in various legal capacities and was named Garde des sceaux in 1570 to replace Jean de Morvilliers, who had succeeded Michel de l'Hospital in 1569. He became chancellor in 1573 but relinquished this charge in 1578 when he was created a cardinal. (Anselme VI, 492, *Dict. de biog. fr.* VI, 509–10)

Biron (Byron), Madame de – Jeanne d'Ornezan had married in 1559 Armand de Gontaut, Baron de Biron and later (1577) maréchal de France. (Anselme VII, 294, 305)

Boisrigault – Huissier de la chambre du roi

Bouillon, Duc de – Henri-Robert de La Marck, Duc de Bouillon, Prince de Sedan (1539–74), conseiller d'Etat (1570), and a distinguished army officer. (Anselme VII, 168–9; Fleury Vindry I, 323) Mézières, where the wedding of Charles IX and Elisabeth d'Autriche took place, was in his domain.

Bouquet, Simon – Echevin (15 August 1570)

Bourbon, Cardinal de – Charles, Cardinal de Bourbon (1523–90), and Archbishop of Rouen (1550) had been created a cardinal 9 January 1548. It was he who crowned Catherine de' Medici at St Denis 10 June 1549. (Anselme I, 329–30; *Gallia christiana* IX, 765; XI, 97–100; XII, 657; *Dict. de biog. fr.* VI, 1394)

Bouvines, Monsieur de – Unidentified

Camby, Seigneur de – Probably François de Cambis, gentilhomme ordinaire de la chambre du roi. (Cf. La Chenaye, Desbois et Badrir, *Dict. de la Noblesse* IV, 611)

Canaples, Monsieur de – Most likely Antoine de Blanchefort whose mother, Marie de Créquy, was the only daughter of Jean VIII, Seigneur de Créquy and Canaples. (Anselme IV, 290)

Candalle(s), Madame de – Marie de Montmorency, daughter of Anne de Montmorency and wife of Henri de Foix, Comte d'Estarac et de Candalle. (Anselme III, 386 and 605)

Candalle(s), Monsieur de – Henri de Foix, Comte de Candalle (1538–73) had married Marie de Montmorency, fourth daughter of Anne de Montmorency, in 1567. (Anselme III, 386 and 605; Fleury Vindry, I, 210)

Carnavalet (Carnavallet), Monsieur de – François de Kernevenoy, Seigneur de Carnavalet (1520–72), Grand Ecuyer and surintendant of the household of the Duc d'Anjou (Anselme VII, 49; Fleury Vindry I, 484; *Dict. de biog. fr.* VII, 1172)

Châlons (Chaalons), Evêque de – Hieronymus Burgensis, named Bishop of Châlons in 1556, is specifically mentioned as being present at the coronation of Elisabeth in *Gallia christiana* IX, 897–8.

Charles IX – Charles IX (1550–74), second son of Henry II and Catherine de' Medici. At his birth he was christened Charles Maximilian, the latter name being given to him by his godfather (and future father-in-law), the Archduke Maximilian of Austria. At his confirmation he dropped the second name and became Charles IX on the death of his brother, François II, 5 December 1560. He was crowned at Reims 15 May 1561. His mother, however, served as Regent until he was declared of age at Rouen 17 August 1563. (Anselme I, 137–9)

Charny, Comte de – Léonor Chabot, Comte de Charny and Buzançois, captain of a company of 50 lancers (1557), was made Grand Ecuyer de France in 1570. (Anselme IV, 572; Fleury Vindry I, 121–2)

Chaulne(s), Comte de – Charles d'Ongnies, Comte de Chaulnes, captain of 50 men-at-arms. (Anselme IX, 100; Fleury Vindry I, 371–2)

Chemaux (Chemaulx), Seigneur de – Guillaume Pot, Seigneur de Rhodes et de Chemaut, provost and master of ceremonies of the Ordre de St Michel. (Anselme IX, 310)

Clairsellier (Clairseilier) – Nicolas Clairsellier, guidon des enfants de Paris

Clermont d'Entrague(s), Monsieur de – François de Balsac, Seigneur d'Entragues (1542–1605), captain of 50 men-at-arms (1567), and lieutenant general of Orleans (1571). His second wife was Marie Touchet, ex-mistress of Charles IX. (Anselme II, 439; Fleury Vindry I, 33)

Condé, Princesse de – Françoise d'Orléans-Longueville, second wife of Louis I, Prince de Condé, whom she married in 1565. He had been the leader of the Huguenots from 1562 but was killed at the battle of Jarnac in 1569. (Anselme I, 332 and 335)

Connestable, Madame la – Madeleine de Savoie (1510–86), daughter of René, bâtard de Savoie, had married Anne, Duc de Montmorency and Connétable de France in 1526. She was widowed when he died as a result of wounds received at the battle of St Denis, 12 November 1567. (Anselme III, 604) Despite her age she was named Dame d'honneur to Elisabeth d'Autriche

Cossé, Maréchale de – Françoise de Bouchet (1510–82) wife of Artus de Cossé, maréchal de France (1567) and Grand Panetier du Roi. (Anselme IV, 322; Fleury Vindry I, 171)

Cressé (Crécy), Simon de – Echevin (16 August 1570)

Damville (Dampville), Maréchal de – Henri I de Montmorency (1534–1614), premier baron pair, maréchal (1566), Duc de Montmorency (1579), and connétable de France (1593), held the title Seigneur de Damville during the lifetime of his father and his elder brother. (Anselme VI, 229–30; Fleury Vindry I, 355–6)

Damville (Dampville), Maréchale de – Antoinette de La Marck (1542–91), daughter of Robert de La Marck, Duc de Bouillon, married Henri de Montmorency, Comte and later Maréchal (1566) de Damville 26 January 1558. (Anselme III, 605; VII, 168)

Dauphin, Prince – François de Bourbon (1542–92), son of Louis, Duc de Montpensier, was called Prince Dauphin d'Auvergne from 1564 until after the death of his father 22 September 1582. (Anselme I, 356; Fleury Vindry I, 79)

Dauphin, Princesse – Renée d'Anjou, wed in 1566 to François de Bourbon-Montpensier, Prince Dauphin d'Auvergne and later Duc de Montpensier (Anselme I, 356; III, 797)

Desprez, Jehan – Captain of the 'Enfants de Paris.' Like so many others, he also had literary interests and several poems and translations were dedicated to him by his friend Guy Le Fèvre de la Boderie.

Des Roches, Monsieur – Premier écuyer d'écurie

Digne, Evêque de – Henri le Meignem (Mignen, Mignon), tutor of Marguerite de Valois (*Gallia christiana* III, 1132–3)

Ecosse, Ambassadeur d' – James Beaton (1517–1603), last Catholic archbishop of Glasgow. He had studied in Paris as a youth and returned there after the death of the Regent, Marie de Lorraine, in 1560. For 45 years he served as Scottish ambassador in the French capital. (Cf. DNB II, 19–20)

Elbeuf (Elbœuf, Ellebeuf), Marquis d' – Charles de Lorraine, Marquis and later Duc d'Elbeuf (1556–1605), grandson of Claude I, Duc de Guise. Grand Ecuyer and Grand Veneur de France (Anselme III, 493; VIII, 506; Fleury Vindry I, 303)

Elisabeth d'Autriche – Elisabeth (sometimes Isabelle) d'Autriche (1554–92), the second daughter of the Emperor Maximilian II and Marie d'Autriche, daughter of Charles V. Her wedding contract with Charles IX was signed 14 January 1570 and the wedding by proxy at Spire took place 22 October 1570. It was consummated at Mézières 27 November 1570. She was crowned at St Denis 25 March 1571 and made her entry into Paris 29 March 1571. Following the death of Charles IX she left Paris to return to Austria, where she died at the convent of Sainte Claire, which she founded.

Espagne, Ambassadeur d' – Don Francès de Alava y Beamonte, Spanish ambassador from 1562 until 1572. Cf. *passim* Pierre Champion, *Catherine de Médicis présente à Charles IX son royaume (1546–1566)* (Paris: Grasset, 1937)

Espinay, Monsieur d' – François d'Espinay, Seigneur de Saint-Luc (Anselme VIII, 184)

Este (Est), Cardinal d' – Louis d'Este (1538–86), Archbishop of Auch, the son of Hercule II d'Este, Duke of Ferrara, and Renée de France, daughter of Louis XII. He was named a cardinal in 1561 and served as unofficial spokesman for France in Rome. Greatly esteemed by Charles IX and Henri III, he was twice sent to Paris as papal legate on official missions. (Cf. Brantôme III, 41–5.)

Fiesque, Comte de – Scipion de Fiesque, Comte de Lavagne et de Calestan (1528–98), conseiller d'Etat and chevalier d'honneur of Elisabeth d'Autriche, had conducted her from Spire to Mézières after her marriage by procuration to Charles IX. (Anselme IX, 56)

Fiesque, Comtesse de – Alfonsine Strozzi, dame d'honneur to Catherine de' Medici and wife of Scipion de Fiesque (Anselme VII, 207)

Fontaines, Monsieur de – Louis III de Montberon, Baron de Fontaines, gentilhomme ordinaire de la chambre du roi (Anselme VII, 25)

Froze, Madame de – Possibly the wife of Pierre de Marconnay, Seigneur de Froze

Gondi (Gondy), Albert – See Retz, Duc de

Gondi (Gondy), Ieronime – Jérôme de Gondi, born in Spain in 1540, was naturalized after his uncle, Jean-Baptiste Gondi, écuyer tranchant to Catherine de' Medici, brought him to France and gave him the baronetcy of Codun. He was 'introducteur des ambassadeurs.' (Anselme III, 891; cf. *passim* Madame Jullien de Pommerol, *Albert de Gondi, maréchal de Retz*, Geneva: Droz, 1953).

Grand Prevost de France – Philippes de Monstreuil (erroneously transcribed as Monstreul, Monterend, Monterud, and Montrud), captain of 100 light horse (Anselme VIII, 35)

Guet, Chevalier du – Laurens Teste (or Testu). Cf. *Registres* VI, 181, 350.

Guise (Guyse), Cardinal de – Louis de Lorraine, Cardinal de Guise (1527–78) was the fourth son of Claude de Lorraine, first Duc de Guise, and a brother of the Cardinal de Lorraine. He was created a cardinal 22 December 1553 and it was he who later crowned Henri III (13 February 1575). (Anselme III, 485; *Gallia christiana* I, 38; XI, 94–5, 518; XIII, 797–8)

Guise, Duc de – Henri de Lorraine, Prince de Joinville, Duc de Guise (1550–88), Grand Maître de France. He was wounded in the face at the Battle of Dormans in 1575, hence his later nickname 'Le Balafré.' He was killed at Blois 23 December 1588 on the orders of Henri III. (Fleury Vindry I, 295–6)

Guise, Duchesse de – Catherine de Clèves (1548–1633), daughter of François de Clèves, Duc de Nevers, had married as her second husband in 1570 Henri de Lorraine, third Duc de Guise (Anselme III, 486)

La Chapelle des Ursins, Monsieur de – Christophe Jouvenel des Ursins, Seigneur de la Chapelle-Gautier or Chapelle-des-Ursins (1538–88), captain of 100 men-at-arms (Anselme VII, 406; Fleury Vindry I, 253)

Lansac (Lanssac), Comte de – Louis de Saint-Gelais, Seigneur de Lansac (1513–89), chevalier d'honneur of Catherine de' Medici and captain of the second company of gentlemen of the king's household (1568) (Anselme IX, 66)

La Roche-sur-Yon, Princesse de – Philippe de Montespedon, widow of Charles de Bourbon-Montpensier, Prince de la Roche-sur-Yon, dame d'honneur to Catherine de' Medici (Anselme I, 354)

La Tour, Madame de – In all probability Hélène Bon who married 1/ Charles de

Bondi, Baron de la Tour, and 2/ Charles de Balsac, Seigneur d'Entragues. (Cf. Brantôme VII, 389.)

La Vauguyon, Monsieur de – Jean de Pérusse d'Escars, Seigneur and later Comte de la Vauguyon (1520–95), captain of 100 men-at-arms (Anselme II, 234; Fleury Vindry I, 195–6)

Le Lorrain – Pierre le Lorrain, enseigne des Enfants de Paris

Lodeve (l'Odesve), Evêque de – Alphonse Vercelli, Bishop of Lodeve and Aumônier to Catherine de' Medici (*Gallia christiana* VI, 569–70)

Lorraine, Cardinal de – Charles, Cardinal de Lorraine (1524–74), son of Claude de Lorraine, first Duc de Guise. As Archbishop of Reims (1545), he crowned Henry II (26 July 1547) and was elevated a few days later to the rank of Cardinal. He also crowned Charles IX 14 May 1561 as well as Elisabeth of Austria. (Anselme II, 71–3; *Gallia christiana* IX, 148–54)

Lorraine, Duc de – Charles II, Duc de Lorraine (1543–1608). The son of François de Lorraine and Christine of Denmark, he became Duc de Lorraine on the death of his father 13 June 1545, and a ward of Henry II, whose daughter Claude he married 5 February 1559. She died in 1575. (Fleury Vindry I, 289–90)

Lorraine, Duchesse de – Claude, second daughter of Henry II and Catherine de' Medici (1547–75). She was married to Charles II, Duc de Lorraine, on 5 February 1559.

Maine (Mayenne), Marquis du – Charles de Lorraine, Marquis and later (1573) Duc de Mayenne (1554–1611), second son of François de Lorraine, Duc de Guise and Grand Maître de France. He served as Grand Chambellan (1563) and Amiral (1578). (Anselme III, 490; VII, 885; VIII 455; Fleury Vindry I, 298–9)

Mans, Vidame du – Nicolas d'Angennes, Seigneur de Rambouillet, Vidame du Mans (1530–1612). Governor of Metz and lieutenant general of the king's armies (Anselme II, 426; Fleury Vindry I, 17)

Marcel, Claude – See Prevost des marchands

Marcel le jeune – Mathieu Marcel, the son of Claude Marcel, Prevost des marchands, later served in the household of the Duc d'Alençon and the Grand Conseil of Henri IV

Marguerite, Madame – Marguerite, third daughter of Henry II and Catherine de' Medici (1553–1615). She married Henri de Navarre 18 August 1572 but was divorced by him in 1599. (Anselme I, 136)

Maulevrier, Comte de – Charles-Robert de La Marck, Comte de Maulevrier (1540–1622), captain of the Swiss guards after his brother, Henri-Robert de La Marck, Duc de Bouillon. He also succeeded to the title after the death of his niece, Charlotte de La Marck. (Anselme VII, 168–9; Fleury Vindry I, 320)

Meaux, Evêque de – Louis de Brezé, brother of his predecessor, Jean de Brezé († 1568). He was not formally inaugurated until 3 April 1571. (*Gallia christiana* VIII, 1650–1)

Meillault, Sieur de – Chevalier de l'ordre du roi (no further information)

Meru, Monsieur de – Charles de Montmorency, Seigneur de Meru and later Duc de Damville (1537–1612), third son of Anne de Montmorency and Amiral de

as Prevost de Paris 19 February 1553 and retained this office until his death in 1589. (Anselme VI, 455)

Prevost des marchands – Claude Marcel was a goldsmith by trade. He served as échevin as early as 1557 and in 1570 was elected Prevost des marchands. He was also treasurer and receiver general for Catherine de' Medici and secretary and counselor to Charles IX, Henri III, and Henri IV

Puizet, Seigneur du – Ecuyer d'écurie

Quélus (Quelluz, Caylus), Sieur de – Antoine de Levis, Baron and later Comte de Quélus (1521–86) was captain of 50 men-at-arms, conseilleur d'Etat (1568), and gentilhomme ordinaire de la chambre du roi (1570). (Anselme IX, 72; Fleury Vindry I, 274)

Retz (Rhetz), Comte de – Albert de Gondi, Comte and later Duc de Retz (1522–1602), premier gentilhomme de la chambre du roi, général des galères, and captain of the first company of gentlemen of the king's household (1571) (Anselme VII, 260; Fleury Vindry I, 214–15)

Retz (Rhetz), Comtesse de – Claude-Catherine de Clermont (1543–1604), only daughter of Claude de Clermont, Seigneur de Dampierre, married Albert de Gondi in 1565 and brought with her in her dowry the baronetcy of Retz. (Anselme III, 882, 895)

Rivau, Seigneur du – Ecuyer d'écurie.

St Papol, Evêque de – Alexander de Bardis, a Florentine noble, had been named Bishop of St Papol in 1564. He is specifically mentioned as being present at the coronation of Elisabeth. (*Gallia christiana* XIII, 310)

St Sulpice, Monsieur de – Jean d'Ebrard, Baron de St Sulpice (1519–81), conseiller d'Etat, captain of 100 men-at-arms and French ambassador to Spain from 1562 to 1565. (Anselme IX, 67; Fleury Vindry I, 191)

Sourdis, Monsieur de – François d'Escoubleau, Seigneur de Sourdis, conseiller d'Etat, captain of 50 men-at-arms and Premier écuyer de la grande écurie du roi. (Anselme IX, 100; Fleury Vindry I, 489)

Strozzi (Strossy), Monsieur de – Philippe Strozzi (1541–82), colonel general of the French infantry (Anselme VIII, 218)

Tavannes (Tavanes), Maréchal de – Gaspard de Saulx, Seigneur de Tavannes (1509–73), lieutenant general in Burgundy (1556) and governor of Provence, was given the rank of maréchal after the battle of Moncontour 28 November 1570. (Anselme VII, 238–9; Fleury Vindry I, 402)

Tavannes (Tavanes), Maréchale de – Françoise de La Baume was married in 1546 to Gaspard de Saulx-Tavannes, commonly called the Maréchal de Tavannes. (Fleury Vindry I, 402)

Thoré, Monsieur de – Guillaume de Montmorency, Seigneur de Thoré (1537–92), fifth son of Anne de Montmorency. (Anselme III, 604; Fleury Vindry I, 352–3)

Thou, Christofle de – Christophe de Thou (1508–82), the son of Jacques-Auguste de Thou, was successively counselor, Echevin, and Prevost des marchands de Paris. He was named Président au Parlement de Paris in 1555 by Henry II and Premier Président in 1562 by

INDEX

This index includes all proper names (geographical, historical, and mythological) in the introduction and the *Bref et sommaire recueil*, except for those of Charles IX, Elisabeth of Austria, and Catherine de' Medici which have been omitted because of their frequent recurrence.

Also listed are various devices, themes, and titles where these may prove helpful.

For the appendices, the only material indexed was that directly related to the preceding sections.

This book

was designed by

ANTJE LINGNER

under the direction of

ALLAN FLEMING

University of

Toronto

Press

T

U

V

W